本书第三版荣获广东省第一届

优秀出版奖（教材奖）

（2007年）

本书第三版荣获第八届
全国高校出版社

优秀畅销书一等奖

（2008年）

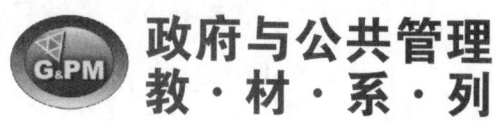
政府与公共管理
教·材·系·列

Lingdaoxue Lilun Shijian Yu Fangfa

领导学：
理论、实践与方法

（第四版）

王乐夫　编著

高等教育出版社·北京·
中山大学出版社·广州·

版权所有　翻印必究

图书在版编目（CIP）数据

领导学：理论、实践与方法/王乐夫编著. —4版. —广州：中山大学出版社，2013.3
ISBN 978-7-306-04518-8

Ⅰ.①领… Ⅱ.①王… Ⅲ.①领导学 Ⅳ.①C933

中国版本图书馆 CIP 数据核字（2013）第 058803 号

出 版 人：王天琪
策划编辑：郭　升
责任编辑：施国胜
封面设计：林绵华
责任校对：施国胜
责任技编：黄少伟
出版发行：中山大学出版社
电　　话：编辑部 020-84111996，84113349，84111997，84110779
　　　　　发行部 020-84111998，84111981，84111160
地　　址：广州市新港西路 135 号
邮　　编：510275　　　　传　真：020-84036565
网　　址：http://www.zsup.com.cn　E-mail:zdcbs@mail.sysu.edu.cn
印 刷 者：佛山市浩文彩色印刷有限公司
规　　格：787mm×1092mm　1/16　24.5 印张　430 千字
版次印次：1998 年 8 月第 1 版　2013 年 3 月第 4 版　2023 年 1 月第 33 次印刷
印　　数：273001-275000 册　定　价：38.00 元

如发现本书因印装质量影响阅读，请与出版社发行部联系调换

内容提要

本书是在第三版的基础上进一步修订、扩充而成的。其核心内容由三大部分构成，即：何谓领导学，主要阐述领导学学科体系的基本界域问题；领导学体系的理论、实践与方法，主要阐述领导学讲些什么的问题；建构领导文化，旨在扩展领导学的学科视野，使领导学面向应对的社会历史来言述自己的学理。

第四版在学理逻辑、理论含量方面有新的提高，内容上有新的更新、充实。

第四版的特点是吸纳了三版以来领导学研究的新成果以及党的十八大的相关精神，体现了与时俱进的精神，具有新的时代气息，同时关注我国当前公共管理体制改革的热点、难点问题。

本书适合政治学、公共管理学、经济学、管理学、社会学、哲学、历史学、法学等高校文科专业作教材使用，也适合广大公务员及各类型领导管理者阅读。

目 录

第二版前言 ··· (1)
第三版前言 ··· (3)

第 一 编

第一章　领导现象与领导学（上）：领导学的产生与
　　　　兴起 ·· (3)
　第一节　领导现象及其历史记录 ······································· (3)
　　　一、与人类生活相伴随的领导现象 ································ (3)
　　　二、历史文献记录的领导活动 ····································· (5)
　第二节　现代社会与领导学的产生 ···································· (6)
　　　一、国外领导理论的产生与发展 ·································· (6)
　　　二、领导学在我国的兴起和发展 ································· (11)

第二章　领导现象与领导学（下）：领导学研究的对象、
　　　　意义与方法 ·· (15)
　第一节　领导学的研究对象 ·· (15)
　　　一、领导学研究什么 ··· (15)
　　　二、领导学：一门综合性、应用性学科 ························ (18)
　第二节　研究领导学的意义 ·· (19)
　　　一、理论意义 ·· (19)
　　　二、实践意义 ·· (19)
　第三节　研究领导学的方法 ·· (21)
　　　一、理论概括 ·· (21)
　　　二、经验分析 ·· (21)

第三章 领导学的学科规定性 (23)
第一节 领导学的三层次结构 (23)
一、领导学：领导活动的理论解释 (23)
二、领导科学：领导活动的实证分析 (26)
三、领导艺术：领导学的经验储备 (27)
第二节 领导学与相关学科的界域 (29)
一、领导学与管理科学 (29)
二、领导学与人文科学 (31)
三、领导学与社会科学 (33)
四、领导学与党建学说 (35)
五、领导学与自然科学 (36)

第二编

第四章 领导：概念分析 (39)
第一节 领导：含义、特点与社会定位 (39)
一、领导的含义 (39)
二、领导的特点 (40)
三、领导在社会组织中的地位与作用 (42)
第二节 领导的性质 (43)
一、领导二重性的含义 (43)
二、领导二重性的关系 (44)
三、领导权力的公共性问题 (45)
第三节 领导者的三重规定性 (46)
一、领导者的职位 (46)
二、领导者的职权 (47)
三、领导者的责任 (49)
第四节 领导生态：三边互动 (50)
一、领导者 (50)
二、被领导者 (51)
三、领导环境 (51)

第五节 领导与管理的概念异同辨析 …… (52)
一、领导与管理概念矛盾的逻辑分析 …… (53)
二、领导与管理异同面面观 …… (54)

第五章 领导者：个体素养与群体结构 …… (58)
第一节 领导者素养：含义、特点及其作用 …… (58)
一、领导者素养的含义 …… (58)
二、领导者素养的特点 …… (59)
三、领导者素养的重要性 …… (62)
第二节 领导者素养的基本内容 …… (64)
一、政治素养 …… (65)
二、知识素养 …… (66)
三、能力素养 …… (68)
四、心理素养 …… (72)
第三节 提高领导者的素质 …… (74)
一、体制改革：提高领导者素质的关键 …… (75)
二、个人修养：提高领导者素质的基础 …… (76)
三、提高领导者素质的途径与方法 …… (77)
第四节 领导班子素质结构 …… (83)
一、年龄结构 …… (83)
二、知识结构 …… (84)
三、智能结构 …… (85)
四、气质结构 …… (85)

第六章 领导体制（上）：历史与现实分析 …… (87)
第一节 西方领导体制的发展变迁 …… (87)
一、家长制行政领导 …… (87)
二、"硬专家"转行领导：经理层的兴起 …… (88)
三、职业"软专家"领导 …… (88)
四、专家集团领导 …… (89)
第二节 我国领导体制的历史演进：一个基本刻画 …… (90)
一、古代社会的基本情形 …… (90)

二、战时体制与和平时期领导体制……………………（91）
　　三、领导体制改革：呼唤领导工作专业化……………（93）
　第三节　领导体制的当代变迁：一个事实描述…………（96）
　　一、历史必然性……………………………………………（96）
　　二、趋势……………………………………………………（100）

第七章　领导体制（下）：领导活动的根本机制…………（106）
　第一节　领导体制：含义、性质和作用……………………（106）
　　一、领导体制的含义和内容………………………………（106）
　　二、领导体制的二重性……………………………………（107）
　　三、领导体制的作用………………………………………（108）
　第二节　合理的领导组织结构………………………………（110）
　　一、线性结构………………………………………………（110）
　　二、职能性结构……………………………………………（110）
　　三、混合型结构……………………………………………（111）
　　四、矩阵式结构……………………………………………（112）
　第三节　现代领导体制的类型………………………………（113）
　　一、一长制和委员会制……………………………………（113）
　　二、层次制和职能制………………………………………（114）
　　三、完整制和分离制………………………………………（115）
　　四、集权制和分权制………………………………………（117）

第八章　科学决策：有效领导的保证…………………………（118）
　第一节　决策：定义、功能和模式转型……………………（118）
　　一、决策的定义和特征……………………………………（118）
　　二、科学决策的功能………………………………………（119）
　　三、决策模式转型：从经验决策到科学决策……………（120）
　第二节　科学决策的主要内涵………………………………（123）
　　一、公共性：科学决策的本质属性………………………（123）
　　二、科学决策的制度安排…………………………………（127）
　　三、改革和完善决策机制的措施与途径…………………（130）

第三节　科学决策：决策民主化和科学化的统一 …… (133)
　　　　一、决策科学化与决策民主化 ……………………… (133)
　　　　二、决策科学化与决策民主化的关系 ……………… (134)
　　　　三、决策民主化、科学化的实现路径 ……………… (134)

第九章　界定选择：现代领导决策新视角 ……………… (137)
　　第一节　界定选择：人类行为的特征 ………………… (137)
　　　　一、界定选择的客观普遍性 ………………………… (137)
　　　　二、界定选择的特点 ………………………………… (139)
　　第二节　领导行为界定选择的特点与意义 …………… (141)
　　　　一、领导行为的界定选择是一个复杂过程 ………… (141)
　　　　二、界定选择的视角意义 …………………………… (144)
　　第三节　边界的含义与把握边界的类型 ……………… (145)
　　　　一、界定选择是一个边界系列 ……………………… (145)
　　　　二、边界的含义及其确定 …………………………… (145)
　　　　三、现实生活中把握边界的类型 …………………… (150)
　　　　四、寻求边际效应的最大化 ………………………… (151)

第 三 编

第十章　战略：领导决策之本 …………………………… (155)
　　第一节　战略：含义与作用 …………………………… (155)
　　　　一、战略的含义和特征 ……………………………… (155)
　　　　二、战略在领导工作中的地位和作用 ……………… (157)
　　　　三、加强战略研究 …………………………………… (159)
　　第二节　战略研究：理论与方法 ……………………… (160)
　　　　一、整体结构：战略研究的核心 …………………… (160)
　　　　二、科学预测：正确制定战略的前提 ……………… (161)
　　　　三、制作模型和优化评价技术：制定战略规划的
　　　　　　基本方法 ………………………………………… (164)
　　第三节　正确地制定与实施战略 ……………………… (165)
　　　　一、正确制定战略的前提条件 ……………………… (165)

二、战略的制定 …………………………………………… (166)
　　三、战略的实施 …………………………………………… (167)

第十一章　政策：战略实施之路 ………………………………… (169)
　第一节　领导与政策 ……………………………………………… (169)
　　一、政策的含义 …………………………………………… (169)
　　二、政策：科学知识的体现形式 ………………………… (171)
　　三、政策：作为组织的行为准则 ………………………… (173)
　第二节　正确地制定政策 ………………………………………… (175)
　　一、制定政策的依据 ……………………………………… (175)
　　二、制定政策的原则 ……………………………………… (175)
　第三节　政策的有效实施 ………………………………………… (180)
　　一、政策实施的步骤与方法 ……………………………… (180)
　　二、政策实施中的创造性问题 …………………………… (181)
　　三、领导者带头执行政策的问题 ………………………… (183)

第十二章　选才用人：领导的基本职能 ………………………… (184)
　第一节　选才用人与领导工作 …………………………………… (184)
　　一、选才用人：两种指向的分析 ………………………… (184)
　　二、人力开发：从现代知识与现代化大生产的
　　　　角度看 ………………………………………………… (187)
　　三、选才用人在现代领导工作中具有特殊的意义 ……… (190)
　第二节　人才的含义与素质 ……………………………………… (192)
　　一、人才的含义及其特征 ………………………………… (192)
　　二、社会主义现代化建设人才的基本素质 ……………… (195)
　第三节　"知人"的原则和方法 ………………………………… (198)
　　一、识别人才的正确态度 ………………………………… (198)
　　二、识别人才的原则 ……………………………………… (199)
　　三、识别人才的科学标准 ………………………………… (200)
　　四、识别人才的方法与制度 ……………………………… (201)
　第四节　"善任"的原则和制度 ………………………………… (204)
　　一、正确的用才原则 ……………………………………… (204)

二、正确的用人制度 …………………………………… (207)
　第五节　优化人才成长的组织环境 ……………………… (208)
　　一、根据时代需要确定组织目标 ………………………… (209)
　　二、把竞争机制引入人才领域 …………………………… (210)
　　三、坚持按科学标准选才 ………………………………… (210)
　　四、用其所长，形成优势 ………………………………… (210)
　　五、优化激励，形成尊重人才的风气 …………………… (211)

第十三章　领导监督：领导行为的合理规范 ……………… (213)
　第一节　领导监督的含义、分类 ………………………… (213)
　　一、领导监督的含义与特点 ……………………………… (213)
　　二、领导监督的分类 ……………………………………… (215)
　第二节　领导监督的原则、方法与程序 ………………… (218)
　　一、领导监督的原则 ……………………………………… (218)
　　二、领导监督的方法 ……………………………………… (221)
　　三、领导监督的程序 ……………………………………… (223)
　第三节　强化领导监督机制的建设 ……………………… (225)
　　一、建立有效领导监督机制的必要性 …………………… (225)
　　二、监督制度体系的建设 ………………………………… (226)
　　三、我国现行领导监督机制的问题与改革 ……………… (228)

第十四章　思想政治工作：领导工作的生命线 …………… (233)
　第一节　思想政治工作：含义与特征 …………………… (233)
　　一、思想政治工作的含义 ………………………………… (233)
　　二、思想政治工作的特征 ………………………………… (234)
　第二节　思想政治工作：地位与作用 …………………… (238)
　　一、保证现代化建设的社会主义性质和方向 …………… (239)
　　二、保证社会主义精神文明建设的健康发展 …………… (240)
　　三、激励广大群众社会主义现代化建设积极性的
　　　　重要保证 ……………………………………………… (241)
　　四、开发人的潜能的重要途径 …………………………… (241)
　第三节　思想政治工作：方针与原则 …………………… (242)

一、思想政治工作应遵循的战略方针 …………………… (242)
　　二、思想政治工作的基本方针 …………………………… (243)
　　三、思想政治工作的基本原则 …………………………… (244)
　第四节　思想政治工作：方法与制度 ……………………… (247)
　　一、思想政治教育的主要方法 …………………………… (247)
　　二、逐步建立思想政治教育的工作制度 ………………… (250)
　第五节　思想政治工作学的学科综合性 …………………… (251)
　　一、思想政治工作学与相关学科的关系 ………………… (251)
　　二、相关学科在思想政治工作中的应用 ………………… (254)

第十五章　领导方法与艺术：通达领导目标之桥 …………… (258)
　第一节　领导方法：含义、特征及重要性 ………………… (258)
　　一、含义与特征 …………………………………………… (258)
　　二、掌握和应用领导方法的重要性 ……………………… (262)
　第二节　方法论原则和基本的领导方法 …………………… (264)
　　一、马克思主义哲学的方法论原则和基本的领导方法 … (264)
　　二、现代科学方法在领导活动中的应用 ………………… (270)
　第三节　几种常见的领导方法与艺术 ……………………… (273)
　　一、个人形象塑造 ………………………………………… (273)
　　二、权力实施方式 ………………………………………… (276)
　　三、公共形象的树立 ……………………………………… (284)
　第四节　几种常见的领导方式 ……………………………… (285)
　　一、集权式、分权式与均权式的领导方式 ……………… (285)
　　二、强制命令式、自由放任式与教育激励式的
　　　　领导方式 ……………………………………………… (286)
　　三、重人式、重事式与人事并重式的领导方式 ………… (286)

第十六章　领导效能的考评：领导活动的起点与归宿 ……… (287)
　第一节　领导效能考评：含义与意义 ……………………… (287)
　　一、领导效能考评的含义 ………………………………… (287)
　　二、领导效能考评的意义 ………………………………… (289)
　第二节　领导能力与相关因素的关系 ……………………… (292)

一、目的与效果 …………………………………… (293)
　　二、效果与能力 …………………………………… (295)
　　三、效果：能力关系的环境制约 ………………… (296)
　第三节　领导效能考评：原则和标准 ……………… (298)
　　一、领导效能考评的原则 ………………………… (298)
　　二、领导效能考评的标准 ………………………… (303)
　第四节　领导效能考评：类型、程序和方法 ……… (305)
　　一、领导效能考评的类型 ………………………… (305)
　　二、领导效能考评的程序 ………………………… (307)
　　三、领导效能考评的方法 ………………………… (308)

第四编

第十七章　市场经济与现代领导 ……………………… (315)
　第一节　市场经济与领导方式变化 ………………… (315)
　　一、市场经济的政治要求 ………………………… (315)
　　二、适应市场经济的领导方式 …………………… (319)
　第二节　社会主义初级阶段的领导 ………………… (323)
　　一、社会主义初级阶段：迈向现代化的阶段 …… (323)
　　二、社会主义初级阶段的领导观念 ……………… (324)
　第三节　我国领导制度的建设 ……………………… (327)
　　一、民主集中制 …………………………………… (328)
　　二、集体领导与个人负责制 ……………………… (329)
　　三、日常的具体领导制度 ………………………… (331)

第十八章　建构现代领导文化 ………………………… (335)
　第一节　领导文化概述 ……………………………… (335)
　　一、领导文化的概念 ……………………………… (335)
　　二、领导文化的特征 ……………………………… (337)
　　三、领导文化的作用 ……………………………… (339)
　第二节　领导文化的主要内容 ……………………… (340)
　　一、领导精神 ……………………………………… (340)

二、领导价值观 …………………………………………（342）
　　三、领导形象 ……………………………………………（344）
　　四、领导魅力 ……………………………………………（346）
　第三节　中西领导文化的比较 ……………………………（347）
　　一、历史中的领导文化的变迁 …………………………（347）
　　二、中国传统领导文化 …………………………………（349）
　　三、西方领导文化 ………………………………………（350）
　　四、兼综古今中西的新型领导文化 ……………………（352）
　第四节　领导文化的现代化 ………………………………（352）
　　一、文化现代化的一般意义 ……………………………（352）
　　二、领导文化现代化的具体内容 ………………………（354）
　第五节　社会变迁与理论提升 ……………………………（358）
　　一、变化社会的理论资源 ………………………………（358）
　　二、实践提出的创新要求 ………………………………（359）
　　三、领导学与现代文化的互动 …………………………（359）

跋 …………………………………………………………（361）
主要参考与引用书目 ……………………………………（365）
参考书目 …………………………………………………（366）
第一版后记 ………………………………………………（368）
第二版后记 ………………………………………………（369）
第三版后记 ………………………………………………（370）
第四版后记 ………………………………………………（371）

第二版前言

当今世界，是一个开放的世界。知识经济和网络化的发展把人类带入了一个快速多变、似乎没有疆域的世界。知识更新的速度越来越快，信息量越来越大。处在这样一个高速发展的时代，社会科学工作的任务便显得无比艰巨。揭示领导活动中各因素之间内在的、本质的、必然的联系，研究领导活动的一般规律，推动领导工作的发展，是领导学工作者责无旁贷的任务。

领导学作为一门新兴学科，虽然在我国发展的时间还比较短，却取得了长足的进步。领导学是一门综合性的应用学科，其影响所及，大到指导社会进步，小到促进一项工作的顺利开展，都与之息息相关。对领导学和领导艺术的掌握与运用能力将有助于每一个领导者事业的成功与发展。因此，无论是政府等公共组织及其成员，还是企事业单位及其成员对领导学的重视程度都越来越高。这是一种可喜的社会现象。

学习、研究领导学贵在有效地应用，那么，领导能力怎样才能得到全面提升，领导学怎样才能指导人类的实践活动，促进社会进步，便成了笔者写作此书孜孜以求的目的所在。

也正是基于这样的考虑，本书分别从理论、实践和方法三个层面来阐述各种关于领导学的基本内容。其中，既有经典的西方领导学理论，又有对这些理论创新的尝试；既有普遍适用的一般领导学，又有中国特色的"具体"的领导学；既有关于国家等公共组织的领导学，又有关于各行各业组织的具体的领导学。总之，这是一个广阔的天地，大有作为！

在此，本人郑重地向读者提出一个值得注意的问题，或者谓之为一个共同的任务，即要把理论、实践、方法三者统一起来并当作一条主线贯穿全书。全书分设18章，按其大体分工的需要，每章都有其特定的内容，并且按其各自的中心主题分别研究和把握。全书从头到尾，每一部分的内容都力图体现理论、实践和方法的有机统一。为此，要求读者诸君阅读时，对每一部分的三者含义都要下功夫去琢磨，而后再把握三者之间的融合贯通，而不只是孤立一章或一部分地阅读，更不可把理论、实践、方法割裂开来，简单地将某章归入理论、某章归入实践、某章归入方法。只有这样，才能不仅把书读得全（从头到尾），而且读得透（理论、实践、方法的交织与贯通），读得高（世界观与方法论的升华）。

  以上所言，只是作者的主观愿望，由于学力、功力的不足，难免留下了缺憾，但愿能得到学界同仁、广大读者的理解，更盼赐教！

王乐夫

2002 年 11 月于中山大学康乐园

第三版前言

回首改革开放28年的艰辛历程，我国在政治、经济、文教等领域取得了众多令世界刮目相看的"中国式奇迹"。盛世景象不仅证明了中国人民的勤劳和智慧，更印证了社会转型过程中我党宏观政治领导、战略管理、政府公共事务领导与管理的科学性和有效性。

由此看来，如何揭示和理解领导活动中各因素之间内在的、本质的、必然的联系，研究领导活动的一般规律，从而推进领导工作的发展，不仅是我国各界领导和学者们责无旁贷的时代研究课题，更是确保"和谐社会"建设目标得以实现的理论基础。

可以预言，在以知识经济为特征的21世纪，精通领导学理论，谙熟领导规律的组织及其人员，将能有效地把握发展时机，选择发展战略，从而构筑科学的发展规划，实现国家与社会的长治久安，步入有序的发展历程。

当前的领导学研究工作既要以优秀的学术传统和业已积淀的知识成果为基础，又要结合新的时代背景和社会发展诉求，力争有所突破。党的十六届三中全会提出了包含科学理性精神与人性和谐思想的"科学发展观"。本人认为，科学的发展理念是当今领导学研究实现创新的良好契机，科学发展观不仅是领导学理论当前的重要研究对象，更是指导我国各领域、各层次领导活动的根本价值行为准则。本书第三版对于领导效能考评、领导文化建设、领导体制改革等问题的再次研讨，就是力图体现科学发展观的精神内涵。

领导学是一门融理论修养和实践品格于一身的综合性学科。对领导理论、领导艺术、领导方法的科学掌握与运用，有助于每一位领导者事业的成功与发展。

全书共分18章，从头到尾，力图一如既往地坚持理论、实践和方法的有机统一，这是本书的特色，也是作者寄希望于读者们阅读、理解此书内容的宏观思路。相比较而言，第三版具有新的时代气息，更加关注中国当前公共管理体制改革的热点、难点问题。

以上所言，大多是作者的主观愿望，由于学力、功力的不足，难免留下缺憾，但愿能得到学界同仁、广大读者的理解，更盼赐教！

王乐夫
2006年4月于中山大学康乐园

第一编

第一章

领导现象与领导学（上）：
领导学的产生与兴起

内容提要

领导现象随人类社会的产生而产生。领导学则是适应现代社会活动的客观需要而出现的一门新型学科。领导学的研究对象是领导活动，其任务是揭示领导活动的规律。领导学是一门综合性的应用学科。

第一节 领导现象及其历史记录

一、与人类生活相伴随的领导现象

人类是自然史长期发展的产物。但是，人类一旦产生，就不是单纯自然存在物的状态。人类生存与发展方式的独特性，从三个方面体现出来。

第一，人的活动是有意识的。这决定了人类活动的预期性、目的性。这是人与动物本质区别的关键；

第二，人类社会是有组织的。这种组织性决定了人类活动的秩序性、科层性，这就导致人类活动存在领导与被领导、权威与服从的关系；

第三，人类社会是不断发展的。社会的进步与发展，表现为人类对自身活动经验与教训进行着不断的总结、反思与改进。这决定了人类的活动总是在比以前更有效的组织状态下进行。

从这三方面来说，人类社会从其诞生开始，就有了领导活动。

从严格意义上说，领导活动与人类生活相伴始终。这是因为：

一方面，体现人类意识活动的自觉性，莫过于人类在一切活动中所贯穿的目的性。人们从一定的预期出发，经过一个活动的过程，达到一定的预期效果。在这一过程中,人们的预期,要经过人际之间的磨合,什么意见能够获得大家较为一致的认同,这一意见就具有被人们奉为行为指南的权威性。提出这一意见的人,便也具有了"领导"大家的可能性。在具体贯彻一个被大家认同的意见的过程中,早先提出这个意见的人,具有在思想上"引导"大家的优先权力,而如果他又具有调遣人力、物力、财力的指挥能力,那么,他就还会具有在行动上"统御"大家的优先权力。

这种过程不断重复进行,便确立起人类活动的基本方式:以一统众、以少制多。少数居于"引导"、"统御"地位的人具有支配大多数人的权威性,大多数人则在追随中表现自己的存在价值。

从鲁迅对语言产生的分析中,可以形象地说明这一点。鲁迅指出,我们的祖先原始人原来是话也不会说的。为了共同劳动,必须发表意见,才渐渐练出复杂的声音来。假如大家抬木头,都觉得很吃力,却想不到说什么,这时,有一个人急中生智,叫出一声"杭育"(即"嗨吆"),大家便要敬重他,随他的"创作"来呼喊,用这种方式来扛重物。鲁迅把他称为"作家"、"文学家",说是"杭育杭育派"。①

从领导学的角度讲,第一个发出"杭育杭育"叫声的人,就是人类历史上第一个领导人。人类开展活动,像这种指挥与协作、权威与服从的关系,就是一记抹不去的烙印。

另一方面,人类的活动在"必须"合作的基点上,又从来都是在"有组织"的状态下进行的。人类学的研究表明,原始人类就已经有了初级的组织形式,有了组织内部的分工,有了支配与被支配的不平等关系的萌芽。

到了文明社会,人类的组织活动水平提高了,社会结构的分化程度加深了,各种社会阶层、集团、各个利益集团的代表人物所发挥的社会功能有了基本的定位。统治者与被统治者、支配者与被支配者、领导者与被领导者、权威与服从等等领导学所要研究的基本社会关系,完全确立了起来。

现代社会,人类活动的组织水平已达到相当高的程度。现代科层制度日益细微的分化与组合,使人类活动的组织方式发生了革命性的变化。人类组织活动的效率因此而大大地提高。如何更进一步改善领导组织方式,

---

① 见《且介亭杂文·门外文谈》,《鲁迅全集》第6卷,人民文学出版社1963年版,第75页。

提高领导水平，已成为现代社会、现代国家间竞争的一个重要课题。

从上述两方面可以看到，领导现象是人类生活的基本现象，需要我们花费巨大的精力去进行理论探讨。

二、历史文献记录的领导活动

领导现象与人类历史相伴始终。因此，从人类一开始记录自己的历史，就可以看到人类领导活动的历史脉络。从这个角度讲，一切历史都有关于领导活动的记录。

但是，历史文献记录的领导活动，在现代社会以前，都还没有上升到科学的水平。这些记录，大都处于散乱、杂记的状态，而且多半只记录下某一个时代的王侯将相生活起居、个人英明的情况。记录中间，缺乏对领导人物社会背景的分析，缺乏对其展开活动的社会规律的研究，缺乏对领导活动开展过程的连贯性剖析，缺乏对事件之间的本质和关联性的追究，缺乏贯穿整个经验过程的理论框架。因而，现代社会以前有关领导活动的所有历史文献记录，都只能被视为现代领导学可以加工提炼的实证素材。

记录领导活动的历史文献，在中国和西方都可谓"汗牛充栋"。就中国而言，《左传》和《国语》都有关于领导思想和领导实践活动的记载。被称为"正史"的二十五史，毛泽东就认为是"一部帝王将相史"，也即是一部古代中国的领导活动记录史。但是，二十五史不能被视为一部现代意义上的领导科学史。因为二十五史所记录的帝王将相活动，一来是就某个人，或几个人之间的争权夺利故事的描述，二来这种描述仅仅是为了"资治通鉴"，远不具备科学研究的动机、学理性的建构。

就西方来说，古罗马的大历史学家所写的史学作品，多数记载的也是当时的帝王活动。虽然他们的记载有所谓的历史编撰学作为学理支持，但是作者关注的中心，也跳不出帝王个人政治活动及其直接效果的描述，并没有自觉地去描述和分析帝王活动的领导学含义，也无意去勾画出一个领导学的理论轮廓。

因此，基于现代社会为领导学的产生提供了社会条件和诉求，而古典社会却未能提供相同的条件，所以，领导学只能是现代社会的产物。

第二节 现代社会与领导学的产生

一、国外领导理论的产生与发展

(一) 现代社会活动对领导学的冲击①

科学理论源自于社会实践活动,尤其是社会生产实践活动。50多年前,以领导工作为独立研究对象的领导理论能够得以产生并发展起来,其客观必然性主要在于现代社会活动(特别是现代化大工业生产活动)对领导工作提出了专业需求。对此,我们可以从现代社会活动的特点及其对领导工作挑战的几个方面来认识。

1. 组织规模庞大,结构复杂

传统社会是以自然经济和小生产为特征。在男耕女织、自给自足的生产方式下,人们的社会活动范围狭小,方式简单。同自然经济的小生产相比,现代社会的生产方式则是社会化的大生产。这种社会化大生产的特点,主要表现为"大",即大工程、大企业、大科学等。它们是指花费大量人力、物力、财力,需要多门类学科共同协作进行的社会化活动。就以一个大的联合企业来说,一般由主体工厂、分厂、研究和发展部、销售部、技术服务部等组成,职工数以十万计,其分支机构遍布世界各地,实际上是一个自成体系的现代化"经济王国"。

这样一些大规模的组织活动,是任何领导者个人掌握的知识和经验都不能包办得了的,必须进行群体协作,实行科学领导。这就是庞大规模、复杂结构的社会活动对领导学的呼唤。

2. 转型速度加快

传统社会的另一个特点是,小生产条件下的生产规模狭小和生产力水平低下,社会进步非常缓慢。而在现代社会中,由于科学技术以一日千里

---

① 参考夏禹龙等:《领导科学基础》,广西人民出版社1983年版,第1~6页。

的速度突飞猛进，经济发展迅速，社会生活节奏不断加快。这种急速性表现在：

（1）科技发明转化为产品生产的周期越来越短。据美国的统计资料，第一次世界大战前，科技发明转变为生产力的周期为30年；第一次与第二次世界大战之间，其周期为9年；第二次世界大战后为7年；现在是3~5年，甚至短到2~3年。

（2）机器设备和工业产品的更新率大大加速。据统计，20世纪70年代初发展起来的工业新技术，10年以后有30%已经过时，而在电子技术领域中，这一比例已达到50%。1945年问世的计算机，至今已经进入第五代，计算速度每6年增加10倍，存储量每6年增加60倍。

（3）科学技术发展日新月异。实践证明，30多年出现的科学技术成果远远超过了人类历史2000年所获得的科技成果的总和。面对稍纵即逝的变化，现代领导者必须眼观六路、耳听八方、深谋远虑、随机应变，对快速多变的社会活动准确预测，并善于及时做出正确的决策，以引导企业或群体向前发展。否则，将在竞争中被淘汰。

3. 一体化影响越来越广泛与深远

传统社会生产规模小，分工协作少，地区分割，联系面狭小。即使领导活动处置失当，影响也不大，而且容易纠正。现代社会的大生产是建立在整体化、综合化的基础上的，规模巨大，变化加速，各个领域既自成系统，又共同组成一个巨大的社会系统。系统之间存在着广泛的交叉关联和十分复杂的蝴蝶效应。社会系统中的任何一个部分出现问题，往往牵一发而动全身，要么让子孙万代得益，要么贻害子孙万代，从而对当前的各个领域和社会的未来产生巨大影响。因此，人们必须有长远的、全局的战略考虑，而不能够目光短浅，囿于就事论事。否则，将会造成严重的甚至不可逆转的灾难性后果。

由上可见，在规模巨大、变化加速和影响巨大的现代社会活动中，无论从联系的广泛性、发展的适应性，还是从后果的严重性来看，现代的领导者都不能不重视领导行为的规律性，都必须用科学的态度和方法去处理面临的难题，审时度势，统观全局，及时抓住关键，防止单凭个人狭隘的经验行事。一句话，现代的领导工作，必须顺应社会发展的趋势，从经验上升到科学，以系统的领导理论为指导，才能适应现代社会活动的特点。为此，就需要建立一门科学——领导学。

现代化生产的领导工作已有几百年的实践积累,为领导学的诞生提供了坚实的经验基础,使建立领导学成为可能。而现代科学急速的发展,特别是第二次世界大战以后各门综合性科学和微电子技术的兴起,为领导学提供了先进的科学原理、科学方法和技术手段,促使这种可能性转化为现实性。

(二)西方领导理论的发展与研究

自 20 世纪 30 年代以来,人们对于领导及其效能问题,有各种各样的解释或讨论,内容十分丰富。西方国家有很多学者从不同的角度研究了有关领导的理论:有研究领导的性格特征的;有研究领导的行为特征的;也有研究领导环境对领导方式的作用的。大体上说来,按理论提出的时间先后顺序,现有的理论可以分为三类:即性格理论、行为理论、权变或情境理论。

1. 性格理论(Trait theory)

长期以来,西方国家的管理学者们一直把领导者的各种个人性格和特征,作为描述及预测其领导成效的标准。这种研究试图区分领导者与一般人的不同特征,并以此来解释他们成为领导者的真正因素。许多从事测评、招聘和选拔领导人员的人,深信这些理论的有效性。

传统的性格理论认为,天赋是一个人能否成为领导者的根本因素。有人研究林肯、罗斯福等知名人物,从而提出领导者必须具备某些天赋的"伟人说"理论。吉普、斯托格犹尔和吉利比赛等人还总结出领导者的多种特征。

现代性格理论认为,领导是一个动态的过程,领导者的性格特征是在实践中形成的,也是可以训练和培养的。

2. 行为理论(Behavior theory)

领导才能与追随者的意愿都是以领导方式为基础的,所以,许多人开始从研究领导者内在特征转移到外在行为上,这就是领导行为理论。这种理论认为,依据个人行为方式可以对领导活动进行最好的分类。然而,至今没有一个公认的最好的分类,因而就有以下各种各样的分类。

(1)美国管理学家怀特(Ralph K. White)和李皮特的三种领导方式理论:权威式、民主式及放任式,这是一般人所熟悉的分类。

权威式领导。所有政策均由领导者决定；所有工作进行的步骤和技术也由领导者发号施令；工作分配及组合，多由领导者单独决定；领导者对下属较少接触，如有奖惩也往往对事不对人。

民主式领导。主要政策由组织成员集体讨论决定，领导者采取鼓励与协助的态度，通过讨论使其他人员对工作有所认识，在所设计完成的工作途径和范围内，下属人员对于进行工作的步骤和所采用的技术，有相当的选择机会和权力。

放任式领导。组织成员有完全的决策权，领导者放任自流，只负责给组织成员提供工作所需要的条件和咨询，而尽量不参与，也不主动干涉，只偶尔表示意见，工作进行几乎全依赖组织成员，各人自行负责。

这三种方式中，一般认为民主式领导的效果较好，也比较顺应现代社会发展的趋势。但是具体条件不同，采取的方式也是不同的。

（2）领导连续流（Leader as continuum）。美国管理学家坦南鲍姆和施特提出领导连续流理论，即主管者—非主管者的行为连续流。他们认为领导方式有各式各样，一个适宜的领导方式取决于环境与个性，依据领导把权力授予下属的大小程度不同，一般分为以领导人为中心和以下属为中心的一系列领导方式；认为领导方式中不是独裁与民主的两种方式中任选其一，而是以一系列连续流的领导方式，并不是一种方式正确而另一种就总是错误的。

另外，领导方式具有开放的性质，组织环境和社会环境也会对领导方式施加影响，主管人员必须在做出决定或在管辖下属时适当考虑组织外部的诉求。

（3）美国管理学家利克特的工作中心（Job - centered）与员工中心（Employee - centered）理论。1947年后，利克特及密执安大学社会研究所的有关研究人员，曾进行了一系列的领导研究，他们把领导者分为两种基本类型，即以工作为中心的领导和以员工为中心的领导。前者的特点是：任务分工结构化，严密监督，工作激励，依照详尽的规定行事；而后者的特点是：重视人员的行为反应及问题，利用群体实现目标，给予组织成员较大的自由选择的范围与权力。

3. 权变（或情境）理论（Contingency situational theory）

领导的作用在于影响人们的行为，而人们的行为又受其动机和态度以及客观环境等因素的影响，因此，讨论领导效能就不能脱离人们的动机和态度，以及当时当地所处的环境。决不能以为某一种领导方式可以普遍适用于所有的情况和所有的人群；相反，必须把这种环境因素，包括组织人员动机与态度同时考虑。这就是研究领导问题的权变（或情境）理论的基本观点。比较著名的理论是："路径—目标"理论和"权变制宜"理论。

（1）路径—目标理论（Path – goal theory）。这一理论是由美国管理学家罗伯特·豪斯提出的。他认为最富有成效的领导方式是领导者采取种种步骤去设计一种环境，使群体成员潜在地或明显地受到动机的激励，并能对它作出有效的响应。

（2）权变制宜理论（The contingency theory of leadership）。美国管理学家菲德勒提出的权变制宜理论意味着领导工作是一个过程。在这个过程中，领导者施加影响的能力取决于群体和群体的工作环境、领导者的风格和个性以及领导方法对组织成员的适合程度。换句话说，按照菲德勒的理论，人们之所以成为领导者，不仅仅由于个性，而且还由于各种环境因素以及领导与环境之间的相互作用。菲德勒提出，对一个领导者的工作最起影响作用的三个基本因素是职位权力、任务结构和上下关系。

（三）关于领导问题的新理论

1. 美国管理学家巴斯关于改革精神的领导理论

巴斯把领导者分为两类："执行型"和"改革型"。前者为下属提出需要做什么，有哪些要求，并且帮助下属树立信心，只要付出必要的努力，定能达到组织与个人的目标；后者则通过强调集体和组织的利益高于个人的利益，以及通过强调追求更高层次的需求等来激励下属完成比原来预期更多的工作。

巴斯认为，前述的三种领导理论完全适合于执行型的领导者。当然，这些理论在过去、现在，甚至将来都仍然还是可用的、有益的。但是，作为一个领导者，为了工作更有成效，以及对自己的组织发挥重大的影响力，就必须运用个人的想象力和精力去鼓舞下属。

2. 美国管理学家傅伊德在巴斯理论的基础上，提出"改革精神"的领导者必须具备五种新的领导技能

（1）预见技能。对经常不断变化的内外部环境深谋远虑。

（2）想象技能。运用说服和榜样诱导下属按领导者或整个组织的意

图行事。

（3）价值观综合技能。把员工在经济、安全、心理、精神、美学和物质等方面的需求统合起来，以便使人们有共同的动机、价值观和目标。

（4）授权技能。乐意并且有效地与下属分享权力。

（5）自知或反省技能。既明白自己的需求与目标，也了解下属的需求与目标，并注意对其反省。

傅伊德理论的一个重要观点是，上述这些新的领导技能并不是生来就具备的，而是要在实践中锻炼、培养、学习和提高。

3. 豪斯关于超凡魅力的领导理论

豪斯的理论实际上是马克斯·韦伯（Max weber）克里斯玛权威理论的发展。豪斯认为，超凡魅力的领导者拥有非常大的权力，其中部分来自他影响其他人的一种需求，因此他应该具备强烈的自信心、强大的支配力，以及对于信念和道德的坚定立场，以便使下属确认跟随他是正确的。

豪斯还指出，超凡魅力的领导者能提出一个有想象力的更远大的目标，从而赢得追随者的支持。这样的领导者还应该细心地创造一个成功而又能胜任的形象，并以自己的榜样来表达他所坚持的价值观，以便追随者确信领导者的期望。

总的来说，豪斯的理论尚属初创阶段，但是可以预期，这一理论将日益引起人们的注意。

二、领导学在我国的兴起和发展[①]

在我国，领导学理论被关注，大体是在1979年到1981年期间。1982年10月中共中央、国务院发出的《关于中央党政机关干部教育的决定》中，把领导学列为党政干部必须学习的共同业务基础课之一。1982年到1983年间，首先在党校系统开始，研究建立领导学体系问题。自从1984年以来，无论是领导学的学科建设，还是干部普及宣传与实践应用等方面，都取得了令人瞩目的成果。

20世纪80年代后期，领导学开始进入普通高等院校，这进一步推动了领导学的系统学术研究，为领导学在中国学术之林中取得独立的学科地

---

① 参考赵怀让主编：《领导科学新论》，河南人民出版社1985年版，第41~47页。

位，起到了重要的作用。

领导学在我国的兴起和蓬勃发展不是偶然的。这是我国社会主义现代化建设事业发展的客观要求，也是科学自身发展的必然产物。

（一）我国存在着研究领导活动规律的客观要求

1978年12月召开的中国共产党第十一届三中全会成功地实现了党的工作重点的伟大转移，从而开始了社会主义现代化建设的新长征。正如毛泽东同志在建国前夕指出的："严重的经济建设任务摆在我们面前。我们熟习的东西有些快要闲起来了，我们不熟习的东西正在强迫我们去做。"①

所谓现代化，既包括用现代的科学技术武装国民经济各个部门，实现劳动资料的现代化、经济结构的现代化、劳动力结构的现代化，也包括国民经济管理、社会管理的现代化。

由于生产力和科学技术的迅速发展，社会发展的复杂性、多变性必然反映到各级领导活动之中。正如列宁在十月革命胜利之初指出的，由于社会主义是建立在机器大工业生产的基础上，因此，它必须要求自己的国家机关有能够适应机器大工业所要求的那样的管理，这就是精确、诚实、迅速。为此，从指导思想到活动方式，从领导职能到领导体制，从工作作风到品格修养等一切方面，都需要相应地发生变化，从"会革命"转变到"会建设"上来。

不可否认，在新的历史时期我们要继续坚持马克思主义理论指导，这是我们事业能够不断前进的根本保证。但是，马克思主义只能指导而不能代替领导学。社会主义现代化建设的各个领域的领导活动都是有特定的规律的，都需要给予科学的总结。

所以，为实现社会主义现代化建设的发展目标，对领导学的研究就成了全社会的迫切需要，尤其是各级领导者的迫切需要。

（二）领导学的兴起也是建立马克思主义领导学的客观要求

马克思主义关于科学领导的理论是早已存在的。无产阶级革命导师在领导革命和建设的实践中，为解决面临的领导任务写了很多理论著作。这些著作包含着丰富的领导科学理论。它是马克思主义理论体系中的重要内容。特别是在中国革命和建设的长期实践中，以毛泽东同志为主要代表的

---

① 《毛泽东选集》第4卷，人民出版社1991年版，第1480页。

中国共产党人，创造性地把马列主义基本原理运用于中国的领导活动，极大地丰富了马克思主义的领导理论。

例如毛泽东同志关于全心全意为人民服务的论述；关于"了解情况，制定政策"、"出主意，用干部"是领导的基本职能的论述；关于决策必须遵循认识运动规律的论述；关于制定和实施战略、策略的论述；关于任人唯贤、德才兼备的干部路线的论述；关于思想政治工作的基本原则和方法的论述；关于民主集中制是党的根本领导制度的论述；关于领导和群众相结合等一整套"马克思主义的科学领导方法"的论述；关于领导者必须加强党性、思想意识、马列主义理论修养，发扬三大作风的论述；等等。这些都是极为宝贵的理论，对我们今后的领导工作都具有普遍的指导意义。

但是，由于长期戎马倥偬和其他原因，他们的论述还没有来得及做系统的科学整理，使之成为具有完整体系的一门独立科学。况且，随着社会主义现代化建设的发展，我们党又积累了许多新经验，如明确肯定领导就是服务的领导观念；重视把现代科学方法的新成果同党的基本领导方法结合起来，实现决策民主化和科学化；加强民主和法制建设，注重领导制度的改革，使各级领导经得起执政、改革开放和现代化建设的考验；坚持以人为本，树立全面、协调、可持续的发展观，促进经济社会和人的全面发展的科学发展观理论；等等。对此，需要做进一步的研究总结，作出新的概括。这种新的概括是在马克思主义指导下，在新的科学技术条件下，立足于中国的实际情况进行的，很自然地会导致领导学的产生。

（三）领导学也是我党领导艺术提高和升华的需要

人类在自己历史活动的长河中，曾经创造了绚丽多姿、丰富多彩的军事和政治领导艺术。对此，无产阶级革命导师进行批判地继承，在长期的无产阶级革命斗争实践中，形成了一整套马克思主义的领导艺术。1930年，斯大林在《胜利冲昏头脑》一文中，首次明确提出了"领导艺术"的概念；1948年毛泽东在《对晋绥日报编辑人员的谈话》中，正式提出了"马克思列宁主义的领导艺术"的科学概念，并对它的具体内容作了精辟的阐述。

以毛泽东为代表的中国老一辈革命家，在领导中国革命和建设中，创造了许多宝贵的领导艺术，有许多关于领导艺术的光辉著作。其中提出的，例如领导者要学习在各种环境中领导群众，要善于抓住主要矛盾和工作重心，善于团结群众的多数，善于调动一切积极因素，善于运用策略，善于提口号等类型的领导艺术，等等，都是无产阶级和革命人民进行革命与建设的有力武器。

在社会主义现代化建设中，领导者面临的新情况、新问题层出不穷，必须具有高超的领导艺术，才能审时度势、统观全局、科学决策。因此，各级领导都必须加强领导艺术的研究。但是，我们应当看到，领导艺术的运用和掌握与领导者的个人素质关系甚为密切，具有明显的随机多变性。在现代社会各种因素较为复杂的情况下，仅凭具有实践性特点的领导艺术进行重大决策，就往往会带有一定的盲目性。

因此，社会主义现代化的发展，要求集中研究我党丰富的领导艺术宝库，将比较稳定的、能规范化的、对各种社会主义条件下的领导活动普遍有效的部分稳定下来；将合乎规律的因素加以理论总结，使之上升为严密的科学理论体系。

此外，学习、掌握领导学也是建立领导工作专业的客观要求。

领导工作是一门专业。广大干部，尤其是中青年干部，迫切需要有一门专业科学理论指导，帮助他们提高领导水平，实现领导工作的最佳效果。于是，作为领导者的一门专业理论——领导学，便应运而生了。

第二章

领导现象与领导学（下）：领导学研究的对象、意义与方法

内容提要

研究领导学，对于推进中国特色社会主义现代化建设大业，培养干部，迎接新的世界技术革命的挑战有着重要意义。我们要根据领导学的特点，用科学态度对其加以研究和应用。

第一节 领导学的研究对象

毛泽东同志说："科学研究的区分，就是根据科学对象所具有的特殊的矛盾性。因此，对于某一现象领域所特有的某一种矛盾的研究，就构成某一门科学的对象。"[①] 领导学的研究对象是现代领导活动，其根本任务是揭示领导活动中各种因素之间的内在的、本质的、必然的联系，即领导活动的规律。

一、领导学研究什么

什么是"科学"？"科学"的含义是随历史前进而不断发展的。从古典中国的语言—社会历史学意义上来解释，它具有与现代意义完全不同的含义。从构词的角度来说，"科学"的"科"字，由左"禾"右"斗"两部分合成。它表明在遥远的古代，能收数以斗计的禾谷就是大学问。后来，这层学问的意思以科第、科举、科班、科目、科室等等形式一直沿用

[①] 《毛泽东选集》第1卷，人民出版社1991年版，第309页。

下来。时至今日，伴随社会日新月异的发展，"科学"有着更为丰富的内涵，已远非昔时可以企及。概括地说，科学是正确反映自然、社会、思维等客观规律的知识体系。①

列宁说："规律就是关系。……本质的关系或本质之间的关系。"② 领导学是研究现代领导工作规律及其方法的一门学问。领导学的研究对象是现代领导活动，其根本任务是揭示领导活动中各种因素之间的内在的、本质的、必然的联系，即领导活动的规律。领导活动是指领导者为实现预定目标，对被领导者进行组织、引导和指挥的一种行为过程。领导活动是领导者、被领导者以及共同作用的客观对象三个方面相互结合、相互作用的过程。这三者互相结合、互相作用要采取一定的方式，要发生一定的必然联系。这种必然的内在联系就是领导活动的规律。

像其他规律一样，领导活动规律也可以分为基本规律、一般规律和具体规律三个大的层次，它也具有总体性、本质性、客观性、强制性、普遍性等特征。社会主义社会领导活动的客观规律，需要我们从大量调查研究中、从人们重复千万次领导活动的成败得失中进行科学的抽象概括，并加以科学的表述。这些工作，需要众多的从事研究的理论工作者和实践工作者共同付出艰苦的努力。近几年，我国有的领导学理论工作者把学术界提出的诸多规律归结为六种类型：

（1）关于领导的本质和目的；
（2）关于领导活动的基本要素及其相互关系；
（3）关于领导的职能和作用；
（4）关于领导者及其素质；
（5）关于领导活动过程及机制；
（6）关于领导方法和领导艺术。

对于领导活动中具有普遍意义的一般规律也作了具体的探讨，并归纳出如下规律：③

被领导者是领导活动的主体，领导者是领导活动的主导，二者之间存在着密切联系的主体主导律；

领导者主要不凭借组织赋予的正式权力，而是以其特有的内在素质，

---

① 参考赵履宽：《现代领导知识要览》，浙江人民出版社1989年版，第3~4页。
② 《列宁全集》第38卷，人民出版社1959年版，第161页。
③ 参考赵履宽：《现代领导知识要览》，浙江人民出版社1989年版，第6~7页。

使被领导者产生内驱力作用于客观对象的统御律；

领导者进行上下、左右人员利益和意志的沟通，以达到协调一致，实现领导目标的沟通律；

领导者着眼全局和未来，为下属制定战略目标，在言行上起"火车头"作用的超前律；

加强考察、培训，按贤类定其位、按贤级授其职的贤级律；

随着目标实施过程的客观环境的变化，经常进行适度调节修正，以保证领导目标实施的反馈调节律；

在处理人事、时效、机构设置、知识分布等几方面二八开的"二八律"等等。

已经提出的这些领导工作的一般规律，还带有局部的特点和初步性质。领导活动一般规律的研究尚属起步探索，有待于不断修正、补充和完善。

与此同时，我们不能忘记揭示领导活动基本规律的总任务。它是对具体规律和一般规律的高度抽象和概括，是更为艰深的课题。由于领导活动是领导者、被领导者以及共同作用的客观对象三者之间的相互结合、相互依赖、相互作用的矛盾运动，因此，领导者和被领导者的关系、赖以实现领导活动的组织结构、组织结构的设置以及其有效运用的问题，对客观对象的认识和改造问题，是贯穿于领导活动的整个过程、各个方面、各个环节的三个基本问题。

这三个问题是领导学的主要研究对象，也是探讨领导活动基本规律的主要方向。领导活动规律是领导工作致胜的法宝，也是领导学赖以建立的基础。我们一定要明确任务，共同探索，使认识日臻完善。

需要指出的是，领导学研究领导活动及其规律，在研究方式上可以区分为两种情况：一是从规范理论的视角出发，对领导活动及其规律的一般规定性进行把握；二是从领导活动的具体展开，即领导活动的具体操作，以及这种操作的具体同一性角度，把握领导活动及其规律。两者具有重要的差别。这种区别，体现在三个方面：

（1）从规范理论角度对领导活动及其规律的把握，意味着它着重对领导活动的最一般共同性，如领导活动何以必要，如何可能展开的高度对领导活动的哲学根据，及一般原理进行分析；而从领导活动的具体操作着眼，研究领导活动及其规律，则在理论定位上，不必对领导活动的哲学根据加以陈述，而着重于对领导活动的具体有效性加以关注。前者，理论意味很强；后者，实践针对性突出。

（2）从规范理论角度研究领导活动及其规律，对领导活动开展过程中的一般原理、原则、方式、方法加以高度重视，它从活动的一般情景、而不是具体处境出发分析研究领导活动及其相互趋同性；而从领导活动的具体操作上研究领导活动及其规律，则着重于从具体处境、具体情形、具体条件等特殊性出发，分析研究一种具体情况下领导活动如何有效展开的条件。因而，它的针对性明显是有差异的。

（3）从规范理论的角度研究领导活动及其规律，强调对领导活动进行观察和分析的方法上具有普遍性，效果上具体的共通性，切入问题的类同性，它对演绎性的领导有效法则，表现出高度的理论兴趣；而从领导活动的操作或具体实践而言领导活动及其规律的研究工作，则重视方法上的特别性，效果上的具体针对性，切入问题的特殊性，它对归纳性的领导有效法则，表现出理论上的偏好。

从上述三方面来看，研究领导活动及其规律的科学——领导学，是在组织构成上、方法取向上、问题针对上、效果差别上表现出不同学科的层次特性。

领导学，作为研究领导活动及其规律的科学，并不是一个抽象的说法、超验的原则。它的理论蕴涵是具体的、丰富的。它的学科对象是有差异性的、经验性的。任何从单一视角或固定眼光去对待领导学的这一规定性，都无法对领导学做出恰切的、合理的理解。对此，本书在方法上特别强调从相互关联的、领导学的三个理论层次上，来把握领导学如何研究领导活动及其规律这个研究对象或核心问题。

二、领导学：一门综合性、应用性学科

前面已说过，领导学有自己的研究对象——领导活动，有自己的研究内容——领导规律，它无疑是一门学问，而且是以提高领导效能为研究目的的一门综合性、应用性学科。把它界定为综合性、应用性学科，缘于下列三方面：

（1）领导学既研究人与人的关系，又研究人与客观对象的关系。对于一般意义上的人际合作与冲突的研究，需要从历史与人文的高度加以研究，这属于人文学科的范围。对领导活动规律性的研究，在很大程度上是属于对上层建筑和生产关系的研究，是社会科学的研究领域。而领导活动

又涉及对生产力的组织、协调，对客观环境的分析、控制，这又属于自然科学的研究领域。为了解决综合性的研究问题，需要综合运用许多社会科学和自然科学的理论知识，形成一门自然科学和人文、社会科学交叉、整合的综合性学科。

（2）领导学的应用性，主要是指它不是一门基础理论学科。它研究的是领导活动的实践问题，其基本要求是：以马克思主义基本理论与其他社会科学、自然科学的基本理论为基础，力求把领导活动的规律上升到理论形态加以总结，为领导者所掌握和运用，以提高领导工作的水平和效能。因此，领导学对实践理性的重视程度，超过对理论理性的追求。

（3）领导学和领导艺术的有机结合，是领导学综合性、应用性的另一个重要表现。对此，将在第三章专题进行说明。

第二节 研究领导学的意义

在今天的历史条件下，研究和掌握领导学有着重要的意义。对此，我们可以从理论与实践两个方面来认识。

一、理论意义

（1）研究领导学，建构领导学的学科体系，对于长期处于经验描述水平的领导活动的观察与了解，使其从感性认识的水平上升到理性认识的水平，将会有极大的帮助。

（2）由于领导在社会生活中所起的巨大作用，我们通过对领导学的研究，借助于领导学的理论成果，可以更进一步深化社会科学对社会生活的描述与分析，从而对现代社会科学的完整理论体系建构起到促进作用；对社会科学关于现代社会生活的说明与解释的系统性和科学性产生推动作用。

二、实践意义

（1）研究领导学是建设中国特色社会主义的需要。目前，我们正面临着建设中国特色社会主义的伟大任务。要完成这个任务，除了靠马列主义、毛泽东思想、三个代表重要思想以及科学发展观的科学指导，靠党的政策，靠全党、全国人民的辛勤劳动和努力外，还要靠现代科学技术，靠有效的管理和领导。

学习研究领导学，探索领导工作的一般规律，从理论上开阔广大领导者的视野，明确领导者的职责，掌握先进的领导方法，这是提高领导水平和实现领导科学化最根本、最基础的要求。

（2）研究领导学是造就社会主义现代化干部队伍的需要。我国通过新老干部合作交替，一大批年轻有为的中青年优秀人才走上了社会主义现代化建设的领导岗位。这些干部有文化、有知识、有闯劲，但他们在政治斗争和实际工作经验以及使经验上升为科学形态等方面存在不足。

经验的取得固然要依靠具体实践，但学习和掌握领导学的理论知识也不可忽视。一方面，它可以帮助我们系统化地吸收前人经验中的精华；另一方面，它可以帮助我们超越个人的局限，全面地认识现代化领导的客观规律和方法。只有将实践与理论有机结合，我们才能够在培养适应社会主义现代化建设需要的干部，实现领导科学化方面收到事半功倍的效果。

（3）研究领导学是搞好体制改革的需要。为了顺利全面建成幸福小康社会，实现国家的现代化转型，必须在稳定大局的前提下，对我们的政治体制、经济体制、教育体制、科研体制中与社会主义事业发展和时代要求不相适应的部分进行改革。因此，认真学习和掌握领导学，在坚持社会主义方向的前提下，建立科学化、民主化、法制化，以及体现精简、统一、效能原则的领导体制，是我们整个体制改革中具有关键意义的一环。

（4）研究领导学是迎接世界新形势挑战的需要。当前，人类社会进入以信息、技术、金融为综合国力基础的竞争时代，国际上风云变幻，影响和平与发展的不确定因素在增加；但同时，一场新的技术革命也在全球范围内兴起和发展。

现时代人类社会的主题已由过去的对抗与冲突转变为和平与发展。这种新的复杂的世界形势已经和正在给我们的领导工作提出了一系列新的问题、新的要求和新的挑战。这就迫切要求我们通过掌握科学的领导理论去研究新的问题，推动马克思主义理论在实践中进一步发展，并探索中国特色社会主义的领导方法与艺术，以便更好地坚持和发展社会主义事业，为中国和全人类做出我们应有的贡献。

第三节 研究领导学的方法

研究领导学,必须有良好的学风和正确的方法,必须在理论概括与经验分析两个维度上进行合理的方法定位。

一、理论概括

(1) 研究领导学必须坚持马克思主义的基本立场和观点,要以辩证唯物主义和历史唯物主义理论作为总的指导思想。马克思主义哲学既是科学的世界观,又是科学的方法论,各门科学特别是社会科学,都必须以它为指导。

领导学是一门交叉科学,它研究的是领导活动规律,而领导活动受领导者思想支配。只有以马克思主义的世界观为指导,才可能进行正确的领导,从而也才可能成为科学。

(2) 研究领导学还必须有广泛的理论综合能力。由于领导学是一门综合性科学,因此,必须结合研究相关科学,拓宽知识面,才能取得好的研究成果;除前面提到的各门人文、社会科学之外,还应该学习和运用科学社会主义学说、教育学、心理学以及系统论、信息论、控制论等学科和领域中的基本理论及方法。

二、经验分析

(1) 研究领导学要坚持理论联系实际的原则。领导学是一门实用性很强的科学,我们在学习中必须密切结合领导工作的基本特点,结合自己的领导工作的实践经验和问题,从理论上加以总结和提高。

同时,还要把理论认识放到实践中去加以检验和融会贯通。只有这样,才能真正掌握领导学理论,在实践中提高领导水平,而不会流于纸上谈兵。

(2) 由于领导学是一门新兴学科,所以我们要以开拓的精神来学习研究。提倡百花齐放、百家争鸣,鼓励用不同方法、从不同角度去探索。

这里要强调指出，学习、借鉴国外的经验和前人的经验，关键是要消化，要使之中国化。离开中国国情去生搬硬套他人的理论、方法、原则，是不可能发展科学的领导理论的。

第三章

领导学的学科规定性

内容提要

领导学是一门独立的学科。它具有自身的学科规定性。在结构上，有领导学、领导科学、领导艺术三个相互联系的层面。它与各门人文、社会科学既有联系又有区别。任何一门具体科学，不仅有其明确的研究对象，而且，它对于这一研究对象的系统剖析，必然会形成其自成特色的学科规定性。学科规定性是指，这门学科具有自己的理论结构，形成了与相近或相邻学科的独有界域。

第一节 领导学的三层次结构

领导学经过半个多世纪的发展，大致形成了自己学科的理论结构。这一结构，以领导现象为中轴，以领导活动的规律为中心内容，以领导艺术为提升领导水平的主要途径。具体划分为三个层面来展示其理论蕴涵：

领导学，提供分析领导现象、揭示其规律的基础性原理原则。

领导科学，提供实际开展的领导活动的理性分析范式与解释模型。

领导艺术，提供具有典型性的领导活动的技艺总结。

领导学是领导活动据以展开的基础理论。领导科学是理论达于实践的中介。领导艺术是直接源于实践的理论素材。三者相互联系，各担负其学术职能，构成领导学的完整学科体系。

一、领导学：领导活动的理论解释

一门具体科学，要具有科学的尊严，必须具有严密的理论架构，以期凸显其基本的原理原则，不能只是堆积一些材料和一些零七碎八的议论。

对于领导学这门新兴学科,尤其如此。因为一门新学科,更需要在理论的系统性建构方面花大的功夫。

领导学的系统理论建构,涉及到三个大的问题。一是概念界定;二是确认基本原理;三是划分理论层次,建立从"基本原理"到"实证分析",再到"案例解读"的相互关联的理论体系。

从概念界定方面来说,这门学问究竟称为"领导学"还是"领导科学",更能准确地反映它的理论特质?就是一个值得分析的问题。表面上看来,这似乎没有太大影响。但是深究下去,两个概念的蕴涵是不同的。从语源上讲,汉语中的"学"一般指学问,比较脱开实际问题,进行较为抽象的思考。而"科学"则是引进西方学理,尤其是具有数理背景的学理建立起的定性、定量分析体系。以英语来讲,学的后缀为"logy",与 logic 联系在一起,有为世界提供逻辑秩序之意;而科学为"science",是指基于对客观对象的观察与分析,形成的知识体系。比较而言,前者早起,后者晚起。前者与主观世界的联系更紧密,后者与对象世界的结合更充分。前者重理性,后者重经验。

就领导学与领导科学两个概念来讲,从上述分别出发,可以合理地将领导科学视为领导学这个大学科之下的一个分支。

领导学建构基本学理,提供观察、分析领导活动的原理原则,重在理论性的阐释。

领导科学建构分析方法,提供具体了解、把握领导活动的具体方式,重在经验性的描述。

这种区分,其实早就有学理支撑。政治学与政治科学就是按此划分的。英语中,它们分别由两个词指代,前者为"politics",后者为"political science"。前者主要研究国家、权力等问题,带有较强的哲学意味。后者主要研究政治行为及其倾向,属于经验科学的范畴。

作为一门理论科学的领导学,首先要完成对本学科理论规定性的界定。为此,需要探讨的主要是领导本质、领导素养、领导体制、决策方式、战略策略、选才用人、领导艺术、领导效能这类理论性较强的问题。以此勾画出领导学的理论轮廓。

当我们在理论结构上把领导学划分为领导学、领导科学、领导艺术三个层次之后,紧接着的问题就是要对这三个层次的关联性及其差异性进行分析阐述。

1. 从理论的相互关系上讲，领导学是高层次的理论体系，领导科学、领导艺术是经验性和操作性的学术研究活动

所谓领导学的高层次性，既是指领导学为领导科学和领导艺术提供分析研究问题的原理、原则以及基本方法，又是指领导学在理论构成上，包含了领导科学和领导艺术的基本内容。领导学从一般理论和一般方法的特定视角上看，本身就既是对领导科学的原理、原则、具体方法的较抽象、较原则的阐述；同时又是对领导科学、领导艺术如何展示自身的理论内蕴的方向性、原则性指引。就此而言，领导学、领导科学、领导艺术并不处在同一个层次上。

2. 从三个层次的理论研究指向上看，领导学也"凌驾"于领导科学、领导艺术之"上"

这一方面是指，领导学针对的是领导活动不分时间、地点、条件的普遍共同性而展开的理论思辨与实践总结活动。它指向的是一般意义上的领导活动如何具备条件，如何开展，如何优化结构，如何提高效率，如何保障其有效性。因而，它是针对经验性活动的个别性，针对在各种具体环境条件下具体进行的领导活动，以及对之进行的经验性、实证性分析的领导科学，构成一种指导性的理论建构过程；同时，它对领导活动的核心主体——领导者，在具体的领导活动的经验积累基础上，逐渐形成的领导艺术而言，也具有一种提供原则指导、创造消化个人经验、接纳个人有限经验之外的他人活动经验的导引，并进而形成有益材料，提高领导活动的有效性，融合个人特殊性，即个人风格的高超领导艺术，有着使之理性化、自觉化的推进作用。

领导学，由此而成为领导科学和领导艺术之具有学术尊严和学科规范性的基础。而领导科学和领导艺术则是以其定性化和定量化的实证分析、富有典型性的个案研究，既为领导学提供丰富的个案选择，又为领导学自身理论尊严的提升、理论水准的提高，提供实际动力。

3. 从三个理论层次划分的学理根据上讲，任何对客观对象进行的研究，如经典性的一般学科建构，既厘清学科含义、研究对象、研究思路、基本原则一类抽象意味很强的学科建设工作，同时又以具体的实证分析与个案积累为之奠定可靠的理论根基

现代社会科学的理论结构，也大致如此。如经济学就划分为经济理

论、部门经济科学、应用经济学。法学也划分为法理学、法哲学、部门法学与法律实践工作学（如律师学）等层次。只有统纳学科一般原理原则与方法的理论学科层次建设好了，这门学科才能从它据以依附的其他更大学科中独立出来；同时，只有它积累了有效的经验分析法则和积累起能证明其理论法则的个案材料，它的理论才不致于是抽象的、空洞的，也才能体现它的有用性、有效性。否则，它也无法对自身存在的学术合理性、合法性提供强有力的辩护。

现代社会科学的这一趋同性构成特点提示我们，领导学也必须划分为一般理论、实证分析与个案研究三个层次，才足以保障它不丧失掉合法存在的基本依据。与此相关，也只有以领导学"罩住"领导科学的实证分析、领导艺术的个案研究，才足以在领导活动及其规律性的量化研究基础和层次分析基础上，提取出领导学的有效的一般原理，使之具有现代科学的学理性与可靠性。

二、领导科学：领导活动的实证分析

建立起领导学的基本原理原则，可以说大致确立起了领导学的理论尊严。但是，任何一门现代科学，都需要有经验研究的支持，否则，就难以对其基本的理论假设进行确证。

在领导学的学科体系中，领导学担负理论原理原则勾画的任务。领导科学则担负领导活动实证分析的任务。领导科学，作为将领导学的规范理论应用于领导活动的实证分析的学问，其学科特点，最显著的有两个方面：一是它对规范理论的借用；二是它对数理科学工具的借用。

在领导科学对于规范理论的借用方面，领导科学是对领导学的深化与具体化。任何理论科学只有在其能够被运用于经验分析时，才能显示它的功能。领导学提供这种具体化与深化的理论假设与学术设问。领导科学则将领导活动的调查研究、实证分析、模式建构等等，建立在领导学对基本问题解释的基础之上。没有领导学对何谓领导、领导的职责、如何评价领导等问题的理论规定，领导科学就无法展开自己的理论内涵。

从领导科学对数理科学工具的借用方面看，领导科学借重现代数理科学的量化分析方法，得以对以往人们认为不可用数字来定位的领导活动提供新的观察视角。在社会生活中，究竟有多少人居于领导地位，又究竟有多少领导是合格的，领导与被领导的关系究竟处于一个什么样的状况，领导效能究竟是好是坏，好又好到什么程度，差又差到什么地步，都得由调查数据来显示，都得由实证分析来说明。绝不能以某种主观意志来断定。这是现代数理科学给领导活动的科学观察与分析提供的最好帮助，也是领导活动的观察分析能够上升到科学水平的动力。

三、领导艺术：领导学的经验储备

任何现代领导工作都有两重性，它既有其确定的、必然的一面，也有其不确定的、经验的一面。因此，现代领导工作是一门科学，同时也是一门艺术。要使现代领导工作卓有成效，领导者不仅需要有科学的领导理论，而且还需要有精湛的对领导规律的运用和对领导活动的驾御技巧，这就是我们通常说的领导艺术。这是领导学综合性、应用性特点的一个突出表现。

领导学是研究领导工作规律的学问。它的理论体系严谨，知识规范，形态稳定，不易变化。具有理论性、原则稳定性的特点。

领导艺术是领导者运用领导学知识和各种领导方法，解决客观实际问题的技能。同领导学以及领导科学相比，它具有实践性、灵活性等特点。

我国著名科学家钱学森和王寿云在《系统思想和系统工程》一文中说："领导艺术是一种离开数学领域的领导才能，它能从大量事物的复杂关系中判断出最重要最具有决定意义的东西。"19世纪著名军事理论家克劳塞维茨在《论战争》中也曾说："在这里智力活动离开了严格的科学领域，即离开了逻辑学和数学的领域，而成为艺术（就这个词的广义而言），也就是成为一种能够通过迅速的判断从大量事物和关系中找出重要和有决定意义的东西的能力。"这都是对领导艺术突出特点的表述。

领导工作千头万绪，归结起来，不外乎是与人打交道，与事打交道，与时间打交道。因此，一般地说，领导艺术主要包括领导人的艺术、处理事情的艺术和掌握时间的艺术等几个方面，它贯穿于整个领导过程始终。

现代领导科学与现代领导艺术虽各有特点，但它们作为领导工作的两个方面，在现代社会领导活动中，又是密切联系，相辅相成的。

(一) 领导艺术必须以深厚的领导学知识为前提①

领导艺术是领导者素质的体现，其中领导者的学识水平、知识结构对领导艺术具有更为重要的意义。领导艺术是以马克思主义基本理论和现代科学理论为依据的，是这些理论的具体化，是这些理论与领导实践相结合的产物。领导艺术是领导者运用科学理论解决实际问题的技能，领导者科学理论水平越高，领导艺术就越好。反之，如果不以科学理论为依据，仅仅拘泥于局部的感性经验，就不可能是科学的领导艺术。

还应该看到，领导艺术虽无规范，有随机性的特点，但随机性不等于主观随意性，它终究是受到事物内在的未被揭示的固有规律所支配，有客观的实践标准。领导艺术不过是未规范化的领导学。因此，其艺术性不能脱离科学性。离开科学性来谈艺术性，就会走偏方向，甚至有可能滑到玩弄"权术"的泥潭。

(二) 领导学要以领导艺术为形成和发展的基础②

领导工作同其他工作一样，都有客观规律性。但领导工作也有许多不确定的随机因素，一切要以时间、地点、条件为转移，在实际中巧妙运用、灵活处理。否则，领导学就会变成僵死的教条。古人云："运用之妙，存乎于人"，说的就是这种艺术。

特别要看到的是，高级领导活动，由于范围宽广，因素复杂，情况多变，随机性强，更不能完全把它数学化，最后拍板还得靠建立在领导经验和知识之基础上的定性分析及直觉判断，更需要领导艺术。领导学是领导艺术中系统化、规范化的因素。领导艺术越发展，非系统非经验的技能越丰富，包含在非系统、非规范之中的系统化、规范化知识也就越成熟，从而推动着领导学的不断完善和发展。

领导学和领导艺术的关系应当是：在丰富的领导艺术实践中，总结出领导学理论，掌握并在实践中巧妙地娴熟地运用领导学，必然会创造出更加光彩夺目的领导艺术。所以，用领导学来否定领导艺术，或者用领导艺术来否定领导学，都是割裂它们的内在联系的形而上学的片面观点。

---

① ② 参考夏禹龙等：《领导科学基础》，广西人民出版社1983年版，第14~18页。

第二节 领导学与相关学科的界域

由于领导学具有综合性、应用性的特点，它同相关学科相互交叉。只有正确弄清它们的相互关系，才能进一步解决领导学要不要作为一门独立学科来研究的问题。在这种相邻学科关系的清理中，由于领导学与管理学紧密的学科因缘关系，是首先要加以分辨的。而且这一区分将贯穿在整个领导学的理论建构之中。同时，由于领导学的理论学科性质，它与人文科学、社会科学的关系，不能不加以分析。在中国的学术情景中，领导学兴起于执政党——中国共产党领导社会主义现代化事业与干部培养工作过程之中，因而领导学与党建理论的关系，也需要加以说明。此外，领导学在自己的理论建构中，需要借助现代自然科学的理论方法，简要交代领导学与自然科学的关系，不算多余。

一、领导学与管理科学

（一）领导和管理的关系

管，我国古代指锁钥，引申为管辖、管制之意；理，本意是治玉，引申为整理或处理。二字连用，即表示在权力的范围内对事物的管束和处理过程。而现代意义上所讲的管理，则是指为了实现一个确定目标，对人力、物力和其他资源进行整理及处理的过程。

所谓领导，是领导者确定目标并且为实现一定的目标，统御和指引被领导者的社会管理活动。领导具有管理的计划、组织、控制的一般属性，同时又有其相对的独立性和特点。

从二者的关系上来说，可以从广义与狭义两个角度加以认识。从广义角度说，广义的领导学与广义的管理学是等同的。它们都是对人类共同活动的驾御与控制。从狭义的角度说，二者有较大的区别。这种区别大致从如下三个方面来了解。

1. 领导是高层次的管理

管理的层次有高层、中层和基层之分。基层管理是微观管理，直接管理具体的人、财、物、事，它一般按常规办事，执行上级决定的具体任务，独立性不大；高层和中层管理是宏观和中观管理，很少直接管理具体的人、财、物、事，主要处理带有方针、原则性的重大问题，独立性较大。现在一般把上层和中层的管理称为领导，而不把基层的具体管理称之为领导。

2. 领导是战略性的管理

战略是指全局的，在一段较长时间内相对稳定不变的方针和原则。比较而言，领导侧重于大政方针的决策和对人与事的统御，而管理则偏重于执行政策，组织力量完成组织目标；领导着力于追求整个组织乃至全社会的效益，而管理则侧重于追求某项工作的效益。因此，领导必然是一种战略性的管理。

3. 领导是"超脱"的管理

一方面，"超脱"是说领导不要陷入烦琐的事务中，不要事无巨细地"日理万机"。"机"者"要"也，非"要"不"理"。另一方面，"超脱"是说领导应该主要依靠权威、威信而发挥引导和影响作用，不能主要依靠强制性的权力。领导不能弃"虚"就"实"，弃"柔"就"刚"，而应该以虚带实，以柔克刚，发挥"指路"和"引路"的作用。

我们了解管理和领导的关系，就不难了解领导学和管理科学是两门既有联系又有区别的科学。

(二) 领导学与管理科学的区别

1. 研究对象不同

管理科学的研究对象是社会组织的业务层，研究各种管理工作的具体的业务规律。由于这些具体业务的社会因素相对简单一些，科学方法也较规范，所以，管理科学比较容易形成一些较为定型的专业理论。

而领导学的研究对象是社会组织的决策层，涉及整体发展、全局利益，研究领导工作的一般规律。由于这种工作的社会因素复杂，科学方法也难以规范，所以，领导学形成定型的专业理论比管理科学要困难得多。

2. 表现形态不同

管理科学较多依靠数学，把数学模型运用到管理中来，并借助电子计算机进行计划、质量、劳动工资、财务等管理。从一定意义上来说，它是一门"硬科学"。

由于领导工作十分复杂，千变万化，领导者所面临的问题的非规律性，因此，很难用数学方法将领导学研究的问题做完全定量的描述，它是一门"软科学"。

应当指出，这里的"硬"与"软"是以精确化、定量化与组织、操纵、控制的程度划分的，是相对的。相对其他自然科学，管理科学是"软科学"，但相对领导学，它则变成"硬科学"了。

二、领导学与人文科学

一般说来，在社会领域中，现代学科划分论将那些与意识形态联系不太紧密的学科，称为人文科学。把那些与意识形态联系较紧的学科叫做社会科学。从与领导学相邻关系的角度讲，我们需要对领导学与哲学、历史学、语言文学三大学科的关系，做出阐释。

（一）领导学与哲学

领导学和哲学既有联系又有区别。哲学是关于自然、社会和思维知识的概括和总结。马克思主义哲学是关于自然、社会和人类思维发展的最一般规律的科学。哲学原理具有普遍的适应性。它对于一切科学，包括领导学，有重要的指导意义。但是，哲学不能代替领导学，如同它不能代替物理学、化学一样，因为领导学是研究现代领导工作的规律性及其方法的一门学问。所以哲学和领导学的关系是普遍和特殊的关系。领导学的研究范围大致可分为六个方面：

（1）领导活动的构成与本质；

（2）领导者的素养；

（3）领导结构和体制；

（4）领导职能；

（5）领导方法和艺术；

（6）领导效能。

对这种特殊领域规律性的研究既受马克思主义哲学指导而又不是哲学所能代替的。

(二) 领导学与历史学

领导学的特定研究对象是明确的。它以高、中层的领导活动及其规律为研究的对象。以对这些对象六个方面的分析、综合性研究为理论内容。从这个角度讲，领导学是非历史的理论类学科。

但是，领导学的研究离不开历史学所提供的养料。这使得领导学与历史学又发生了联系。大致说来，领导学在三个方面要依赖历史学的支持。

(1) 领导学不仅是研究当今生活中的领导活动，而且要研究历史上的领导人物，这样，对领导活动规律的概括，才显得更为完整与可靠。

(2) 领导学作为一门新兴的学科，要借助已经形成体系的古典学科的方法，使自身的理论建构更具有科学性。而历史学是人类历史上存在时间最长、发展最充分的学科之一。尤其是历史编纂学、历史社会学、历史哲学的理论结构，可以为领导学的理论建构提供可贵的学术建构启示。

(3) 领导学自身必须要追溯自己的理论渊源，从而使领导学理论建构的历史资源得到最充分的开发。在这一方面，历史学的丰厚积累，为领导学的历史追溯奠定了雄厚基础。

(三) 领导学与语言文学

从直接的理论亲缘关系上来讲，领导学与语言文学没有多少联系。领导学以领导与被领导之间展开的社会性活动为关注中心。因此，公共人物的活动构成领导学所要研究的重心所在。

而语言文学则以语言现象和文学创作、评论为关注对象。因此，它以实际应用的各种活语言与消逝的语言，以各类文学作品为批评中心。它对实际生活中的任务与事件的关注程度较低，带有较强的理想性和艺术性。在这个意义上说，领导学归于社会科学，而语言文学归于人文科学。两者各属于不同的学科门类。

但是，领导学与语言文学不能说全无关系。从最抽象的角度讲，语言是人类生存的家园。作为公共人物的领导者，在影响大众、发挥权力作用时，他如何运用语言的力量、如何以文学所提供的丰富养料，来提高自己的素养，对他的权力应用效果是有不可忽略的影响的。

从具体的角度来看，一个领导人，语言能力低，表达不清楚，会限制他的思维水平的提高,影响他运用权力的权威性。同样,一个领导人,没有较好的文学修养,没有丰富的文史知识,他就不会有游刃有余的思想资源,不会在面对权力时有一种自我约束的人文修养。

另一方面,领导人对语言的应用,也会因其地位的特殊性,对语言应用的规范性发生影响。他的文学爱好、审美趣味,也会产生从众效应。二者相互之间的这种关联,使两门学科之间,也发生相互影响。

三、领导学与社会科学

现代社会的高度发展,导致对社会生活进行分析研究的学科的大发展,使得社会科学勃兴。现代社会科学本身的进步,也使得人们对社会结构—功能的了解更深一步。现代社会科学所包容的学科很多。与领导学关系紧密,同时又是现代社会科学主干学科的政治学、法学、经济学等,它们之间的异同,也有必要加以粗略的分辨。

(一) 领导学与政治学

政治学是有悠久历史和成熟学理的学科。古典政治学主要研究权力问题。从广义的角度讲,这时的领导学包括在政治理论之中。近代政治学获得了长足的发展,尤其是政治哲学的发展,更成为现代社会诞生的理论先声。可以被称为现代领导学奠基之作的——意大利著名政治学家马基雅维利所撰写的《君主论》,是用政治学方法研究领袖权力及其运用的经典著作。现代政治学的学科分化比较细致。政治哲学、政治科学的划分,使得政治学对于现代政治现象的分析更为深化。现代政治学构成了领导学最深厚的学理基础之一。

但是,领导学与政治学又是不同的两门学科。

(1) 二者的研究对象不同。领导学的研究对象,比之于政治学的研究对象,显得更为专门。领导学以领导人与领导活动、领导环境,以及领导活动的基本规律为研究对象。而政治学则对整个人类社会的政治现象加以研究。

(2) 二者的研究方式也是不同的。政治学的规范分析,由于有千百年的积累与改进,已经使其具有了经典学科的地位。领导学还刚刚脱出经验描述的状态,尽管它在理论的建构上已经有巨大的突破,但是,研究中对于经验事实的借重,还是学科建设中起支撑作用的方式。

在政治学的分支学科中，还有对领导学的学理建设具备不可忽视影响的一门学科——行政学，二者的关系也有必要加以简略的说明。

行政学（行政管理学）是研究国家行政机关依法管理国家事务、社会公共事务和机关内部事务的客观规律的科学。它主要围绕下述问题来展示自身的理论内容：一是行政主客体；二是行政过程；三是行政效益。行政学与领导学有一致之处。它们都研究权力的规范化操作问题。但是，二者的差异也是明显的。行政学研究这一问题时，主要关注的是国家行政机关的活动及其规律性，对于行政机关的工作人员也要研究，但不作为研究的中心。而领导学虽然也研究领导机关的活动，但主要的关注点在领导者、被领导者、领导目标与领导环境的互动状态。简单地加以区分，可以从这一特定的角度说，行政学重事，领导学重人。

（二）领导学与法学

法学是现代社会科学中发展最迅速的学科，也是对现代社会影响最深的一门学科。

现代社会是法治社会。法治社会以法律制度的健全为基本前提，以法的形式至上性为社会治理的特点，以依法治理为社会权力运用的基本方式。现代法学划分为法理学（法哲学）、法律社会学、部门法学三个层次。三者以对法律建构的合理性追究、法律发生作用的社会机制的讨论、各种法律戒条的有效社会规范作用的综观分析，为现代社会的正常运转提供最有力的法治支持条件。而且，法学的国家法、国际法的共同发展，更为国际社会的秩序建构提供了更有力的理论支持。

领导学在研究领导现象时，一般都得以作为研究对象的领导者所在社会与时代的法律为基本背景。尤其是在现代社会，对于领导现象的描述与分析，必须在法治的框架中，才能为一个领导人是否合格或优秀进行定位。而同时，现代社会的任何领导者都必须在法治的范围内运用权力。依法行使权力已经是一个众所公认的用权原则。在这一点上来说，领导学与法学的学科关联性，不用多说也知道它们的密切性了。

当然，法学与领导学的区别是明显的。法的规定性、强制性与法学的严谨性、规范性，和领导活动的随机性、导向性与领导学的情景性、诱引性相比，不同是显然的。

(三) 领导学与经济学

早在 19 世纪，马克思就指出，现代社会结构的特质就是经济因素对社会发展的决定性影响，而且这一点已经表现得可以为我们直接地认识到了。生产力与生产关系、经济基础与上层建筑之间辩证关系的科学揭示，为我们从经济视角观察社会生活提供了可靠的科学依据。而现代经济学的疾速发展，所谓"经济学帝国"的建立，则为我们借用经济学的丰富学理理解现代社会的运动过程，提供了既有宏观理论、又有微观分析的有力工具。

就领导学与经济学两门学科而言，在现代社会的背景下对其关系进行清理，可以说，领导学研究的展开，必须借助于经济学的帮助。这是因为现代经济学的学科分化，使得经济学对于现代社会生活的解剖层次分明、鞭辟入里。政治经济学对国家（政府）作用及其限度的研究、对国家—市场相互关联性的深入分析，为领导学对于领导的活动背景、社会机制的研究奠定了基础。部门经济学的高度发达，则为领导学具体分析领导活动展开的各种宏观—微观条件，提供了社会经济的理性研究成果作为其借鉴与征引的对象。

领导学作为研究领导活动的学科，当然关心的是领导者与领导环境互动的公共后果。领导学也要对领导者、被领导者和环境三要素的"私人性"因素（personal factors）加以考虑。

但是，后者相比于前者而言，重要性明显要低一些。这样，领导的活动主要是公共活动，领导的决策主要是公共决策，领导的影响主要是公共影响。在这一方面，由现代经济学家开创的公共政策科学，为分析领导活动与过程的公共性，提供了最直接的理论养料。

至于领导学与经济学的差异则是再明显不过的了。领导学以领导人的活动过程及其规律为研究中心，经济学则以揭示客观的经济现象及其规律为研究目标。二者的研究对象、方式、目标、范围、功能都有不同。

四、领导学与党建学说

在中国的地域范围内来讲，一切领导活动都得在宪法的规定范围内活动。这是中国社会走向现代、迈向法治的起码要求。因此，由法定的执政党——中国共产党，对于社会生活进行有效的制约，就是一个不言而喻的问题。相应地，任何一门学科，尤其是任何一门社会科学，都有必要处理好这一学科与党建理论之间的关系。领导学自然不能例外。

领导学同党的建设学说关系很密切，但又有区别。马克思主义关于党的建设学说是研究无产阶级政党的产生、发展、党的自身建设规律和如何实现党的领导的科学。领导学的研究内容有不少与它是相通的。

但是，领导学的对象比起党的建设学说的对象，是更大更复杂的系统。党的建设学说对于领导的研究，主要是集中在如何保证实现党对国家行政、军事、科技、文化以及群众组织的领导这一方面的，而领导学研究领域更宽广一些，它把党的领导同各个领域的领导看成一个大的领导系统，从总体上研究它们共同的一般领导原理和原则，以及如何发挥领导的功能和作用。因此，领导学和党的建设学说也是不能相互代替的。

五、领导学与自然科学

科学技术是第一生产力。现代科学对于社会发展的巨大推动力，已经为现代历史所充分证明。自然科学在其中所起的作用又是一个为人们所耳闻目睹的事实。而自然科学对于我们认识和改造世界的认知能力的提高，也是一个为人所公认的事情。

自然科学不仅提供了现实世界的完整图景，而且提供了认识自然、社会、人类思维的有效工具。数、理、化、生、天文、地理等基础学科，给人类的认识飞跃予以最有力的推动。其中，数理科学的方法，已最普遍地被运用到各门具体科学的建构之中。还在19世纪，马克思就曾经强调，一门科学要具有科学的尊严，就要看其能否应用数学。

在领导学的研究与运用中，有与数理科学紧密结合的研究成果，那就是运筹学。运筹学是指在决策过程中，尤其是政府和商业部门的决策过程中采用的数学计算方法和理论。在运筹学中所使用的数学技术包括最优化理论、动态规划和控制理论，以及数据分析方法——包括最传统的统计学和许多最新的非概率技术、模拟方法，即涉及产生有关一个系统的数学模式和在计算机上验证这种模式的程序。运筹学除了在商业上的广泛运用之外，还对公用事业和社会服务部门预先制定计划以及需求预测，有极其重要的价值。

第二编

第四章

领导：概念分析

内容提要

领导是指领导者在一定的环境下，为实现既定目标，对被领导者进行统御和指引的行为过程。它具有多方面的特征，在组织中居于关键的地位。领导具有自然属性和社会属性，社会属性占主导地位。领导者必须正确认识和处理其职、权、责的关系。相应地，对于领导生态的三边互动关系，应了然于心。

第一节 领导：含义、特点与社会定位

一、领导的含义

在千变万化、色彩斑斓的社会现象中，"领导"是令人瞩目的社会现象。由于它的复杂性，人们对其界定的表达五花八门，莫衷一是。从字义上分析，一般说来，所谓领导，可以解释为率领、引导的意思。领导是一个多义词，可以是名词，也可以是动词。名词的领导是指领导者。动词的领导则是指领导活动。关于领导的概念陈述从来都没有统一的概括，每一个研究者都试图阐明领导的定义，并在其定义中研究领导的行为。以下是有关领导的定义，从中看出对领导行为理解的不同侧重点。

(1) 领导是一种个体引导群体活动达成共同目标的行为。

(2) 领导是在保持组织目标的过程中，相互沟通、指引导向的人际影响力。

(3) 领导是组织的创造者和维持者。

(4) 领导是一种人与人之间的交互作用，其中的某个个体会对其他

人产生控制和影响,从而提高工作行为的绩效水平。

(5)领导是控制、指挥、协调多种工作和人际关系的行为系统。

很显然,上述每一个定义都不同程度地说明了领导的特征。

我们认为,领导的定义应该包括以下三个方面:

(1)领导是能够决定组织或群体运行发展的职位特征。即领导代表着组织中统御地位的同时,也包括着领导在组织中的作用。

(2)领导是一个系统的行为组合和过程。领导是一种表现出来的行为系统,必然涉及行为间的交互作用。

(3)领导个性特征。研究领导行为离不开领导者个体的心理特征和行为特征。

按照这三个方面的理解,可以把领导定义为:领导者在一定的环境下,对组织战略目标的规划及其界定,以及对被领导者进行统御和指引的行为过程。领导者是领导行为过程中的核心,也是组织工作关系、人际关系和多种社会关系的中心,并肩负着协调它们之间的相互关系的使命。因此,组织视领导者为管理的"中心角色",领导者的核心功能就是通过影响和组织他人的行为,最终达到组织的目标。

二、领导的特点

领导是一种多层次、多领域的立体现象,可以从不同的视角进行不同的分类。按领导的权威基础分类,有正式领导与非正式领导;按领导活动的层级分类,有高层领导、中层领导和基层领导;按领导活动领域分类,可以把领导分为政治领导、行政领导和业务领导等。一般来说,各种类别的领导有着共同的特点。

(一)领导是一个社会组织系统

这个系统由领导者、被领导者、环境三个要素构成。领导者就是在一定的组织体系当中,处在组织、决策、指挥、协调和控制地位的个人或集体。在领导活动中,领导者处于主导的重要地位。

被领导者就是按照领导者的决策和意图,为实现组织目标,从事具体实践活动的个人或集团。它构成领导活动的重要参与者,是实现预定目标的基本力量。从最一般意义上来说,领导者与被领导者的关系,就是权威和服从的关系。

环境是指独立于领导者之外的客观存在，是对领导活动产生影响的各种因素的总和。领导者只有正确认识环境、适应环境、利用和改造环境，才能正确实现自己的预定目标。

这三个要素缺一不可。它们相互结合，才能构成有效的领导活动。

（二）领导是一个动态的行为过程

领导的三个要素构成两对基本矛盾：一是领导者与被领导者的矛盾；二是领导活动的主体（领导者与被领导者的统一体）与领导活动的客体的矛盾。领导者的"投入"（决策）要通过被领导者的行为效率实现"产出"。客观环境具有二重性（自在性与为我性），领导活动主体作用于客观环境的过程，表现为客观环境由"自在之物"不断地转化为"为我之物"的具体过程。

综上所述，领导是领导者、被领导者及环境三者的一个函数，用公式表示如下：

$$领导 = f（领导者、被领导者、环境）$$

（三）领导是高层次的社会管理活动

领导是领导者通过影响、组织、决策、指挥、协调和控制行为，率领被领导者实现预定目标的过程。这一点说明领导具有管理性质。但是，比较而言，正如前面说过的，领导侧重于大政方针的决策，面向全局，面向未来，而管理则偏重于执行政策，侧重追求当前某项工作的落实。可见，领导具有管理的一般属性，但又高于管理。从广义上来说，领导与管理是相同的。从二者具体的内涵来说，二者的界限非常分明。

（四）领导具有权威性

大凡领导都意味着权威，二者有着不解之缘。恩格斯在《论权威》中指出："所谓权威，是指把一部分人的意志强加给另一部分人。它是以服从为前提的。"罗伯特.R. A. 达尔的《现代政治分析》说："如果 Y 承认 X 控制 Y 的合法性，X 就对 Y 有权威。或者，如果 Y 承认有义务服从 X，X 对 Y 也有权威。"权威是有威望的权力。领导权威表现于领导者与被领导者的关系，它既反映领导者的权力和威望，也反映被领导者对这种权力和威望的认可及服从。

三、领导在社会组织中的地位与作用

(一) 领导是社会组织协调统一的保证

社会组织是一个复杂的系统,有许多人共同进行各种各样的管理活动。马克思在论述资本主义生产管理的二重性时指出:"凡是有许多个人进行协作的劳动,过程的联系和统一都必然要表现在一个指挥的意志上,表现在各种与局部劳动无关而与工场全部活动有关的职能上。就像一个乐队要有一个指挥一样。"① 要保证社会组织活动的协调和统一,只有使成百成千人的意志服从于一个人的意志。这就需要领导的统一意志和统一指挥。

随着社会的发展和科技的进步,组织的规模日益庞大,涉及的领域越来越广,日常事务日趋复杂,人员不断增加,统一意志和统一指挥的领导就有了日益突出的必要性和重要性。社会组织既有高层、中层、基层等纵向不同层次的区别,又有政治、行政、业务等横向领域的划分。但是,形成统一的意志,实施统一的指挥,对所有社会组织都是"放之四海而皆准"的共同要求。

(二) 领导贯穿于社会组织活动的全过程

在大千世界中,社会组织的活动是千姿百态、丰富多彩的。然而,就具体过程分析,社会活动是一个通过各种环节环环相扣而连接起来的链条,其中主要有建立组织、选才用人、收集信息、确立目标、制定计划、组织实施、检查监督、调节完善等环节。这个过程,实质就是一个不断地制定政策、执行政策的过程,是一个决策—执行—再决策—再执行的循环往复的过程。决策即"出主意"。"使这一切主意见之实行,必须团结干部,推动他们去做",② 即"用干部"。所以,"出主意"、"用干部"是领导干部的根本职责。正是这种领导职责构成了有效的社会组织活动,并贯穿于社会组织活动过程的始终。

---

① 《马克思恩格斯全集》第 25 卷,人民出版社 1974 年版,第 431 页。
② 《毛泽东选集》第 2 卷,人民出版社 1991 年版,第 527 页。

(三）领导正确与否关系到社会组织活动的成败

社会组织是由诸多因素构成的大系统，每一个因素的状况都对它产生影响。由于领导具有"统领"、"引导"的整体管理功能，尤其是领导的决策规定了组织目标及其达到目标的途径和措施，因而它成为组织行为的指南和准则。

组织的效能是由领导决策目标和组织效率决定的。我们要求高效能，就不仅要努力提高效率，而且还要保证决策目标的正确。否则，"南辕北辙"的社会活动，效率越高，损失则越大。古今中外，这样的事例屡见不鲜，在现代社会就更为常见。

第二节 领导的性质

一、领导二重性的含义

领导二重性说的是领导的性质问题。任何领导都具有二重属性，即领导的自然属性和领导的社会属性。

领导的自然属性就是领导的一般属性，或共同特征。由于领导活动乃是人类社会群体活动中的一部分，因此，在任何一种社会制度中，领导的主要标志是统一的意志和一定的权力，都具有组织指挥和决策等共同职能。这是社会共同劳动和共同生活的自然需要，存在于人类社会的始终。

领导的社会属性就是领导的特殊性或具体的属性。它是体现一定社会生产关系的本质特点的具体属性。人类社会是自然历史过程，领导活动也是一个具体的历史范畴。一定的领导活动是建立在一定的生产关系基础上的，它归根结底要反映一定生产方式的内在要求。在阶级社会中，生产关系表现为阶级关系，一定的领导活动必然反映特定阶级和社会集团的利益，不同社会制度的领导活动必然带有其鲜明的特点（如阶级社会中领导的统治性，社会主义社会中领导的服务性）。这种社会属性不是固定不变的，它是伴随社会关系的变化而变化的。

二、领导二重性的关系

(一) 领导二重性的相互依存性

唯物辩证法指出:凡普遍性、共性都寓于特殊性和个性之中,而任何特殊性、个性都体现出普遍性和共性。共同的领导自然属性存在于具体的领导的社会属性之中,相异的领导的社会属性表现共同的领导的自然属性,二者是相互联系、不能分割的。

我们说领导具有二重属性是指同一领导活动的两个方面,并不意味着有两种领导活动。世界上并不存在着只有单一自然属性或者单一社会属性的领导活动。

(二) 领导的本质主要由社会属性决定

马克思在分析资本主义领导者与管理者的二重性时指出:"资本家所以是资本家,并不是因为他是工业的领导人,相反,他所以成为工业的司令官,因为他是资本家。"[1]

在领导活动中,领导者的出现,首先不是靠领导的"自然属性"的资格,而是据以占有生产资料"社会属性"的身份。所以,一切社会生产过程中的领导所具有的决策、指挥、协调、控制等自然属性形式的改变,并不影响受制于社会生产关系的领导的社会属性和改变领导的实质。

其次,领导具有的统一意志和权力的特征,是建立在根本对立的基础上,用强制和欺骗来维持的;或者是建立在民主平等的基础上,用服务与服从和民主管理来协调一致。这也是由一定的社会经济关系和政治关系决定的。

在领导本质的二重性中,受一定社会生产关系制约的社会属性占主导地位,起决定性作用。所以,认识一定社会的领导性质,既要看到其自然属性,更要揭示其社会属性,否则,对领导活动的认识就会失去正确的方向。

---

[1] 《马克思恩格斯全集》第23卷,人民出版社1972年版,第369页。

三、领导权力的公共性问题

领导权力只能是公共权力，领导权力不是私人权力。从权力的来源、使用到后果，领导权力要受到法律、组织规则、社会力量等因素的限制。在这个意义上，领导权力只能被用于公共目的，只能用来为社会大众谋福利。就此而言，"领导就是服务"反映了领导权力的公共性特质。

张闻天同志早就明确指出："领导，就是服务，领导人民，就是为人民服务。"[①]

邓小平同志在1985年也曾经指出："什么叫领导？领导就是服务。几年前，我曾说过，愿意给教育、科技部门的同志当后勤部长。今天，我还是这个态度。领导者必须多干实事。那种只靠发指示、说空话过日子的坏作风，一定要转变过来。各个部门和地方，特别是主要负责同志，都要注意这个问题。"[②]

这一个论述虽然不能简单理解为就是领导的定义，但充分体现了中国共产党一贯坚持的"为人民服务"的根本宗旨，从领导与被领导的关系方面进一步揭示了社会主义领导活动的公共性本质。在对我国社会主义领导活动的认识中，我们需要研究它的决策、组织、指挥等带共性的方面，但更重要的是把握它的"服务"本质。

就一般而言，中国共产党是无产阶级先锋队，代表最广大人民群众的根本利益，以为人民服务为宗旨。从这个意义上说，领导就是为人民服务。就我国国情来说，因为我国建立了社会主义制度，社会主义制度的生产资料公有制和人民民主专政的国家政权，决定了人民是国家的主人。领导者的权力是人民给予的，这就内在地规定了领导者必须向人民负责，为人民承担应该承担的责任。我们的领导者必须全心全意为人民服务，当好人民的公仆。

社会主义的领导观，是一个以服务为核心，权力、责任、服务三位一体的完整概念。"领导就是服务"的科学论断，抓住了这个核心，又特别突出了"服务"这个最重要的含义，为社会主义的领导工作指明了方向。

针对现实生活中"主人"与"公仆"关系颠倒及一些消极腐败的现

---

① 转引自刘英：《身处逆境的岁月——忆张闻天》（下），《瞭望》杂志1985年第33期。
② 《邓小平文选》第3卷，人民出版社1993年版，第121页。

象，我们各级领导必须树立"领导就是服务"的思想，坚持"服务"观念，坚持群众路线，保证决策和决策的执行符合人民的利益；要经常深入基层，深入群众，扎扎实实工作，把党的路线、方针、政策落到实处；要推进社会主义民主和法制建设，积极疏通和拓宽领导同人民群众联系的渠道；加强廉政建设，继续发扬艰苦奋斗精神，克服党内存在的消极腐败现象，建立和完善自上而下与自下而上的监督制度，联系群众、宣传群众、组织群众，在建设中国特色社会主义的伟大实践中，充分发挥先锋模范作用。

第三节 领导者的三重规定性

领导者之所以成为领导者，是因为领导者这一社会角色，有其基本的角色规定性。领导者角色的基本规定性有三点：领导者的职位、职权、职责。

俗话说，"师出有名"。领导者要获得计划、组织、指挥、协调、控制、监督的权威性和影响力，必须依靠合法的授权。因此，领导者对领导活动的影响，应首先从他们的职位、职权与职责的规定性上表现出来。

一、领导者的职位

在现代社会中，作为社会组织化生活中的合法领导者，他不是自我宣称，他必须有法定的权力来源与法定的权威保障。这种权威保障，直接地与他的领导职位是合法授予的联系在一起，可以说，这是一个领导者有效地工作的首要条件。

（一）领导者职位的含义

领导者的职位，是指权力机关或人事行政部门根据法律与规程，按规范化程序选举或任命领导者担任的职务和责任。因此，领导者的职位就其构成要素来讲，它有职务和责任两个不可分割的构成成分。

就前者来讲，它注定了担任某一职务，才负有某相应部门的工作指挥与统御权。就后者而言，它意味着担任某一领导职位的人，就负有对该组织（或单位）的领导责任。这种责任，归根结底，就是担任这一职位的领导者必须提高该组织的活动效率，以求使其领导活动在原有的基础上，形成的投入与产出之比有一个优化值，使组织维持高效的运作状态。

(二) 领导者职位的特点
领导者职位有三个特点：

1. 职位是以"事"为中心确定下来的

这就要求，组织人员，尤其是领导者必须围绕区分有缓急的领导事务展开工作，必须以处理各种事务的公平性和效率来推动工作任务的完成。由此，领导者应当学会将各种事务的性质、范围、内容加以区分，然后按轻重缓急加以有序、有效的处理。

2. 职位设置的数量规定性

这一数量的多少禀承一个基本的原则，即最低数量原则。按照这一原则，一要避免因人设事，官职重复；二要避免职权划分不当，所设的官职权限不明，交叉管理。

3. 职位本身的相对稳定性

这是指：其一，领导者职位有法定性。按法律规定职位，既不能随意增设，也不能随意废除。其二，某一职位上领导人自身的特点及担任职务与责任的时间长短对职位本身不构成影响。此意是指，领导者的实际担当人与形式构成性，是可以分离的。而且，形式构成性有优先性。即是说，一个领导者应以他是否可以保证基本的工作能力，保障基本的领导效率，为其是否足以担任某一实际职位的判断标准。不足以担任这一职位，他就应当辞职，而不是废除这一领导职位本身。

二、领导者的职权

(一) 领导者职权的含义
领导者的职位是权力实施的名位条件，但权力的落实，还得有与这一条件相当的法定权威伴随。这种法定的与职位相当的领导权力，就是领导者的职权。

领导者的职权,是他行使指挥与统御过程的支配性影响的实质条件。设想一个领导者有职无权,那么,最低限度的工作效率,也是他无可奈何的事了。但另一方面,一个领导者的作用,有权无职,即他能实际地发挥一个领导者的作用,却未能获得法律的认可、上级部门的授权,那么,反而会使领导工作出现紊乱。可见,职位与职权一样,对领导效率都存在双向的影响与制约。

(二)领导者职权与职位的关系
领导者的职权与职位的关系,可以从两者的特性来认识。

1. 从职权的特点上来分析

首先,职权与职位联系在一起,前者由后者派生出来,二者具有同质同量的关系。同质,是指职位的性质决定职权的性质;同量,是指某一领导职位相应地有某种数量规定的工作任务、工作指标、工作绩效。因此,职权与职位均与个人因素无关。相反,掌握某一职位、行使某一职权的领导者,倒是需要服从职位、职权所要求的诸种条件。

其次,职权与职位有对称关系。职权的大小,与职位的高低、责任的轻重,均需适应。倘若任意扩大职权,即为滥用权力;如果随意失职失权,则为渎职行为。就此点而言,领导者必须找准职位与职权相契的理想结合点。这一理想结合点,从领导效率的角度讲,一方面体现为权力行使基本效率的保障,另一方面表现为领导者对自己行为的有效约束,不能单纯为追求保权保位而忽视行政效率,以"无过即功"为工作目标。

再次,职权是法律认可与确证的权力,它一方面要约束领导者的思想与行为,另一方面要确保这种权力的稳定性,使其不能以任何形式进行私人性转让。这两方面也要求领导者以有效的工作,即以最少的投入、最大的产出来保证自己行使权力的公平性、合理性与有效性。

2. 从职权的范围来了解

职权是有限度的权力,它由国家机关因公共管理分工的不同而进行功能性划分并作出授予,被授予者需要对权力有清晰的认知,从而掌好权并用好权。

以管理学界的研究而言,领导者的职权范围可以大致规定为:人事权,即对所属下级的任免与奖惩,对人力的开发,对下级的授权,对下级外出工作的代表权授予；物权，即对领导目标所要求的物质资源的配置与使用权；财权，即对组织活动所需的财政支持条件支配的权力；组织性权力，即对其负责的组织目标、实现途径等关键问题的决策权，对本组织诸种活动的指挥、统御与协调的权力，对上下级组织的建议提案与审查决定权力。

可以说，这四种权力的享有与行使，都不是随意的，人权、物权、财权及聚集而成的组织权，其实都是围绕领导者所确定的组织目标、所预期的领导活动绩效、所企求的投入产出比相关指标而作用的。

三、领导者的责任

（一）领导者责任的含义

领导者被授予一定职位而有了名位，被赋予一定权力而有了支配性影响，但职位与职权都不是没有相应约束就可以享有的。这有两层意思，一是职位、职权由权力部门或上级组织或选举者所规定或要求，如上所述，在此不论；二是在一定名位上享有一定权力的领导者，还必须负有与名位与权力相应的责任，做好分内之事，即担负起与权力相当的成败荣辱的个人重担。这就是领导者的责任。

（二）领导者责任的内容

领导者的责任有多方面的内容。领导者的责任由政治、行政、法律三个层面构成。

所谓政治责任，就是一个领导者依照权力机构或授予者的要求进行工作，完成工作过程之后，造成的客观社会影响。这种影响，从大的方面讲，有人们依照整体的领导工作效率和效果，对作为活动背景的政治、社会体制的积极或消极的评价；从具体的方面讲，则包括人们凭借领导者个人的工作效果，对领导者素质、能力和个人综合状况的评估。

所谓行政责任，则是指领导者自己的岗位责任与具体领导责任。岗位责任，指的是领导者担任某一职务，所应承担的义务，以及对成败的个人担当。具体领导责任，指的是领导者通过规划、组织、指挥、决策、用人、监督、评估等环节的工作，所必负有的保其成而避其败的职责。

所谓法律责任，则是指领导者担任某一职务，运用某种权力，对法律所应作出的回应；另一方面，则是对领导工作失当所造成的社会影响的一种负面规定所作出的反馈。这一意思是说，如果一个领导者只专意投入，而不问产出；只美化动机，而不视效果，那么，法律就会对之进行惩戒。

从上述分析可以看出，领导效率内涵于领导者责任之中，领导者的效率离不开责任。

第四节　领导生态：三边互动

领导活动与领导过程不是领导者个人的活动。如前所述，领导活动与过程是在一定环境条件下展开的。当领导者主体与需要领导的客体（包括被领导者，需要配置的物力、人力等因素）发生互动关系时，便形成领导生态。

所谓领导生态，是指领导活动与过程及其据以发生、发展和产生效用的各种条件组合而成的领导综合状况。它有两种指向：从广义上来说，它包括与领导活动、领导过程、领导效用相关的所有因素。自然—社会—人各方面的条件，只要涉及到领导问题，都得纳入其中考虑；从狭义的角度而言，它只包括直接影响某一领导活动的三个因素，即领导者、被领导者、领导环境。领导学对领导生态的考察，一般从狭义的角度着手。广义的领导生态，属于一般社会学考察的对象。

一、领　导　者

领导者是领导活动得以展开的最重要的主体条件，也是在对领导生态的分析中，要着重解剖分析的要素。

领导者之所以构成为领导生态中的重要因素，是因为他是领导活动的轴心。在正式的社会组织性活动中，一个经法律途径合法任用的、担任某一领导职务、肩负某种领导责任的领导者，是这一社会组织顺利展开组织运作的起码条件。这是由社会组织结构规定的。一个没有权威的领导者、或者甚至没有领导者（与领导机构）的社会，从来就是不存在的。这一点，既已经为文化人类学所证明，也为现代社会的状况所证实。

作为领导生态要素的领导者，在领导生态的考察中，主要被关注的有两个方面。一是这一要素据以出现的理由，这是对领导发生学的考察。二是这一要素据以作用的条件,这是对领导类型学的分析。前者要说明的是领导者这种社会角色的规定性,后者要剖析的是领导者在何种条件下才能发挥出更有效的作用。正是由于领导者在整个领导活动与过程中,在领导生态的诸要素中具有如此重要的作用,因而,领导学把领导者放到最重要的分析地位上,也就是顺理成章的。

二、被领导者

被领导者是领导者这一概念产生意义的前提,当然也是领导活动据以发生的基础。就此而言,领导生态的诸要素中,被领导者是不可缺少的因素。

被领导者并不是单纯意义上的被支配者。一方面,被领导者与领导者的对应性存在,构成领导者具有实际意义与作用的条件;另一方面,领导者与被领导者从来不是天生就有的,也不是一经划分,便永无更改可能的事情,二者的位置具有调整的可能性;再一方面,在实际的社会活动与组织生活中,我们经常会发现,一些被领导者,因为具有较高的才能与威信,事实上发挥着领导者的作用。这也构成我们必须认真分析被领导者的重要理由。

但需要指出的是,对被领导者的分析,始终只能处于领导学对领导生态考察的从属地位。原因在于,一个社会组织的活动常常是组织首脑意志的产物,被领导者只能在领导意志被转换为组织意志的实现过程中,体现其不可忽略的作用。因而,一个对于这种活动进行专门研究的学科,便不能平分秋色,更不能"抓了芝麻,丢了西瓜"。

三、领导环境

所谓领导环境,是指与领导活动及领导过程直接关联的各种社会因素,包括政治、经济、文化、教育、科技、传统、习俗等因素。领导学要加以研究的主要是政治、经济、文化、教育因素在领导过程中的作用。这几种因素对领导活动的影响很大,因为它们对形成良好的领导环境有着不可替代性的作用。政治、经济因素,是任何社会条件下开展领导活动的基本要件。

政治的因素决定着领导活动开展的社会治理与法律安排等前提条件。

领导环境良好与否，尤其是领导活动能否顺利地展开，都与政治稳定或政治变革、政治动荡局势紧密地联系在一起。从这个角度说，政治因素是领导环境诸因素中起关键性作用的因素。

经济的因素决定着领导活动开展的物质基础与财力条件等基本前提。领导环境是否有利于领导活动有效地展开，是否能够以一定的投入获得较高的社会效益与经济效用，一般都受经济因素制约。因此，经济因素是领导环境诸因素中起基础性作用的因素。

文化、教育条件在领导环境诸因素中，则发挥着辅助性的作用。但是，这并不等于说两者对于领导活动的影响不值得重视。文化发展程度、文化传统对领导者的思想与行为不可避免地发生重要影响，尤其是传统权威与服从的既有关联状态，对于领导者与被领导者的互动，会在一种集体无意识的情形下发生巨大的影响。文化整体素质的高低，则在相当程度上制约着领导活动、特别是领导决策活动的水平高低，制约着被领导者与领导者健康互动的水平。而这一方面恰恰是教育在发挥作用。教育承受着科学技术、人文知识、边缘学科知识的创造与传授。在科学技术是第一生产力的现代社会，有效促进教育与科技的结盟，是优化领导环境的重要任务。

领导环境具有它自身的特点。简单概括起来说，领导环境具有特定环境的稳定性、随社会变迁产生变化的动态性、常量与变量交互作用的复杂性、主观与客观互动的交错性。在对领导环境加以研究与改良的过程中，对此应当加以把握。

第五节　领导与管理的概念异同辨析

领导与管理是领导科学、管理科学的核心范畴。然而，恰恰在这两个关系学科整体架构的概念表述上，存在种种矛盾的说法。最突出的表现是，有的人提出"领导是管理"；也有人反其道曰"管理是领导"；有的肯定地论断"管理就是决策"；又有人明确强调"领导就是决策"。

梳理领导与管理的基本概念，理顺领导和管理的相互关系是领导学的一项基本任务。

一、领导与管理概念矛盾的逻辑分析

对上述种种矛盾的说法，要作两方面的分析，一是学者们概念使用上的混乱，二是广大读者理解上存在误区。首先要指出的是，这里有一个概念使用上违反同一律的逻辑原则问题。逻辑学上的同一律告诉我们，在同一思维过程中，每一思想的自身都具有同一性，基本公式为"A 是 A"。如果概念和判断变换和转移了，即"A 不是 A"了，那么就不能得出正确的结论。以上的种种思维表述不能得出正确的结论，就源出于此。

在领导与管理的概念上，二者都有狭义和广义的两种不同含义和范围。

当我们仅把管理理解为对决策的执行而不包括决策制定时，这种管理属于狭义的管理；而当我们不仅把管理看作为决策的执行，还包括决策的制定，那么这种意义上的管理则为广义的管理。

同理，当我们仅把领导看做为决策制定而不包括决策的实施时，这种领导只是狭义的领导；而当我们把这种领导扩大到既包括决策的制定又包括对决策的实施时，这时的领导则变成为广义的领导。

"领导是管理"的提法，实质是"领导是高层次的管理"的简写。这里的"领导"只是指担负决策制定职责的领导，因而是狭义的领导；这里的"管理"是包括了高层的决策及中、下层组织与执行的整个组织系统，因而是广义的管理。因此，"领导是管理"这样的表达是合乎"个别是一般"的辩证法原则的，是正确的。

"管理是领导"的提法，则是"管理是低层次的领导"的简写。这里的"管理"只是指担负执行决策职责的管理，因而是狭义的"管理"；这里的"领导"是包括了中、下层组织与执行职责和高层决策职责的整个组织系统，因而是广义的领导。因此，"管理是领导"这样的命题也是合乎"个别是一般"的辩证法原则的，因而也是正确的。

综合而论，我们把以上两个命题分别独立进行逻辑分析时，二者都合乎逻辑，其命题均具有真理性。

问题在于，当我们把它们变成同一思维活动过程进行判断时，就不能得出正确的结论了。其原因就在于违反同一律原则。请看命题一："领导是管理"。这个命题中的"领导"是狭义的"领导"（即只指决策，不含执行），"管理"则为广义的"管理"（既指执行又包括决策）。而命题二:"管理是领导"。这个命题中"管理"却变换成狭义的"管理"(即只指执行,不含决策),"领导"变换成广义的"领导"(既有决策,又内含执行),两个命题陷入了不可解决的逻辑矛盾之中,不能靠矛盾律或排中律求得正确的判断。

再看"管理就是决策"和"领导就是决策"的提法。"管理就是决策"是美国著名管理学家、诺贝尔奖获得者西蒙针对长期以来政治与行政分离的问题而提出的,旨在强调整个管理过程都是决策的过程。他的"管理"概念囊括了高层、中层和基层的整个组织系统,是地道的广义的"管理"。他讲的"决策"是属于"不仅指各种方案的最后选择行为,而且是指决策制定的全过程"的广义的"决策"。

强调"管理不是决策,领导才是决策"而撰文批评西蒙的质疑论文所讲的"领导"都是仅指高层决策的狭义的"领导";他们所讲的"决策"也是仅指战略决策的狭义的决策,这里不包含战术性、战役性的具体决策。

由此对照可以看到,西蒙的"管理就是决策"是广义对广义,而对其质疑的论文的"领导就是决策"却变换为狭义对狭义。根据逻辑的同一性原则,由于两者有着不同的含义范围,两者不能相提并论,不能采用矛盾律或排中律而由质疑论文之正推论出西蒙之误。

从以上的分析可知,"管理"、"领导"两个范畴各自有丰富的内涵,相互之间又呈现复杂的关系。我们不仅要做管理学、领导学的学理分析,而且还要遵循正确的逻辑原则,针对不同情况,做出不同的逻辑判断,才有可能获得正确的认识。

二、领导与管理异同面面观

探索"管理"、"领导"范畴关系时,起码要从三个基本方面去做认真的区别性研究。

(一)基于广义或外延层次看二者的相等性

根据 1933 年出版的牛津英语字典注明,英语单词当中"领导者"(Leader)一词最早在公元 1300 年出现,而"领导"(Leadership)一字直至 1800 年尚未见到。我国"领导"一词何时出现,迄今未可查考。领导与管理二者比较而言,要算"管理"历史更长。"管理"与"领导"长期"合二而一"使用,在"领导"一词出现之前,其含义包括在"管理"之中。中国的"经世治国"以及"修身、齐家、治国、平天下"之说中的"治国"就包含了"领导"。就是有了"领导"一词之后,人们还往往把二者当作同义词来使用。

如列宁在其名篇《什么是苏维埃政权?》中,就把苏维埃新政权的实质概括为:"从前管理国家的总是富人或资本家,而现在第一次是由遭受资本主义压迫而且人数最多的阶级来管理国家"。《中华人民共和国宪法》(以下简称《宪法》)第一条明确规定:"中华人民共和国是工人阶级领导的,以工农联盟为基础的人民民主专政的社会主义国家。"这里,列宁讲的"人数最多的阶级来管理国家"和我国《宪法》强调的"工人阶级领导",其"管理"和"领导"是一脉相承的同义语。

在现实活动中,存在着包括决策及其实施的领导,即广义的领导,也存在包括决策执行与决策制定的管理,即广义的管理。很清楚,这里的广义的"领导"与广义的"管理"是一回事。换言之,在广义层面上作比较,领导与管理是等同的,是一回事。长期以来,人们就是在这样的"大而同"层面上使用这两个概念的,有的"领导"可以理解为"管理",有的"管理"也可以理解为"领导",有的甚至将"领导"与"管理"并列连用,如有的书名就定为"领导管理干部素质修养"。这种现象还常见到,对此必须加以注意。

(二)从狭义角度看两者本质差异性

认识事物,异中求同是重要的一方面,然而同中求异,揭示事物的特殊矛盾性,找出事物质的区别,这是认识的更重要的任务。从历史来说,"管理"与"领导"的分化及人们对其本质的认识是一个自然历史过程。随着社会活动规模扩大和社会分工的发展,19世纪中期发生了所有权与经营权分离。20世纪初,泰勒提出计划(管理)职能与执行职能分开的科学管理,开创了人类社会管理的新纪元。

随着决策现象凸现,领导、管理、决策与执行四者相互关系的研究突出起来。人们在归纳研究中发现,领导与决策联系在一起,管理与执行联系在一起,从而逐渐形成了领导就是决策,管理就是对决策的执行的观念,由此开始认识到领导与管理各有不同的本质内涵,而把它们相互区别开来,使人们的认识得到了进一步深化。

处在现时代的人们,不能只停留在管理与领导相同的认识上,而应认识到不同的行为主体有不同的职责,从而把管理与领导两者区分开来。我国《宪法》对国务院 18 项职权规定中,"领导"与"管理"使用时,就有"领导"、"领导和管理"和"管理"的不同规定,这应视为是这种区别、求异科学精神的体现。

(三) 广义和狭义的混合关系

如上所述的"领导是管理"中和"管理是领导"的矛盾表述,将二者连接在一起进行思维判断是不妥的,因为违反同一律,产生逻辑混乱。而将它们分别作为独立的命题,采取广狭组合模式,不仅是正确的,而且是下定义的重要方法。一般地说,下定义的方法就是通过揭示邻近的属的种差来下定义。什么是种差?种差就是指被定义的概念和同一个属概念下的其他种概念之间的差别。用公式表示:被定义概念 = 种差 + 邻近的属概念。其规则有三:一是定义概念和被定义概念的外延必须相等;二是定义概念不能直接或间接地包含被定义概念;三是定义一般用肯定形式和科学术语。我们试以此规则来分析上述的"领导是管理"和"管理是领导"这两个命题是否符合下定义的规则。

命题"领导是管理"中的"领导"是属于狭义的领导含义,因为仅指决策而言;而"管理"则为广义的管理含义,因为它包含执行决策和决策的制定。一般管理组织分为高、中、下三个层次,"领导是管理"的展开解释则变成领导也是管理,不过不是一般的管理,而只是高层次的管理。

同理,说"管理是领导"时,"管理"仅指执行而不包括决策制定,所以是狭义的管理,"领导"则是包括高层、中层、下层的整个组织系统,既有上层的决策制定,也有中、下层的组织与执行,所以属于广义的范畴。所以"管理"也是"领导",只不过不是一般的领导,而只是低层次的领导罢了。

这样的具体分析,不仅深化了管理与领导的具体关系,而且也合乎逻辑原则。

首先看"领导是高层次的管理"。这里的"领导"是被定义概念,"高层次的管理"是定义概念,"领导"是"管理"之下的种概念。"领导是高层次的管理"揭示出二者的本质差异:"领导"具有高层次的特点,使人们的认识从粗放的"大而同"向具体细微方面深化了一大步。

同理,"管理是低层次的领导"中的"管理"是被定义概念,"低层次的领导"是定义概念，"管理"成为"领导"之下的种概念。这一定义从另一方面又揭示管理区别于领导的本质内涵："管理"具有低层次的特点。

列宁在《哲学笔记》中说："范畴是区分过程中的一些小阶段，即认识世界的过程中的一些小阶段，是帮助我们认识和掌握自然现象之网的网上的纽结。"一定的范畴、概念反映着人类对客观世界认识的一定阶段。每一个科学的概念、范畴是整个无限大的认识之网上的一个纽结，每增加一个范畴都是标志着人们由必然向自由迈进一小步，体现着认识之网的扩大和充实。而这种认识的进步，正是通过这种在形而上学看来貌似荒唐的"矛盾"或"不相容"的辩证思维中得以突破和实现的。

第五章

领导者：个体素养与群体结构

内容提要

领导者是领导活动的发起者、组织者，包括领导干部和领导集体。领导者的素养，是指领导者带有稳定性的素质及其自觉能动的修养程度。领导者的素养，主要包含了政治、知识、心理、能力、体质诸方面的内容，不断提高个体的素养水平，实现领导集体素质优化，这是实现正确领导的基本条件。

第一节 领导者素养：含义、特点及其作用

一、领导者素养的含义

什么是素质？所谓"素"，就是本来的、原有的意思；所谓"质"，就是一事物区别于其他事物的内在规定性。素质是指事物固有的性质和特点。素质概念，有狭义、广义、泛指之分。

狭义的素质是指生理学概念，指人的神经系统、感觉器官和运动器官等先天的解剖生理特点。这种先天特点是人们获得知识、才能的自然基础。

随着社会的发展，素质一词的含义拓宽了，它指人的性格、毅力、兴趣、气质、风度等，这是广义的素质。它指一个人在先天基础上，通过后天的实践形成的基本特征，一个人与另一个人相区别的基本特点。

后来素质这个概念不仅限于心理学、生理学范围，而且被广泛应用到其他方面。它指一种事物在特定条件下、特定时间内的基本状态或特征，这是泛指的素质。

所谓领导者的素质，已经不仅仅是生理学的特征，而是指在先天禀赋的生理素质基础上，通过后天的实践锻炼、学习而成的，在领导工作中经常起作用的那些内在要素的总和。它是领导者从事领导活动所必须具备的基本条件，是一种潜在的领导能力。

据《辞源》的解释："修养，练身心也。"这是一个含义广泛的概念。所谓"修"，有整治、锻炼、提高、完善的意思；所谓"养"，有养成、长养、培养、涵养的意思。①

今天来说，修养既包含举止、仪表、礼貌、情操等方面的陶冶和锻炼，也包括政治思想、知识、技能、道德的造诣和水平。概括地说，修养指的是一个人在思想道德、知识、技能方面达到一定水平所要经历的长期学习和实践的过程。

一个领导者的素质修养，指的是为达到实现社会主义现代化的有效领导目标所要求的水平、素质所做的自我努力过程，也是客观条件和主观因素的优化组合。

领导者要有良好的素质，而良好的素质不是生来就有的，是通过后天的学习、实践、培养、锻炼，即修养逐步形成的。这就是素质培养，简称为素养。

二、领导者素养的特点

（一）综合性

领导者的素质是由诸多因素组成的一个有机的结构体系。我国古代有"德、识、才、学"的说法；近代也有人提出"德"（政治素质）、才（才能、才智）、学（学问）、识（见识）、质（气质、心理个性）、体（体质）等内容。列宁指出，领导者的素质应该包括具有政治上的成熟性和积极性；最密切地联系劳动群众，知道并理解群众的利益，赢得他们的绝对信任；能把人民团结在自己周围；在技术上和生产组织上是内行；受过科学的教育；具有行政工作的能力；办事认真、负责；具有坚强和果断的性格。

中国共产党第十二届三中全会以后，对干部提出"革命化、年轻化、

---

① 参考刘德道、硕晶忱：《人才修养教程》，河南人民出版社1986年版，第2~3页。

知识化、专业化"的要求，这是我们党在新的历史时期对干部提出的基本素质的总的要求。领导者素质修养的内容很广泛，包括道德修养、政治修养、知识修养、智能修养、心理修养等。其中任何一方面的修养都是社会主义领导者所不可缺少的。因此，领导者的素质修养要坚持以政治修养为核心，全面协调地发展。

（二）阶级性

中外历史上任何一个阶级都有其自身的"修养"学，按照本阶级的需要去塑造领导者的素质，培养本阶级忠实的、得力的领导者。我国历史上许多思想家都注意研究修养，古代很早就有"修犹切磋琢磨，养犹涵育熏陶"以及"修身、齐家、治国、平天下"的说法，为传统社会培养治理国家的领导者。

无产阶级的革命领袖非常重视各种修养，给"修养"一词注入新的生命力，使之具有全新的社会内容和更高的境界。马克思、恩格斯、列宁、斯大林、毛泽东都多次讲到加强政治修养、科学修养、艺术修养和思想意识修养的重要性和必要性。列宁说，有政治修养的人是不会贪污的。斯大林认为，经验不足，修养不够的干部常常会摔跤的。毛泽东同志在《为人民服务》等名篇佳作中，刘少奇同志在有重大影响的《论共产党员的修养》专著中，周恩来同志在《我的修养要则》等著作中，都全面地精辟地论述了领导者的素养问题。

从革命导师的论述中，可以看到，领导者的基本素质是多方面的。但是，对于无产阶级政党的领导者来说，尤其要重视提高各级干部的政治素质，而无产阶级政党领导者的最根本政治素质就是无产阶级政党的党性。这是领导者素养之魂。其他方面的素质是必不可少的，然而，它们都是为实现无产阶级的根本利益服务的。忘记了这一点，就等于没有灵魂，就会迷失方向。

阶级是一个历史范畴，它不是从来就有的，也并非永远存在。一定阶级是同生产力发展的一定历史阶段相联系的，就是同一个阶级，它的状况也是历史地变化的。因此，不仅不同阶级有不同素养，就是同一个阶级在历史发展的不同时期，其素养要求也不同。素养的阶级性与历史性、时代性又是密切联系的。

(三) 层次性

任何领导工作都是一个系统，都划分为层次。不同层次有不同的职责，因而对领导者也有不同的素养要求，应该区别对待，不能等同划一。关于这个问题，早在古代就有论述。在《淮阴侯列传》中记载过刘邦和韩信的一次"论将"对话，韩信就提出了一个十分重要的军事人才分类原则。即所谓"领兵者，谓之将才也"；"能将将者，谓之帅才也"。"将才"和"帅才"是活动在不同的社会层次中的领导人物，他们的社会职能也就不同。

现代社会活动复杂，组织机构的领导层次分明，其素养的层次性特点更为突出。在一个大型组织中，一般分为高层、中层、基层三个不同层次的领导者，它们各自担负着不同的使命和责任，因而对其也有相应不同的素质要求。例如，高层的领导者主要职责是确定大政方针。与此相适应的，创造才能、综合判断能力是对高层领导者的特殊要求。中层领导者主要是同人打交道，从组织与管理方面去实现大政方针。因此，他应该着重扩大人际关系学方面的知识，增强协调能力。基层领导者主要是执行领导指令，帮助下属及时解决具体问题。因此，他应该增长专业技术知识，努力提高专业领导水平。如果把他们的素质抽象为判断技能、人事技能、技术技能，各层人员所需要才能的比例构成如下表所示（见下页）。

(四) 动态性

领导者的素质是一个动态的概念，处在不断变化之中。这是因为一个人能否充当领导者以及能够担负哪一级领导者，固然与一定先天的生理素质有关，但决定的因素是后天的社会实践。毛泽东说："马克思、恩格斯、列宁、斯大林之所以能够提出他们的理论，除了他们的天才条件之外，主要地是他们亲自参加了当时的阶级斗争和科学实验的实践，没有这后一个条件，任何天才也是不能成功的。"① 领导者素质变动的动因就在社会实践状况。

俗话说，勤能补拙，一分辛劳一分才，天才在于积累等等，这些都是至理名言。领导者只要投身于变革现实的实践中，努力学习、刻苦锻炼、善于总结，就可以使自己的素质沿着党和人民需要的方向不断发展。就是

---

① 《毛泽东选集》第1卷，人民出版社1991年版，第287页。

原来较差的素质也可以因此而逐渐变好；反之亦然。在素养问题上，我们时时都应该有饥饿感、危机感，同样要活到老、学到老、改造到老。

各阶层必要技能分析表①

	经营者	中间管理者	第一线管理者	作业者
技术能力	○ 不太需要，也可以说不需要	◎ 比较不重要，不过是以部下有人熟悉技术技能为条件的	◎ 重要	◎ 必要
人事技能	◎ 比较重要	◎ 重要	◎ 重要	◎ 有些重要
判断技能（综合判断力）	◎ 首位重要	◎ 重要	◎ 虽重要却不如上层领导认为的那么重要	○ 最好有

三、领导者素养的重要性

（一）素质修养是领导者自我完善的需要

领导者素质修养是一定阶级和社会的政治思想体系、道德原则和规范、科学文化知识、心理品格等在个人思想和行动中的具体表现。而人们的政治觉悟、知识、才能、道德品质以及人的个性心理品质等，不是先天就有的，而是在后天的各种复杂社会关系中经过长期的锻炼培养形成的。

还应当指出，再高明的领导者，在复杂的社会生活中，总要受到各种思想的影响而或多或少地带有错误思想的残余，客观情况是不断变化的，再高明的领导者也有主观认识和客观实际的矛盾问题。领导者只有在领导活动中，努力学习和加强锻炼，不断扬优除劣，才能使其素质不断升华，逐步趋向完善，成为有高效率的现代领导者。

---

① 孟起编译：《管理者》，企业管理出版社1984年版，第39页。

（二）加强领导者的素质修养是有效实施领导职能的重要保证

领导者不仅要参加改造世界的实践，而且还要在社会组织中扮演关键的角色。他掌握着一定的权力，是社会组织的决策者、指挥者、组织者；执行着决策、制定与实施战略、制定与执行政策、建立与健全组织机构、选用人才、进行思想政治工作等职能。领导者要有效地行使自己的职能，就必须具有坚定正确的政治方向，广博的科学文化知识，卓越的创造能力与高尚的道德品质，所以，对于领导者本身来说，自觉地提高素养，对于胜任领导工作，有效地行使领导职能，出色地完成领导任务，是有决定作用的。从这个意义上说，如何塑造一定的领导者，就意味着如何塑造一定的社会组织。

今天，社会主义现代化建设事业，对我国各级领导干部提出了更高的要求。作为我们国家的领导核心——党中央一再提出，干部队伍，特别是领导干部的政治素质和业务素质能否适应新时期总任务的要求，关系到社会主义建设事业的成败，关系着党和国家的兴衰。因此，在新的历史时期，提高领导者各方面的素养，对于保证新时期总任务的实现，对于党和国家事业的兴旺发达，都有非常重要的意义。

（三）加强领导者素质修养是加强领导影响力的客观要求

领导影响力是领导者在领导过程中，影响和改变被领导者心理和行为的能力。它是各类组织兴衰的重要因素之一。在领导机关职能转变的新环境下，其重要性日益显示出来。提高领导影响力已成为领导者关注的重要课题。

从影响力的性质来看，领导影响力可分为职权影响力和统御权影响力两类。职权的影响力是由法定权、强制权、奖励权等构成。其特点是以外推力形式来发生作用，在它的作用下，被影响者的心理和行为主要表现为被动服从。统御权的影响力是由专长权、个人魅力构成的，即由领导者个人具有的知识、技能、才干的专长及良好的品质形成的。其特点是以内驱力的形式来发生作用，在它的作用下，被影响者的心理和行为主要表现为在信服、敬佩基础上的自愿、主动的过程。

职权影响力和统御权影响力是辩证统一的，现代优秀的领导者应把二者有机地结合起来，使它们各显其能。一般来说，职权影响力是个常数，而统御权影响力则是个变量。统御权影响力在整个领导影响力中起着重要的制约作用。一个领导者，如果他的统御权影响力较大，他的职权影响力也会增强，反之亦然。所以，要提高领导影响力，关键在正确使用职权影响力的情况下，努力提高统御权影响力。

而构成统御权影响力的要素是：品格因素、知识因素、能力因素、感情因素。这些正是领导者素质构成的四要素，提高统御权影响力则必须全面提高领导者的素质。可见，加强领导者的素养，是新时期提高领导者影响力的客观要求。

（四）加强领导者素质修养是提高领导艺术水平的基础

在现代化大生产的条件下，影响决策的因素日益增加，随机性日益增大，经济和社会发展目标也日益多样化，作为担负指挥和组织"四化"建设重任的各级领导者，迫切需要掌握和正确运用领导艺术。这种需要正在呈现增强趋势。而领导艺术的掌握及运用，都以领导者个人的知识、经验为基础，而且还要以其才能和气质为前提。

人的生理特点影响着人的能力的形成。例如，神经活动过程中的强度与人的注意力的集中性和持久性有关，而神经过程中的灵活性则有助于人们迅速广泛地掌握知识，形成技巧。弱的神经类型具有高度的感受性，适合于艺术能力的发展。一个再聪明的人，如果没有领导活动的实践机会与环境，就谈不上什么高超的领导艺术。但是，一个素质过于低下的人，就是提供给他再好再多的机会与环境，也难使他掌握和运用卓越的领导艺术，生理条件（尤其是思维机能）有严重缺陷的人就不用提了。

可见，素质在领导艺术中占有重要的地位。无数的领导者的实践证明，优良的素质是产生领导艺术的源泉，领导艺术水平与领导者个体素质水平成正比。所以，要适应开创社会主义现代化建设事业的需要，提高领导艺术，就应该重视优化领导者个体素质，舍此，就无从谈及领导艺术水平的提高。

第二节 领导者素养的基本内容

优秀的领导者也是人才，因此，我们将在第十二章概括社会主义现代化建设人才的素质要求，这无疑是完全适合于各行各业的各级领导者的。不仅如此，考虑到领导者的地位和工作性质的关系，这里还要特别强调下面的素质要求。

一、政治素养

（一）要有坚定正确的政治方向

社会主义的领导者是社会主义现代化建设的决策者、组织者、指挥者，是社会组织的掌舵人。历史反复证明，没有领导者领错了方向，而不贻误和危害领导工作，招致革命和建设事业失败的。在改革开放的新的历史时期，在复杂多变的国际环境下，国家能否经受改革开放的考验、国家间合作与冲突的考验，能不能沿着正确的航道前进，会不会走到歧路上去，这一切都与各级领导者有没有正确的政治方向直接有关。

无产阶级的政治方向，就是在人类社会最终实现共产主义制度。坚定的政治方向，就是在人类社会最终实现共产主义制度。坚定正确的政治方向，在社会主义的初级阶段最集中最具体的体现，就是能否高举邓小平建设中国特色社会主义的伟大旗帜，坚持"三个代表"的重要思想和科学发展观。

如果说，所有社会主义现代化建设人才在政治上都要求拥护党的领导、坚持社会主义道路的话，那么，社会主义的领导者则应旗帜鲜明地坚持走中国特色的社会主义道路，坚持人民民主专政，坚持中国共产党的领导，坚持马克思主义，反对资产阶级自由化，同一切动摇社会主义方向、削弱人民民主专政、削弱党的领导、背离马克思主义轨道的"左"的和右的倾向作斗争，努力把自己锻炼成为坚定的、清醒的马克思主义者。这是领导者的最基本的一项政治素养。

政治方向是通过路线、方针、政策来体现的。坚持正确的政治方向必须坚定不移沿着中国特色社会主义道路前进，为全面建设小康社会而奋斗。坚决执行这些路线、方针、政策，是领导者坚持正确的政治方向的又一项要求。

（二）要全心全意为人民服务

也像其他社会形态一样，在社会主义条件下，领导人员要实施领导，手中都掌握着一定的权力。而权力是有两重性的，它可以使领导者更为充分地发挥聪明才智，造福于人民，也可以使某些人走上以权谋私的邪路。

如何正确对待和利用人民赋予的权力，是执政为民还是以权谋私，这对每一个领导者来说，既是严峻的考验，又是能否搞好领导工作的关键。领导者应该明确认识到无产阶级对国家的管理，是由无产阶级通过民主的方式选举出他们的代表来具体进行的。

领导者的权力是人民群众赋予的。因此，社会主义各级领导者是社会的"公仆"，是为人民服务的"勤务员"，他们只能代表无产阶级的利益，并全心全意为人民群众服务。正如毛泽东指出的那样，我们的一切工作干部不论职位高低，都是人民的勤务员，我们所做的一切都是为人民服务的。各级领导者应该牢记全心全意为人民服务的宗旨，从严要求，时刻做到掌权不忘责任重，位高不失公仆心，"俯首甘为孺子牛"。

此外，各级领导干部为完成组织、指挥、协调各个部门的广大群众进行社会主义现代化建设的艰巨任务，还必须树立和发扬社会主义道德，和群众建立一种平等、团结友爱、互助的社会主义新型关系，严于律己，宽以待人，以自己的模范行为，影响和带领广大群众一起努力工作，为实现领导目标而共同奋斗。

二、知识素养

合理的知识结构，是领导干部必备的基本条件。领导者政治素质和业务能力的高低，在很大程度上都与知识水平的高低有着紧密联系。领导现代化事业，领导者必须有较高的科学文化知识、专业知识和合理的知识结构才能适应社会主义现代化建设的需要。

（一）具有马克思主义的理论素养

领导者要具有马克思主义的理论素养，就是要熟悉和掌握马克思主义、列宁主义、毛泽东思想的基本理论和基本思想，包括马克思主义哲学、政治经济学、科学社会主义等。马克思主义揭示了事物发展的普遍本质和规律，指明了事物基本性质和方向，其基本原理是放之四海而皆准的科学真理。它是我们搞好领导工作和其他一切工作的指导思想及理论基础。

有人认为现在搞建设，最需要的是管理知识和专业知识，学习马克思主义就没有什么意义了；也有人以为学习马克思主义是政治领导的事，同业务领导关系不大。对此，1985年9月邓小平在党的全国代表会议上的讲话中指出:"我希望党中央能作出切实可行的决定,使全党的各级干部,首先是领导干部,在繁忙的工作中,仍然有一定的时间学习,熟悉马克思主义的基本理论,从而加强我们工作中的原则性、系统性、预见性和创造性。"①

可以说,学习马克思主义,不仅可以正确解决领导工作的政治方向问题,而且是全面提高领导者的水平、有效地提高整体能力的首要条件。为此,各级领导者应当起率先典范作用。

(二) 具有广泛的科学文化知识

17世纪英国的唯物主义哲学家培根说:"读史使人明智,读诗使人聪慧,演算使人精密,哲理使人深刻,伦理学使人有修养,逻辑修辞使人长于思辨。总之,知识能塑造人的性格。"我们应当尽可能用全人类的科学文化知识武装自己。

首先,要有一定的文化知识,主要是指语文、历史、地理、逻辑学等知识。这些知识一方面有助于形成正确的世界观和人生观;另一方面,又可培养广阔的视野和较高的思维能力,为掌握现代科学管理知识打下扎实的基础。

其次,领导者还应该掌握一定的自然科学知识,如数学、物理学、化学、生物学、生态学以及电子计算机使用等基础理论知识,特别要掌握现代自然科学的新成果——系统论、信息论和控制论的基本原理,并尽可能把它们运用到领导工作中去。

(三) 专业知识和管理知识

领导者除具有一定的文化知识以外,还应努力学习和掌握各自领导范围内的专业知识,成为有关领域的领导内行。

列宁对此极为重视。他曾经对苏共(布)党内某些领导人只会空发议论,缺乏实际管理经验,不懂得科学的现象,进行尖锐的批评,他指出:"对我们来说,那些虽然是资产阶级的但是精通业务的'科学和技术专家',要比狂妄自大的共产党员宝贵十倍,这种狂妄自大的共产党员无论白天或黑夜随时都愿意起草'纲领',提出'口号',发表完全抽象的

---

① 《邓小平文选》第3卷,人民出版社1993年版,第147页。

议论。"① 列宁认为，这样的共产党员，"我宁可拿出几十个来换一个老老实实研究本行业务和有学识的资产阶级专家"。②

我们的领导者虽然并不一定要成为某一专业的专家，但是，他应当对自己所领导、管理的领域的专业知识有较多的了解，而且应当对邻近领域的知识有相应的了解，这样才能改变外行领导内行的状况，提高其自然影响力和发言权，越是基层的领导者越应该这样。不同行业、不同层次的领导者，应有不同的专业知识要求。

但是，作为领导者都应当学习和懂得经济学、管理学、法学、领导学等方面的基础知识，这是所有领导者必须具备的专业修养。

领导者不仅要努力提高科学知识，而且还要建立一个合理的知识结构，即"丅"型知识结构。"一"指广博的横向知识，表示知识结构面宽，形似一条横杆杆。"丨"指精深的纵向知识，表示知识结构单科专长，形似一条竖杆杆。

有学者还提出知识结构的"二八律"，即横向知识应占总量的80%，纵向知识则应占总量的20%，可供研究知识结构优化参考。具有单科的专业知识，才能处于"内行"的地位，发"内行"的指令；具有广博的知识，才有利于思维从平面走向立体，从单向度转向多向度，避免因受专业和个人特定环境的限制而造成的片面性和局限性。

领导者应该自觉适应整个知识系统既高度分化又高度综合的发展趋势的客观要求，因人制宜，因时制宜，因事制宜，采取切实可行的措施，努力做到博与专的统一，把自己塑造成为"丅"型知识结构的现代领导者。

三、能力素养

在领导者的各项素养中，能力素养具有特别重要的意义。在领导活动中，主观意图是否能够成功地转化为客观现实，领导者的能力大小是一个关键性因素。邓小平曾经指出："只靠坚持社会主义道路，没有真才实学，还是不能实现四个现代化。"③ 这意思是说，正确的政治方向和政治目标确定以后，能力问题就成为第一位的问题。领导者的其他方面的素质，如知识素质、心理素质，可以说是成为领导者的前提条件，我们生活

---

① ② 《列宁选集》第4卷，人民出版社1972年版，第476页。
③ 《邓小平文选》(1975~1982)，人民出版社1983年版，第226页。

中有许多人知识丰富,心理条件很好,但不是都具有领导能力。可见,能力素质是领导者与其他类型人才相区别的本质方面之一。

从人才类型来看,一般地说,领导者,特别是中高级领导者,是"通才型"的人才。这也意味着领导者要具有多方面的才能。把这些方面的才能归纳起来,主要是两大类,即创新能力与综合能力。

(一) 领导者的创新能力

党的十六大指出,创新是一个民族进步的灵魂,是一个国家兴旺发达的不竭动力,也是一个政党永葆生机的源泉。党的十八大提出要建设创新型国家的目标。创新能力,特别是执政兴国的创新能力对于领导者来说特别重要,这是因为领导活动在相当大程度上是一种创造性的活动。

首先,从领导的一般含义来看,领导就是带领和引导。它意味着在特定的历史条件下和复杂变化的环境中,正确地选择行为目标和行为步骤,这当然是一种创造性的工作。

其次,从领导活动最重要的环节即决策这个角度来看,凡属重大的战略决策,以及相当部分的策略决策,都要求有创造性思维。当决策成为必要时,也就意味着决策者面临这样一些情况,即如果继续墨守成规,情况就将恶化;或者遇有新的机会,这机会甚为重要,稍纵即逝,必须及时抓住机遇等等。这就是说,决策总是要变革现状,开创未来,因而包含新的目标、新的措施,或新的步骤。

再次,从我们事业的性质来看,建设中国特色社会主义,是前无古人的伟大事业。对这样一种事业进行领导,是没有现成规范可以遵循的,它必然要求我们做许多创造性的工作。领导者的创新能力有多种具体表现,主要的有如下方面。

1. 洞察力

这是一种敏锐地、迅速地、准确地抓住问题要害的能力。大量的关于创新问题的研究告诉我们,创造始于问题。历史上所有做出过重大创造的人,都是在特定领域中首先意识到问题所在的人。例如,许多人尝试按照经典作家的结论和十月革命的经验在城市发动斗争。而毛泽东同志最先觉察到中国问题的全部特殊性在于农村,于是开辟了农村包围城市的革命道路。这生动表明了,正确地发现和提出问题,是成功解决问题的重要开端。

这里的全部困难在于，问题常常隐藏在纷繁复杂的现象背后，因而难于识别。许多人正是因为不能看出问题或看错了问题而无所作为，甚至犯错误。所以，要有"洞若观火"的慧眼，敏锐地识别问题。在某种意义上，洞察力是一种直觉力，具备这种能力需要有很高的资质禀赋。但是，勤于实践与勤于思索，可以帮助我们锻炼出这种能力。

2. 预见力

这是超前把握事态发展趋势的能力。如果不能对事物的发展规律和趋势作出准确判断，任何创新都无从谈起。因为我们的所谓创新，并不是一种主观任意的行为，而是在客观存在的所有可能中，准确地把握住最有可能发展为现实的那种可能。预见力是洞察力的向前延伸。如果说洞察力是对现存关系的直觉力，那么预见力就是对未来关系的想象力。凡不能大胆想象和正确想象的人，都是缺乏创造力的人。

3. 决断力

这是迅速作出选择、定下决心、形成方案的能力，也就是实际的决策能力。在领导决策过程中，每作出一种选择，都必须与机会、风险、利害、压力、责任等等问题相牵连。所以，决策者必须要有当机立断的魄力与胆略。优柔寡断、患得患失、瞻前顾后、举棋不定等等，都是必须避免的。在这里，决断力就是一种意志力。创新活动需要有坚强的意志，当然这要以正确的认识为基础，否则就会变成鲁莽与武断。

4. 推动力

这里指的是善于激励下级以实现创新意图的能力。按照历史唯物主义的观点，历史是广大人民群众共同创造，而不是只靠少数英雄人物来创造的。一个领导者无论如何高明，也不能单靠个人的力量来实现组织的目标。所以，创新能力的一个重要方面，就是在形成政策方案以后，领导者要有推动整个组织行动起来的能力。这种推动能力具体表现为领导者的感染力、吸引力、凝聚力、号召力、影响力，以及个人魅力。领导者应该是整个组织机器中的主动轮。他要能够激发起组织成员对组织目标的热情，要能够说服他们放弃一些需要暂时放弃的东西，要能够在困难与挫折面前鼓舞他们增强信心。

5. 应变力

这是一种在事物发展的偶然性面前善于随机处理的能力。客观环境是复杂的，领导者的认识能力和预见能力再强，也不可能完全预见事物发展变化的所有可能性。偶然性总是存在的，突发事件也常常难免。这就要求领导者必须具备处变不惊、临危不惧、随机应变的能力。所谓随机应变，可以是调整力量，顽强实现既定目标，也可以是修正决策，重新确定新的目标。这要依情况而论。总的原则是，要最大限度地将突发的偶然因素变成实现创新意图的有利因素。

6. 辨才力

这是指善于识别和起用人才的眼力。古人云："试玉要烧三日满，辨才需待七年期。"这说的是知人之难。所以又有"士为知己者死"的说法，也表明遇上识才、爱才的人确实不易。社会主义建设事业需要有大批人才，领导者能否做到知人善任，发挥出每一个人的才能与智慧，这同样是创新能力的一个重要表现。

（二）领导者的综合能力

"领导"一词中的"领"字，应该还含有"统领各方"的意思，即要能够将各个组织、机构、系统以及各种利益与力量整合成为统一体。从这个意义上看，综合能力是领导者的又一个最基本的能力要素。当然，综合能力不仅仅是指组织能力，它还包含有许多具体内容，我们可以从以下几个方面来理解。

1. 信息获取能力

从认识论的角度来看，领导者的决心和决策，是在对详尽周到的情况了解，和对于信息进行去粗取精、去伪存真、由此及彼、由表及里的思索后才形成的。在这里，充分占有信息是基本前提。随着社会的现代化和组织行为的复杂化，领导者在决策时所面对的选择变量也日益带有多元、多维、多层次的特点。对于带全局性的重要决策来说，领导者特别需要具备广泛获取信息并对其进行综合加工的能力。

2. 知识综合能力

现代科学发展的一个重要趋势是各学科间的相互交叉与渗透。领导者要具备科学的头脑和较高的知识素质,就不能不掌握多学科的基础知识,要对各门学科之间的相互联系有深刻认识,还要能够综合运用有关的基础理论知识于具体的实践之中。只有这样,领导与决策才能朝着科学化方向发展。

3. 利益整合能力

无产阶级政党及其领导者没有区别于广大群众利益的自身特殊利益。这里碰到一个问题,就是广大群众在根本利益一致的前提下,仍然会因为地域、民族、文化、性别、年龄、职业等等因素而形成利益差别。随着社会主义市场经济的发展和社会的现代化程度提高,利益的多元化是值得注意的趋势。领导者的重要职责,是要把分散的,甚至有冲突的利益要求整合为利益共识,并据此制定政策。利益共识不是各种利益的简单相加,但必须顾及到各种利益要求。所以,领导者要具有利益整合能力,善于进行利益综合。这是领导学、特别是政治领导研究中应该特别注意到的一个问题。

4. 组织协调能力

现代系统科学有一个十分重要的观点,就是整体大于部分相加之和。之所以能够如此,关键在于整体内部的结构合理,以及结构内要素之间的协调。而这正是领导者的职责所在。就是说,领导者的重要工作,是要保证系统内的各个要素处于良好的配合状态,以获得高一层次的整体合力。这就要求领导者在具体工作中必须指挥有方、层次分明,还要善于团结各方、化解矛盾。这种组织协调能力,本质上就是将各种积极性综合在一起的能力。

四、心理素养

领导者个体的心理现象包括心理活动与心理品质两个方面。前者,指的是人脑的各种具体的活动,如感知、思维、情感、反应等等;后者,则是指在心理活动过程中大脑的某些能力与特点。心理品质又可以分成两个部分，即智力品质与个性品质。智力品质是指人的聪明程度，人们在观察、学习、记忆、想象、表达等等方面的差异，就与智力品质有关。个性心理品质则是人的心理面貌的稳定性倾向的总和，主要包括性格、情绪、意志、兴趣、气质等等。

我们这里讲的领导者的心理素养，主要是指领导者具有的个性品质类型。许多心理学的研究分析表明，具有创新精神，能够打开工作局面的开拓型领导者，他们在气质、意志、性格等等方面，都会有一些相近的特点，这表现在：

（一）敢于决断的气质

气质是比较稳定的个性特征。心理学通常把人的气质分为以下四种类型。

胆汁质——这种气质的特点是具有很高的兴奋性，因而在行为上常常表现出高度的积极性和挑战性。具备这种气质的人通常富于冒险精神和创意精神，能以极大的热情投身工作，不怕困难。

多血质——有这种气质的人常常精神愉快，性情活泼，头脑灵活，有较高的工作热忱和工作积极性，也容易适应变化的客观情况，可塑性较强。

粘液质——这种人性情温和，头脑冷静，处事讲究条理，善于控制自己的感情，喜欢遵守既定程序。

抑郁质——这种人的特点在于高度的情绪易感性，比较敏感，为人比较内向而不易与人沟通，但常常对自己要求很严格。

作为领导者，必须具备敢于决断的能力。从这个要求来看，第一二种气质较佳，第三四种气质则有许多不能胜任之处。心理学上这些分析对于我们的意义是，在培养和选拔领导者的时候，可以将气质作为一个参考因素；领导者也应该针对自己的气质特点进行修养，做到扬长避短。

必须要补充的是：

（1）在现实生活中，高度典型地表现出一种气质特征的人并不多见，大多数人是两种或三种气质的混合型或者中间型。所以不要机械地套用这些模式而把人定型化地看待。

（2）气质类型的划分没有褒贬的含义，每一种类型都有其优缺点。例如胆汁质的人可能脾气暴躁，一旦犯错误也不肯轻易回头。多血质的人在原则的坚定性上可能不如粘液质的人，等等。

(3) 气质类型对于领导的决断能力来说是重要因素，但不是唯一因素，正如一个人长得漂亮不等于能成为好演员一样。

(二) 竞争开放型的性格

性格是指一个人对人、对事的稳定态度以及与之相适应的习惯行为方式。心理学研究中对人的性格有内向型和外向型的区分。典型的内向型者，爱沉思，沉默自恃，喜欢独处，较专注，对外界回避介入。典型的外向型者则开朗乐观，坦率随和，善交际，好介入，愿冒风险，喜欢变化。此外，还有介乎二者之间的中间型。

现代条件下的领导者，一般都要求具有竞争开放型的性格。这是因为在科学技术高速发展的时代，组织所面对的环境挑战非常严峻。凡不能迅速适应客观环境和外界变化的组织与领导，都不可避免地要被淘汰。

此外，不论担负哪一种具体职责，领导者都必然要与各种人打交道，并且要随时介入到各种矛盾中去。这就决定了领导者不可能是隐士，他必须是以开放的心态去不懈地竞争。

从这个要求来看，领导者一般都应具有外向型的性格，或侧重于外向型的性格。

(三) 坚韧不拔的意志

意志是人所独具的一种心理现象，即自觉地确定目的，并且根据目的来支配和调节自己的行为，克服种种困难，进而实现目标的心理过程。人的理性的优势不仅在于能够通过感觉和理性思维来认识世界和自身，而且在于能够在明确的目标指导下，积极地调控外界事物和控制自己。前一方面是理性的思维能力，后一方面的能力就是理性的意志力。

现代社会的复杂特性，使领导者在制定决策和实施决策的过程中所遇到的困难及障碍也空前地增加了。因此，领导者的意志素质也变得格外重要。领导者必须锻炼自己具备坚韧不拔、百折不挠的意志力，才有可能将理想和信念付诸行动并达到成功的彼岸。

第三节 提高领导者的素质

领导者的素质水平是影响领导活动效果的重要因素之一。

我们党在新时期中工作重点的转移，对于各级领导干部素质都提出了新的、更高层次的要求。从进一步推动中国特色社会主义现代化建设事业的发展这个角度来看，我们许多领导者在素质上仍有相当差距。例如政治坚定性有待加强、文化水平还不够高、知识结构不尽合理、缺乏现代化管理的实践经验等等。因此，尽快地提高领导者的素质水平，是我们整个领导活动中的关键一环。它既是当务之急，又是百年大计。提高领导干部素质，着手点有两个，一是社会领导体制的改革，二是领导者的个人修养。两者又围绕提高领导干部素质的具体方法与途径展开。

一、体制改革：提高领导者素质的关键

提高领导者素质，应当首先明确影响领导干部素质高低的因素。大致说来，在各种影响因素中，领导者个人的要求与努力，社会环境提供的条件，是两个比较重要的方面。前者，可以称为内部因素；后者，可谓外部因素。

一般情况下，人们容易把领导者的个人要求与努力，视为提高领导者素质的关键。其实，这种说法是片面的。原因在于，领导者的个人修养，对于领导者自己而言，虽说是必不可少的，但它只能提高领导者个人的修养水平。至于这种修养能否提高，所依赖的条件也只是领导者个人的自觉性。在如此情况下，领导者素质的提高便只能系于个人一己的愿望之强烈程度。领导者素质能够提高，表明领导者个人有这种自觉性；提高的程度越高，表明领导者这种愿望就越强烈和越自觉。在这里，便会发生一个疑问。这个疑问就是，个人的自觉性是否是那么可靠？一个人能否单纯依靠自己内心的自觉性在社会中生活？一个领导者能否单纯依靠自己的自觉性提高本人素质并搞好领导工作？

根据现代社会科学的研究表明，在社会生活中，个人一己的努力是有其重要性的，它对于个人能否在芸芸众生中脱颖而出，产生极大影响。但是，个人的努力能否见成效，则依靠社会所提供的成才与发挥作用的空间的大小。社会提供给个人发挥作用的条件，可以区分为两个方面。一方面是宏观的、良好的社会氛围；另一方面是社会制度的合理安排。前者，制约着一个人的健全思维和健康行为。后者，决定了一个人的合法行为与权力保障。如果说前者对社会生活中每一个人都有其重大影响的话，那么后者则对于那些在社会生活中扮演公共角色的人发生更大的作用。

因为公共角色必须在良好的社会制度安排下活动，才能最佳地发挥作用。一个公共人物没有健全、健康的社会制度安排加以约束，他得以服务于公众的两个起码条件就得不到保障。一个条件是他"循规蹈矩"，在合法的范围里行动，不用权于私人目的。另一个条件是他有用权的制度安排，不至于陷在权力斗争的漩涡里，徒然消耗精力。

领导者无疑是公共角色。这是因为领导者的权力是由公众授予的，领导者的权力对公众生活发生制约。前者决定了公众要通过一定的制度来限制领导者滥用权力。后者要求社会必须把领导者的行为限制在特定的体制内，否则也无法保证领导者在运用权力中遵章守法，为公众服务。从这一角度来说，领导者的素质高低，决定性地受到制度安排的制约。

所谓制度安排，说到底不过是通过一定的体制化约束，使规则制约下的人们不至于行为失范，相应保证人们行为的确当性。对于领导者来讲，由于其角色的公共性，体制化的制约更为重要。因为领导者是否在一个经过良好设计的体制内行动，决定了领导者的领导效果。就此而言，对社会体制作出优劣判断，并加以改革，使其更符合合理高效的领导活动的要求，就有其不可忽略的意义。

社会体制改革，可以划分为很多具体的方面来进行。从领导学的角度讲，政治体制改革，影响着领导者政治素质的提升进程。经济体制改革，影响着领导者对社会经济效益的追求。其他各种社会体制的状况都在不同程度上对领导者的素质产生影响。至于体制改革对提高领导者素质的实际影响，则在三方面体现出来。

其一，健全的体制影响领导者提高素质的愿望；

其二，健全的体制影响领导者提高素质的空间大小；

其三，健全的体制影响领导者提高素质的有效性。

当然，领导者素质的提高又反过来影响体制改革的效果，促进或阻碍社会体制向健康方向发展。

二、个人修养：提高领导者素质的基础

在强调体制改革是提高领导者素质的关键前提条件下，我们还必须指出，领导者个人修养对提高其素质的作用同样是不可忽视的。这是因为，领导者素质究竟能否提高，终究还得在领导者个人身上兑现。因而，领导者个人对提高素质所想所做的努力程度，对领导者素质的高低，有不可小

觑的制约作用。

领导者在提高素质的个人修养方面，所能做的起码有：

（1）领导者个人是否具有提高领导素质的愿望与要求，这从根本上影响了领导者素质提高或降低的作用点。领导者个人完全没有提高其素质的愿望与要求，那肯定就没有提高自己素质的行动与结果。领导者个人有提高自己素质的愿望与要求，就会付诸行动。而这种愿望越强烈，努力便会越勤力。而越益勤力，探索越益多，效果就越益明显。

（2）领导者个人对提高自己素质的方式方法的摸索，也对提高素质的实际效果起着十分重要的作用。领导者素质有先天素质与后天素质的区别。先天的身心素质通过后天适当的发展是可以提高的。至于后天性素质，个人采取什么样的态度，即听之任之还是努力加以改善，则在极大程度上影响这类素质的恶化或改善。而愿意改善素质的领导者，在方式方法上采取的措施是否适当，便成为能否有效提高素质的决定性因素。一个领导者只要对提高自己的素质有自觉意识，努力摸索各种足以提高自身素质的方法，不断总结经验，努力吸取教训，寻找到最有效提高自己素质的方法，便不是十分困难的事情。

（3）领导者个人对提高素质的效用有没有自觉的意识，对于提高自身素质有着很大的影响。归根到底，一个人的行动积极性总是受到这一行动的效果的制约。一次次无效的行动，会挫伤行动者的积极性；而一次次有效的行动，则会提高行动者的积极性。一个领导者对此有明确的认识，便会以积极的姿态，想方设法地去进行有效的行动，来改善与提高自己的素质修养。而提高素质修养的结果与进一步去提高素质修养的努力，二者相互促进，对领导者提高自己素质修养的作用，便不言而喻了。

由此可见，领导者的个人修养是提高领导者素质的基础。在确定了体制改革与个人修养二者对提高领导者素质的作用之后，提高领导者素质修养的方式方法就成为一个有意义的问题了。

三、提高领导者素质的途径与方法

（一）素质培养的途径

领导者的素质包括相当广的内容。但就素质的培养或修养来说，始终不外是两个基本的途径，即理论学习和亲身实践。

毫无疑问，亲身参加认识世界和改造世界的实践，是素质培养和提高的最基础和最关键的环节，有第一位的意义。领导活动不同于抽象的理论研究，它必须实实在在地去解决具体的问题。因此，领导者解决问题的能力素质只有在解决问题的具体实践中才能够形成和提高。古人云："纸上得来终觉浅，绝知此事要躬行"，这里强调要"躬行"就是实践。它完全可以作为对于领导者提高自身素质的一条基本要求。"纸上谈兵"不仅是兵家之大忌，也是所有领导者修养的大忌。毛泽东同志说："读书是学习，使用也是学习，而且是更重要的学习。从战争学习战争——这是我们的主要方法。"① 这也是强调了亲身参加实践的极端重要性。

另一方面，在充分肯定实践途径的同时，我们也必须看到，理论学习这条途径的重要性和相对独立性也在日益突出。这是因为，在现代社会中，人们认识世界和改造世界的实践活动已经高度复杂化了，它极大地突破了人们在传统条件下所习惯的社会活动的规模与水平。要解决复杂的实践活动中所产生的种种矛盾和问题，需要有一整套专门的科学知识，这些知识无法从个体的日常经验和意识中自然而然地产生出来。于是，实践之前的理论学习就变成一个非常突出的问题。

就人类总体来说，知识只能来源于实践，是先有实践后有知识；但就人类个体来说，则必须先具备知识才能实践。现代社会中尤其如此。如果不预先经过某种规范的训练以获得必要的知识，一个人将很难"进入"实践，更说不上对它进行领导了。

举例来说，在高度发达的市场经济条件下，要制定和实施合理的价格政策，将是一项复杂的领导实践活动。它需要运用经济学理论，还可能要运用数学模型，要借助电子计算机对大量的数据进行计算，很难设想一个完全没有经济学知识、没有经过必要的数学训练的人，可以参加到这种实践中来。

领导者固然不必直接就是业务专家，但没有起码的知识也是不行的。所以，在领导者素质的培养中，专业理论知识的学习将是必不可少的一条途径。这种学习当然不是绝对地等于要经过一段高等教育的训练，但从现代社会的发展趋势来看，一般地说，正规的高等教育训练是其必要条件。教育对一个人的素质形成起着不可估量的作用（虽然不一定是非常直接的），这是无可怀疑的。

---

① 《毛泽东选集》第1卷，人民出版社1991年版，第181页。

此外，每一个已经在实践中获得经验的领导者，也还有一个终身学习的问题。现代社会的突出特点是发展速度很快，节奏很快。靠常规的经验积累常常很难应付新的挑战和危机，它要求领导者的素质和能力有一种跳跃式的提高。这就需要经过理论学习来完成。

总的来说，理论学习与亲身实践这两条途径必须辩证结合，二者是不可偏废的。过去我们有一种不好倾向，一提理论学习，就必然联想到闭门读书，联想到脱离实践死啃书本的书呆子。这是一种误解。

理论知识的学习确实是书本学习，但书本学习在今天已经具有不同以往的意义。正是通过学习"书本上"的科学知识，人才能够迅速突破自身实践经验的局限性，达到总体实践的科学发展水平。一个人的感觉经验只能告诉他太阳每天东升西落，绕地球旋转。他的日常"实践"使他也许永远不可能达到哥白尼的认识水平。但是今天的小学课本上关于哥白尼学说的介绍，使"地球围绕太阳旋转"成了小学生的常识。这种知识，构成一个人进入现代社会所必需具备的条件。当然，在实践与学习两个方面，我们应当坚持知行统一的原则，而统一的基础只能是人的社会实践。

（二）素质培养的方法

途径与方法两个概念，并没有绝对的区分。上述的努力学习和勇于实践这两条基本途径也可以看作是基本方法。由于领导者的素质修养是多方面的综合过程，因此，每一个方面都还可以列出一些具体方法。但也正因为如此，任何关于方法的论述都难免是挂一漏万的。此外，领导者的素质修养不可能是一种完全规范而机械的过程，所以不可能有绝对标准的程序和正确方法的清单，正像没有哪一所大学能够教授怎样成为大艺术家的方法一样。但是，并不排除可以从他人的经验和榜样中寻求对照、借鉴，以获得启发，正是在这个意义上，我们着重从提高知识水平和思维能力方面提出一些具体做法，以供参考。

1. 要善于搜索书籍和快速阅读

领导者既然只能忙里偷闲，以跳跃的方式来读书学习，就必须把好钢用在刀刃上，在有限的时间里读有用的书。我们从来强调读书的重要性，已讲得太多太滥，却极少研究适合中国国情的读书技术与方法。其实方法问题若不解决，读书学习常常只成为空的愿望。

作为知识的积累和素质的培养，读书过程中首要的一条就是找到该读的书。在每一个知识领域中,有两种书是必读的:经典名著和反映最新发展的书籍。只要对这两部分书籍有所涉猎,对于该领域即有了基本了解。可能的话,读一两本通俗性的读物会有帮助。但最好是直接啃最重要的原著。这一步一旦做通,以后就能获得高屋建瓴、势如破竹的效果。为此,要注意书评书介,注意作者的学术地位,要多向懂行的人了解,以便随时对该读什么书心中有数。

其次,一个重要方法是要快速阅读。快速阅读是泛读的核心技术,读不快必然读不多。在知识爆炸、书籍成山的现代社会里,书不可不读,不可全读。要提倡"囫囵吞枣",蜻蜓点水。要掌握一目十行、扫描式"翻"书的本领。一本书到手,要下决心从头读到尾,读不懂的地方不要卡住,跳过去接着读。有启发、有心得的地方要适当记忆。但无论如何不要停顿。这种方法当然不是为快而快,而是在尽可能广泛的基础上搜寻该记该读的章、节、点。

这种方法是一种科学的阅读方法,要掌握得好,是需要专门训练的。我们不妨强迫自己养成这种习惯。至于真正重要而有价值的书籍,当然是应该精读的(也不意味着每页都要慢慢看)。两个方面结合起来,才可能在知识积累上达到既广博又精深的要求。

2. 要与有知识的人交朋友

理论知识的积累不一定全靠读书。讨论、交谈也是获得知识的一条重要渠道。因此,领导者要善于与有知识的人交朋友,要能够就某个知识问题与他们"闲聊"。这种聊天往往可获得开启思路的效果,是增加知识的一种捷径。唐代诗人刘禹锡在他的《陋室铭》中说:"谈笑有鸿儒,往来无白丁"。我们去掉后一句话,去掉诗中的清高含义,从素养熏陶的环境条件来看,领导者最好是能够"谈笑有鸿儒"。

当然,所谓有知识的人不必限于专业知识分子,可以泛指各行各业中的专门人才。古人云"三人行,必有我师"。领导者善于与有知识的人交朋友,既是提高知识修养的一条途径,本身也是其水平的一个表现。

3. 要善于"以人为镜",提高自我意识水平

领导者素质修养的一个重要表现,就是要能够及时发现自己的短处,或加以纠正,或扬长避短。这就要求领导者要培养一种比较高的自我意识能力。中国的传统历来强调人要有自知之明,领导者特别需要具备这种能

力。所谓高明的领导者，就是有清醒的自我意识的领导者。

要提高自我意识水平，需要领导者自觉寻求和接受监督，即所谓"以人为镜"。同时还需要善于将自己的主观感受和自我意识与别人的看法相对照，以改善自我。

据一些专家的研究，领导者对自己的思想和行为有已察觉和尚未察觉两部分；别人对领导者的思想和行为也有这样两部分。合起来就出现四种情况，如下图所示：①

	自己已察觉	自己未察觉
别人已察觉	Ⅰ	Ⅱ
别人未察觉	Ⅲ	Ⅳ

图中Ⅰ区表示自己与别人均已察觉，Ⅱ区表示自己未察觉而别人已察觉，Ⅲ区表示自己已察觉但别人未察觉，Ⅳ区则表示自己与别人都未察觉。图中的十字虚线表示各区大小是可以变化的。即是说，任何一个区的领域扩大，其他的区就会以不同的情况缩小。

很明显，如果Ⅰ区的范围大，而且自己的看法与别人的看法基本一致，就是比较理想的情况。Ⅱ区表示领导者处于被动状态；别人已经察觉而自己尚未察觉。这一部分必须尽可能缩小，这就需要敏锐注意群众反映，虚心征求意见，主动接受监督。Ⅲ区和Ⅳ区也不是理想状态，也应该设法将其减小。总之，运用这些科学的分析比较方法，有利于领导者清醒地认识自己，并努力去提高自己的整体素质。

4. 要自觉地做思想总结和工作总结

《论语》中有"吾日三省吾身，不亦君子乎"的说法，我们社会主义时代的领导者，当然不可以按照传统的旧准则去要求自己，成为谦谦君子。但是，"三省吾身"作为一种修养方法，是可以注入时代的新内容而

---

① 孙春艳：《领导科学新探》，黑龙江人民出版社1987年版，第205页。

予以发扬的。具体地说，领导者要时时总结自己的思想和工作情况，从时代要求的高度来反思自己。毛泽东同志说："人类总得不断地总结经验，有所发现，有所发明，有所创造，有所前进。"① 作为领导者个人来说，也必须如此，通过不断总结以求不断提高。

从信息论的原理来看，总结是在行为目标和实际行为状态之间的一种信息反馈，缺了这一环，整个过程是不完整的，具体行为也是无法调整的。从马克思主义认识论的角度来看，总结实践经验是从感性认识能动地发展到理性认识，又从理性认识能动地指导实践的一个重要环节。所以，领导者必须要善于总结。

做总结可以与提高自我意识水平的方法结合起来，客观分析和检讨自己的思想状况和工作状况。同时也可以和读书学习结合起来，如果能用一种科学的观点或方法去概括自己的工作经验，那是学以致用的最好方法。

5. 要以革命导师和老一辈无产阶级革命家为楷模

领导者在具体的社会实践过程中培养锻炼自己的素质，其方法是可以多种多样的。但作为无产阶级事业的领导者，不可忘记一个总的要求，即要按照党的立场和党性原则来加强自己的修养。在这方面，革命导师和老一辈无产阶级革命家为我们树立了很好的榜样。其中，我们敬爱的周恩来同志是一个光辉的典范。

周恩来同志曾给自己提出了七条修养原则：②

（1）加紧学习，抓住中心，宁精勿杂，宁专勿多。

（2）努力工作，要有计划，有重点，有条理。

（3）习作合一，要注意时间、空间和条件，使之配合适当，要注意检讨和整理，要有发现和创造。

（4）要与自己的他人的一切不正确的思想意识作原则上坚决的斗争。

（5）适当的发扬自己的长处，具体的纠正自己的短处。

（6）永远不与群众隔离，向群众学习，并帮助他们。过集体生活，注意调研，遵守纪律。

（7）健全自己的身体，保持合理的规律生活，这是自我修养的物质基础。

---

① 《毛泽东著作选读》（下册），人民出版社1986年版，第845页。
② 《周恩来选集》（上卷），人民出版社1980年版，第125页。

周恩来同志提出的这些修养原则和方法，在今天对于我们仍然具有十分现实的意义。周恩来同志的整个革命生涯，给我们树立了"活到老，修养到老"的好榜样。以老一辈无产阶级革命家为楷模，时时鞭策自己，督促自己，这样，领导者在自己个人的素质修养过程中，就能有一个很高的标准和正确的学习方向。

第四节 领导班子素质结构[①]

领导工作本来就是一种高级的智力劳动，现代化大生产对领导班子的智力水平要求更高。邓小平同志指出："领导班子就是作战指挥部"、"指挥部不强，作战就没有力量"，[②] 必须建立一个坚强的领导班子。为此，不仅要求有个体素质优势，而且更讲求集团素质的最佳组合。所以，优化领导班子素质结构在现代领导活动中有着重要的作用。

就一个领导群体来说，同领导成员个人的要求一样，首先要讲政治，这是贯穿领导群体结构各个方面的一条红线。在建立、配备、调整领导班子时，必须把政治要求和党性放在首位。对每一个领导成员都要有这样的要求，以保证领导权的无产阶级性质。此外，领导班子素质结构的其他方面，还应有一个合理的比例搭配。

一、年龄结构

年龄结构，是指领导班子成员的年龄构成状况。年龄结构是智力结构中一个十分重要的亚结构。领导班子最佳的年龄结构，是根据不同领导层次，由老年、中年和青年干部按照合理的比例构成的综合体。

现代生理学、心理学研究表明，人的智力与年龄之间有一定的定量关系：人的知觉能力，最佳年龄区在10~17岁；记忆能力和动作反应速度，最佳年龄区在18~29岁；比较判断能力，最佳年龄区在30~49岁。年龄结构是否合理，对领导班子的整体素质有很大影响。领导班子的年龄结构问题，实质上是讲领导班子平均年龄要年轻些。这是现代社会的客观要

[①] 参考夏禹龙等：《领导科学基础》，广西人民出版社1983年版，第332~350页。

[②] 《邓小平文选》(1975~1982)，人民出版社1983年版，第9页。

求,是社会主义现代化的共同趋势。忽视这一点,就会犯历史性的错误。

但是,我们也不能把干部年轻化简单理解为青年化,更不能把年龄作为唯一的绝对的因素。一个完整的年龄结构,应由"老马识途"的老年、"中流砥柱"的中年、"奋发有为"的青年,构成一个具有合理比例的综合体,并处于不断发展的动态平衡之中。这样做,一方面使领导班子充满活力,稳重成熟,胜任工作;另一方面又形成梯形结构,寓培养锻炼接班人于有规律的动态系统之中。

老中青的具体结构,应根据实际情况区别对待。从领导层次来看,层次高的年龄可以稍大一些,层次低的应相应年轻一些。还应该指出,人的个体是有差异的,有人年逾古稀,尚思维敏捷,精力充沛,而有的人未老先衰。如果按年龄搞一刀切,就不可能构成最佳的年龄结构。

二、知识结构

领导班子的知识结构,就是指领导班子的知识构成状况。领导班子的最佳知识结构,是指将具有不同的知识特长和不同专长的领导者组成合理的立体知识结构。

知识是智力结构的重要因素,对于一个现代化建设的领导班子来说,知识就是指挥的力量。现代领导者必须具有丰富的知识,在整个组织智力结构中,他们应属于高文化知识水平的层次之列。领导班子的层次越高,其成员的文化知识水平也应越高。

领导班子的知识结构还要注意合理的搭配。这里说的知识,除一般文化知识外,特别强调专业知识。随着社会分工的发展和科学技术的不断分化,专业门类日益增多。但绝大多数的人只是某一方面的专才而不是全才。只有将各种"专才"很好组合起来,构成更大的"全才"或"通才",才能胜任综合而复杂的领导工作。

在一个领导班子里,应该既有懂得自然科学技术方面的人才,也有懂得人文科学、社会科学知识方面的人才;既有理论家,又有实际知识丰富的实干家。总之,一个领导班子应该是具有多种专长的成员的有机结合,以形成具有较宽的知识平面和精深的专门知识相统一的立体知识结构。

三、智能结构

智能，是人们掌握和运用知识的能力。领导班子的智能结构，就是领导班子的智能构成状况。在某种意义上说，智能结构比知识结构更为重要。领导班子的最佳智能结构，是指由不同的智能类型的领导者个体，按照与实际需要相适应的比例构成的多功能的智能综合体。智能是由多种因素构成的，主要包括自学能力、研究能力、思维能力、表达能力、组织能力和创造能力等。人的智能是各种各样的，因此，担负着多种功能的领导群体，必须由不同智能的领导成员协调结合。

一般来说，一个领导集团合理的智能结构，除挑选主导型人才充任集体领袖外，还应包括具有高超创造能力的思想家，具有高度组织能力的组织家，具有"一步一个脚印"精神的实干家和善于传播沟通的公共关系专家，等等。假如清一色，一刀切，纵然人才荟萃，其整体功能仍是单一的，无法适应复杂多变的领导工作需要。

四、气质结构

前面说过气质就是人的比较稳定的个性特征。它是个体对外界事物的一种惯性的心理反应。人的气质一般分为胆汁质（急躁型）、多血质（活泼型）、粘液质（胶滞型）、抑郁质（稳重型）四种类型。不同的人有不同的气质特点，如有的人性格沉稳内向，有的人爽朗豪放。一个群体里的成员如果都是同一气质类型的人，并不见得就好。

领导班子的气质结构，是指其成员在气质类型方面的构成情况。领导班子的最佳气质结构，是指具有不同气质的领导成员协调配合。通俗地说，就是领导班子成员应具有不同的气质类型，又能协调一致，互相补充，取长补短，相得益彰，实现领导班子的多功能化和高效能化。

行政领导班子结构的合理化，可以强化行政领导者个人素质已有的优势，更可以在行政效率的保障提高方面起到推动作用。因此优化行政领导班子的素质结构，是一件十分重要的事情。行政领导班子素质包含的四个方面，对开展行政工作，均有不同作用。

此外，要塑造好领导班子的形象，重要的是整体形象，这取决于一班人的团结与合作，形成合力，发挥好整体功能。因此，邓小平要求，一班人"要很好地团结"。只要领导班子团结，大家努力，好的形象就能建立，领导班子在群众中的威信就能提高，再大的困难也就能够克服。

综上所述，领导班子素质结构就是一个多维的、动态的综合体。它应根据领导班子的层次、工作性质及其特点等实际情况，确定其合理的配备和结构，以提高整体领导效能。同时，还应从改革干部制度、制定科学的考核标准、定期培训干部、抓紧后备干部的培养、进行领导干部的必要调整等方面，加强领导班子建设，不断优化领导班子素质结构。

第六章

领导体制（上）：历史与现实分析

内容提要

近代以来，国外领导体制经历了四个演变阶段。我国的领导体制也经历了一定的历史变化过程。我们应根据领导体制的基本原理，借鉴国外的、历史的经验，从基本国情出发，搞好领导体制的改革，包括领导制度的建设。

第一节 西方领导体制的发展变迁[①]

从近代到现代，国外领导制度的演变、发展经历了四个阶段。

一、家长制行政领导

家长制行政领导是帝制社会几千年沿袭的领导体制。近代社会是从中世纪封建社会脱胎而来的。在其最初阶段，不论政治领导、经济领导，还是科学技术领导，普遍实行的是家长制领导。一切由领导说了算，一切凭领导个人的经验办事。科研机构也是如此。在最早成立的一批科研机构中，科学技术专家担任领导，领导者既是这个研究所的财产拥有者，又是科技研究的带头人，研究所的成员都是他的雇佣劳动者，一切由他说了算，一切成果归他享有。

这种领导体制的本质特征，是领导者凭借自己的地位、权力和经验，从事领导和管理。由于当时的生产规模不大，这种领导方式尚可适应，曾起过积极作用。它一直延续到 19 世纪中叶。

---

① 参考夏禹龙等：《领导科学基础》，广西人民出版社 1983 年版，第 19~29 页。

二、"硬专家"转行领导：经理层的兴起

工业革命后，社会生产力有了长足的发展，生产劳动趋向专业化，组织生产活动需要有专门的管理，光凭老板个人经验对企业进行外行领导便会陷于困境，无法适应社会生产力发展的要求。

1841年美国在连接马萨诸塞与纽约的西部铁路上，发生了客车相撞事故以后，迫使铁路公司进行了体制改革，逐级建立起责任制，选拔有管理才能的经理担任领导，通过专业管理机构管理、领导企业。老板只拿红利，不管企业具体的经营业务。这便是美国第一家由全部拿薪水的经理人员管理的企业。

这种改革的实质在于：财产所有权与经营管理权的分离。财产所有者不具体参加企业领导，领导企业的是专门拿薪水的经理人员。这些经理人员通常是由一些生产技术高超、才能出众、具有专业知识的人担任。被西方称为"现代科学管理之父"的泰勒，原来就是一位工程师。所以，这种领导体制，又称为"硬专家"转行领导体制。

经理制的出现是企业经营规模扩大的必然结果，是企业领导、管理体制的一大进步，它推动了近代资本主义企业的发展。

三、职业"软专家"领导

20世纪20年代以后，由于生产社会化的程度越来越高，企业的规模也越来越大，现代科学技术与生产进一步结合，经营管理的作用日益扩大，复杂性增强。因此，只靠精通某一门专业技术的"硬专家"去领导就显得不适应了。

改革这种状况的出路就是把经营管理作为一种相对独立的活动来对待，由具有专门管理知识和专长的职业"软专家"担任领导。

1881年美国宾夕法尼亚大学首先建立了华顿财经学院，专门培养从事经营管理职业的"软专家"。这样，以经营管理为职业的"软专家"便应运而生。这种"软专家"领导，不仅企业领导如此，科研领导也是如此。美国有些大学科研工作的组织机构，甚至专门委托一些"科研管理公司"来进行管理。

这种领导体制的本质特征，是个体领导者按照领导和管理的一般规律

从事领导和管理工作。

20世纪70年代前后出现的科学技术和生产日益结合的趋势，要求企业领导人既懂管理又懂技术，单纯的"软专家"也不能完全适应现代企业领导的要求了，于是"双学位"式的管理人才开始兴起。

由此可见，硬专家—软专家—软硬结合的专家，这是企业领导者素质发展的趋势。

四、专家集团领导

第二次世界大战后，特别是近30多年来，现代生产和科学技术的高度分化和高度综合，使领导和管理的规模与复杂性急剧增大，特别是企业战略决策的重要性日益突出，光靠专家个人的知识经验和能力已难以胜任；同时，现代科研机构中，随着研究任务加重，信息量增大，个人的领导也无能为力。

于是，在大企业最高层首先出现了集体领导的趋势：一些大公司组成了"总经理办公室"等机构；在科研领域中，采取科技委员会、学术委员会、科学家会议等形式，以代替过去个人负责决策与经营的传统方式，重大问题的决策，都经过集体讨论作出决定。

与此同时，一些大单位还聘请了各类专家组成"智囊团"、"思想库"。它作为专家集团领导在智力上的一种延伸，为领导部门提供各种决策方案和依据。"智囊团"作为领导的参谋而"参加"决策，但不代表领导的决断。这种"谋"、"断"分离的新的领导方式，使领导的决策职能更臻于科学化。

专家集团领导的主要特征，是群体领导者按照领导和管理的一般规律，从事领导和管理工作，目的是发挥集体智慧，弥补个人领导能力的不足，提高领导水平。

而实施集团化领导的方式却是多种多样的，有采取少数服从多数的集体领导办法；也有在充分讨论的基础上，由企业全权负责的领导人，对各种意见权衡利弊后作出决策的办法；还有采取主要领导人拥有否决权的方式；等等。

第二节 我国领导体制的历史演进：一个基本刻画

一、古代社会的基本情形

我国有悠久的历史文化传统。在漫长的社会历史发展过程中，聪明睿智、勤劳勇敢的先民们，不仅创造出我国辉煌灿烂的思想文化，而且创造出极其系统合理的社会治理方法。从中形成了一套在古代社会的情况下尽可能完备的领导体制。

我国古代领导体制的形成，有其缓慢的历史进程，不是一蹴而就的。但从整个历史的角度看，还是有一个一以贯之的线索。这个线索，有"史"的一面，也有"论"的一面。

从史的一面来说，古代领导体制肇始于"第一王朝"——夏朝。从夏代统治者为自己统治的合法性做辩护时强调的"夏服天命"，到扑、史、巫、祝的统治角色分化，表明夏代统治者已经明白建立一套有利于统治的体制的必要性。之后，商周两代继续在领导体制建构上探索。秦一代，开此后中国领导体制的先河。"汉承秦制"，中国古典领导体制的基本规模与格局，在两汉时便形成了。后期古典社会各王朝，虽然在领导体制的具体安排上均有这样那样的改变，但大体上不出汉时模样。

历史线索勾画清楚，便可以为我们从"论"的方面来看中国古典社会的领导体制提供了条件。所谓从理论的角度看古典领导体制的特征，也就是从古典领导体制的特征上勾画其不同于其他领导体制的独特性。中国古典领导体制是有其独特性的。这主要表现在：

（一）古典领导体制具有完善的规则性

权力的所有者是确定无疑的。"普天之下，莫非王土；率土之滨，莫非王臣"。皇帝是一切资源和一切权力的垄断者。皇帝之下，设有各施其能的领导机构和相应的领导角色。这些机构依其权能大小、层级高低，分为中央与地方权能机构及中央与地方官员。皇帝制度、法律制度、军事制度、监察制度、行政制度、科举及文教卫生制度、职官管理制度、中央与地方权能划分等等，都相当完备。

（二）古典领导体制有鲜明的集权特色

就中国古典社会的领导体制与人员设置而言，可称完备，就其运行特征而言，也有鲜明的特色。这一特色是，尽管各级各类机构设置及其人员安排，大致循着各有其用、各施其职的原则，但是在权力归属的核心点上，则毫无疑问地属于皇帝。"国者，君之车也"，"朕即国家"，是从权力的所有上作出的规定。"事无巨细皆决于上"则是从权力运用的最高与最后裁决上作出的规定。在这个意义上说古典中国领导体制是所谓"君主专制"则完全成立。

（三）古典领导体制有高度的稳定性特征

从整个中国历史进程来看，古典社会领导体制不仅具有权力集中的运行特征，而且在权力作用的后果上，还具有维持领导体制自我复制、维持社会稳定的体制运行效果。有学者对中国历史进行研究后指出，中国社会处于一治一乱的循环当中，但总体上维持了自我固有机制的复制功能，因而，三千余年形成的乃是一个"超稳定机制"。从领导体制这个特定的角度看，这一结论同样成立。

一方面，从古至今的领导体制布局上，就依循着突出王权、限制官权的大思路。维护王权为轴心，在统治机构的设置上使其相互之间制约和平衡，就是历代统治者认同的原则。

另一方面，在王权突出、官权受限的情况下，置身于领导机构的高、中、低级官僚，都以为皇帝尽忠做官作宗旨，这就基本保证了权力运用的稳定性。在"治"的情况下，这种情况自不用说。在"乱"之后，照样不出此规矩。

二、战时体制与和平时期领导体制

走出传统，迈向现代。历史进入20世纪，中国社会发生了巨大的变化。中西交往的频繁，相互间文明冲突的加剧，增加了社会发展的艰难程度。传统与现代的交错，"旧的"与"新的"相互牵缠，"旧的"不去，"新的"不来。"新""旧"杂陈，方生未死。而在如此艰难的社会转型过程中，中国社会却长期陷入外侵不断、内乱不止的战争泥潭之中。而现代领导体制的建构，也就处于一种从"临时"体制到"战时"体制的跳跃状态，得不到富有建设性意义的积极建构。

所谓临时性的领导体制，一是指20世纪初清王朝在领导体制上进行改革时的妥协性安排。严格地说，清王朝对沿用已久的封建体制加以改变，并不是自觉地适应社会转型需要的结果。清王朝作出"立宪"的允诺，完全基于维持自己政权的目的。而颁布宪制改革的法律文件，也只是迫于当时形势的无奈。因而，仍是临时应急的措施。只是由于清王朝的"气数"已尽，这种临时性变得更加急促而已。急促得甚至还没能够形成一个新的领导体制的雏形，就宣告了自己的覆灭。

二是指辛亥革命成功到20世纪20年代这一时段，在中国政治舞台上走马灯式的表演过的军阀政权。袁世凯由临时大总统到83天皇帝梦，他是无力建立起什么现代领导体制的，甚至临时性的"体制"也难以建立起来。此后登上执政舞台的北洋军阀巨头们，更是只有随意张扬的政治举措，而无体制化建构的贡献。

到20世纪20年代后期，中国陷入持久的战争之中。日本的入侵，八年抗日战争，极大地干扰了中国的现代化社会进程和现代制度的建设。中间穿插的国内战争，也使国内政治力量的现代式组合，变得不可能。1950年以前执掌国家政权的国民党，自1920年以后执政开始，便将国家置于战争状态之中。中间更颁布所谓《国家总动员法》，实行一党专制，窒息了现代领导体制成长的可能。

1949年中华人民共和国成立，真正的现代领导体制建设时期开始。但是，由于共和国的最高领导人毛泽东同志对于社会转型的认识不足，长期迷信战争经验，对于阶级斗争的热情，大大高于对于社会主义现代化建设的要求，对于战争年代与和平时期的差别没有了然于心。从而，造成和平时期务于建设的动力严重地缺乏。而战时领导体制在和平时期持续地发挥作用，阻碍了只能在建设中获得发展的现代社会领导体制的生长。

这种战时领导体制，即在战争状态下形成的领导体制，具有与和平时期领导体制不同的特点。简单地加以概括，可从下述三方面认识。

其一，"军令如山倒"，战时领导体制运作时具有刻不容缓的命令性质。"军中无戏言"，战时领导体制运行时具有不容商量的统御特点。

其二，战时领导体制完全服从于军事化指挥的需要，因而具有明显的集权化色彩。众人皆知，军事行动中上级对下级的指挥的有效性，下级对上级指挥的绝对服从，是军事行动的成败所在。军队首长发布命令的准确性、权威性，以及命令来源的唯一性，决定了军队指挥权的集中特点。权威与服从的关系在军队中是以极端的形式表现出来的，因为如果没有这种十分确定的关系作行为前提，成败在千钧一发之际的军事行动就可能毫无成功的希望。

其三，战时领导体制还具有运动式行动的特点。战争年代，任何个人的价值与趣味、个人的主张与具有个性的行为方式，都被社会的急剧动荡所淹没。在军事行动中，个人不服从组织，意味着组织行动的成功概率的降低。因此，战时领导体制自然而然要求"一令既出，趋之若鹜"。详尽的说明、充分的动员、利益的兼顾、尽可能的平衡妥协、对完满的追求，这些和平时期具有的行为特征，完全是多余的。而团队作战，山呼海啸般地行动，不计代价和手段地专心追求成功目的，以目的替代和掩盖不良手段，是战时领导体制具体运行的要求。

很明显，和平年代所要求的领导体制，与战时体制是不同的。理由是显而易见的。和平年代的社会行为具有兼容性、协商性、个性化的特点，正好与战争状态下的命令性、集权化、运动性构成鲜明对比。由此可以说，在和平年代，必须对战时体制加以根本性的改变，以求形成与和平建设时期相适应的领导体制。

三、领导体制改革：呼唤领导工作专业化

领导工作专业化，是我国领导体制改革的重要目标，也是领导工作科学化的一个重要内容。然而，对于什么叫做领导工作的专业化，目前在理论上和实践上都缺乏统一的认识。以下内容旨在对这一问题提出探索性的看法，以引起深入而有益的研讨。

（一）领导工作专业化的基本内涵

什么是领导工作专业化呢？有人认为，实现领导者任职单位业务知识专业化，便是领导工作专业化。其实，这只是领导工作专业化的一个方面内容，不是主要的内容，更不是全部含义。参考西方领导体制发展变迁的经验和我国的国情现实，这里讲的专业化，既不等同于任职单位业务知识的专业化，也不等同于领导学专业文凭化。

领导工作专业化，是各级领导干部要树立起实现第二个专业化的转型意识，抓紧自学，接受各种培训、进修，自觉地掌握领导理论与方法，注

意总结提高，探求领导工作的固有规律，较快、较好地实现由具有某门知识与技术的"硬专家"领导，向具有战略决策能力、组织指挥能力、教育与激励能力及协调与控制能力等的"软专家"领导转变，成为"双内行"（具体业务内行、领导内行）的新型专业人才的发展过程。

（二）我国领导工作专业化的转型分析

党的十一届三中全会后，鉴于领导干部的极端重要性，在总结历史经验的基础上，中央明确提出了"革命化、年轻化、知识化、专业化"的干部队伍建设的指导方针。在这个方针指引下，一大批德才兼备的学有专长的知识分子走上领导工作岗位，打破了长期以来单纯以"政治挂帅"为标准选用领导干部，而导致的"外行"领导"内行"的局面。

但是在具体执行"专业化"方针的过程中，存在一定的局限，一般都是挑选本行业、本部门中德才兼备的业务骨干（甚至是业务尖子）来充任领导工作。这实际上类似于上述的西方企业行政领导体制演变中的"硬专家"转行领导阶段。虽然有许多具体区别，但都具备由业务内行代替业务外行这个专业化的内涵。其"业务"也有特指内容，即任职单位的业务，并非领导工作业务。

领导工作和特殊领域的业务工作，是两种不同的专业工作。在工作的对象上，领导工作的对象是人，而具体业务工作的对象既可能是人，也可能是财、物或别的什么。

在工作的方式上，领导工作是组织指挥别人去实施计划目标，具体业务工作是靠躬行实践去完成。

在工作范围上，领导工作是总揽全局，具体业务工作是微观探索。

在思维方式上，领导工作多为定性判断，具体业务工作多为定量计算，如此等等。

根据"一把钥匙开一把锁"的原则，具体业务尖子不等于领导的行家或里手。反之，也一样。这里对于领导工作而言，具体业务的"内行"却转变为领导工作的"外行"。如果要把"内行领导"原则贯彻到底，势必要求上述走上领导工作岗位的原来的具体业务的"内行"，再转变为领导工作的内行，实现个人的第二次专业化（由领导者无专业业务知识到具有业务专长，再由具体业务专长转变为有领导工作专长）。

（三）领导工作专业化的实际意义

1. 领导工作专业化是领导工作健康发展的需要

像改革开放以前一样，单纯强调"政治第一"，以为政治好就能解决一切问题，搞"外行领导内行"，那种排斥具体业务要求的领导工作带来的损失，教训至为深刻，我们不能让其重演。我们一定要坚决贯彻领导班子"四化"的方针，继续把合乎条件的业务人才吸纳进领导队伍，提高领导队伍的业务素质。但是，如果以为这样做了，就等于领导工作专业化了，则会导致一种新型的"外行领导"结果。

"不同质的矛盾，只有用不同质的方法才能解决"。套用解决具体业务的方法去解决领导问题，肯定不得要领，变成放空炮，那还有什么领导效能呢？再说，这种新"外行"是在"专业化"的美名下产生的，因而还会有新的不良影响。

2. 领导工作专业化是科学选才用人的保障

按照领导工作专业化等同于具体业务专业化，会把领导专业人才等同于专门业务人才，在选才用人标准上，难免出现"唯业务人才是举"的片面性，导致业务专业水平越高的人，选用的机率越大。按这样的思路去选用领导人才，其结果是不言自明的。

再有一个由此而来的延伸问题就是，用业务专业人才等于领导人才的公式去组建班子，可能出现孤立考虑班子成员的具体业务知识的结构优化，忽视了领导专项职能人员的专业素质的优化搭配，到头来，组建起来的是一个单纯的具体业务结构优化的班子，而不是兼顾（更说不上突出）领导专业的优化领导团队。这两种不同类型的班子对领导效能的制约性也是不难思考的。

3. 领导工作专业化有利于在任领导专业素质的提高

如果认可具体业务的专业化等于领导工作专业化，那么，一些以具体业务"优势"登上领导岗位的业务人才，对自我可能做出欠正确的评价。缺乏在专业知识和能力方面的"换血"和"脱毛"的压力，有碍于成为一个完全的领导者。

（四）领导工作专业化的理论意义

在理论方面，领导工作专业化有利于领导学科的建设和发展。从泰勒、法约尔创建科学管理理论伊始，领导科学迄今还不到一个世纪的历史，在我国兴起也不过 30 年左右。相对于传统学科来说，她还年轻，学科基础建设和全面繁荣的任务还很重，路子还长。而学科产生和发展的原动力在于社会领导实践。毛泽东同志说："科学研究的区分，就是根据科学对象所具有的特殊矛盾性。因此，对于某一现象的领域所特有的某一种矛盾的研究，就构成某一门科学的对象。"①

专业化是科学化的基础和前提，如果领导工作与其他具体业务工作是相等的，没有什么专业特色和专业要求，它也不可能成为具有特殊性的特殊领域，领导科学也会因为失去特定的研究对象而不复存在。当初建立就无根据，如今取消也是合乎事理。就是人们用各种具体知识简单地等同于领导专业知识，或机械相加拼凑成一个体系，勉强维持存在，也终将因失去客观特定对象而"寿终正寝"。

第三节　领导体制的当代变迁：一个事实描述

一、历史必然性

领导体制的变迁是一个为社会历史所明显表现出来的现象。但是，要对人类社会领导体制做整体的透视，几乎是一件不可能的事情。为此，选择一个特定的视角作为观察领导体制变迁的"一斑"，并借此来窥视领导体制变迁这一"全貌"，就是一个具有方法论可靠性的做法。依据这一设定，我们选择中国企业领导体制及其衍生的社会领导体制，来透视领导体制的变迁问题，并从中揭示领导体制变迁的历史必然性。

我国企业领导体制也经历了漫长的演变过程。在解放区实行过"三人团"、"厂务会"、"工管会"等制度。中华人民共和国成立以后，曾经

---

① 《毛泽东选集》第 1 卷，人民出版社 1991 年版，第 309 页。

历过一长制（厂长负责制）、党委领导下的厂长分工负责制、"革委会"一元化领导、党委领导下的厂长分工负责制、党委领导下的厂长负责制和厂长负责制等几个主要阶段。这里仅回顾解放后企业领导体制的几个阶段的变化。

建国初期，党中央十分重视建立社会主义企业新的领导制度工作，把企业领导制度看作比其他各项管理制度更为基本、更为重要的一项制度。由于当时全国各地企业民主改革进展程度不一，党中央要求各地根据本地的具体情况，建立相应的企业领导制度。从1951年起，主要有两种具有代表性的企业领导制度。

一是华北地区实行的党委领导下的厂长负责制。这种企业领导体制规定，企业领导以党委为核心实行统一领导。党、政、工、团各级所指示的方针任务，及其在工矿企业中的具体实施方案和计划，一律经过工矿企业党委讨论通过、决定，分工进行。属于生产管理方面和行政业务方面，可由厂长在执行中负完全责任，遇紧急事件发生时，厂长可先处理，然后报告党委会。一切重要事项，最后决定于党委。厂长对同级党委负责。为了保证党委领导下厂长负责制的实施，这种领导体制还要求各工矿企业中党委或党总支，应该由厂矿中党、政、工、团的负责同志组成，由最强的干部任党委书记。

二是东北地区在围绕学习苏联经验、建立新的企业领导制度的探讨的基础上，实行厂长在生产行政管理工作中的负责制。这种领导体制，明确规定了党、政、工、团的基本任务。厂长由国家的经济机关委派，并从国家取得必要的生产资料和资金，实施对生产行政工作的专责管理；厂、矿的党组织对厂、矿中的政治思想领导负有完全的责任，对厂、矿行政生产工作负有保证和监督的责任；企业的工会必须积极参加经济建设，将发展生产作为自己的根本任务。这种领导体制还明确指出要"坚持厂长负责制与管理民主相结合的方针"，"坚持政治工作与经济工作相结合的方针"。这种领导体制得到中央批准。因此"一长制"就在东北地区企业大力实施。根据当时的条件及工矿企业内部存在的问题，1954年4月8日，华北局通过了《关于在国营厂矿企业中实行厂长负责制的决定》，改变过去实行的党委领导下的厂长负责制为厂长负责制。同年5月，中共中央批发了华北局的决定，并在《批示》中指出："中央认为有必要也有可能在全国各国营厂、矿（包括地方国营厂矿）中实行厂长负责制，以便进一步提高工矿企业的领导水平，更好地完成国家计划。"同年10月，党中央在批转《中央第三办公室关于厂矿领导问题座谈会的报告》中，再次强调党组织必须把确立一长制作为自己的一个基本的政治任务。

在全国企业中推行一长制，是我国工业发展史上的一件大事，从当时的情况来看，实行了一长制，确立各个方面的专责制，确立有效的经济秩序和工作秩序，管理水平确实有明显提高，生产均衡地向前发展，国家计划也基本完成。但在实行中，也存在一些问题，主要表现在下述几个方面：

首先，一些行政领导人员忽视党和群众的监督作用，出现个人决定某些重大问题的现象；其次，有的地方把党的监督和一长制对立起来；再次，一长制缺乏必要的规章制度，发生了当政者互相推诿的情况，结果常出现党委包办代替的现象。在实行过程中，由于缺乏经验，发生问题，甚至出现偏差，本来是可以通过总结经验教训逐步解决的。然而，由于当时政治环境的影响和指导思想上的失误，到了1956年，厂长负责制被当做"白旗"，被视为资本主义制度的专有物，遭到批判，并被完全抛弃。

1956年初，国际上发生了对我国有深刻影响的事件，我们党的领导人在如何吸取斯大林的个人崇拜错误的教训时，严厉批判了一长制，认为我们的企业不能照搬苏联的一套管理制度，主张在企业中建立以党为核心的集体领导和个人负责相结合的领导制度。1956年9月召开的党的第八次全国代表大会决定实行党委领导下的厂长（经理）负责制的领导制度："在企业中，应当建立以党为核心的集体领导和个人负责相结合的领导制度。凡是重大的问题都应当经过集体讨论和共同决定，凡是日常的工作都应当由专人分工负责"。从此，我国企业的领导体制开始全面实行这种领导体制。

在当时，实行党委领导下的厂长负责制起了一定的积极作用。但是，也暴露了种种弊端：由于实行党委领导下的厂长负责制是与批判一长制同步进行的，许多行政领导者害怕被当作"一长制残余"，不敢或不能提出自己的意见；加上没有具体的管理条例和实施细则，厂长不找副厂长，副厂长很少与厂长研究工作，在"政治挂帅"的口号下，大小事都请示党委书记，企业的权力日益集中在企业党委，党委领导下的厂长负责制从实质上演化成党委领导下的厂长分工负责制，形成了"大权独揽，小事都管"的"书记一长制"。厂长统一指挥生产的职权大大削弱，生产受到严重影响。

在1966年5月到1976年10月的十年"文革"时期，不论是"革命的"群众造反组织执掌大权、统帅一切的"一元化"领导,还是"三结合"的"革命委员会"包办代替的"一元化"领导,或者是企业一切事务由党委(主要是党委书记)拍板决定的党委书记的"一元化"领导,都使党委领导下的厂长分工负责制受到了严重摧残,使企业几乎濒临瘫痪状态。

粉碎"四人帮"以后,尤其是1978年12月党的十一届三中全会以后,党和国家进入了拨乱反正和开创社会主义现代化建设新局面的新的历史时期。企业领导体制也相应地经历了整顿、恢复和改革、发展的过程。

1978年中共中央在《关于加快工业发展若干问题的决定(草案)》以及其他文件中,明确提出建立和健全党委领导下的厂长分工负责制,解决了"革命委员会"这种党政合一的畸形体制,重新任命了厂长或经理,基本上改变了党政主要领导由一人兼任的做法,初步确立了党委领导下的厂长分工负责制,明确规定党委行使决策权,厂长负责管理权,加强了厂长的权力。但问题依然不少。党委决策的范围是什么?对整个企业的成败负不负责任?厂长不能执行决策或执行不力时,党委又无权撤换厂长,结果就只得直接干预生产技术管理,"以党代政"。这样,有些厂长感到自己有职无权,也就不敢负责了,乐得事事请示党委。可见,这种体制,归根到底,显然还是在"以党代政"的框框里边转,矛盾重重,亟待改革。为此,邓小平同志在多次讲话中,明确地提出了改变党委领导下的厂长、经理负责制的问题。

1984年5月15日,全国人大六届二次会议决定,逐步实行厂长(经理)负责制,企业的生产指挥、经营管理由国家委托厂长(经理)全权负责。会后,中央确定在辽宁省大连市和江苏省常州市的国有企业普遍推行厂长(经理)负责制。同时在北京、天津、上海、沈阳等四市选择一批企业进行试点。在总结试点经验的基础上,中共中央、国务院于1987年1月11日发出通知,要求在全民所有制企业中全面推行厂长(经理)负责制,并明确指出:全民所有制工业企业的厂长(经理)是一厂之长,是企业法人的代表,对企业负有全面责任,处于中心地位,起中心作用;企业党组织的工作重点为保证和监督党和国家各项方针政策的贯彻实施,做好企业党的思想建设、组织建设和思想政治工作;进一步健全职工代表大会制度和各项民主管理制度,发挥工会组织和职工代表在审议企业重大决策、监督行政领导干部、维护职工合法权益等方面的作用。

总之,从我国企业30多年的变化来看,实行厂长(经理)负责制,有利于增强企业的活力，推动生产力的发展。我们应根据发展变化的新情况和实行过程中产生的问题，采取相应措施，坚持和完善厂长责任制，正确处理厂长（经理）和企业党委、职代会之间的关系。充分保证厂长对企业行使经营管理职权，充分发挥企业党组织的政治核心作用，全心全意依靠工人阶级，加强职工代表大会的监督作用。

但是，不能不看到，上述对企业领导体制进行的所有的改革措施，都还只是在产权问题既定的情况下，对领导体制进行的改革。30多年的改革开放实践，使我国企业领导体制在原有的限度内进行的改革，已经差不多走到了尽头。企业的产权归属问题不解决，现代企业领导体制的建立，就是一个难以期望获得解决的难题。

正是在这种情况下，中共中央提出了国有企业改革的新方向。这一方向的总的精神是按照"产权清晰，权责明确，政企分开，管理科学"的要求，对国有大中型企业实行规范的公司制改革，使企业成为适应市场的法人实体和竞争主体。进一步明确国家和企业的权利与责任。国家按投入企业的资本额享有所有权权益，对企业的债务承担有限责任；企业依法经营，自负盈亏，政府不能直接干预企业经营活动，企业也不能不受所有者约束，损害所有者权益。要采取多种方式，包括直接融资，充实权益资本金。培育和发展多元化投资主体，推动政企分开和权益转换经营机制。在这一基本精神的指导下，中共中央通知强调"要加强科学管理，探索符合市场经济规律和我国国情的企业领导体制和组织管理制度，建立决策、执行和监督体系，形成有效的激励和制约机制"。应该说，中共中央为我国企业领导体制的改革，确立了符合时代要求的方向。

从我国企业领导体制演变的历史描述与简略分析上，可以看出，领导体制的变迁，完全是社会变迁的结果。而进一步分析领导体制演变的趋势，也可以知道，社会变迁的趋势，也决定着领导体制变迁的趋势。

二、趋　　势

将领导体制改革的视野，从企业领导体制扩展到全国领导体制的改革上来，是一个必然的趋势。我国领导体制改革是一个复杂的系统工程，包括多方面的内容。要想细致地刻画出我国领导体制改革与变迁的趋势，是难以做到的，也是不十分必要的。但是，根据社会发展的需要，依据现代化领导体制的基本要求，做出宏观的勾画，则是必要而可行的。现就其有关的几个问题作初步的探讨。

(一) 提升党的执政能力是我国领导体制改革的核心主题

中国共产党作为我国的执政党,是中国社会主义建设的核心领导力量,是我国政治体制改革的领导者、社会发展战略的制定者、政治文明的推动者、政治稳定的捍卫者。

我国领导体制改革的核心主题就在于进一步强化党的领导能力和执政水平,通过党与国家公权机关、公共企业、社会团体关系的优化调整及其管理决策权力的合理配置,激活政府公共管理能力和社会的自我管理能力,形成党领导下的具备充分张合力的领导体制结构,持续提升党宏观领导社会主义市场经济的能力、发展社会主义民主政治的能力、建设社会主义先进文化的能力、构建社会主义和谐社会的能力、应对国际局势和处理国际事务的能力,从而不断强化党执政的合法性和领导科学性。党执政能力的发展不仅是我国领导体制改革成功的关键,更是我国社会主义事业成功的核心保证。

(二) 优化党政关系,加强党的领导能力和政府的公共管理能力

中国共产党作为执政党,是我国社会主义事业的领导核心。对于党的领导,我们绝对不能动摇。同时我们要认识到政党和国家行政机关在性质、职能、组织形式和工作方式等方面是不相同的。所以,必须进一步优化最突出的党政关系,使执政的共产党从直接代替政府作决定、发指令的体制,转变到通过法定程序和法律形式,把党的主张变为国家意志,通过由政府系统依法行使职权的方式,实现对政府系统的政治领导的体制。

1. 转变党的领导方式,强化党的领导地位

党的领导是政治意义的领导,是事关国家复兴和民族强盛的路线、方针、政策等战略议题的宏观领导。当今,我们可以把党实现政治领导的主要内容归纳为三个方面:第一,政治原则的领导。这是指党对社会主义事业方向的总体把握和指挥;第二,国家决策的领导。对于涉及国民经济和社会发展计划的重大决策问题,党要对其进行领导;第三,组织领导。向国家机关推荐优秀党员干部,这是党对国家各项事务进行政治领导的组织保证。

所以说,凡是属于政府职权范围内的公共管理事务都应该由国务院和

地方各级政府讨论、决定和发文件，不应再由党中央和地方各级党委发指示、作决定。

2. 坚持党的领导，加强政府的公共管理能力

我国政府是党的领导决策意志和国家法律的执行机构，政府能力作为党执政能力的有机组成部分，其自身的有序发展不仅是党执政有力的反映，更是党进一步提升领导能力的坚实基础。党的领导与政府管理是一个有机联系的统一整体。

首先，行政改革和政府能力建设离不开党的领导，否则，我国政府能力建设就会落入党政分离的困境之中，脱离了中国基本的政治制度。

其次，党的领导无法脱离政府公共管理活动。党的领导应该立足于政府管理，体现公共特性，党的诸多领导目标、规划要有政府基本的管理方法、途径的支持，而且其执政策略只能通过具体的政府公共管理活动来实现。

政府公共管理的效果体现了党的决策与政治管理的价值。所以说，政府公共管理能力的发展应该积极地走入政治，迈入与党执政能力建设和谐共建的发展过程之中，这是我国领导体制改革的关键，也是中国特色公共管理体系成熟的前提。

（三）在政令统一的前提下，适度分权

适度分权，就是改革权力过分集中的传统领导体制，重新合理配置权力，以调动各方面的积极性。下放权力要坚持这样一个总原则：凡是适宜下面办的事情都应由下面决定和执行。应当指出，下放权力并不是说要把所有的权都放下来，而是要以放权为手段来改变权力过分集中的权力结构，建立新的权力结构体系，并通过法律和制度使这种结构相对稳定下来。其次，放权应以巩固中央统一领导为前提，反对分散主义。在当前，为保证社会稳定，加强宏观调控，还要强调适当的集中。中央要掌握核心权力，巩固最高权威。属于全局性的宏观调控权力不应下放。为此：

（1）要合理划清中央和地方的职责权限，在保证全国政令统一的前提下，做到地方的事情由地方管，充分调动基层政府的积极性和创造性。

（2）理顺政群关系。理顺党和政府同社会组织的关系，充分发挥基层群众自治组织的自我管理作用，做到群众的事情由群众自己依法去办，逐步引导我国公民社会的发展。

(3) 适度推行公共服务社会化改革，打破政府垄断。公共服务领域的有序开放，意味着公共权力之社会的回归。非政府组织、企业、群众社团、公民对于公共服务决策与供给的有效介入，打破了公共权力过分集中的职能垄断基础，同时也为政府的社会性分权提供一条与自身职能改革相匹配的稳定分权路径。

（四）改革组织人事制度，优化国家公务员激励机制

组织人事制度是我国领导体制的重要部分。调动国家公务员的积极性，增强活力，提高效率，离不开干部人事制度的改革。为此：

(1) 按照《中华人民共和国公务员法》[①] 依法进行人事管理。以法的理性精神取代领导人的主观意志，创造一个科学、稳定的国家公务员管理体制，是我国组织人事制度改革成功的基础。

(2) 健全干部的选举、招聘、任免、考试、弹劾、轮换制度，对各级各类领导干部（包括选举产生、委任和聘任的）职务的任期，以及离休、退休，要按照不同情况，做出适当的明确的规定。这是我国组织人事制度改革的关键。

(3) 贯彻和体现注重实绩、鼓励竞争、民主监督、公开监督的原则，破除论资排辈的旧观念，创造合理流动、人尽其才的社会环境，为年轻优秀的人才的脱颖而出开辟道路。这是我国组织人事制度发展的动力。

（五）努力实现决策的科学化、民主化

决策科学化、民主化是社会主义民主政治的重要内容，是避免重大决策失误的有效手段。决策的科学化、民主化不但要求领导者个人具有民主作风和群众观念，而且要求各级领导机关都要重视和支持决策的研究和咨询工作，努力建立一套健全的民主的科学的决策制度和程序，并且严格按其要求做出最终决定。科学并且体现民主精神的决策系统应当包括以下七个子系统：

1. 情报信息系统

信息是决策的基础。在"信息社会"里，信息在决策工作中的地位

[①] 《中华人民共和国公务员法》已由中华人民共和国第十届全国人民代表大会常务委员会第十五次会议于 2005 年 4 月 27 日通过，自 2006 年 1 月 1 日起施行。

越来越重要。要实现决策科学化，必须建立健全有效的信息系统。情报信息系统要处理好信息的收集、处理、贮存和传输工作。

2. 参谋咨询系统

决策参谋机构在现代决策活动中已成为决策体制的一个非常重要的中介环节。为此，要吸收博学多识、思维敏捷、勇于坚持真理的专家组成参谋咨询机构。决策者要创造条件，使他们相对独立地进行研究，认真听取他们的意见，真正做到广开言路，集思广益，为正确决策打好基础。

3. 决断系统

决断系统是整个决策活动的中枢机构。其职责是在参谋咨询系统提出意见的基础上，确认决策问题和决策目标，对方案进行选优和决断，对整个决策过程进行协调和控制，最后的"拍板"决断是它的最重要的职责。

4. 决策执行系统

这个系统的根本任务就是准确无误地贯彻决策中心指令。作为决策中心，可以允许反馈系统与自己唱反调，做到兼听则明，但不能允许执行系统和自己唱"对台戏"，否则，决策就无从实施。

5. 监督系统

监督系统应独立于执行系统，实行独立监督的原则，真正履行监督的职能。真正要发挥监督的功能，不仅在于建立机构，还在于监督人员要具有良好的素质：公道正派，熟悉业务，铁面无私，联系群众。此外，还应当明确，监督不仅是专业人员的事，广大群众也有监督的权利。

6. 反馈系统

反馈机构的任务，就是要根据执行结果搜集原始信息，进行分析处理，及时提出修正决策的正确意见，供决策机构作调整决策时选择。

7. 评价与奖惩系统

为了使决策中心能不断根据反馈的信息做出正确决策，更好地做好工作，还必须有代表整个组织内部权益的评价奖惩系统。它的作用主要是根据监督反馈信息，对决策和执行系统进行评估，按照动力原理，视情况区别激励，促使决策中心更好地决策。

领导体制改革是社会主义制度的自我完善和发展。在我们这样的社会主义大国进行领导体制改革，是一项极为艰巨复杂的任务，必须采取坚决、审慎的方针。要在中国共产党的领导下，从社会主义初级阶段的实际和国情特点出发，确定改革的目标、内容、方法和步骤，正确处理改革与发展、改革与稳定、继承与创新、理论与实践的关系，有秩序地、平稳地展开。

通过改革，进一步密切党群关系和干群关系，加强领导者和被领导者的沟通和交流，增强领导的科学性、权威性、民主性和合法性，更好地加强和改善党的领导，更加全面地代表广大人民群众的根本利益，促进民主和法治进程，加快社会主义现代化建设的步伐。

第七章

领导体制（下）：领导活动的根本机制

内容提要

领导体制是领导活动的载体，它具有多方面的内容。领导体制具有自然属性与社会属性，它在领导活动中有着重要的地位和作用。领导的组织结构有多种形式，领导体制有多种类型，它们各具特色，应根据具体条件，正确处理其相互关系。

第一节 领导体制：含义、性质和作用

一、领导体制的含义和内容

一般说来，体制就是各项具体制度的总和。领导体制是指为实现领导意图和组织目标的机构设置以及管理权限划分的制度安排集合。

领导体制的主要内容有4个方面：

(1) 领导组织结构。这是指领导组织内部各个基本要素的构成问题。

(2) 领导的层次与幅度。所谓领导层次，是指纵向组织结构的等级层次。有多少等级层次，就有多少领导层次。领导幅度亦称"领导控制跨度"，指一个领导者能直接有效地指挥下级的幅度。现代领导工作，由于专业性强、涉及面广、工作量大，一个领导者能够直接有效地领导与指挥下属的人数是有一定限度的。一般原则是：下层领导跨度可以大些，上层则应该小些，呈金字塔式的特点。

但是领导幅度究竟以多大为宜，至今还是一个没有完全解决的问题。有学者根据统计分析，提出领导机制"二八律"。其基本要点是：在一般领导机构中，担任正职的领导者宜有两位副手和八位下属，担任副职的领

导者则应当有两位助手和八位下属。这种理论可供各级领导者在建立领导组织结构时作为参考。

(3) 领导机构中各部门之间的职责与权限划分。这种职权划分,要求建立严格的从上而下的领导行政法则和岗位责任制,对各个领导部门(领导干部)的职责权限作出严格而明确的规定。这是领导体制的核心问题。

(4) 领导干部的管理制度。即狭义的人事制度,包括选举、招考、任免、考核、弹劾、轮换、回避、离(退)休等方面的制度。它是国家政治制度的组成部分。

二、领导体制的二重性

领导体制的出现和发展,是人类领导活动的客观要求。在现实的社会生活中,领导活动必须以一定的组织机构为载体,才能保证参加实现目标的各要素系统地、有机地联结起来,实现决策、指挥和协调等多项职能。所以,领导者要做的第一件事,就是"组织落实",即组成一个健全而有效的科层组织机构。凡是领导活动都离不开领导体制,这是人类社会的客观现象。

然而,不同的社会形态中的领导体制,又有不同的具体内容。这种形式的普遍性与内容的特殊性的矛盾运动,内在地规定了领导体制具有二重属性,即自然属性和社会属性。

综观人类历史,领导体制的产生是人类领导活动的客观要求。它具有与生产力相联系、并存在于各种制度中的机构设置和划分职责权限的共同性。这就是领导体制具有的与人类社会生产力相适应的自然属性。从现代社会形态看,不论社会制度性质如何,都有一个组织机构设计与管理效率的关系问题(比如集权与分权的关系)。其运作状态,既与社会制度有关,也与组织机构设计有关。就组织机构设计本身来说,它不是不同社会制度的国家本质区别的标志,例如,当今世界各国都在混合使用一长制和委员会制,资本主义国家是这样,社会主义国家也是这样。

领导体制是领导者或领导机关制定并采用的、主观见之于客观的产物。它以一定的存在方式和行为规范来保证领导活动正常进行。现实的领导体制不仅是领导者的人数和领导方式问题,而更主要是领导者是谁和为什么目标而从事领导活动的问题。作为行为主体的领导者,是代表一定的经济利益、政治利益的"社会人"。

从总体上说，作为客体的客观环境则是一定社会形态的社会客体（或其表现）。领导体制作为主体作用于客体的工具，虽然不等同于社会的根本制度（经济制度、政治制度），但受制于一定社会的经济制度、政治制度，并对具体制度起传导作用。所以，领导体制具有与一定的生产关系、上层建筑相联系，并维护和发展它们的社会属性。

领导体制是以领导权限为中心内容，以实现国家和社会管理的目标为主要职能。历史唯物主义告诉我们，物质生活的生产方式制约着整个社会生活、政治生活和精神生活，自然也制约着领导体制。按照内容决定形式，形式为内容服务的原理，在领导体制的二重性中，社会属性是它的本质属性，自然属性是服务于社会属性的。

全面而正确地认识领导体制的二重性有着重要的意义。一方面，我们应该认识到，历史上的领导体制、国外的领导体制，可以为我们提供参考和借鉴。在这个问题上采取虚无主义，厚今薄古，一概排外，狭隘的闭关锁国态度是不科学的。

另一方面，也是更为重要的方面，我们要区别不同社会制度下的领导体制的本质，区别社会主义的领导体制和资本主义的领导体制的不同本质，在坚持社会主义方向的前提下，从我国的国情出发，批判地继承、吸收历史上的、国外的领导体制的合理因素，积极搞好我国领导体制的改革，建设中国特色社会主义的领导体制。实践告诉我们，机械照搬历史的、国外的领导体制是极其有害的。

三、领导体制的作用

（一）科学的领导体制是领导活动正常进行的组织保证

（1）领导体制可以协调领导机构的内部分工。在稍微大型一点的组织中，都需要有一套领导机构，因此，领导常常不是一个人的事，而是许多机构或个人之间分工合作的过程。这就需要有一种合理的体制来协调各个机构或个人的关系，以使领导活动和谐地进行。

（2）领导体制可以沟通领导者与被领导者的关系。领导活动是一个复杂的社会系统工程，只有建立起领导体制，才能架起领导者与被领导者相互联系、沟通的桥梁，形成实践主体。只有以组织为依托，共同作用于客观世界,才能保证领导活动朝着共同目标正常进行,取得改造客观世界的良好效果。

(二)科学的领导体制是提高整体领导效能的重要因素

提高整体领导效能是领导活动的基本目的。领导效能的公式是:

$$效能 = 目标方向 \times 工作效率$$

可见,正确的目标方向与高效率的工作,这两方面都直接同科学的领导体制有关,包括领导机构的设置是否健全、职责权限的划分是否合理、领导层次与幅度是否得当、干部管理制度是否促进人才积极性的发挥、领导工作方法是否科学、等等。

如果它们是健全的、合理的、科学的,各类领导机构及其成员就会在整个领导体系中,各司其职,各显其能,和谐合作,相得益彰,保证决策及时、正确,提高工作效率,产生较高的领导效能。否则,就会出现决策迟缓、失误、互相推诿、内耗丛生、办事低效等结果。

(三)科学的领导体制是正确规范领导行为的根本机制

邓小平同志在深刻总结我们党的历史经验的基础上指出:"我们过去发生的各种错误,固然与某些领导人的思想、作风有关,但是组织制度、工作制度方面的问题更重要。这些方面的制度好可以使坏人无法任意横行,制度不好可以使好人无法充分做好事,甚至会走向反面。……领导制度、组织制度问题更带有根本性、全局性、稳定性和长期性。"[①] 这是由领导体制的本质特点决定的。

领导体制是关于领导活动中人们基本行为的规范。而广义的规范包括体制、制度、法律、政策、条例、规章等,它具有合法性、强制性、稳定性、全面性的特点。在确定各类具体规范时,特别要强调的是贯穿于其中的符合现代社会发展基本精神的一点,即法治比人治更根本。

领导者手中握有权力,要防止权力运行中的消极腐败现象,充分发挥领导者的积极性和才能,固然同领导者个人的素质、领导班子结构等方面的机制有关,但是根本性的制约机制还是领导体制。

实践证明,单靠选拔优秀人才,用人治理社会是不够的,要强调法

---

① 《邓小平文选》(1975~1982),人民出版社1983年版,第293页。

治，强调法律、政策、制度。在知人善任的同时，我们更要努力建立、健全一种合理、科学的领导体制，这是领导活动中至关重要的任务。

第二节 合理的领导组织结构

组织结构，就是组织内部各个组成因素相互联系、相互作用的方式或形式。所谓领导组织结构，包括领导机构系统及领导班子内部两方面各种因素之间的一定关系。它是领导体制的一个组成部分。

领导组织的结构有两种基本的关系，一是纵的关系，即上下级的领导关系；二是横的关系，即平行的各个部门之间的协作关系。领导组织结构有四种组织形式。

一、线性结构

这是传统的领导体制模式。如果是单纯的直线性结构，则是从上到下的"金字塔"形的阶梯等级。线性结构中的每一级都要直接接受更高一级领导的管辖，同时它又对下一级拥有全权。这种结构的领导类型是一长制，首长对下属全部工作全权领导。

在这个系统中，信息只沿着垂直线自上而下传递。线性结构的组织原则，是根据任务的性质确定领导者的管理制度。

直线式结构的优点是系统内部上、下、左、右的关系一目了然；职责分明，行动迅速，有利于提高整体效率，它比较适用于重复的、简单的工作和简单的低层的组织。但对于复杂的、非标准的、综合性的大型组织，就显得不能完全适应。

为适应新的需要，必须分解线性结构，于是产生了职能性结构。

二、职能性结构

职能性结构，就是为了完成较为复杂的任务，完成一些特定管理功能而成立的某些专门性机构。完成这项功能的所有人员和部门都归该机构管辖，而这些机构的领导人，对其职能范围内的问题拥有全权。

举例来说，工厂中的办公室、计划科、技术科、人事科、财务科等就是职能机构。这些机构与工厂各个生产车间的关系,从干部的角度看,科长与车间主任是平级的;但从工作的角度看,这些科室分别在各自的职能范围内对所涉及的人、事、物有指挥权。它们各自从特定的方面协助厂长对生产车间实行领导。

职能性结构的长处是便于分门别类地进行专业化的领导与管理,可以大大减少上级的指挥工作量,上级领导可以集中精力去抓大事。但在实际工作中,许多不同的事常常要由同一个人或同一个组织(单位)来做。结果,一个基层组织往往会接到来自许多职能部门的指令,这就是通常说的"上面千条线,下面一根针"。

这样,就出现了两个问题:一是下级接到的指令太多,负担很重;二是指令之间如果存在矛盾和抵触,就会令下级无所适从。于是,原来意义上的职能性结构又有了发展,产生了直线职能制和直线职能参谋制。

前者是把职能部门仅仅作为领导的参谋和助手,不能直接对下级行使指挥权。

后者是在前者的基础上,另外设立上级附属的参谋人员或参谋机构,以克服直线职能制的缺点。

三、混合型结构

混合型结构领导体制是线性结构与职能性结构相结合的一种综合式结构。它以直线式结构为基础,在每个领导层次都设立了从事专业管理的职能部门,作为该级领导者的参谋部门,按职能分工分别处理各类问题。这些职能部门拟定的有关指令,应由行政领导人批准下达。职能部门本身不能直接指挥或命令下级领导和下属职能部门,如图7-1所示(转引自吉林省人才研究会:《管理科学简介》,第54页)。

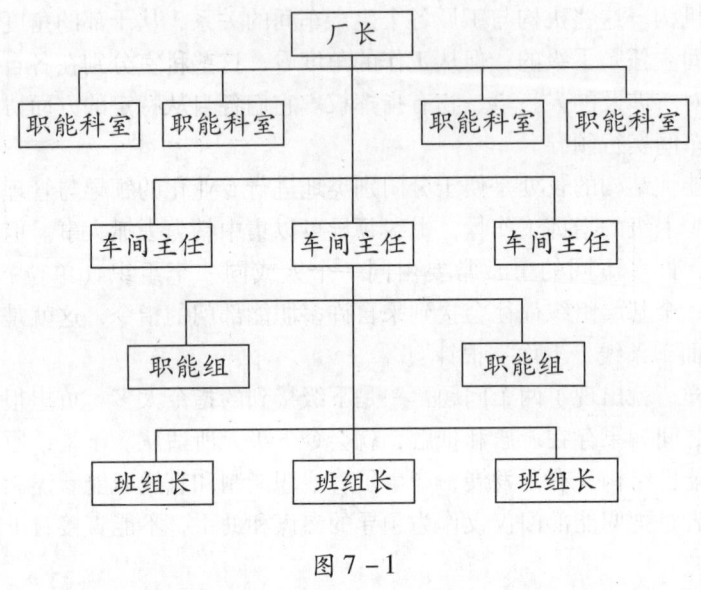

图 7-1

四、矩阵式结构

这是按照数学上的矩型方阵原理建立起来的领导体制,又称"规划—目标"结构形式。其特点是把按职能划分的部门同按项目划分的部门结合起来。即在同一组织结构中,既有纵向职能部门,又有横向(按产品或工程项目)的管理系统,如图 7-2 所示(转引自吉林省人才研究会:《管理科学简介》,第 55 页)。

在这里,通过纵向和横向的结合,形成了一个灵巧简便的组织结构,结构内既有严格的权限分工,又能给工作人员以最大的活动余地。

在这样一个矩阵结构中,每一个成员都同时接受两个方面的领导,即既要接受所在产品项目小组的负责人的领导,又要接受所属的职能科室的主管的领导。

这种双重领导关系容易产生矛盾,并且很难协调,这就是"矩阵"组织形式的缺点。

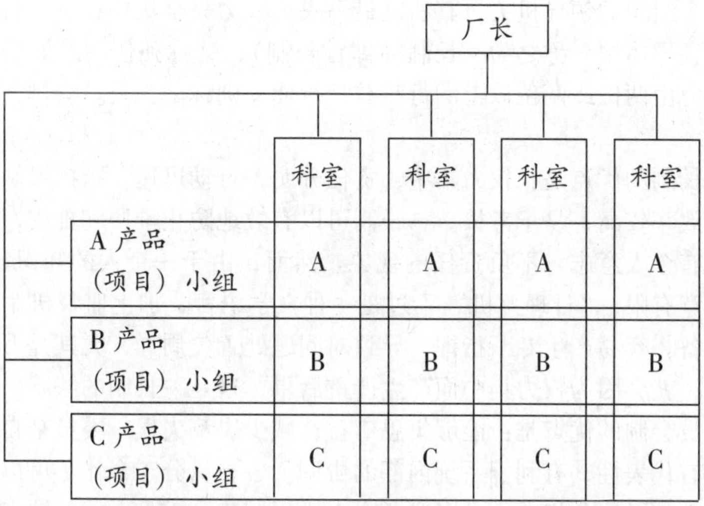

第七章　领导体制（下）：领导活动的根本机制　113

	科室	科室	科室	科室
A产品 （项目）小组	A	A	A	A
B产品 （项目）小组	B	B	B	B
C产品 （项目）小组	C	C	C	C

（顶部为"厂长"）

图 7-2

合理的领导结构，除上述领导组织结构合理外，还包括领导机构的合理组织原则。即领导结构应按照精兵简政、提高效能、防止官僚主义的原则来建立，大体上包括情报机构、信息机构、参谋咨询机构、决策机构、执行机构、监督机构、反馈机构、评估机构。

第三节　现代领导体制的类型

上一节我们侧重从领导机构内部各方面的相互关系形式研究了领导体制组织结构方面的内容。这里拟从组织机构的具体内容，尤其是各部门之间的职责与权限划分的重要内容，揭示现代领导体制中权力关系的几种基本类型。

现代领导体制纷繁复杂，但基本类型有四种。

一、一长制和委员会制

按领导机关中最高决策人的人数划分，有一长制和委员会制的领导体制类型。

一个组织的领导机关,其法定最高决策权力完全集中在一位行政首长身上的领导体制,称之为一长制(即首长制),又称独任制。如果法定的决策权力由两位或两位以上的行政首长行使,则称之为委员会制,或称合议制。

一长制的优点是:权力集中,责任分明,行动迅速,指挥灵敏,冲突较少,效率较高,易于考核。一长制可以有效地防止推诿和扯皮,消除或减少没有个人意志、不负责任的现象。然而,由于一个人的知识、能力、精力毕竟有限,"日理万机"不过是一种文学语言,加上监督机制不可能十分完备,容易产生专断指挥,导致对问题处置欠周详,尤其是万一决策上失误,就会因为权力集中而产生严重后果,这是一长制的缺陷。

委员会制的优点是:能够集思广益,减少决策失误。委员来自不同的方面,有代表性,有利于系统内部的协调。各委员分工合作,可以减轻主要负责人的工作负担,也可以避免个人滥用职权。委员会制的缺点是:权力分散,责任不明确,行动迟缓,效率较低,难于考核。在现实生活中,其具体表现为:名曰集体负责,实为无人负责;议而不决,决而不行,坐失良机,贻误工作等等。

比较而言,这两种领导体制难于在绝对的意义上区分优劣,而只能在社会事务的处理过程中灵活运用。明朝万历年间的政治家张居正说:"天下之事,虑之贵详,行之贵力,求之贵果,断之贵独。"据此,属于速决性的、执行性的、技术性的、纪律性的、突发性的等一类领导活动,宜采用首长制的方式处理。属于方针政策、规划制定以及立法性、协调性、综合平衡等一类领导活动的处理,用委员会制的方式处理为宜。

在实际的领导活动中,这两种体制正以各种方式相互联系和相互渗透着。首长制的行政首长,常常依靠各种专门委员会协助处理问题,委员会制也向责任主体明确化的方向发展,如减少委员人数,减少虚职,明确分工,以提高办事效率。

二、层次制和职能制

按组织系统内部各机构的职权性质和范围来划分,有层次制和职能制的领导体制类型。

层次制是指一个组织从纵向划分为若干层级,每一个下属层级对上一个层级负责,每一层级的领导范围完全相同的领导体制,称直线制、分级制或系统制。这是一种传统的领导体制和组织。如前述的直线式的"金字塔"形结构形式。层次制使从指挥中心到最基层形成一个像台阶那样的指挥系统。每个层级的领导者所管辖的业务性质相同,只是管辖的空间范围随层级降低而随之缩小,如我国行政系统中的国务院和省、县、乡(镇)各级人民政府,军队系统中的军、师、团、营等。

职能制是指领导机关中平行地设置若干部门,每一职能部门所管辖的范围都以本行政机关的整体为对象,只是各部门所管辖的内容分工不同而已,如国务院设各部、委、办;省政府设各厅、局等;部队的军部设司令部、政治部、后勤部等。机能制又称为分职制。

层次制的优点在于:指挥统一,权力集中,层级分明,整齐划一;各级领导者业务性质大体相同,干部升迁或调动,均能很快胜任。同时,由于这种体制强调掌握与熟悉各方面业务,有利于培养具有统筹安排、综合平衡能力的"通才"。但层次制也容易造成领导事无巨细,事必躬亲;中间层次太多,领导也难以指挥。

职能制的优点是:分工精细,领导者各司其职,业务熟悉,工作效率高,有利于培养精通各门业务的专家和提高干部的专业化水平。缺点是:专业性强,造成机构臃肿,人浮于事;政出多门,无所适从;由于不了解全局,办事容易违反经济原则和效率原则。

在现代领导组织中,上述两种体制必须混合使用,兴利除弊,彼此相长。

三、完整制和分离制

按下级所对应上级的数目来划分,有完整制和分离制的领导体制类型。

属于同一个领导层级的各机关,或者一个机关中的各个构成单位,所接受的上级指挥、控制和监督完全集中于一位行政首长或者是一个上级部门的,称之为完整制,或称集约制、一元统属制(通常称一元化领导)。

同一层级的各机关,或一个机关的各构成单位,所受到上级的指挥、控制和监督不集中于一位领导者或一个上级机关的,称作分离制,或称多元统属制。我们通常所说的"条块分离"式领导,就是这种分离制的领导体制。

完整制发挥得好,其优点是:权力集中,易统筹计划,责任分明,减少相互推诿、扯皮，避免工作重复和减少"内耗"，有利于提高工作效率。完整制的缺点是：权力高度集中，易滋生首长的独断专行，压制下属各单位在贯彻执行政策上的主动性、积极性和创造性，使下级养成对上级的依赖等，行动迟缓，效率低下。而权力一旦使用不当，则会产生严重的后果。

分离制的优点是：权力分散，适于防止专断与滥用权力；有利于发现和培养人才。所谓"乱世出英雄"，就是在完整制削弱的情况下英雄辈出的结果。此外，在分离制的情况下，即使上级领导机关不健全、不称职或决策失误，也不致于对全局发生重大影响。分离制如果发挥得不好，其缺点和后果也是十分突出的，如各独立单位各自为政，权力冲突，工作重复，内耗严重，造成人力、物力、财力的浪费。

现代非平衡系统理论，也称开放系统理论，提出开放系统的自组织功能是动态的活结构，是非平衡的、有抗干扰能力的、适应环境变化的有序结构。这种结构对环境开放，能吸收外界能量，而内部的元素间又有一种围绕目标的协同作用。协同作用越强，结构功能越好，并产生结构功能增大现象。所以，完整制与分离制的固定形态实际上是不存在的，只有不断地研究新情况，解决新问题，在体制结构上表现出动态性管理，才能使完整制、分离制两方面的功能在有机结合中发挥得更好，使两者的负效应压缩到最小限度。

随着社会分工的不断发展，科技水平的不断提高，社会协调发展与高度综合的内在趋势日益明显；加上发展社会主义市场经济，使各方面的经济关系变得复杂，出现了利益关系在整体基础上的多元化，因而各地区、各部门的联系不可能是完整的体制，许多地方要用经济杠杆来支配。在这样的情况下，严守完整制是行不通的。

我国由于各种复杂的原因，存在着权力过分集中的弊病。体制改革的一个主要内容，就是合理、适度分权，扩大地方、部门和企业的自主权，使领导体制充满活力。但是，要清醒认识到，分离制是同完整制密切联系的，而且有些领域、有些计划、有些时候还要强调完整制。比如，从确保某些战略重点目标的实现和外贸、外事整体利益不受损害出发，严守完整制是应该的。在特定条件下为加强宏观控制，实行完整制也是必要的。

总之，完整制和分离制是一个矛盾的两个方面，它们各有利弊。有效的领导体制应当是完整制与分离制的有机统一。为此，领导者必须不断研究新情况，因时制宜，因地制宜，科学地统权，科学地分权，做到统分相宜，统分相长，防止"一放就乱，一统就死"的弊端发生。

四、集权制和分权制

按权力的集中程度划分，有集权制与分权制的领导体制。集权制是指一切最后决定权都集中在上级领导机关和领导者，下级必须完全遵照上级的指示或决定办事的领导体制。分权制是指下级机关或下级管理者在自己管辖的范围内，有独立解决问题的权力，上级对下级权力范围内的事不加干预的领导体制。

集权制的优点是：政令统一，标准一致，力量集中，指挥方便，能够统筹兼顾，利于重点建设。其缺点是不能因地、因时制宜，不利于发展个性，适应能力不强。分权制的优点在于：可以使下级独立自主地工作，发挥自身的特长和创造性。分权制的缺点是：政令不统一，各方常常发生矛盾和冲突，难以协调，也容易产生本位主义、分散主义，使国家集体利益受到损害。

中央和地方、上级和下级的关系，需要在集权与分权的关系方面处理好。二者首先应当进行适当的划分，但是对二者又不能绝对地分割，它们是一种对立统一的关系。它们双方是互相依存、相互作用的。没有上级，也无所谓下级，反之亦然。正确处理两者的关系，既要求必要的集中统一，又要有相对的独立自主。

中国共产党的组织原则是民主集中制。从这一规定性出发，所谓集权制是在自下而上的广泛民主基础上的集权制。我们讲的集权制是与分权制相结合的集权制，它应促使中央和地方、上级和下级两个方面的积极性充分发挥，并使之有机地结合起来。但从历史上看，我们以往较多地强调了集权，忽视了必要的分权，以致在实际工作中造成了消极的影响。

如何从体制结构上更好地使集权和分权相结合，以形成良好的运行机制，这是亟需认真研究的重大理论问题，也是在当代中国特色社会主义建设的伟大实践中，极具现实意义的课题。

第八章

科学决策：有效领导的保证

内容提要

决策是现代领导工作的核心，贯穿于领导工作的各个方面。决策正确与否，关系到我们事业的兴衰与成败。党的十六大报告中曾提出"正确决策是各项工作成功的重要前提"的论断，将改革和完善决策机制作为政治体制改革的一项重要内容，这为我们进行科学决策指明了方向。

第一节 决策：定义、功能和模式转型

一、决策的定义和特征

"决策"一词是从英语 Decision－Making 翻译过来的，原意是"做出决定"，后来为了文字精练和表达准确，把它译为"决策"。决策一词有广义、狭义之分。把决策仅仅理解为是行为方案的最后选择，这是对决策的狭义理解；把决策理解为发现问题、确定目标、拟定方案、分析评估的全过程，包括决策的实验、实施、反馈、调节的环节链，这是对决策的广义的理解。

广义的决策定义包含了四个特征：

（1）创造性。决策是指人们发现并提出新问题、新思想、新方法。没有创造性，决策也就没有意义。

（2）目标性。决策是有一定目标的，如果没有目标，决策就无从谈起。

（3）优选性。决策总是在既定条件下，寻找优化目标和达到目标的最佳途径。为此，决策要从多种方案中进行选择，否则，就无从优化。

（4）实施性。决策总是要付诸实施的，它应该有可行性，否则，决策是多余的。

自古以来，各种类型的领导者，无不重视决策。所谓"运筹帷幄之中，决胜千里之外"，说的就是政治家、军事家、企业家对决策功能重要性的理解。

二、科学决策的功能

（一）科学决策是一切行动和工作的先导，是事业成功的关键

领导最重要的是分清楚什么是要达到的目标以及如何去实现这个目标。围绕这两个问题，领导活动必须解决"是什么"、"做不做"、"要做什么"、"怎么做"等问题，而对这些问题的决定便是决策。一切行动和工作都是围绕着为实现这些决策目标而服务的。

决策包括要解决什么问题、预期什么结果、通过什么途径、采取什么做法等，从根本上都决定着工作和行动的目标、方向、进程及结果，是一切工作和事业成败的关键，古今中外，概莫能外。随着人类文明的进步，领导管理职能的增多和工作对象的复杂化，不确定因素的增多，无疑将凸显决策的先导性和关键性作用。

（二）科学决策是全面建成小康社会的必然要求

党的十六大明确提出了全面建设小康社会的宏伟目标，指出要在"本世纪头二十年，集中力量，全面建设惠及十几亿人口的更高水平的小康社会"。[1] 党的十八大提出，全面建成小康社会，加快推进社会主义现代化，实现中华民族伟大复兴，必须坚定不移走中国特色社会主义道路。

我国目前还处于社会主义初级阶段，人民日益增长的物质文化需要同落后的社会生产之间的矛盾仍然是我国社会的主要矛盾；生产力和科技、教育还比较落后，实现工业化和现代化还有很长的路要走；生态环境、自然资源和经济社会发展的矛盾日益突出；经济体制和其他方面的管理体制还不完善；等等。

---

[1] 江泽民：《全面建设小康社会，开创中国特色社会主义事业新局面——在中国共产党第十六次全国代表大会上的报告》，《人民日报》2002年11月18日 第一版。

要实现全面建设小康社会的宏伟目标，必须加强经济结构调整，大力发展经济；必须全面建设社会主义民主和法制；必须提高全民族可持续发展能力；等等。

特别是在经济主体多元化和社会利益关系复杂化的背景下，影响决策的因素越来越多。任何一级党和政府的领导人，如果没有认真考虑各种可能的主客观影响因素，或者无法及时获得足够的技术和信息，那么，将会很容易出现决策失误，从而给国家和人民的利益造成巨大的损失，甚至影响全面建设小康社会目标的实现。

因而，正确的决策将对我们全面建设小康社会发挥着十分重要的作用，具有极其重要的意义。

三、决策模式转型：从经验决策到科学决策

决策转型是指由经验决策向科学决策转变，是指领导者由采用经验决策模式进行决策转向采用科学决策模式进行决策。

（一）经验决策和科学决策

（1）经验决策主要是依靠领导者个人或少数人的思想水平、知识智慧、工作经验以及胆识能力等因素做出的决定。这是一种传统的决策方式，具有过程简单、信息处理量有限、主观随意性大等特点。在早期生产还不发达、科技比较落后、事物发展变化速度还比较缓慢的社会条件下，主要是以经验决策为主。

（2）科学决策是指按照决策的科学理论和健全的科学程序，运用现代科学的决策方法进行决策的活动。科学决策强调科学决策理论的指导，强调决策程序和决策体制的科学性，注重科学的咨询、计算机仿真技术及预测等科学方法的运用，采用定性及定量的分析手段等。它代表着现代领导决策的方向，是决策科学化和民主化的有机统一。

（二）决策模式转型的必然性

决策转型的必然性主要体现在以下几方面。

1. 决策转型是社会发展的客观需要

随着社会化大生产的发展和科学技术的进步，特别是随着经济全球

化、信息化进程的不断推进，社会的生产规模日益扩大，科学技术日新月异，专业化分工越来越细，不同学科之间相互渗透、相互依赖，使得领导者面临的决策环境日益复杂，决策所需要的信息也越来越多。单靠个人的素质和经验、过程简单（只有"谋"和"断"两个步骤）、信息量很少（缺乏客观根据）的经验决策，已暴露出其严重的缺陷，日益不能适应时代的需要。这就要求领导者实现决策转型，实现由经验决策向科学决策的转化。

科学决策是现代化大生产的产物。这种大生产不仅在人、财、物的投入方面是空前的，而且这个社会的各方面也千丝万缕地联系在一起，牵一发而动全身。一个重大决策的失误不仅会造成巨大的财产损失，而且还会引起连锁反应，产生严重后果。因此，领导者必须研究和寻求合理的决策。这就要求领导者通观全局，审时度势，在千头万绪中找出周密的论证方案，及时做出可行有效的决断。这些都不是任何个人的经验和智慧所能胜任的。之所以强调决策转型，还在于科学决策同经验决策相比较而言，具有三方面的特点：

第一，经验决策是依靠领导者个人的经历和体验进行的。科学决策则要求建立完整的体制，依靠集体的智慧，实行决策民主化。

第二，经验决策的过程简单，只有"谋"和"断"两个步骤。科学决策的程序则分为发现问题，确定目标；集思广益，拟制方案；分析评估，方案选优；方案实施与反馈调节四大步骤，从而实行决策程序化。

第三，经验决策是依靠领导者个人的胆识和智慧进行最后的决断。科学决策则要求领导者必须运用科学的决策理论和科学的决策思维方法进行优化决断，实行决策科学化。

2. 决策转型是社会转型时期的必然要求

社会转型是指整个社会发生的一种由传统向现代过渡的系统化的、大规模的、有根本性的变化的转变过程。当前我国社会正处于特定的社会转型时期，包括在政治、经济等方面正在发生深刻的历史变化，改变着人们的行为方式和思维方式。为适应这些变化，在领导决策方面，必须实行决策转型。

在经济领域，目前我国正在从传统的计划经济体制向社会主义市场经济体制转型，出现了利益主体的多元化和利益关系的复杂化趋势。这就要求各级管理主体在做出决策时，必须充分考虑各种经济主体、各个社会阶层的利益要求，以保证决策的公正性和正确性。这是传统经验决策所难以做到的。

我国加入WTO以后，影响决策的因素越来越多，那种仅凭个人的经验和智慧决策，将有可能因为无法及时获得足够的技术和信息，而容易出现错误决策或者决策失误。这就客观上要求我们的社会管理主体必须实行决策的转型。

在政治领域，目前我国正在由传统的高度集中的政治体制向民主政治体制转变，要求实行决策转型。我国已经改革了原有的中央集权、党政不分、政企合一的指令性的直接管理模式，正朝着建立一个具有高度民主、法制完备、富有效率、充满活力的社会主义政治体制和适应社会主义市场经济的行政管理体制的目标前进。

作为政治体制和行政管理体制重要组成部分的决策体制，必须在改革中得到改进与优化，实行决策转型，大力倡导科学决策，将对促进民主政治的完善和政治体制的改革发挥着关键性的作用，具有十分重要的意义。

3. 决策转型是加快我国决策科学化进程的迫切要求

党的十一届三中全会后，伴随着经济体制改革和政治体制改革的推进，我国在决策科学化建设方面取得了初步成效。一是科学决策的观念逐渐为人们所重视；二是初步建立和完善了各级决策系统和决策体制；三是科学决策在实践中得到了初步探索和运用。各级领导在决策实践中逐步在一些关乎经济社会发展重大决策上，如国家创新体系建设、西部大开发战略、学科发展战略、地方财税结构调整等重大政策决策中注重采用程序化的多方案论证，把科学决策的手段方法付诸实践。①

虽然我国在决策科学化方面取得一定的成效，但从总体上看，我国目前离科学决策的现代目标仍有较大差距，主要表现为：第一，科学决策体制尚未在我国真正建立起来；第二，一些地方决策程序不规范，决策的透明化和民主化程度不高，决策主观随意性大，公众参与程度低；第三，决策责任制亟待改善，尚未建立起有效的决策责任制度体系，决策责任追究不力，决策成败与决策者个人荣辱得失、升迁降免缺乏直接联系；第四，决策缺少科学化手段和技术，决策方法简单，决策手段贫乏，科学技术方法在领导决策中得不到有效发挥，阻碍和影响了决策的科学化水平。因

---

① 刘雪明：《政策决策的科学与民主化问题研究》，《云南行政学院学报》2002年第2期。

此，推进决策科学化进程必然要求我们切实实现决策转型，采取科学决策模式。

4. 决策转型是实现公共管理工作科学化的重要基础

当今世界已进入科技现代化和网络信息化时代，人们的思想观念日益更新，知识创新不断涌现，高新技术迅猛发展，既改变了经济发展的生产力要素水平，也使社会组织结构和管理方式发生了相应的变革，迫切要求实现社会管理的科学化，也使得实现公共管理科学化成为一股不可阻挡的历史潮流。实现公共管理科学化的途径包括应用现代公共管理科学观念和理论、调整与优化公共机构、充实提高公务人员素质、改进和应用现代化公共管理技术、建立健全公共管理法制、等等。

由于决策在整个公共管理工作中所居的先导性和前提性地位，决策的科学化水平必然会深刻影响和制约着公共管理的科学化水平，没有决策的科学化，公共管理的科学化将是不彻底、不完全的。实现公共管理科学化必然要求决策的科学化。要实现决策的科学化，关键是建立起科学的决策体制，规范和完善重大决策的科学决策程序，扩大决策过程的民主参与，同时建立健全决策监督体系，并大力提高决策者素质，不断创新决策手段和决策技术。因此，必须摒弃旧的经验决策模式，建立起科学决策的机制，实行决策转型。

第二节 科学决策的主要内涵

科学决策是关系到国计民生的一个大问题，同时科学决策也是一个极其复杂的过程，是由多种因素决定的，要真正做到科学决策实属不易，这是我们从实践中付出了很大代价所得出的结论。那么，决策怎样才能做到科学？我们认为，至少应包括三个方面：公共性，科学决策的本质属性；科学决策制度；制度创新，改革和完善决策机制。

一、公共性：科学决策的本质属性

科学决策的公共性是由现代社会的政治特征和现实状况所决定的。现代社会的基本政治特征是民主政治，公共部门只有获得多数民众的支持，才能行使公共部门管理社会的主要手段——公共政策，而且公共政策必须代表民意、体现"公意"，否则，就可能导致政府的合法性危机。如果公共组织不能秉承服务和增进公共利益的宗旨，仅从纯粹私人的角度考虑，那么公共权力的"合法（性）行使将是难以理解的"。[①]

由于人们利益需求的个性化、多元化，极左或极右的决策都会在满足一部分人的利益需求的同时，挫伤另一部分人的积极性或损害另一部分人的利益。在此情况下，决策的明智选择只能更多地倾向于"中位选民"的利益，即符合大多数人的利益。随着民主政治的发展，科学决策必将体现既满足多数人的利益，亦保护少数人尤其是由弱势群体组成的少数人的利益，其公共性属性亦将呈现强公共性趋势。

关于"公共性"的界定和理解，政治学、公共管理学、公共选择学派等不同研究领域中有着不同的阐释重点或话语表述。

政治学家罗伯特·达尔、米歇尔·哈蒙从结构功能主义方法论出发，认为公共性是民主政治过程中，个人和团体不断互动形成的利益格局，它强调公共政策过程的互动性是维持与获取公共利益的必要条件。在多元社会中，公共性或公共利益往往通过公民或社群的共享利益或社会的共同利益来具体体现。

公共管理学以公共问题为逻辑起点，并从管理主体（公共组织）、管理手段（公共权力）、价值观（重在公平）、管理对象（公共事务）、最终目标（公共利益）等方面阐述公共性。[②]

公共选择学派从个人主义方法论出发，认为公共性主要是通过某种集体选择机制，将个人偏好转化为社会决策的机制或程序的选择。

不同领域的理论研究为我们理解科学决策的公共性拓展了新的视角。那么，作为科学决策的公共性究竟是"何种公共性"呢？我们认为，公正性、公平性、公开性是科学决策公共性的三个基本维度。

（一）公正性

公正性是指决策的合理性、合法性。理性而且科学的决策是公共政策制定和政策合法化的基础和前提。美国政治学家.P.霍辛曾描述了公共政策追求的五种理性：

[①] ［法］马克·夸克：《合法性与政治》，中央编译出版社2002年版，第47页。
[②] 王乐夫等：《公共性——公共管理研究的基础与核心》，《社会科学》2003年第4期。

(1) 技术理性,即公共政策是否对社会产生效用而解决人类所面临的技术问题;

(2) 经济理性,即公共政策是否对社会有效率,以最低的成本提供最大的效益,或者提供固定的效益,而消耗最低成本;

(3) 法律理性,即评定公共政策是否符合成文的法律规范和各项先例,以探讨公共政策在社会上的合理性;

(4) 社会理性,即断定公共政策的内容是否与社会上流行的规范与价值一致,分析公共政策在维持社会制度中所做出的贡献;

(5) 实质理性,即政策是否追求前面谈到四种理性中的两种或两种以上内容,以及能否解决各项理性之间的冲突问题。①

按照科学理性的原则选择公共政策标准时,只能是在"合理性"的基础之上,不应当也不可能追求最佳结果,而应当是满意的或次佳原则为纲领。

同时,公正性也反映在公共政策的合法性上。公共政策是政治系统或公共权力机构协调和平衡公众利益的途径与手段。任何公共政策要能让公众接受,并在实际生活中发挥作用,就必须从内容到形式都是合法的。所谓内容的合法,是指公共政策所规定的行为准则、所施行的计划措施,能使公众利益得到协调、平衡,符合多数人的、长远的利益要求,能被公众认可和接受;所谓形式的合法,是指公共政策的制定、执行、评估,必须是法定主体按照法定程序进行的活动。没有公正性,也就无从谈起合法性,没有合法性,那当然就缺失公正性,公共政策也因此丧失了存在的基础。

(二) 公平性

公平性是指科学决策所体现的平等观。公平管理学派认为,公平是每个人拥有的基本权利,这种权利不受制于政治的交易或社会利益的权衡,同时,公平不仅是一种伦理,而且也是法律、社会制度和社会结构的体系。马克·路希夫斯基(Mark E. Rushefsky)认为,平等可以包含三层意思:第一层意思是政治平等,即投票的平等;第二层意思是机会平等,即给予每个人发展其潜能的机会;第三层意思也是最充满争论的结果平等,比如通过累进所得税而进行的社会再分配等。② 学者卡普兰(A. Kaplan)

---

① 转引自陈庆云:《公共政策分析》,中国经济出版社1996年版,第59页。

② Mark E. Rushefsky. Public Policy in the United States: Towards the Twenty-First Century [M]. California: Brooks Cole Publishing Company, Pacific Grove, 1989年版,第28页。

曾经提出了公平的相关原则：

（1）公正无偏原则，即持无私无偏的态度，对当事人、利害关系人、社会大众等，均应予以通盘谨慎的考虑；

（2）个人受益原则，即无论采取何种行动方案解决问题，最终的受益者都必须落到一般人民身上；

（3）劣势者利益最大化原则，即应考虑使社会上处于劣势的弱势群体及个人，能够得到最大的照顾，享受最大的利益；

（4）分配普遍原则，即应尽可能使受益者扩大，尽量使利益普及于一般人，而非仅仅局限于少数人。[①]

因此，平等所体现的科学决策的公共性，一方面它应该最大限度地满足多数，另一方面也应当尽可能地保护少数；在对于强势群体特别是由少数人组成的强势群体加以限制的同时，也应该对于具有正当的利益要求的弱势群体加以保护。

（三）公开性

公开性是指决策过程在公共领域中的开放性和透明度。在公共领域或公共空间内，公众通过自我理性，而不是单纯的个人偏好，对公共事务进行关注和公开讨论。"在一个自由的国度里，每个人都认为他和一切公共事务有着利害关系；有权形成并表达自己的意见。对于公共事务，他们反复探究、认真讨论……"。[②] 由此可见，公众具有对决策及一切重大公共事务的知情权、参与权与监督权。公共政策的公示，有助于国家的意志在实践中得以落实，并能够正确地利用大众传播媒介开展政策动员，使公众知晓国家的意图和国家重大事务活动，从而激发公众的劳动热情和落实政策的积极性。

公众具有对公共政策的话语权利并开展讨论，能够形成强大的公众舆论，从而对公共政策的制定者和执行者施加强大压力，并进一步捍卫公共性原则。这时，公众舆论的压力就成为公共政策的一种评判和治疗手段，公众在此过程中获得了一种参与的权利和监督的权利。因此，除法律特别规定需要保密的以外，现代公共政策讲究其过程的透明度，讲求公众发表

[①] 转引自张成福、党秀云：《公共管理学》，中国人民大学出版社2001年版，第108页。
[②] ［德］哈贝马斯：《公共领域的结构转型》（曹卫东译），学林出版社1999年版，第112页。

意见的合法途径，强调公众舆论监督。

二、科学决策的制度安排

相对于经验决策，科学的决策制度设计更带有根本性、全局性、稳定性和长期性的特点。只有用合理的制度保证各层决策的科学化、民主化，才能从根本上防止个人任意拍板、盲目决策，避免因决策失误导致重大损失。这是我国社会主义建设事业的一条最宝贵的经验。

（一）决策制度安排的理念与原则

不同组织应依据现代科学决策的理论和方法，适应现代决策的客观需要，共同制定决策规则体系。任何制度安排都是在一定理念指导下做出的，现代科学决策制度设计也不例外。由于组织的性质不同，理念决策的某些共性规律又是必须共同遵循的。

科学发展观不仅是新时期党的指导思想，也是我们党和国家科学决策的总的指导原则。在决策环节上坚持科学发展重要思想，才能保证决策始终坚持正确的方向，使民主的、科学的决策始终推动我国社会的健康发展。同时，在具体的制度安排时还应遵循以下原则。

1. 系统化原则

要按照决策系统的结构要素、功能设置、分工分层、有序运作的要求来构建组织体制和制度。组织机构是决策体制的实体，只有组织结构合理，才能保证决策完整有序地运作。系统的科学决策组织，一般是由决断、信息、执行、智囊、监督五个分组织系统构成。不同的组织有其不同的功能，整个组织系统既分工又有机联系，按照制定的共同规则有序地进行运转，以实现整个系统的科学决策功能。

2. 科学化原则

制度建立的理念、运作程序和工作方式，均应符合科学化的要求。科学化要求决策者知识广博、经验丰富、聪颖睿智、多谋善断，而资料信息力求充分、全面、准确、客观，并能重视数字和数据，建立数学分析模型，数理逻辑推理严密，未来预测尽量减少不确定性。同时要求政策分析人员能够站在客观、中立的立场上，运用熟练的专业知识和专门的方法与技术，准确地评定公共政策的效果、效率和效益，并就公共政策失效做出正确分析，从而科学地对"政策病理"进行诊断。

3. 民主化原则

这也是建立现代科学决策制度的另一重要原则，这种民主化，既体现于决策系统内部，也体现于决策系统外部；既体现在决策目标上，也体现在决策过程之中。除决策集体要充分发扬民主，还要广泛吸纳参政组织与人民群众的决策建议。

4. 时效性原则

现代经济社会变化加快，科学决策尤其是在面临公共危机时，更要提高时效性，因此，决策制度的安排还必须遵循高效化的原则，使其决策具有更强的适应性。

5. 法治化原则

科学决策制度，从内部规范到组织规范，再到立法规范，反映了决策制度建设的不同阶段和水平。总的趋势是，现代科学制度正在向着法治化转变，法治化已成为现代科学决策制度的基本原则之一。

（二）现代科学决策的制度类型

依据上述科学原则建立的现代科学决策制度，主要有以下几种类型：

1. 科学严密的决策组织制度

决策组织体制在不同时代有不同特点。决策制定与决策执行相对分工、决策研究与决策行动相对分工、决策系统与信息系统及"人"与"机"的日趋结合、决策系统高度分工与高度综合形成有机完整体系，是现代科学决策组织制度的一个突出特点。决策组织制度是对决策组织的机构和人员、职能与职责、工作方式与运行机制做出的规则性安排。现代决策组织体系，一般包括决断组织、信息组织、智囊组织、执行组织、监督组织。

决断组织处于核心地位，由负有决策责任的决策者所组成。只有它才有权就一定范围内的有关问题做出决策。

信息组织是设立在各级决策核心周围，专门搜集、统计、储存、检索、传播、显示等有关情报资料信息的组织机构,它充分利用现代通信技术和电子计算机以及网络的功能,对来自各方面的信息进行综合处理与分析,为正确决策提供坚实的信息基础。

智囊组织是专门为决策服务的研究咨询机构,是广泛开发智力、协助决策核心科学决策的组织形式,一般由各种不同专业的自然科学与社会科学专家所组成。

执行组织是指执行决策核心指令并付诸实施的组织系统。决策是为了采取行动,完整的决策体制都包括执行系统。

监督组织是对执行系统贯彻执行决策指令进行检查监督的组织机构。

2. 借用"外脑"辅助的决策制度

现代科学决策同传统经验决策有一个很大的不同,就是借助"外脑",充分发挥专家学者的作用。西方发达国家的"智囊"机构就应科学决策的需要纷纷建立,如美国的兰德公司和斯坦福国际咨询研究所以及日本的野村综合研究所,就是世界著名的社会咨询组织和思想库。这种参谋或智囊组织,有的设在决策系统内部,如行政系统内设的总统或首相顾问、专家咨询建议。咨询工作是决策者的一种智力扩大与延伸。现代各种类型的咨询机构,为一个国家和地区的发展提供了"望远镜"和"显微镜",使决策者看得远、看得清,更能按科学规律办事。

参谋智囊机构一般强调要有独立性、客观性,以保证在出谋献策、拟定方案、咨询论证时,不受决策者的影响和束缚。参谋智囊机构如何设立、如何行动、如何参与决策,都需要做出制度性的安排。

3. 规范严格的决策程序制度

从决策过程分析,比较规范的决策大体由下列四个步骤构成:发现问题,确定目标;集思广益,拟制方案;分析评估,方案选优;方案实施与反馈调节。决策的四个步骤,环环相扣,紧密衔接。从某种意义上讲,按程序办事,就是按规律办事,没有科学程序,就难以形成科学决策。尽管简单的、微观的、管理性的决策,其程序分化不太明显;但复杂的、宏观的、战略性的大决策,必须按程序规则进行。

决策程序的科学化、规范化、制度化是现代科学决策制度的重要标志和发展。制定决策程序制度,有利于决策的民主化、科学化,便于及时纠正重大决策的主观性和随意性。决策的程序制度,既要对整个过程的时序和环节做出相互衔接的制度性规定,又要对每个基本步骤做出具体的操作性规定。比如,关于决策问题提出的制度,决策问题由谁提出、如何确定,依据问题性质该由哪个层次、何种组织、什么时间做出决策,都应该做出相应的安排和规定。

4. 完善健全的决策评估与责任制度

决策评估制度的建立,既有利于衡量决策的实效,又有利于总结经验、改进决策、落实责任。这就很有必要就决策的评估标准、组织、方法、程序、结果等问题做出规定,形成制度。著名管理学家法约尔也讲过:"责任是权力的孪生物,是权力的当然结果和必要补充,凡权力行使的地方,就有责任。"① 决策权限与决策责任相一致,这是一条重要原则。由于过去缺少必要的决策责任制,往往把决策责任以"交学费"推脱了事。为了促使决策者慎重决策、减少失误,或失误后能及时接受教训,"吃堑长智",建立健全决策责任制度是十分必要的。

三、改革和完善决策机制的措施与途径

党的十六大报告第一次明确地将改革和完善决策机制作为政治体制改革的一个重要方面单独加以论述,这表明我们党对决策科学化、民主化的重视程度非同一般。鉴于前文已对作为人类共同文明成果的科学决策制度作过部分介绍,在此仅提出几条改革和完善决策机制的措施和途径。

(一)推进决策与执行的适度分离

公共决策的本质属性决定了公共决策主体应是各级各类国家机关,政府部门应该是决策的中枢。但长期以来,政府部门既是决策的制定者,又是决策的执行者。这在一定程度上容易造成权力滥用,部门职责不清。实际上决策与执行是公共决策过程中两种不同的职能,应相对分开,决策者的主要职责是决断而不是执行,着重于发现问题、分析问题、拟定方案、选定方案;执行者的主要职责着重于把经过确定的方案即政策法规具体化并付诸实施。

决策与执行作为管理过程的两个基本环节,既相互连结又相互独立,

---

① 张鸣等:《领导决策创新全书》(上卷),红旗出版社1999年版,第377页。

两者在运作方式和管理方法上存在明显区别。在政府内部，可以尝试让一部分人专门研究和制定政策，另一部分人专门从事政策执行，直接为公众服务。这样，决策和执行都趋向专业化，对于解决决策与执行在部门内部高度统一所带来的部门利益固定化、执行效率不高问题和实现决策科学化都具有积极意义。当然，分离不是绝对分离，在分离中必须保持决策环节和执行环节的有效沟通。

（二）加强专家在决策咨询中的作用

在加入 WTO 的背景下，随着信息化浪潮的冲击和公共管理职能的日趋复杂化，我们的公共决策的多目标性、风险性及不确定因素增多，对咨询系统要求越来越高，需要有多学科、多门类的各种专家组成的机构，才能胜任这项复杂的脑力劳动，才能为决策中枢机构提供咨询、谋划和智力作用。

加强专家在决策咨询中的作用，一是建立多层次、多领域的智囊机构，尤其是大力发展相对独立的民间决策咨询机构，并正确处理好"谋"与"断"的相对分离；二是决策中枢系统要真正重视发挥决策咨询机构的作用，坚决杜绝"独断专行"、"长官意志"，在法律上保证其地位，提高其权威性；三是加大党和政府咨询机构自身建设力度，提高咨询人员的文化层次和知识结构的合理化程度，使其在规模数量上更加精干，在运作方式上更加开放；四是淡化系统内辅助决策机构的行政化倾向，提高决策研究过程的开放度，充分利用决策系统之外的决策咨询机构所具有的相对独立性和客观性，形成优势互补，建立起一种交互式的决策研究模式和开放性的决策成果评价体系。

（三）建立有效的决策回应载体

建立有效的决策回应载体是优化公共决策体制的根本。其关键在于建立一个公众→决策回应载体→决策部门→公众这样的回应系统。在加入 WTO 的背景下决策回应载体应是以政府网络为主导的电子化政府。

电子化政府是指政府有效地利用现代信息和通信技术，通过不同的信息服务设施（如电话、网络、公用计算机站等）在其方便的时间、地点及方式下，为政府机关、企业、社会组织和民众提供自动化的信息及其他服务。

电子化政府的核心是通过信息技术改革政府，从而实现一个更加开放、有回应力、负责任和有效率的政府。由于决策回应载体的发展变化，网络使信息的沟通和传递省去了诸多中间环节，使决策主体与公众之间的联系更加直接，更加方便。

（四）建立、健全公共决策机制

没有有效的决策回应载体，公共决策的质量和效率难以大幅度地提高；而没有相应的制度作保障，公共决策体制的优化也难以实现。建立健全公共决策机制应从以下几个方面入手。

（1）公共决策承诺制。公共决策承诺是决策主体回应公众的一个基本途径，它可以保证公众的要求、愿望和诉求得到尊重及重视。承诺的内容通常是公众提出的各种问题的最终解决时间和方案。

（2）公共决策复议制。公共决策复议制是决策主体按照法律、法规的规定，通过向社会公开表明自己的职责范围、决策目标、决策内容、决策程序和惩戒方法，自觉接受社会监督，提高公共决策的效率和质量，保证公正、合法地实现公共管理职能，主动为社会提供优质高效政务服务的决策机制。

实行公共决策复议制是决策主体决策透明化的表现，也是 WTO 规则对政府工作的要求。实行公共决策复议制有利于避免决策错误，更好地体现决策的科学化和民主化。

（3）重大决策听证制。决策主体进行重大的事关公众切身利益的决策时，进行听证，让社会各方面公众代表参与进来，直接听取公众意见，能够使决策主体的各项决策更加符合实际并能真正代表人民的意愿和利益，更好地服务和服从于公众的需要。

实行重大决策听证制，是决策民主化的重要体现。

（4）决策法规回应制度。法规回应制度是指决策主体针对社会上出现的新问题和新情况，对不适应社会的法律法规进行修改，对需要规范的新事物进行立法的创制、修正与监督。

其次是加强对决策主体自身行为的立法监督，尤其是在决策者决策行为的决策过程、决策执行等等进行制度化建设，这也是决策主体对于保障公民回应权利进行法律与制度的保证。

第三节 科学决策：决策民主化和科学化的统一

科学决策是决策科学化和民主化的有机统一。决策科学化是决策民主化所要追求的目标，是现代科学决策的主导；决策民主化则是决策科学化的基础和保障。

一、决策科学化与决策民主化

（一）决策科学化

决策科学化要求决策主体坚持实事求是、一切从实际出发的原则，运用科学的理论、方法和手段进行决策，正确处理决策主体与决策客体的关系，使主观的决策活动符合客观事物的实际，从而解决公共事务和公共问题。决策科学化强调对"科学理论"和"科学方法"的依赖，突出了决策是建立在科学的基础上。

（二）决策民主化

决策民主化就其实质而言，就是民主政治在公共决策领域中的运用和实现，即"少数服从多数"原则。没有决策的民主化，就不可能有决策的科学化，但决策民主化不等于决策科学化。有时决策过程是民主的，但形成的决策却是低水平的，甚至是错误的。

决策民主化是决策科学化的前提和基础。现代法治原则是以民主宪政理论为基础的。因此，坚持决策的民主化，也就要坚持决策法治化。为了防止决策随意性，减少决策失误，实行决策的法治化是完全必要的。

二、决策科学化与决策民主化的关系

(一) 决策民主化是决策科学化与决策法治化的前提和基础

没有民主化,就不能广开思路、广开言路,就谈不上尊重知识、尊重人才、尊重人民群众的创造智慧、尊重人民群众的实践经验,就没有科学化。只有具备一个民主的、宽松和谐的政治环境,决策过程中的科学原则才能得以实现;只有加强人民群众的决策参与权,才能确保决策权的合法行使,有力规范决策的动作,防止其偏离法律的宗旨和科学决策的要求等。与此同时,民主又必须以一定的科学精神和法治精神为支撑,愚昧和无序的民主很难对决策科学化、法治化产生积极影响。

(二) 决策科学化又是决策民主化的必然要求和落脚点

只有确立了科学化的决策原则、程序与体制,在科学发展观的指导下,运用科学的决策手段与方法,才能使民主化的功能得以聚集、整合起来,使最终制定的决策真正收到反映民情、尊重民意、集中民智、服务民生的效果。如果没有科学的决策程序和决策方法,就只有形式的民主,而不是真正的民主。

(三) 决策法治化是决策民主化、科学化的可靠保障

实现决策的民主化,必须使民主法律化和制度化。因为只有法治化,人民群众才能通过各种法律规定的制度参与决策,才能通过法律的途径保证决策符合社会公众的利益;如果人民群众的合法权益受到侵犯,也可以运用法律手段及时获得有效的法律救助。因此,民主化、科学化、法治化是决策过程中一个问题的几个方面,只有同时兼顾,联动运作,才能做出科学理性的决策,真正提高决策水平与有效性。

三、决策民主化、科学化的实现路径

决策科学化、民主化和法治化是一个有机统一的整体。这就要求我们在决策实践中,必须充分合理地利用科学、民主、法治这三支力量,不断推进决策的科学化、民主化和法治化。

实现科学决策的途径主要包括建立民主的决策体制、决策程序和决策方法等许多方面内容。我们认为，当前尤其要抓好以下几个方面。

（一）充分运用现代先进的科学技术手段，充分运用科学的统计信息和调研信息

运用网络收集信息和处理信息的功能，提高领导和管理决策分析与科学化的能力。通过网络及时、准确地传递信息，把曾经只能在物理空间行使的政府职能，通过数字化的方式延伸出去。原来需要大量的人力来处理的行政事务，可以在数字化设施和虚拟空间中轻松地，甚至自动地进行。

这就从根本上改变了以往政府公共服务技术手段落后的问题。实现政府信息化，推进电子政务建设已经成为衡量政府是否具有竞争力的重要标志，也是实现科学决策的重要手段。

全面和科学的统计信息的分析运用，用科学方法（如随机抽样法等）调研所得信息的运用，是民主决策和科学决策的基础。

（二）转变观念，注意营造民主、平等、协商的决策氛围

要从转变观念入手，提倡科学、民主、平等的精神，树立现代决策观念，如重视民众参与的民主决策观念、专家咨询观念、集体决策观念、评估监测观念、责任观念、等等。同时，要营造一种民主、平等、协商的公共决策环境，要利用各种媒体，并在日常的领导决策实践中，注意形成一种人人能畅所欲言，充分表达自己观点，并积极提出决策建议的局面，促进多类公共决策的民主化、科学化。

（三）增强决策透明度，扩大决策过程的民主参与

对于如何实现决策民主化，党的十六大报告作了明确的说明："要完善深入了解民情、充分反映民意、广泛集中民智、切实珍惜民力的决策机制，推进决策科学化、民主化。各级决策机关都要完善重大决策的规则和程序，建立社情民意反映制度，建立与群众利益密切相关的重大事项社会公示制度和社会听证制度，完善专家咨询制度，实行决策的论证制和责任制，防止决策的随意性。"[①] 这就具体提出了如何增强决策透明度、扩大

[①] 江泽民：《全面建设小康社会，开创中国特色社会主义事业新局面——在中国共产党第十六次全国代表大会上的报告》，《人民日报》2002年11月18日第一版。

决策过程的民主参与的做法，是新时期我们实行决策民主化、科学化的纲领性文件。

（四）注重体现和吸纳民众意见

决策民主化既作为程序，也作为过程，是相关利益主体通过影响决策表达利益诉求的活动。这就是说，决策民主化并非指决策机关扩大了决策者的人数，而是指决策机关通过必须的程序与过程能够拥有各种利益主体表达利益诉求的信息，并通过编码而使这些信息得到整合。为此，必须坚持协商对话的机制，使决策参与者能够有机会就决策问题充分表达其观点，并使最终决策真正贯彻民众的意志，真正体现和吸纳民众意见。只有这样，决策民主化才会落到实处。

第九章

界定选择：现代领导决策新视角

内容提要

界定选择是指在一定客观条件所允许的范围内，社会行为主体对活动目标及其实施方案的边界优化判断。它具有多方面的特点。领导行为的界定选择是一个复杂过程。它是改革开放条件下科学决策的新视角。其核心是主观见之于客观的"边界"优化选择。"边界"是一个含义丰富的范畴。"边界"优化选择是一种重要的决策艺术。

第一节 界定选择：人类行为的特征

一、界定选择的客观普遍性

恩格斯说："在社会历史领域内进行活动的，全是具有意识的、经过思虑或凭激情行动的、追求某种目的的人；任何事情的发生都不是没有自觉的意图，没有预期的目的的。"[1]

这就是说，人们的社会活动都是在自己期望的目的驱使下进行的，是在既定条件下的一种选择活动。他们决心以自己的行为来改变客观世界，支配客观环境，使之为自己期望的目的服务。而动物仅仅依存客观环境，单纯地以自己的存在来适应自然界改变，这是人同动物的最本质的区别。

人离开动物越远，他们对客观环境的作用就越带有思考、有计划、向着一定和事先知道的目标前进的特征。一句话，人们的一切社会活动无不打上一定的意志烙印，即具有在既定条件下的选择性的自觉能动性。

---

[1] 《马克思恩格斯选集》第 4 卷，人民出版社 1972 年版，第 243 页。

恩格斯又说："我们自己创造着我们的历史，但是第一，我们是在十分确定的前提和条件下进行创造的。"① 这就是说，人们都是在特定的客观环境中活动的。客观世界又是有其内在的规律的，规律是客观存在的，是不以人们的意志为转移的。人们可以认识规律，并可以利用它为人类服务，但是却不能违背它，不能改变或废除它，否则就要受到规律的惩罚。

综上所述，可以看到人的行为是基于一定目的的选择活动，但这种选择不是超过物质条件许可范围的任意选择。对此，我们名之为"界定选择"。

这种"界定选择"可以定义为：在一定客观条件允许范围内，行为主体对活动目标及其实施方案边界的优化判断。"界定选择"体现了界定与选择的对立统一。界定性即客观条件的限制性，选择性则是人对追求目标与实现目标方案的优化判断的主动性。

人的行为既是界定的，又是选择的，是界定的选择，选择的界定。无界定，选择性则变为主观随意性；无选择，界定性则成为客观空泛性。伟大诗人歌德有句名言：一个人只要宣称自己是自由的，就会同时感到他是受限制的，如果他敢于宣称自己是受限制的，他就会感到自己是自由的。

在这里所言的自由与限制的统一，正是深刻地表达了界定与选择的统一。

人们通常对人的行为的描述，诸如"趋利避害"、"趋暖避寒"、"趋凉避暑"、"两利之间择其重"、"两弊之间择其轻"……都是界定选择在人们日常生活用语中的反映。

社会科学的各门学科的有关范畴，也从不同侧面体现了界定选择的内涵。

例如哲学上客观条件的可能性和主观能动性的统一；政治经济学上的经济规律的界定性和体制模式的选择性的统一；科学社会主义的社会主义发展方向的必然性和与一定的国情相联系的道路的具体性的统一；社会学上的人的社会行为规范性和人的主观能动性的统一；管理学上的共同劳动协调要求在行动上的规定性和劳动者在服从指挥范围内的主动性的统一；等等。

---

① 《马克思恩格斯选集》第4卷，人民出版社1972年版，第477~478页。

二、界定选择的特点

（一）客观条件允许范围内的有限性

这里实际上是指主体行为选择的具体时间、地点、条件的限制性。恩格斯说："自由不在于幻想中摆脱自然规律而独立，而在于认识这些规律，从而能够有计划地使自然规律为一定的目的服务。"[①] 主观"界定"的边界越接近客观"界定"的边界越好。在现实可能的条件下，主观界定范围即可选空间越大越好。例如经济体制改革中，采取的放权让利、松绑搞活措施就是为了扩大选择空间。一般地说，选择空间范围越大，行为主体的选择度就越高，因而，合理度、效率度也越高。

社会不断向前发展，界定范围不断拓宽，主体选择的自由度不断提高，这是一种必然趋势。人们就是在不断的界定选择中，不断实现从必然王国向自由王国的飞跃。

（二）自期目的性

这是行为主体选择的内在动因。自期目的是主体需要、价值判断、道德调整、信息利用与转换等多种因素的综合。人的行为不但与主体需要相联系，还与价值判断相联系。这里的价值判断是指某种行为对人肯定的意义。价值实质上是客体自身属性同主体需要的辩证统一。

价值认识实际上也就是人们在现实生活中，从主体需要和利益出发，确定对客体肯定或否定，追求或舍弃的过程。如举杯喝水，由此对人体有解渴的积极效用，这就是日常生活中产生举杯行为的内在简单价值判断。

所谓道德调整，是在行为作出善与恶评价上的抉择，也是价值判断的延伸。如果人们只顾个人要求的满足，把社会道德准则置于脑后，"我行我素"，"各行其道"，其后果是不堪设想的。

所谓信息利用和转换，是指实现信息对界定选择的效用。今天，人们面对一个复杂系统，没有足够的信息量，其行为本身的不确定性就难以排除，也谈不上行为调整，界定选择就失去信息支持而难以确立。在信息利

---

① 《马克思恩格选集》第 3 卷，人民出版社 1972 年版，第 153 页。

用上，既要看得准，更要用得及时。为此，要求人们去粗取精，去伪存真，用其所用，实现信息的价值。这样，在既定的条件下才会有正确的自期目的的确立。

（三）意志品质性

在一定客观条件允许的范围内，自期目的不仅是一种认识和判断，更表现为一种追求。

追求是一种意志品质，这种意志追求也是自期目的特点的延伸。因为不敢追求常常会影响自期目的的确立。世上的事物是复杂多变的，可能有多种结果，甚至有意想不到的结果。所以，人们只要去从事活动，就会有风险。但另一方面，许多"意外"其实是通过偶然性来开辟道路的必然性，即偶然性背后隐藏着一定的必然性：随着人类科学知识的扩大，许多意外可以转化为"意内"。在市场经济高度发展、竞争激烈的现代社会，主体的"界定选择"更趋风险性。这样，只有当断则断、决意实践、敢想敢干、锐意进取的强者，才能取胜于天下。

（四）权变性

人的行为的界定选择和客观环境是一种动态结构。它强调二者之间在动态中的适应性。

从本质上说，客观环境总是变动不定的，人的行为选择也应随之应变，一劳永逸的"选择"是不存在的。人的一生都处在不断追求之中，实际上也是在随条件之变而变的选择之中。所以，主观对环境而言，本质上应是开放的，即你变我也变，以变应变，而且要向好的方向变，用哲学话语表达，就是创造条件使矛盾向好的方面转化。

（五）结构功能性优化

这是行为主体的界定选择的结构方式，即所决断的对象系统内诸要素的排列组合方式。

通过对信息采集、筛选、加工和转化，使系统向有序的方向发展，以达到更好的功能效果。这是系统论、信息论、控制论方法在行动调整上的运用，也是界定选择的系统结构形式。俗话说："一个和尚挑水喝，两个和尚抬水喝，三个和尚没水喝。"这是对人多了互相依赖，反而干不成事的集体行动困境的讽刺。其实人多和互相依赖，并无必然联系。

从决策的角度看，问题在于和尚的排列组合方式不当。它是一种不合理的平面结构，即三个和尚在结构上没有层次关系。如果选择另一种方式，一名和尚当组长，由他指挥另外两名和尚，这样形成了两个层次的立体结构，和尚"组长"召集会议，在讨论的基础上，订立一定的规章制度，如每人一天挑一担水，三天一个轮回，不挑者罚挑三担。其结果就会既不要每天每人挑水，又保证三个和尚天天有水喝。和尚的数量未增加，饮水的条件和设备也未变，但饮水的效果大大改变了。

这就是对三个和尚在解决饮水问题上决策结构方式"界定选择"所带来的系统功能优化的具体事例，现实生活中的行为主体活动要比三个和尚饮水问题复杂千百倍。界定选择结构方式是艰深的难题，我们应为此作出艰苦的努力。

第二节 领导行为界定选择的特点与意义

一、领导行为的界定选择是一个复杂过程

相对于个体活动而言，领导活动是一个复杂的行为过程。作为群体的率领者、领导者的行为与单个人的行为相比，其界定选择的难度更大，要求的水平更高。这是由下面的特殊性所规定的。

（一）系统的多元制约性

个体活动的主体是个人，领导活动的主体是群体（领导者与被领导者），领导者只是这个群体的代表者、率领者。个体行为的界定选择的价值取向是目标的选择及其实现。而领导者行为的界定选择的价值取向，不仅包括确定、反映群体意志的共同目标，而且还包括如何真正使群体最大限度协调起来，使确立目标、实现目标的活动得以顺利进行。

前者是目标和客观规律的统一，后者是目标和群体活动的统一。这样，个体的界定选择所要求的主观和客观的统一有了延伸，即引导、率领群体的组织工作本身要反映群体这个客体的利益和要求，并且使领导者、被领导者真正成为有机联系的整体，共同作用于客观对象。为此，领导者行为的界定选择还要正确解决主导与主体的相互关系。

英文中的 lead（领导）一词，含义十分丰富，它包括领导人、首领、统帅、领袖、首席律师、第一提琴手、导演、向导船等多种含义。其核心意思是肯定领导者在共同活动中的主导地位。比如导演，对于整个演出的共同活动而言，主体是舞台上众多的演员，但如无导演的主导作用，演戏活动无法有效进行下去。但是主导不能离开和取代主体。这是一个关系到是"人民创造历史"还是"英雄创造历史"的原则界限问题。

社会主义国家的各级领导人是人民的公仆，人民群众是社会的主人，公仆是为主人服务的。从本质上说，领导者的领导工作就是服务，是一种发挥主导作用的服务。领导者应该具有一定的权力，但是权力是人们赋予的，社会主义的领导观是以服务为核心的责任、权力、服务的有机统一。其权力运行有如下的界定选择：

（1）领导者的权力是服务的权力，它应以影响力为基础；

（2）领导者的权力应是理性的权力，违反理性的权力早晚是要丧失的；

（3）领导者的权力是平等的权力，实施权力者和接受权力者的双方在政治上是平等的；

（4）领导者的权力是受制约的、有限的权力，不能随意占用与滥用；

（5）领导者的权力是廉洁的权力，不能以权谋私，拿权力作交易，如此等等。

总之，社会主义事业的领导本质是服务，领导者和被领导者的关系，是服务和被服务的关系，这是绝对不能颠倒的。凡领导者，正因为他们有服务之诚、服务之能，他们才有服务之位，成为领导。因此，在实现某一既定目标的共同活动中，领导者通过实施权力发挥主导作用，但这种作用一定要和对被领导者的主体地位的肯定真正统一起来。

（二）活动空间范围扩大

同传统的僵化体制下的活动空间相比，实行改革开放以来，领导者活动空间范围不断扩大了。

（1）在经济体制上，过去片面追求"大、公、纯"，现在则实行以公有制为主导的多种经济成分并存的所有制结构，这是所有制关系空间的扩大。

（2）从决策体制来看，过去单纯强调统一决策，改革开放后所建立的新体制是实行宏观不失控制的多层次决策，这是决策结构的空间扩大。

(3) 从分配体制看，过去理论上讲按劳分配实际上是搞平均主义。至于按劳分配以外的其他分配形式，则从理论到实际上都完全否定。现在则实行以按劳分配为主体、其他分配形式为补充的多种分配制度，这是分配空间的扩大。

(4) 在调节机制方面，过去完全否定市场调节，现在则实行计划调节与市场调节相结合；而且以建立社会主义市场经济体制为国家重要经济政策。

(5) 在企业经营体制上，过去只强调国家一头，现在则同时强调企业的相对独立的社会主义商品生产者和经营者的地位。

所有这一切，都明显表现出领导和管理活动范围的扩大趋势。这种转变趋势可视作领导者的活动舞台的拓宽。而领导活动自由度提高和正确决策的复杂性增加是同时到来的。它有利于提高领导活动界定选择的有效度，但却给领导者提出了更高的要求。

（三）领导活动整体功能的复杂性

单个行为主体界定选择的整体功能性，毕竟是单个人的。比较而言，领导活动的界定选择整体功能性，无论目标设计、实践要求、价值评估等方面，都要复杂得多。单个人的统一意志实际上是个人认识和价值取向的确立。而作为领导活动，则是成千上万人在动态中与目标确立相关联的整体价值观的共识和行为共轨。

这种价值共识、行为共轨以及活动的整体功能性的取得比单个人要困难得多，其实现途径从总体来说，无非可分为"硬"的与"软"的两方面，如体制、组织形式、制度规定，包括政策规定等是"硬"的方面，如思想教育、感情投资、亲密的人际关系等是"软"的方面。

当今，在领导或管理活动中，在完善"硬"的方面的同时，更趋于强化"软"的方面：领导行为模式，也从过去强调定量化、理性化、线性化、程序化转变为注重精神化、情感化、个性化。

这种对领导与管理活动的新的价值评估，在一定程度上影响了现代化领导者行为界定选择的价值取向。

从这个意义上看，反映出"软"管理的"企业文化"的兴起，实际上是领导和管理模式的界定选择的新趋势。

二、界定选择的视角意义

(一) 界定选择是理解领导行为内涵的新视角

所谓"新"是相对传统体制模式中的"指令—执行型"而言。这里要说明两点：一是我们无意否定传统体制中领导有选择行为，只是选择的自由度不高；二是并非要否定党和国家的一切指令的权威性，更不是否定对党和国家正确的路线、方针、政策要坚持贯彻和执行。恰恰相反，正是为了解决在指令界定范围内，充分发挥各级领导的主观能动性，作出最佳选择，最大限度地提高贯彻执行路线、方针、政策、法令的效益问题。

这个问题提出的背景是在公有制基础上的社会主义市场经济取代实际存在的产品经济体制；从决策体制上看，是分层决策取代纯粹的统一决策；从经济领域看，是强调责、权、利的统一，实行以责定权，以权尽责。这样，领导者特别是经济领域的领导者在"界定"的条件下，其选择性的增强是一种明显的趋势。可见，"界定选择"的视角是改革开放时代的产物，也是改革开放型领导者的健康心态。

(二) 领导行为界定选择有利于开发人的潜能

界定选择既是人的行为内涵，又是开发人的潜能的重要途径及其检测的综合尺度。人的内在潜能是一种巨大资源，现代社会的进步越来越有赖于对人的潜能的开发。从历史的眼光来看，人的个体能力有较大的可塑性和发展余地，当然这种发展并不是完全没有客观条件限制的。如何在相对确定的客观前提下激发人的活力和能力，并使之不断提高，这对领导者来说，也是一个"界定选择"。

(三) 领导行为界定选择有利于实现人与社会和谐发展

人是社会的人，社会是人的社会。社会历史的规律也就是人的活动规律，是"人们自己的社会行动的规律"。作为一个社会组织的领导者，无论是一个人或一个群体，其行为的界定选择水平越高，就越和社会发展趋势、人民的根本利益相一致。同时，由于领导行为的界定选择性也正是人的社会性的体现，这就内在地使人的选择性与社会的规范性统一起来，使社会管理性转变为自我管理性，使社会的限制性与人的自主性统一起来，从而使人与社会的和谐发展在界定选择中有机地统一起来了。

第三节 边界的含义与把握边界的类型

领导行为界定选择的实质是主体见之于客体的决策行为的"边界"优化选择。领导活动的过程实际上是在界定条件下，寻求"边界"优化的系列。

一、界定选择是一个边界系列

狭义的决策即通常所谓的"拍板"。"拍板"的正确与否，实际上是指在可能条件下，作出的决定是否属于最优选择，或者说界定选择的状态、水平如何。也就是说，是否找到了付诸实践的可能性的最大值（界定）和在这个范围内的最优选择。从这个角度看，"界定"是"边界"（可能的最大可控空间），选择也是"边界"（最佳点的位置）。

在日常用语中，"适度原则"、"见好就收"、"看菜吃饭"、"量体裁衣"、"恰到好处"、"办事得体"、"用语贴切"、"正是时候"、"坐失良机"、"欲速不达"、"拔苗助长"等都是人们从正反两方面对寻求这种"边界"的评估。这些朴素语言虽不十分准确，但却形象地反映了界定选择实质上是对事物各种类型的"边界"的正确把握。

二、边界的含义及其确定

边界的含义是复杂多样的。从一般意义上说，"边界"是指地区与地区之间的界限，是事物终止的地方。它是由边界条件所规定的。边界条件原是数学概念，是指微分方程讨论中，未知函数在边界上所满足的条件。后引申为决策可行性论证中，那些针对某个问题的解决方案可能实现的界限或限度。确定边界条件是选择最佳方案的前提。目前，人们一般运用运筹学的方法（如线性规划等）和系统方法，通过对各种决策因素、决策体外的环境和最低界限的分析，来认识和确定边界条件。

领导活动中的"边界"与一般意义上的"边界"有共通性，但又有其特定的内容。概括起来，其有如下四种含义。

(一) 领导环境总和意义的边界

这是指影响和制约着领导活动的各种条件的总和，即全部的领导环境。这种边界内容极为丰富，下面仅简述两种类型。

(1) 内在边界和外在边界。内在边界条件包括：组织结构与权力关系，工作目标与条件（尤其是人力、物力、财力），管理手段与管理水平，组织成员（尤其是领导班子）的素质等等。外在边界条件包括：自然条件、政治环境、经济环境、技术环境、文化环境等诸种与领导活动发生直接或间接关系的因素。

(2) 可控边界和不可控边界。可控的边界条件是指领导者可以驾御的因素。例如内部组织工作的安排、机构的设置、成员的调动任免等。不可控边界条件不仅包括相对稳定的自然条件以及政治、经济、技术、文化等因素，还包括取决于他人的变动因素，例如竞争对象和组织内部成员心理的变化。

领导环境是领导活动的基础。它既为领导者大显身手提供了舞台，也可能为领导者实现领导目标设下障碍。领导者应力求全面而准确界定这些领导环境条件，审时度势，选择恰当的方法，有效地适应环境，能动地改造环境，在有限的时间和空间内，导演出有声有色的"活剧"来。

(二) 界限、标准意义的边界

这是指领导活动中对直接接触到的事物或问题处理的界限、标准。就是说，对情况和问题一定要注意到它们的数量方面，注意基本的统计和主要百分比，注意决定事物质量的数量界限。超过了这个数量界限，事物的性质就起了根本变化。所以，把握一事物转变为他事物的关节点，对于划分事物的界限，掌握从一事物转化为另一事物的规律十分重要。例如在土地改革时期中划分阶级的时候，富农和富裕中农的剥削收入就必须有一个数量界限（25%）。如果不注意这个界限，就可能错把富裕中农划分为富农，或者把富农划分为富裕中农。又譬如坚定不移地贯彻持续、稳定、协调发展的方针，重要的一点就是经济增长要有一个适当的速度。

我国关于国民经济和社会发展十年规划和第十二个五年计划纲要中，根据各种因素的综合研究，确定今后五年国民生产总值平均每年的增长速度保持在7%左右。这是一个适当的速度。没有适当的经济增长速度，就不能解决各种经济矛盾，改善人民生活，逐步实现现代化。急于求成，盲目追求高速度的做法，又不能不受到经济规律的惩罚，欲速而不达。邓小平同志在论及"一国两制"时说："港人治港有个界线和标准问题，港人治港的标准必须是爱国者为主体的港人来治理香港，未来香港政府的主要成分是爱国者，……什么叫爱国者？爱国者之标准是，尊重自己民族，诚心诚意拥护祖国恢复行使对香港的主权，不损害香港的繁荣和稳定。"① 我们在执行"一国两制"政策时，就必须坚持这个界限和标准。

（三）工作中心意义的边界

这是指全部领导工作中的"重心"、"中心"、"最典型的事情"、"链条上的那个特殊环节"、等等。

列宁曾多次指出，全部政治生活就是由一串无穷无尽的环节组成的一条无穷无尽的链条。政治家的全部艺术就在于善于在每个特定时机找出链条上的那个特殊环节，全力抓住这个环节，以便抓住整个链条并坚定地准备过渡到下一个环节。② 毛泽东同志也说："领导人员依照每一具体地区的历史条件和环境条件，统筹全局，正确地决定每一时期的工作重心和工作秩序，并把这种决定坚持地贯彻下去，务必得到一定的结果，这是一种领导艺术。"③ 在任何一个地区和一个时间，只能有一个中心工作，其他则是第二位、第三位的工作。中心工作是各种工作中带关键性的工作，它对其他工作有很大影响。因此，领导者必须在界定的多种工作中准确选择中心工作，并倾注全力抓紧、抓好，以收"纲举目张"之效果。否则，结果如堕烟海，一事无成。

中心工作与第二位、第三位工作的关系，就是主要矛盾与次要矛盾的关系。主要矛盾是对事物的全局起着决定作用，对其他矛盾起着领导作用的矛盾。中心工作是由主要矛盾规定的，它将随着主要矛盾的变化而转移。1956年党的第八次全国代表大会鉴于"无产阶级同资产阶级之间的矛盾已经基本上解决"的客观事实，把全党的主要任务确定为集中力量"把我国尽快地从落后的农业国变成先进的工业国"；党的十一届三中全会确定的关于全党工作重点转移到实现社会主义四个现代化建设的战略方针，就是准确把握中心边界和及时实现重心转移的生动体现，具有极为重

---

① 《建设有中国特色的社会主义》（增订本），人民出版社1984年版，第49页。
② 参见《列宁选集》第1卷，人民出版社1972年版，第371~372页。
③ 《毛泽东选集》第3卷，人民出版社1991年版，第901页。

要的意义。

(四) 结合点意义上的边界

这是指对在根本目标一致的条件下进行的各项工作的"统筹兼顾，全面安排，共同发展"的优化选择。

在社会活动中，工作就是矛盾。用不同的方法去解决不同的矛盾，是唯物辩证法的一个基本原则。由于非对抗性矛盾是在根本利益一致的条件下产生的矛盾，对立的双方各以对方的发展为自己发展的条件和基础，因此，这种矛盾是通过双方"结合"的方法解决的。

在领导活动中，寻找适度结合方法，推动领导工作有效进行，是一种普遍的客观现象。

譬如贯彻执行政策，寻求原则性与灵活性的统一；设计工作进程，寻求推进性与承受性的统一；完善管理行为，寻求规范性与自主性的统一；完善分配体制，寻求效率性与公平性的统一；推进民主进程，寻求建设性与过程性的统一；正确实施权力，寻求权威性与服务性的统一；搞好干群关系，寻求严肃性与亲密性的统一；提高语言艺术，寻求教育性与趣味性的统一；搞好协调关系，寻求合理性与平衡性的统一；调节经济运行，寻求计划性与市场性的统一；改进领导功能，寻求整体性与个体性的统一；……如此等等。

1. "结合"的形式

由于领导工作的矛盾关系特殊，因此，其"结合"的形式也是多样的。下面仅择其常见的几种简要说明之。

(1) 互相适应。这是指主从隶属关系的矛盾而说的。如生产力和生产关系、经济基础和上层建筑的矛盾；中心工作和第二位、第三位工作的矛盾等等，需采取"一方必须适应另一方"的方法去解决。

(2) 互相兼顾。这是指矛盾着的双方互相争夺着某些共同需要的东西，因此，各自要有应有的节制，把自己的发展同照顾对方的发展适当统一起来。陈云同志在1949年到1956年分工主持全国经济工作期间，特别强调经济工作要兼顾各个方面的利益和要求，使之相互促进。

譬如：他根据当时的情况提出，税率的轻重要适度，过轻了对国家不利，过重了人民负担不起；产品的价格还要使商人有利可图；在工业和贸易方面，在经济成分的比重上要掌握适度，既要足以保证国有经济的领导,又能团结其他经济成分;等等。经济工作中处理国家、集体和个人三者利益的矛盾,"实行三兼顾",就是一种互相兼顾的"结合"之典例。

(3)互相补充。这是指在特定条件下,具有不同的长短关系的矛盾双方"结合"而言的。由于矛盾双方各有所长,也各有所短,因此,要根据两者的特点,采取适当方式,扬长避短。譬如:在社会主义初级阶段,计划调节有长处(有利于宏观调控,保证重点建设的条件等),也有短处(不利于对经济运行中大量个体的具体调节等);市场调节有长处(有利于开展竞争,搞活经济等),也有短处(容易导致宏观的无政府状态和巨大浪费等)。

我们党从实际出发,实行以社会主义公有制为基础的市场经济,并采取以公有制经济为主体,多种所有制经济并存的经济体制与经济运行机制,就是要充分发挥各自的优点和长处,以求"合优"避短的增大效应。凡具有此类关系的特点的矛盾,均采用此种"结合"形式。

此外,还有如处理政治与经济、红与专等矛盾的"互相促进"的结合形式。如毛泽东同志曾提出的在工业中,重工业和轻工业同时并举;在集中领导、全面规划、分工协作的条件下,中央工业和地方工业同时并举、大型企业和中小型企业同时并举、洋法生产和土法生产同时并举等一整套"两条腿走路"的结合方针;等等。

大千世界是纷纭繁杂的,领导活动中的结合形式也是丰富多样的。以上几种只不过是撮要而举,并没有把握结合形式的总和(边界),尚须伴随实践的发展而加以深化。

2. 最佳"结合点"

我们这里说的"结合"不是机械的"凑合",也不是否认"对立"的"融合",而是"对立面的统一",即把对立面结合起来。结合的关键是要掌握对立面斗争的范围和界限,要掌握事物发展的"度"。如果对立的双方进行无节制无界限的斗争,直到一方把他方完全排除掉,那还有什么"结合"可言?

列宁在处理重点制与平均制的结合问题时指出:"实行重点制,这就是在一切必要的生产部门中,对最急需的某一生产部门特别偏重。偏重的表现是什么呢?偏重可以到什么程度呢?"[①] 这就是提醒我们在实行"重

---

① 《列宁选集》第4卷,人民出版社1972年版,第411页。

点制"时,要掌握偏重的界限问题。如果是毫无节制地偏重到"压倒一切"、"冲击一切"的极端,那就不是两点论的结合,而是一点论的单一化了。

有的人一讲要发挥市场调节的作用,就放任自流;一讲要坚持计划调节,又管得死死的,即所谓"一放就乱,一管就死"。讲"放"就放到完全否定"管",讲"管"则管到一概排斥"放",各执一端,相互排斥。究其认识论原因,就是不懂得掌握界限,不了解事物发展的"度"。

那么,怎样确定对立面斗争的界限?怎样寻求最佳"结合点"?从哲学方法论来说,这个斗争界限的确定是以是否有利于对立双方的共存和互相促进,是否有利于整个事物的发展为衡量标准的。因为把对立面结合起来的前提条件,是一方的存在和发展依赖对方的存在和发展,如果斗争发展达到一方"吃掉"另一方的程度,"结合"就完结了。

我们不是提倡"活而不乱,管而不死"吗?那就要把"活"与"管"结合起来,互相约束,各显其能,各得其所。那种最大限度地扬"长"抑"短",最大限度地促进整个事物发展的"结合点"(含结合的程度、范围、方式以及两者所占的比例关系等等),称之为最佳"结合点"。这种最佳"结合点"的把握依靠的是一种抽象力,也是一种领导艺术,是搞好领导工作的"基本功之一"。

三、现实生活中把握边界的类型

(一)自觉能动地把握合理边界

这是指理论水平、政策水平以及党性修养较高的领导者办事情、作决定、用人等自觉地把握事物的合理边界,能把无形的"边界"(内在的规定性)和有形的"边界"(上级的政策、法令、指示、规定等)统一起来,并使自己的工作目标和实践相统一,使工作呈现为一种最佳状态。在改革开放的新时期,这种领导者能够坚持"一个中心、两个基本点",发扬创造精神,经过探索,还能常常在有形的"边界"上求得合理的突破,实行改革,找到新的合理的"边界",使改革不断深化。

(二)机械地据守有形边界

这是指那种"稳妥型"的领导者,在贯彻上级指示、政策时,不能把原则性和灵活性有机地结合起来。只强调遵循有形"边界",不能从"有形"边界中把握"无形"边界的内在规定性。工作没有生气,更无创造性,只停留于现状的维持。看起来,似乎是认真贯彻上级的决定,实际上是处于一种消极的机械应付状态。这种情况的出现,可能是由于领导者的水平限制,更多的时候是由于"患得患失"思想作祟(实际上是一种不负责任的特殊形式)。对于这种领导者,应根据情况,或者调整下来,做一些不负主要领导责任的具体工作;或者有针对性地采取培训措施,提高其素质,使其成为能够自觉地把握内在"边界"的领导者。

(三) 在边界外游离

这是缺乏对原则界定性的把握,不注重事物内在的、无形的规定性的"边界"把握,只是在有形"边界"上打主意,甚至是钻空子,在"边界"外任意行事。在改革开放的新时期,这类现象并不鲜见。在新旧体制转换过程中,我们的政策、法令还有待完善。于是他们就在有形"边界"上做文章,挖空心思制定"变通对策"(实为投机),千方百计寻求自身利益的最大化。在党和国家政策法令等有形边界以外滑坡和投机,有的甚至走上犯罪的道路。这是应该设法杜绝的。诚然,我们并不是提倡机械执行,一概反对任何意义上的"变通",但这种任意的、不受约束的(非界定的)行为选择并非真正的界定选择,是不容许的。

"界定选择"是科学决策的创造性思维形式。寻求"边界"优化,是各行业和各级领导者面临的重要课题。领导者应对各个领域、各个层次"边界"优化的具体内涵及其把握的方法和艺术,进行科学的总结与研究,防止或摆脱"机械型"、"游离型"的做法,实现边界把握的科学化。

四、寻求边际效应的最大化

领导者在自己的领导活动中,需要把握好边界,在合理界定事务或决策界限的基础上,作出适当的选择。但是,正如上面所指出的,机械地据守边界,不是一个优秀领导者的所为。领导者最好的把握边界、并具有最佳效果的态度是,寻求边际效应的最大化。

所谓边际效应,是指依循边际原则而产生的效应。边际原则是"微分学中一种概念的直译,特别为经济学家所使用,但是也适用于一般的理性行为理论。其基本点是:把所有的活动都扩展到边际收益(或边际利益或边际报酬）与边际成本保持平衡（有些边际成本可能完全是心理上的）的程度，这是合理的"。① 在经济学的这种分析中，实际上要表达的是，经济主体设法使某些经济目标，如效用和利润达到极大化。② 而在一般的理性行为中，追求边际效应，实际上就是行为主体设法使其活动效益最优化。

从领导者对边界的把握角度来讲，就是要求领导者能够将其所动员或投入的各种资源（成本）与最后获得的领导效果（收益）平衡起来。在资源动员时，将能够利用的各类边际资源充分动员与投入。在谋求回报时，努力将边际效用达到最大化。这一原则的建立，使得领导者在领导行为中，得以树立最符合现代经济学原则的理念。

---

① A. 布洛克等编：《枫丹娜现代思潮辞典》，社会科学文献出版社1988年版，第340页。
② 参见亚当·库珀等主编：《社会科学百科全书》，上海译文出版社1989年版，第447页。

第 三 编

第五卷

第十章

战略：领导决策之本

内容提要

　　战略是一种重大的、带全局性的或决定全局的谋划。现代社会活动的复杂特点及其对领导战略科学化的要求，使战略研究日益重要。预测分析是进行战略研究的前提。制定战略是对一个长过程内关系全局的重大问题上的界定选择。战略目标和战略规划是战略制定过程的重要内容。改革开放以来，我们党制定了建设中国特色社会主义的总体战略，我们要增强战略观念并以它为重要指导，努力实现各方面的发展战略，尤其是经济、社会、生态文明发展战略。

第一节　战略：含义与作用

一、战略的含义和特征

　　毛泽东同志指出："战略问题是研究战争全局的规律的东西。"[①]"战略"一词原系军事术语，是相对于战术而言的。它是指基于对战争全局的分析、判断而作出的谋划。西方军事家哈特认为战略是"统帅艺术"。《辞海》把"战略"解释为"泛指重大的、带全局性或决定大局的谋划"。

　　由于社会活动的空间越来越大，要素越来越多，要素之间的联系越来越密切，变化的速度越来越快，社会主体的行为后果的影响越来越大，因而战略的应用范围也不断扩大。战略问题现在已渗透到社会生活的各个领

[①]　《毛泽东选集》第 1 卷，人民出版社 1991 年版，第 175 页。

域，出现了诸如"经济发展战略"、"经济改革战略"、"科技发展战略"、"文化发展战略"、"人才发展战略"等等。战略具有如下特征。

（一）全局性

战略的着眼点不是局部而是全局，是着眼于研究全局的带规律性的东西。领导在制定战略时，必须区分全局与局部，着力研究、把握全局。"因为懂得了全局性的东西，就更会使用局部性的东西，因为局部性的东西是隶属于全局性的东西的"。[①] "只见树木，不见森林"，制定不了战略。任何一个全局，实际上都是一个系统，而任何一个系统的具体构成形式是系统的结构。系统的性质，在很大程度上取决于结构。因此，着眼全局，必须研究系统内各要素的排列结合，即系统结构。

战略研究就是研究科技、经济、文化、社会协调发展等的宏观结构，通过正确认识和变革宏观结构的方式，以求得符合优化原则的发展方向和发展目标。全局又是由各个局部构成的，每一个局部都会对全局产生一定的影响，甚至是有决定意义的影响。因此，照顾各个局部之间的关系，也是战略指导的重要任务。

（二）长期性

战略的着眼点不是事物的短期发展，而是中长期的发展。这就要求领导者要有长远眼光，面向未来。所谓面向未来，就是要关注组织的长远利益。但是，长期发展和短期发展并不能截然分开。因此，有战略观念的领导者又需要正确处理眼前与长远的关系，尽可能把长远利益和眼前利益紧密结合起来，求得两者的有机统一。

从战略制定的要求来看，应该特别强调的是，不能为短期利益而牺牲长远利益。在改革开放时期，特别是在新旧体制转换时期，有的领导者行为短期化，滥发奖金，以致消费基金失控；在资金使用上，不注重自我积累和发展，不注重企业改造，不注重人才开发等，这固然有体制方面的原因，从认识根源看，也与"目光短浅"、缺乏战略思考有关。领导者要立足当前，放眼未来，把握目前利益和长远利益的辩证统一，这是战略观点的突出要求之一。

---

① 《毛泽东选集》第1卷，人民出版社1991年版，第175页。

(三) 层次性

如前所述，战略是研究全局的，而全局是一个系统，系统又是有层次的，有大系统、小系统，或称作母系统、子系统。不同层次有不同层次的战略。在处理上下层次关系时，基本的原则是，上一个层次的战略统帅下一个层次的战略，微观战略要服从宏观战略，即各地区各部门的发展战略，应当在全国总的战略指导下，制定自身工作发展的战略，同全国总体战略相一致。如无这种上对下的制约和下对上的服从，整个战略就不能形成一个有效完整的系统。

同时，上一个层次的领导者在制定战略时应给下一个层次的领导者留有一定的活动余地，即留有一定的弹性，不要统得过死，以便于下一个层次的领导者在结合本地区、本部门的情况，制定具体的实施战略中表现出应有的主动性。

改革开放，搞活企业，在战略问题上要求在不失宏观控制的条件下，使各级领导者都有真实的战略思考内容，真正具有战略方面的分层决策，并最终形成一种机制，从体制条件上解决领导行为短期化方面的问题。

(四) 稳定性

战略的全局性和长期性特点必然引出战略的稳定性问题。正确制定的战略必须稳定持续地实施，"朝令夕改"或人们形象比喻的"初一十五不一样"的主观随意性的战略制定是不允许的。

当然，战略的稳定性也是相对的，任何战略只是大致的谋划，其本身就是粗线条的、有弹性的，因而在实施战略过程中，适应发展变化的情况，及时地作出一些必要的调整，这也是完全必要的。

二、战略在领导工作中的地位和作用

战略具有方向性、整体性的特性，因而制约着领导功能的发挥，决定着领导总体活动的成败。战略的正确制定和实施，在全部领导工作中起着十分重要的作用。

(一) 战略决定着领导活动的发展方向和组织目标

领导者决策的目的性首先表现为战略决策的目的性。这是总方向和组织目标的决策,战略决策错了,战术性的决策即使是正确的,也会在总体上失去正确导向,从而导致失败。

我们通常讲的减少工作的盲目性,就是要加强战略思考,确立正确的大方向,自觉地把具体工作与实现宏观目标结合起来,克服"就事论事"、"只顾眼前"、"得过且过"、"维持即罢"等不良现象。所以,树立战略观念,及时制定正确的战略,确定方向和目标,并在当前工作中得以充分体现,这是现代领导者的至关重要的大事。

(二)正确的战略是组织成员共同的价值观的基础

组织成员各自的行动常常是分散的,而且往往具有一定的盲目性。怎样把群众的力量动员、组织起来统一到一个共同方向上,并能长久保持?毫无疑问,它要靠严格的、科学的管理,要靠正确的制定和实施战略。

许多世界一流的企业家和许多潜心钻研"优秀公司成功经验"的学者都共同指出:当今的管理具有根本意义的,是一个共同的价值观念问题,即必须有一个基本的信念(或基本宗旨,或最高目标),以维系、动员和激励企业的全体员工。这里的"基本宗旨"、"最高目标"就是战略问题。企业文化是当今企业共同的价值观和共同的行为模式。作为一个国家或一个企业,其发展战略就是各自共同的价值观基础。这种价值观如果在每一个成员的心中成功地内化,即真正成为每一个成员的自觉意识,这本身就是一种极大的推动力量。所谓"人心齐,泰山移",指的就是这种境界。

革命战争年代,在推翻"三座大山"的战略目标指引下,革命队伍形成了强大的凝聚力量,推动我们克服重重困难,从胜利走向胜利,它充分表明了正确的战略在人们身上成功地内化后所产生的巨大的物质力量。第二次世界大战后日本经济高速发展,原因是多方面的,其中重要原因之一是正确地制定了经济发展战略,并在全体国民中长期灌输"居安思危","贸易立国、出口第一"的战略思想,在生存与发展的重大问题上形成了价值共识和行为共轨。这一经验对我们是一种启示,我们是社会主义国家,利益的共同性使我们在这方面应当做得更好。

(三)正确地实施战略,有利于夺取领导活动的总体胜利

如前所述,我们的各项具体工作是战略目标、意图的展开和实现。做好日常工作,归根结底在于为巩固和发展全局创设条件。当我们的日常工

作任务与正确的战略目标处于一致,并得以完成的时候,战略就在实现中。这就使我们的领导者从战术上的胜利中,看到了战略目标实现的希望,从战略目标要求中,看到战术胜利的局限性,有利于领导者保持清醒头脑,既注意克服悲观的无所作为观点,又警惕固步自封、骄傲自满的思想,把革命阶段论与不断革命论统一起来,通过实施战略目标的战术链条去夺取最后的、整体的胜利。

三、加强战略研究

加强战略研究是现代社会领导活动的重要内容,这是与现代社会活动的特点相联系的。前面已经指出,现代社会活动规模越来越大,变化节奏越来越快,影响越来越广泛和深远,这就对社会的宏观管理提出了很高的要求。即使作为一个地区或部门,战略问题也以极其尖锐的形式摆到各级领导者的面前。所谓"牵一发而动全身"、"一着不慎,满盘皆输",讲的都是战略地位问题。我们要么顺历史潮流而动,掌握全局,面向未来,审时度势,抓住机遇,争取主动;要么相反,不作战略处理或实行错误的战略,以致使自己处于被动挨打的地位。

严酷的历史事实告诉我们,即使有着优势的社会主义制度的国家,如果在战略决策上发生失误,也会使自己处于困境,甚至遭受严重损失。1958年的"大跃进"和1966年后"文化大革命"十年内乱就是明显的例子。

当前世界面临新技术革命的挑战,新的技术革命正极大地推动着社会生产力的发展。今天,科学发现或科技发明转化为社会生产力的周期越来越短,它推动经济、政治、军事、科技以及社会生活等各方面的迅猛发展。这种急剧变化、激烈竞争的严峻形势,迫使每一个国家、每一个地区、每一个企业都要作出战略抉择。

我们或者是抓准时机,迎接挑战,抓紧应用新的技术成果,扬长避短,尽快发展我们自己的经济,使我们同发达国家在经济技术上的差距逐渐缩小。或者是处理不当,漠然置之,失去战机,使我们在综合国力的竞争中,同发达国家的技术水平和经济实力的差距越拉越大。我们要高瞻远瞩,展望世界经济以及科技发展趋势,制定正确的发展战略,尽快地赶上去。

近几十年来,经济的高速发展带来了一系列新的问题,诸如人口增长过快、贫富差距扩大、自然资源短缺、生态失衡、教育发展滞后，以及失业与犯罪等等。这些问题正严重地困扰着许多发达国家，并成为世界性的"全球问题"。在我国，这些问题也已显露，有些还很严重。原因之一是，长期以来人们在自然与社会整体和谐发展问题上缺乏战略性考虑而留下的后患，我们为此又付出了昂贵的代价。它从反面启发我们必须充分认识战略问题的极其重要的地位。

第二节 战略研究：理论与方法[①]

一、整体结构：战略研究的核心

20世纪以来，系统论的思想有了很大的发展。上面说过，战略是研究全局的，全局是一个系统，所以战略研究应当运用系统方法。整体性是系统方法的基本出发点，它始终把研究对象作为一个整体来对待。世界上的各种事物都不是孤立的、杂乱无章的偶然堆积，而是一个合乎规律的、由各要素组成的有机整体。整体性与发展规律只存在于组成其整体内各要素的相互联系、相互作用之中，各组成部分孤立的特征和活动的简单相加，不能反映整体的特征和系统的活动方式。

也就是说，整体性特征着眼于系统各要素之间的排列组合的有序性，而不是着眼于某一要素的状况，因而现代管理所追求的是系统的整体效益，而不是某个系统要素的局部"夺魁"。当然重视发挥整体效益，也不应忽视各局部的作用。因为局部利益与整体利益在总的方面来说是一致的。但是，如果片面强调局部环节而不顾全局，全局的利益就会受到损害。按照整体性特征的要求，在现代领导活动中，应立足整体，统筹全局，科学地协调各局部的关系，借以保证整体的最优化。

实现整体优化，必须解决系统结构优化问题。整体结构是一定系统的构成形式，是系统内部各要素的排列组合的有序化，是系统的性质与数量的集中表现。没有无系统的结构，也没有无结构的系统。系统性质在很大程度上决定于结构。系统依靠结构这一中介，把各处孤立的要素转换为一

[①] 参考张云庭主编：《现代领导学》，内蒙古人民出版社1987年版，第112~118页。

个有机整体。这样,单元的属性与功能就变为系统的属性和功能。

换言之,无一定形式的结构,系统的整体功能就不能产生,系统本身也不复存在,更无所谓整体最优化了。

今天,我们所处的社会,是一个巨大系统。一事当前,单因素的考虑要发展到多因素的研究;单纯的因果分析,应发展到整体结构的研究;对事物的单元解剖应发展到系统的综合。在价值取向方面,不仅要重视要素的作用,更要注重整体效应的优化。要做到这一点,就要把系统的结构优化放在极其重要的地位。这是我们研究战略的核心问题。

二、科学预测:正确制定战略的前提

战略决策和科学预测是人类智力活动的两种常见形态,两者紧密相连。科学预测的发展和战略决策在更高的科学水平上的结合,使人类的战略决策活动进入一个新的历史阶段。重视和研究科学预测,并使之更好地为战略决策服务,对每一个领导者进行战略决策活动和提高自身的素质,提高战略决策水平,具有极其重要的意义。

预测是对未来事件或现在条件的未来后果的估计。科学的预测可以在一定程度上,使未来事件的不确定性或可能性空间缩小到与预测水平大概一致,从而有利于人类对自身行为的调整。未来状态的不确定性越大,行为主体的行为就越难调整,就越是表现出一种盲目性。社会行为主体(个人、群体、国家)的行为是一种界定选择。要使对现实问题的决策与未来发展联系起来,就必须依靠预测。或者说,要把当今和未来作为一个整体来研究,就必须进行预测。人类社会发展到今天,是否重视预测和能否成功地预测,是关系到人类自身的生存与发展的重大问题。

人类的预测活动可以划分为科学的预测活动和经验性的预测活动。科学的预测活动是指在科学的理论和方法论的指导下,用科学的方法去预见和把握事物的未来发展。它使我们的决策不但能以过去和现在的信息为依据,而且还能在此基础上对信息加工、转换,对未来作出预测,使我们的决策和领导活动建立在充分、完整、准确、适时的信息基础上,从而增强主体对客体合乎目的性的驾御程度。

预测科学的一般原理,是根据客观事物的过去和现在的已知因素,对未来的发展作出合乎规律的预测。从系统的角度看,所谓"合乎规律的预测",就是强调预测要以系统的稳定结构为基础。如果系统的结构不稳定,就说明被预测的客观事物在主观形式上还没有真正构成一个系统,或者是还不完善,这两种情况都使我们对未来的发展状况难以作出合乎规律的预测,即使作了预测,其失真度也可能很大。

这说明,和现实问题的决策一样,科学预测要以对系统的结构和信息的全面把握为前提。所不同的是,预测是把过去信息(贮存信息)和现在信息(动态信息)经过综合加工,转换成为未来信息,它的线条会粗一些,弹性也大一些。

预测技术的基本原则之一是"惯性的原则",沿着时间箭头,根据事物过去和现在的状态推断其未来。这一惯性的原则,在时间序列分析预测技术中,亦可称作时序的随机平稳性。这里的条件是随机平稳性,否则就不是"惯性的原则",也不是真正的时间序列。

预测技术的另外一个基本原则是"类推的原则",即根据观察的样本,对被预测事物各种关系结构的变化,提出固定的模型。然后根据整体的模型,结合惯性的原则,对事物的未来进行预测。由于客观事物具有系统的结构,我们才能提出仿真的结构模型。也正是由于系统结构的稳定,我们才能通过当前的模式,即各种关系和发展趋势,去影响和决定未来事物的发展进程。这就是我们在客观事物的过去和现在的已知因素中可以预测未来的原因。

预测是一种认识活动,而不是客观规律本身。预测与客观规律之间的关系是一种反映和被反映的关系。由于主客观条件的限制,对预测的期望值不可过高,在预测中有一定的误差是正常现象,但应充分发挥主观能动性,尽可能提高预测的准确度。预测的空间越小,预测的精确度就越高,反之亦然。

(一)预测研究的一般程序

第一,提出预测课题,包括预测的目标和事物发展的阶段及时间系列。课题的确定,既要依据社会需求,又要依据对已知因素的创造思维。

第二,充分占有材料。即与课题相关的背景情况以及有关的其他方面材料,包括国外有关的信息资料,特别是有价值的信息,等等。收集资料的基本要求,一是完整,二是准确,对掌握的资料要进行初步的排列、整理,以便运用。

第三,选择预测方法。预测的方法很多,以下几种方法是常用的:

(1)回归分析法(分析两个变量之间可能存在的相互影响、相互制

约的数量形式,通过假设、估计参数、验证等步骤来探索变量之间的数量关系);

(2) 时间序列分析法(研究预测目标与时间过程之间的演变关系);

(3) 模型法(例如数学模型就是用一个或一组数学方程式来表示事物随时间变化的形式或客观事物之间的关系);

(4) 直观预测法(一种古老、原始、朴素的预测方法,有一定的模糊性,但仍有相当的应用价值)。

选择预测方法,要讲究一些原理原则。其基本原则是,既要考虑结果的可靠性,又要兼顾预测工作的时效性。

第四,进行预测,形成对事物的判断。

(二) 预测活动的类型

(1) 社会预测。广义地看,只要是与人类社会活动直接有关的社会过程或者社会现象,以及这些过程和对象中值得注意的某些方面(特点、性质、发展趋势),都可列为社会预测的对象。如社会发展趋势、社会结构发展变化、社会活动机能发展变化、社会组织机构发展变化,以及社会生活方式、社会观念形态的发展等等。

(2) 经济预测。即对经济问题和经济过程的未来发展趋势进行分析。如经济发展战略和经济发展模式、经济体制模式和转型经济结构(包括产业结构)等的发展变化,以及企业的经营机制和经济发展过程中的条件变化等。

(3) 科学预测。凡对科学领域发展趋势的预测活动均属此类。它是科研活动的一个重要组成部分。如科学发展趋势、科学在一定时期内的可能突破项目,以及科研体制的优化趋势、科学的社会影响等。

(4) 技术预测。这是一个与科学预测有联系的科学物化领域。如技术发展趋势的总体预测、技术变迁、技术评估、引进技术的层次结构的优化等。

(5) 军事预测。这是在军事领域方面的预测活动。如国防总体设计方面的预测、未来战争的发展趋势预测等。

三、制作模型和优化评价技术：
制定战略规划的基本方法

"模型"原是指样本、标准。在现代科学技术条件作用下，它能更具体、更准确、更深刻地描述客体的本身，是对客观事物的特征和变化规律的一种科学抽象。因此，模型及其评价技术成为制定战略规划的基本方法和重要工具。

战略规划是对战略目标的实施与落实的社会活动，为了提高战略规划的科学性、可行性和时效性，必须把定性与定量结合起来，并在定性准确的基础上，尽可能达到较高的量化程度。这就有赖于建立相应的数学模型。

"二战"以后，世界各国在应用模型技术来制定战略规划方面均有发展。特别是一些发达国家对此更为重视。如20世纪50年代曾经掀起一股编制投入产出表的热潮，就是一个例子。以后的前苏联、东欧各国也开始重视这项技术，并在运用中取得一定成果。

由于战略规划涉及的因素多，范围广，动态变化性大，加上人们对模型技术、对预测中的量化的重要性认识不足，缺乏信心。因此，从总体上说，模型技术还处在初始阶段。从其固有地位而言，正如列宁所指出的："自然界的统一性显示在关于各种现象领域的微分方程式的'惊人的类似'中。"[①] 这说明模型技术是有哲学理论依据和客观物质基础的，其研究、探索的前景是广阔的。

一般情况下，应用模型技术引申出的可比方案总是两个以上。不同方案之间必须建立可比性，才能进行量的比较与评估，这就要求建立评估的准则和确定评估指标体系，使二维以上的评估空间通过确定加权系数和由专家按准则打分的方法转化为一维空间。因此，评估准则必须是量化的。否则，不能解决可比性，也不可能是科学评估，而且模型制作的功能作用也不可能得到真正的发挥。

---

① 《列宁全集》第14卷，人民出版社1957年版，第305页。

第三节　正确地制定与实施战略

一、正确制定战略的前提条件

（一）以科学预测为前提

预测是制定战略的重要内容和前提条件之一。从一定意义上说，无预测即无战略可言。科学的预测不仅靠领导者的经验和智慧，更要发挥专家智囊等"外脑"的作用。这里要强调的是重视及正确加工未来信息的问题。未来信息是相对于过去信息和现在信息而言的。未来信息在人类历史上一直存在着。到了今天，它的地位更为突出。因此，领导模式应由主要是面向现在开始逐步转向面向未来。

决策活动的实践表明，社会发展的速度，变化的大小和对信息的要求量成正比。科学技术的发展速度越快，经济社会的变化越大，战略决策中对未来信息的需求量就越大。反之，如果社会发展变化极其缓慢，那么，对未来信息的需求量就几乎等于零。

预测是对未来信息进行采集、加工的一种形式。从信息过程的角度来看，领导者在相关联的范围内要尽可能充分地占有未来信息，要提高信息的保真度，并使信息加工结构向有序化、高序化的方向发展。

（二）寻求界定选择优化的最大值

战略制定实质上是对于在一个长过程内关系全局的带根本性问题进行界定选择。战略"界定选择"是在战略问题上的主观能动性和客观规律性的一种统一形式。其优化的最大值是使二者的统一达到一个可能的最高程度。由于事物的复杂性和认识的局限性，领导者永远不可能使二者完全统一。因此，绝对"理想化"的战略是不可能的，但应当经过努力达到满意选择。

二、战略的制定

(一) 确定战略目标

战略目标是战略活动方向和水平的界定,是战略意图的定格和具体化。战略目标是战略的核心,并规定战略的性质和基本内容。它构成战略活动的出发点和归宿,并贯穿于战略活动的始终,是领导者和被领导者共同作用的目标对象,也是检验领导活动的功能和成效的依据。战略目标是否正确,是决定战略成败的关键。

确定战略目标,一般要经过调查目标、拟定目标、论证目标、确定目标四个步骤。

调查可以是典型调查,也可以是普遍调查。

拟定目标的价值取向,一是方向,二是水平。目标是方向和水平的统一。

论证目标除分析证实拟定目标的价值取向以外,还应从社会效益和经济效益的统一、长远利益和目前利益的统一、整体利益和局部利益的统一、先进性和现实性的统一、稳定性和调整性的统一等多重价值视角进行分析论证。

确定目标,一是要求领导者亲自"拍板"。否则就会产生战略和领导的分离,战略实施无领导,领导活动无战略。二是要求领导者在决断过程中,当断则断,以防止坐失战机,造成不应有的损失。

(二) 制定战略规划

战略规划是围绕战略目标的实现而制订的行动方案体系,是制定战略目标的必然延伸。它是对目标实现的指针、途径、手段、阶段、步骤、重点、对策以及注意事项等所作的规定。战略规划是以本系统、本单位为主体的,全方位、多角度的统筹布局,是战略要素的战术化。

战略规划包括:

(1) 对规划总目标的分解,使目标显示出单元性、层次性、阶段性,以形成一定的相互联系的目标体系。

(2) 确定实现战略规划的指导方针。它规定了人们的基本行为准则、基本方法和策略原则。同一目标在不同的范围和阶段内还有一个方针的分解问题，即具体方针的区别性，但这种区别是建立在总方针的一致性的基础上的。

（3）战略重点选择。它是战略规划的重要部分，对实现战略目标有决定意义。在一定意义上说，没有重点就没有战略，就没有主攻方向和突破口的选择。它或者是牵动全局的"灵魂"或"枢纽"；或者是影响全局发展的"短线"或"瓶颈"。当然，重点和非重点是相对的，而且依一定条件转化。同时，抓好重点不等于忽视非重点。

（4）制定战略对策。对策是对战略目标的支持和保证，是针对特定问题，为实现目标而采取的重大措施。在现实生活中，复杂问题的解决往往有赖于一个对策系统，而不是孤立的一两项对策。

（5）落实战略步骤。这是为实现战略目标而制定的活动序列，是按时间顺序作出的行动安排。俗话说，饭要一口一口地吃。一项战略任务必然是逐步完成的，不可能一步到位。这里的合理边界在于：行动的排列顺序既合乎规律与目标的统一，又衔接紧凑，环环相扣。

（6）制定行动计划。这是更为具体的实施计划，是对实现第一步骤的具体的、精确的、稳妥的日常工作的安排，是战略规划在目前过程阶段的深入展开。

三、战略的实施

战略的实施就是把战略目标、战略规划通过执行者的共同行动，变成现实的东西。对领导者来说，这一基本过程，要抓紧做好以下几项工作。

（一）制定具体的实施计划

这是战略实施的基础。战略决策具有长期性特点，它不宜也不可能制定具体的长期实施计划，因此，实施战略决策时，制定近期的具体计划是必要的。在制订这种计划时，要注意贯彻"慎重初战"的原则，务求切实可行。同时，要有应变计划，预先准备，以防不测。

（二）组织动员力量

战略方案下达后，要进行组织动员，从思想上、组织上做好实施准备，使执行者既明确要完成的任务要求、制约条件及其意义，又明确各自的职责权限，打有准备之仗。

(三) 注意正确控制

战略实施以后，要密切注视整个战略实施系统的内外变化，发现矛盾，及时解决。控制主要是纠正计划执行中的偏差，但对意外情况的发生或计划本身的错误也要重视，并根据变化了的新情况，进行决策修正甚至追踪决策。

第十一章

政策：战略实施之路

内容提要

领导行为可以分解为正确地认识世界和能动地改造世界两大部分，政策是联结这两大部分的中介点。政策是一种人类知识系统，但它区别于理论；政策是一种组织行为的指令系统，但它区别于法律。政策概念有其本身的特殊规定性。领导者要善于运用科学的方法并集中集体的智慧以正确地制定政策。领导者还要善于把握实践中的各种因素，有效地推动政策的贯彻和实施。

第一节 领导与政策

一、政策的含义

客观事物的矛盾运动每日每时都产生出大量的问题，需要领导机构去解决。领导活动的主要内容在于区分问题的性质及轻重缓急，判断问题的发展趋势，并通过对组织的既定目标与各种环境因素的综合考虑，选择和确定对于问题的解决方案。经由领导决策而制订出来的解决方案大体上可分为两类。

一类是对于特定的个别问题（不一定不重要）而提出的具体的解决措施和办法。例如，临时动员各种力量和物资为灾民提供紧急援助。

另一类是为解决重大的、带普遍性的问题，或在一定时期内为解决大量的同类问题而提出的总的方案或原则性规定。例如，允许外商投资以搞活经济；限制每户家庭的生育数量，以控制过于膨胀的人口规模；等等。对于后面这一类决策，我们通常称为政策。

政策是由组织来确定并实施的。每一个组织都有自己所追求的目标和要解决的问题，因而都有自己的政策。在日常生活中，政策一词是可以广泛使用的。但是，在领导学、政治学里，政策主要研究的是国家、政党的政策，因为这些政策在性质上最重要，影响也最广。随着现代社会生活的日益复杂，政府和政党的领导机构所面对的政策问题也日益复杂。在现代国家中，已经形成和执行的政策数量极其庞大，构成一个复杂系统。这些政策可以依内政外交两个基本领域划分出两大类，即国内政策和对外政策。

对外政策涉及国与国之间的关系问题。

国内政策可以按政策的对象领域分类，如工业政策、农业政策等。它也可以按政治性质来分成两大类：

一类是政党关于调整阶级关系的战略策略。它与政党的意识形态、阶级属性、价值观念强烈相关。它受具体的政治力量对比格局的影响，并且常常从总体上规定了国家政策的性质（如果这一政党是执政党的话）。

另一类是从国家—公民关系上产生出来的政策，通常称公共政策。它主要涉及社会的公共生活、公共管理、公共利益等问题。如发展政策、财政税收政策、社会分配政策、人口政策、环境政策、福利政策、教育政策、住房政策等等，都是这一类，它属于国家行政管理的范畴。现代社会的一个发展趋势是，公共政策的重要性日益突出。它是反映国家管理水平和领导水平现代化程度的重要标志，也是体现综合国力的一个重要方面。

政策这一专门术语，是由英文"policy"一词经由日语转译而来的。从中文的角度来看，"政策"中的"政"是政治，政策与政治密切相关。古汉语中，政与正相通，作端正、摆平、调整、理顺解释。按历史唯物主义观点，政治活动归根到底是对于社会利益的争取、分配与调整。人类社会通过政治过程来解决"谁（及什么集团）、在什么时候、因为什么、得到多少利益"的问题。所以政策归根到底涉及到对于利益关系及其衍生的各种社会关系的调整。社会主义的政治和政策，是无产阶级和广大劳动群众争取自身利益并共同致富的政治和政策。

此外，"政策"的"策"常常在两种意义上使用，一种用法如"策略"、"方策"，强调的是缜密而周到的全盘思考，带有谋算、权衡、把握时机的意味。另一种用法则动感较强，强调一种谋定而动，或对于事物的有目的性的推动，如"策划"、"策动"、"鞭策"、等等。"策"的这两种用法，体现了中国人思维传统中对谋与动、知与行、认识世界与改造世界的统一性之把握。

综上所述,我们可以清楚地看到政策概念的三个基本方面:

(1) 政策是由组织(领导层)来制定的。制定政策和实施政策都是组织行为。

(2) 政策是实现组织目标的谋略。为了追求预定的目标,解决存在的问题,调整内外各种关系,组织的领导机构必然制定各种政策,这些政策是领导机构认识过程和思维过程的产物。要求领导者掌握马克思主义认识论的基本观点和方法。

(3) 政策是规范组织行为的准则。政策一经制定,它对于整个组织的行为就具有约束性和强制作用。善于运用政策协调组织行为以达到预定目标,这是领导艺术问题。

把这三个方面结合起来,我们可以说,政策就是关于组织目标与行为的谋略和指令。

二、政策:科学知识的体现形式

组织在追求既定目标的过程中,为了解决各种问题和调整各种内外关系而提出来的种种方针和方案,都是在一定理论的指导下制定的。因此,每一项政策,都必然包含和体现人们对于客观世界某一特定领域的认识成果。例如,我们关于建设中国特色社会主义的所有政策,都是以我们党对中国国情及社会主义发展道路的认识为基础的。

从这个角度来看,政策具有以下几个方面的特征。

(一) 每一项政策都以一定的价值观念或者是价值偏好为基础

在社会科学领域中,所有的知识都直接或间接地体现着某种价值观念。某些西方学者所讲的纯粹"价值中立"是不存在的。所谓价值观念,在这里主要指一些基本的意识形态准则,以及对于利益优化顺序上的选择。

比如,社会主义公有制的政策与西方资本主义国家推行私有制的政策,就体现了两种不同的价值观念。又比如,我国实行的计划生育政策也包含着明显的价值偏好。如果就单独的个人而论,生育与否及生育多少本是一种个人权利。计划生育的政策表明,在我国特定的社会资源条件下,社会整体的协调发展应放在更为优先的地位上,有多生育意愿的个人应该作出让步。政策中所包含的价值观念，与组织目标或政策目标密切相联。

(二) 政策包含着自然科学和社会科学对于客观世界的认识成果

以计划生育政策为例，计划生育的概念和方法之所以能被用作于解决人口问题的措施，归根到底是以现代对于生育现象的科学研究为基础的，也是以避孕技术为基础的。倘若没有这些，我们大概只能像马尔萨斯讲的那样，得用战争和饥荒去控制人口。

再进一步看，为什么规定生一胎而不是生两胎，这当然与人口统计、资源分析以及对未来的人均资源占有量的判断密切相关。所以，一项政策，本质上就是组织对于特定环境的认识。在现代社会中，这种认识当然要以科学的知识和方法为基础。过去我们实行的某些错误政策，如批判马寅初的人口论、消灭商品经济等等，均反映了在人口规律和经济规律问题上的认识偏差。

(三) 政策具有目标指向性和问题针对性

政策是为达成组织目标、解决组织面临的问题而提出来的，它与组织的目标与存在的问题密切相联。因此，政策也必然与具体的时间、地点、条件以及具体的利益要求和利益关系密切相联。在不同的历史时期和不同的历史条件下，组织所面对的问题会有很大的变化，相应而制定的政策也就会有不同。

在20世纪80年代的经济改革过程中，我们在鼓励市场经济成分的发展方面制定和实施了一系列政策（例如个体户政策、价格方面的双轨制等等），因为那个时候迫切的问题是要打破过分单一的所有制形式。

在国际事务领域方面，新的国际经济、政治秩序开始形成，各种新的问题不断涌现，我们的对外政策当然也要审时度势作出新的调整。以"和平与发展"为我国开展外交活动的基本方针，争取最有利的经济发展国际空间和宽松环境。

(四) 政策的产生和制定要经过法定的组织程序

这种程序保证政策的合法性与权威性。任何组织的或个人的意见、看法、知识，若未经合法程序的确认，是不能成为政策的。至于政策确立的程序，则与组织的性质密切相关。中国共产党作为无产阶级的政党，是以民主集中制的原则与程序来研究和制定政策的。

上述四个方面的特征中，前两个方面是政策与其他理论知识相通的共性。它们都是对一定客观实际的反应和体现。后两个方面则是政策作为一种特定的理论知识体现形式所独具的，是政策与一般科学理论知识相区别的个性。

换句话说，各门学科的理论成果只是以概念的逻辑体系来表达和归纳人类对于客观世界的认识，只有当它被运用于追求组织的特定目标和解决特定问题时，才进入政策的领域（例如，运用现代经济学理论去解决国有大中型企业的效益问题）。

此外，需要强调的是，运用科学理论所制订的解决问题的方案，需经组织程序的确认方构成政策。马克思的《资本论》提供了一种政策主张。只有当它具体化为共产党的战略策略时，才成为政策。强调这一点，对于我们有两重意义。首先，各级领导、政策研究人员以及从事理论研究的知识分子，其研究需经过组织程序，才能从个人意见上升为政策。其次，未经组织确认的，就不具备合法的政策资格；硬要通过非组织手段来推行，就是我们口语所说的"土政策"，这是需要反对的倾向。在我国迈向现代化的关键时刻，一定要注重建立程序化运作的体制运转规则，一定要注意防止这种"体制外"操作的现象发生。

三、政策：作为组织的行为准则

政策不仅是组织对于特定问题的认识的体现，而且是为了解决问题而对组织机构和组织成员提出的行为要求。这是政策所具有的两重属性。就是说，政策一经确立，就对组织行为具有约束力。在这个意义上，政策就是组织的行为准则。这一点，也是政策区别于一般理论知识的特征之一。一般的理论知识不具有要求人们必须如此这般去做一件事的约束力，而政策却必须具有这种约束力。这种约束力是由组织的力量（资源、纪律、观念等等）来保证的。

在人类社会生活中，构成行为准则或行为指令的东西不仅有政策，还有法律，以及社会道德与文化的传统规范。这里我们主要分析一下政策与法律的联系与区别。政策与法律有相重合的部分。称作法律的东西，在一定意义上也可叫做政策。我国法律规定了生产资料的社会主义公有制，规定了劳动者享有的种种权利保障，它们都可以被称为社会主义的政策，或者说，它们是带有根本性质的政策。另一方面，政策未必全是法律。"让一部分人先富起来"是我们党在改革中的一项政策。但它显然不是法律。

可见，法律与政策也有很大区别，这主要表现在以下一些方面。

（一）制定程序的不同

在现代社会中，只有一种组织，即国家，有权制定和修改法律。这是国家主权问题。在我国，各级人民代表大会是立法机关。此外的任何组织机构若擅自颁布法律，将构成对国家主权的侵犯。但是，任何组织（包括国家本身）都可以经由各自的程序制定必要而恰当的政策。

（二）针对范围的不同

一般而言，法律是关于社会制度、国家性质、阶级关系、公民权利的带有根本性的规定。法律为社会生活确定最基本的行为准则，它主要着眼于各种权利规定。至于政策，一般来说不涉及基本的权利关系，主要是在组织目标与组织问题之间确定一种行为策略。这些策略当然不可以触犯法律上的基本权利规定。

（三）实施力量的不同

法律的约束力以国家的专政机器为保证。至于政策，虽然也有约束力，但并不是靠专政机器来维持的。它靠的是组织本身的力量，如组织所能掌握的奖惩手段，很多时候，也依靠领导的号召力、推动力，或者一种共同约定。

我国实行民主与法治的历史还不长，法律的完善与运用，还需要有一个较长的过程。由于经济发展条件有限和文化教育程度普遍不高，加之幅员广大的国土中各种内外问题的复杂性，所以，法律的修订完善不能全盘采用西方的议会民主方式，而必须由中国共产党作为主导的力量来稳步进行。这是由国情和历史条件决定的。

中国共产党作为执政党，代表人民群众的根本利益，通过立法程序以法律形式固定下来，党本身也将在法律范围内活动，这是毫无疑义的。另一方面，在法律执行的过程中，有必要根据一定历史时期的中心任务和千差万别的具体情况制定各项政策。相对而言，政策更为灵活。有些政策将上升为更带根本性的法律，有些政策将只是特定时期解决特定问题的具体措施，有些政策则要依情况的变化而修改更正。

从根本上说，党的政策与国家法律没有矛盾。历史地、具体地看，两者间确有许多种关系需要具体分析。这是中国国情下特殊的历史辩证法。领导工作者对此应该特别地注意。

第二节　正确地制定政策

我们党实行的每一项正确政策，都是马克思主义的基本原理同中国实际相结合的产物。实践表明，政策的制定必须从分析客观形势入手，以中国特色的社会主义理论和党的基本路线为指南，并依据实践检验的结果不断加以补充、丰富和完善。在这个过程中，我们不能有任何主观随意性。

一、制定政策的依据

正确地分析国内外形势，分析阶级关系和国情、国力，了解群众的情绪和意志，是正确制定政策的客观依据。正确的政策要建立在对国际、国内客观形势的正确分析基础上，对形势的错误判断会导致政策的失误。

群众的觉悟、意愿、情绪和心理也是制定政策的重要依据。群众的意愿往往制约着制定政策的时机，当形势发展到一定阶段的时候，群众已经有了某种要求，就要通过政策来加以反映，否则就会脱离群众；如果条件未成熟，群众还没有要求，就不能主观地把某种政策强加于群众，否则同样会脱离群众。

马克思主义的基本原理和党的基本路线是制定政策的最基本的理论依据。马克思主义是放之四海而皆准的科学真理，是指导无产阶级进行革命和建设的理论武器，是我们党的指导思想，而党的基本路线是建设中国特色社会主义的总方针、总政策、总目标。只有坚持马克思主义的指导，坚持正确的立场、观点、方法，才能正确地认识社会主义现代化建设的客观规律，正确地分析国内形势，正确地分析阶级关系，正确地了解群众的诉求，才能运用科学的方法，制定出正确的科学政策。

二、制定政策的原则

将马克思主义基本原理与本国的具体实际相结合，是无产阶级政党在政策制定过程中必须遵循的基本原则和基本要求。在各级领导实践活动中，在各种具体政策的制定过程中，这个基本原则可以分解为三个方面，即民主性、科学性、可行性。这三个方面同时也是我们评价政策的重要依据。

（一）民主性原则

民主原则的意思是，政策要能够满足最大多数人的根本利益，要经过必要的讨论、协商、对比，以及批评与辩论。

在某些组织类型中，如封建政权、寡头公司、教会组织、独裁者控制的政党等等，其最高决策者的一句话就可以是政策。但在现代社会组织中，按民主的方式决定政策是被大多数人承认的原则。以马克思列宁主义为指导的现代无产阶级政党，在政策制定问题上也必须坚持民主原则。

民主原则要求政策的制定过程必须满足下列条件：

1. 政策的制定要充分考虑民意基础

"从群众中来，到群众中去"，这是我们党历来强调的一条十分重要的领导方法。对于我们这里讲的政策制定，它也是完全适用的。领导者在制定各项政策时，要充分地考虑群众的利益、愿望、要求、苦衷，以及觉悟水平、心理承受能力等等因素，要尽可能广泛而多方面地听取意见。特别是在制定较为重大的、涉及面较广的政策时，应有必要的制度与程序保证有关各方面的参与，保证各种意见有畅通的渠道进入决策层。在这样的基础上制定的政策，才能最大限度地避免片面与不公正。

从归根到底的意义上说，一项正确的政策，总是能反映最大多数人的根本利益，或国家、社会的整体的和长远的利益，并能获得最大多数人的最大支持。我们党在改革开放中的一系列政策，就很明显地具有这样的特点。但是，一项正确的政策不被群众理解，或与群众的当前觉悟水平有抵触，这种情况也是经常发生的。因此，制定政策中征询各界意见的过程，同时也应该是一个组织开展公共关系的能动过程，即要将政策的意图、目标、效率等等作广泛的解释宣传，以期得到最大限度的理解和支持。政策制定的民主性质，对于政策的代表性，对于政策一旦确定后的有效实施，都是重要保证。

2. 政策的制定要经过专家论证

专家论证、专家咨询在现代组织的决策过程中已是常规做法。这对于政策制定来说也是同样重要的，因为政策的制定往往要牵涉到许多专业知识的运用，需要有专家的参与。在对外开放过程中，我们的贸易政策、投资政策、关税政策等等既要符合国际惯例，便于对外交流，又要保护自己的利益，它显然需要有许多专业知识。

此外，类似经济发展与环境保护、平抑物价与搞活企业、人口流动与城市管理、住房改革与社会公平这样的问题，都是政府在制定公共政策过程中必然碰到的矛盾。其牵涉面之广，可能产生的后果之复杂，远远不是靠一般经验能够处理和把握的。专家集团的作用将非常突出。我们历来强调决策要靠集体智慧，它的具体表现之一就是政策制定要经过专家的讨论，要认真考虑专家的意见。

3. 政策制定要经过决策层的集体讨论，这也是依靠集体智慧的一个重要表现

群众的意见是要由领导来集中的，专家提出的方案是要由领导来选择的。领导班子成员在集中意见、选择方案的过程中，可能还会产生不同的看法和认识，这就需要充分地沟通、讨论，求得意见统一。通过这样的集体决策程序，才能保证政策制定的民主性质。

（二）科学性原则

科学性原则要求我们在政策制定过程中遵循科学的认识方法，使所制定的政策能够正确地反映客观实际。制定政策的过程就是一个认识和决策的过程。无产阶级政党和社会主义国家政府的各级领导，在制定政策过程中要坚持马克思主义的认识论原则，这是保证政策的科学性的基本要求。马克思主义认识论强调在深入调查研究、详细占有第一手资料的基础上，进行由此及彼、由表及里、去粗取精、去伪存真的理性思索；强调认识与实践的能力的辩证的相互联系。这些都需要各级领导者反复学习和运用。

此外，还应当根据需要，运用现代的科学认识方法、研究手段和决策技术，以迅速而广泛地掌握各种信息，并做出准确的判断。各种科学认识方法的问题已经谈得很多，这里要强调的是，为了使政策的科学性有保证，负有政策制定责任的领导者应该朝"知识化"、"专业化"的方向努力，自觉地提高自身的知识文化水平和素养。

(三) 可行性原则

可行性原则是指一项政策必须具备实际推行的可能性和条件。

政策的民意代表性（民主性），政策的客观正确性（科学性），是构成政策可行性的两个基本因素和保证。毫无疑问，在错误判断基础上制定的政策，或者从一厢情愿的主观愿望出发而制定的政策，在实践中终归是要失败的。但是，政策之可行性问题又不仅仅是民主性和科学性的问题。社会生活中还有许多复杂的因素会对政策的是否可行产生或大或小的影响，在一定条件下还可能是决定性的影响。下面的几个方面是领导在政策可行性问题上应该予以注意的。

1. 法律上的考虑

任何组织的任何政策都不应与法律的精神和规定相抵触，这是现代法治社会的基本原则。"文化大革命"时期，林彪、"四人帮"推行一系列无法无天的政策，给我国经济、政治、社会诸方面都带来极为恶劣的后果，这是必须记取的惨痛教训。我国司法机关对林彪、"四人帮"集团的审判表明，政治决策要承担法律责任。所以，政策规定如果违反法律，或者导出破坏法律的后果，都是不可以实行的。对外政策则要考虑国际关系准则。

2. 政策系统的考虑

一项政策是否可行，不仅取决于该政策本身的质量，有时候还要考虑到它与其他政策之间的关系。每一项政策总是从特定角度来处理特定问题的，但是，社会生活的复杂性，使问题通常带有多面性。从一个方面看有利的政策，可能会在另一个方面产生不好的后果；从局部看有利的政策，可能会在总体上产生不好的后果；从现在看有利的政策，可能会给将来造成新的更严重的问题；等等。所以，政策的制定要求有整体的、系统的、发展的考虑。

总体政策与具体政策，此政策与彼政策，原有政策与现行政策，存在着上下、左右、前后的错综复杂的关联。因此，一项政策的可行与否不能孤立地来看，要考虑到它在整个政策系统中的地位，要考虑它与其他政策之间的协调。

3. 社会心理上的考虑

这主要是指，政策还要与民族文化传统、社会道德规范以及群众的心理适应性等等因素相配合，才会具有可行性和更为容易地实行。举例来说，机关中取消午休，以集中工作时间，提高效率，这项政策在广东曾试行过一段时期，然后不了了之。这其中一个原因就是与人们的生活习惯、生理习惯、心理习惯乃至一些必要的条件（午餐的开支、在校孩子的午休时间）等等不能协调有关。其他许多政策如物价能否一步到位，农村能否只准生一胎等等，都必然牵涉到文化的、传统的、心理的适应性问题。

当然习惯的东西不一定都是合理的东西，更不是不可改变的东西。同样是热带气候的香港，许多公司就没有午休，职员也可以习惯。这里的问题在于，习惯的改变要求有过程与条件。倘若条件不具备，再好的政策也难免碰到"好事多磨"的尴尬。

4. 资源条件的考虑

这里的资源是指支持一项政策实施所需要的物质条件。对于政府部门和企事业单位的决策者来说，政策的可行与否，很重要的一个方面还要看财政预算和财政储备情况。发展城市运输系统以缓解交通紧张，发展教育，改善知识分子生活条件，这些都是非常正确的政策考虑。但是具体能做到哪一步，当然要依赖于财政能力。

应当承认，我们的国力条件对许多理应实行的好政策构成严重制约。在这样的特殊情况下，领导的政策制定能力就在于如何从这种制约中走出一条活路。通过开放吸引外资，就是克服财力不足的一个好办法，是少花钱甚至不花钱的政策。

认真地考虑政策可行性问题，辩证地把握各种复杂因素，是领导在制定政策中必须处理好的一个重要环节。以往群众批评我们的一些政策摇摇摆摆、虎头蛇尾、雷声大雨点小，或者带有"月亮性"：初一十五不一样。这种情况显然跟决策时对可行性考虑不周有很大关系。一项政策出台，实行后才发现有许多行不通的地方，于是或者不了了之，或者匆匆收回成命，又匆匆推出新政策。

诸如此类的做法，损害领导机关的权威性，损害群众对于执行政策的信心，应该引为领导者的大忌。

第三节　政策的有效实施[①]

政策问题包括制定与实施两个方面。制定出政策，只是事情的一半。政策再好，如不实行并取得成效，也是没有意义的。

在一定意义上说，如果说，政策的制定主要涉及到认识能力问题，那么，政策的实施则主要涉及到领导艺术问题。

政策实施的意义在于使主观意图变为客观实际。同时也在于通过具体的实践以发现、调整、纠正主观认识上可能存在的偏差。所以，政策的实施包含着对立统一的两个方面。一方面是坚定地贯彻政策意图和规定，另一方面是灵活地处理政策规定与具体情况之间的矛盾。

一、政策实施的步骤与方法

将政策从主观意图变为客观实际，从领导指令变为群众的自觉行动，这是一个重大飞跃。这个飞跃的实现，有赖于领导艺术。从我们党多年的实践经验来看，领导在实施一项政策时，要做好以下几个方面的工作。

（一）宣传与解释

在政策实施的初始阶段，一般地都应该将政策意图、政策精神、政策目标等等向群众作宣传，特别要向政策实施的对象，以及受政策影响的有关各方作宣传。还要针对围绕一项政策所产生的疑虑与误解，做出必要的解释和说明。

有些类型的政策，在正式出台实行之前，要有一段充分而且公开的酝酿讨论。在这时候对政策意图进行宣传，和前面提到的政策制定过程中的民意征求和专家咨询工作是结合在一起进行的。一般来说，这是常规做法。但在改革过程中，有些政策涉及到群众的日常生活利益，为了不致引起大规模的心理波动，政策的宣布与正式施行带有一定的"突然性"。例如，某些商品的调价就是这样，目的是为了避免大规模的哄抢。对于这种类型的政策，就需要在政策一经颁布后，立即有充分的说明，以消除群众

[①] 参考张云庭主编：《现代领导学》，内蒙古人民出版社1987年版，第123～127页。

的心理疑虑，取得群众的谅解和支持。并要清楚地说明违反政策的后果。

（二）组织与落实

政策意图和政策目标是通过对人、财、物的协调运用实现的。所以，实施一项政策，最重要的环节在于积极而合理地调动人力、财力、物力，将它们用于该用的地方。

有些政策是通过常规的组织机构和渠道来贯彻的，有些政策则是跨领域的，需要不同的部门、行业甚至地区协调行动。在这样大规模的政策贯彻实施过程中，领导要善于选拔得力的干部，动员各方面的力量去开展工作，必要时还要成立精干的领导协调小组，对实施政策的各个环节加以协调。

无论是哪一种情况，领导贯彻实施政策时，决心要大，意志要坚定，步骤要明确，要以极大的积极性推动整个组织运转起来，朝既定目标前进。疲疲沓沓、敷衍了事的官僚主义作风是不可能在政策的贯彻中取得成绩的。

（三）总结提高

政策一旦施行，领导就要随时了解掌握工作的进展情况，对各种问题要心中有数。领导机构要善于通过抓典型、以点带面等方法，发现、总结贯彻政策取得较好成效的经验和做法，然后加以推广，以指导和推动全局的工作。另一方面，则要及时发现存在的问题、障碍和困难，及时提出补救的措施。在我国，党和政府较高级的领导机构中，都设有政策研究部门。政策研究人员作为领导的参谋，其主要职责就是积极发现政策实施过程中的各种经验和问题，并积极地提出建议。

二、政策实施中的创造性问题

政策给组织规定行为目标和行为准则，它一旦确定，就是对组织的行为指令。领导在贯彻政策时，要按既定方针办，不能允许无组织无纪律的各行其是，政出多门，这是一个原则坚定性问题。但是，原则的坚定性并不排除、而且完全需要创造性和灵活性作补充。在改革开放的复杂环境下，政策实施中的原则性与创造性、灵活性相统一的问题，是一个需要认真予以分析的问题。

领导在组织力量实施一项政策（不论是上级布置下来的大政策，还是本部门制定的小政策）时，需要创造性地做工作。因为政策相对而言是固定的、抽象的规定，而实际情况却活生生地变化着。归纳起来，有以下几种情况特别需要领导者在实施政策中发挥创造性。

（一）政策是关于大范围的原则规定

我国是一个幅员辽阔的国家，城乡之间，地区、部门、行业之间往往存在着多方面的差别。在改革开放中，由于种种因素的影响，这些差别更显得错综复杂。在这种情况下，针对一些较大问题而制定的政策，不能也不宜搞得太细，只可能是较为原则性的规定。这种政策的实施，本质上是将大原则具体化的过程。这就要求实施政策的领导部门善于根据实际情况，提出创造性的措施。

（二）政策适用范围出现复杂情况

每一项政策都有一定的适用范围，例如对生育胎数不予限制是对一些少数民族地区实行的。但有些政策涉及到阶级划分、社会分层、利益关系等等，其范围界限是从某些特征指标上确定的，但这些指标不像民族、性别之类那么易于辨认和固定，因而出现种种复杂情况。

每一个领导者都碰到过事情的性质既可划入这一类也可以划入另一类（根据条件的组合）的两难选择。事实上，复杂的事物总有各方面的特征指标，这些指标的不同组合排列，就会导致事情可以归入不同的范畴。在这种问题上，也特别需要领导者的创造性。通常所说的"政策尺度"就是这样的问题。外商来投资，其产品适用哪一种关税规定？党员犯错误，适用哪一种纪律处分？等等。而创造性不能是离开原则性的自由发挥，这就需要领导者对政策本身的精神实质作准确的把握。

（三）政策需要配套措施

为了顺利地解决一个问题，除了政策本身要正确之外，还需要有各种配合的措施。譬如扫除黄色淫秽刊物，需要尽快出版好的作品作为配合。有时候，配套措施或配套政策的问题是在一项政策实施过后逐步出现的（可能是旧的问题消除后引出新问题，超出原先预料），这就需要灵活而及时地予以补救。

（四）政策本身存在缺陷，或情况发生了重大改变

在这种情况下，领导者的创造性和灵活性就在于，勇于实事求是地提出改变政策的建议，通过积极的努力和正确的渠道，弥补原有政策的缺陷，或制定新的政策。

实施政策过程中遇到的情况千差万别，需要领导者发挥创造力的地方远不止上面列出的几条。总的来说，领导者要特别注重辩证法的学习运用，善于将原则性和灵活性结合起来。这样，我们的政策制定和政策实施的水平就会有大的提高。

三、领导者带头执行政策的问题

就概念上说，执行政策是属于被领导者范畴的问题。领导学要研究的是如何去推动一个组织来实施政策。但在这里，我们还是有必要适当提及执行政策问题。这是因为：

（1）对于大多数中下级领导者来说，他们除了在自己职权范围内制定和实施政策外，还有大量的工作是在执行上级领导机关制定的政策。在很多时候，能否正确地执行上级的政策，关系到能否正确地对自己的下级实施领导。被领导与领导，在这里有辩证的关系，这是领导学也应该研究的问题。

（2）当一项政策贯彻实施时，群众必然要求领导者首先执行政策，特别是当政策涉及到个人的行为规范和利益时尤其需要领导者起表率作用。古有"一正君则国定"的说法，虽说是对君主专制情况下的君—臣—民相互影响的关系的一种描述，但起码说明了治国者或领导者制定与执行政策时作出"表率"的重要性。

在今天，我们无产阶级政党和社会主义国家的性质决定了领导者不能特殊。许多群众由于对不正之风的深恶痛绝，常常要从领导者的行为中建立对执行政策规定的信心。所以，领导者带头执行政策规定，就成为政策顺利实施的一种保证。"政策和策略是党的生命，各级领导同志务必充分注意，万万不可粗心大意"。① 各级领导者应当牢记毛泽东同志的重要论述，正确地制定和执行政策，发挥政策的威力，不断去开创领导工作新局面。

---

① 《毛泽东选集》第4卷，人民出版社1991年版，第1298页。

第十二章

选才用人：领导的基本职能

内容提要

领导者制定的战略决策目标以及各项路线、方针、政策的实现，都必须通过一定的人去贯彻执行。因此，选才用人是领导者的基本职责之一。人才具有六种基本特征，社会主义现代化建设人才有五个方面的素质要求。在新的历史时期，如何优化人力资源开发，是关系现代化发展的重大问题。在改革开放的社会环境中，如何优化人才成长的社会和组织环境，是全面开发人才的新课题，应当勇于探索。

第一节 选才用人与领导工作

一、选才用人：两种指向的分析

俗话说："治国之道，唯在用人"、"为政之本在于任贤"。在毛泽东同志关于领导者责任的论述中，除前面引述的"出主意"外，他还明确地把"用干部"作为领导者的职责之一。"用干部"既是指对领导者的适当任用，又是指领导者的知人善任。对这两个方面，我们可以从更具体的角度去把握。

（一）合理地任用领导者

选拔适当的人才担任领导干部，是现代社会发展得以持续进步的重要条件之一。因为，领导者身负的责任，既要有很高的个人素质，又要能够发挥"指挥"与"统御"的双重领导作用。而能够"指挥"，就要求有人可以指挥，以及有人愿意接受指挥。而能够"统御"，就要求领导者把握全局，能够将人力、物力、财力科学而合理地加以配置。这就要求领导者能够在各种纷繁复杂的头绪中间，善于抓住有能力辅佐其工作的人才来从事工作，以便收到"事半功倍"之效。

但是，要把适当的人选提拔任用为领导者，所涉及到的问题却非常之多。起码在两个大的环节上要花大工夫。

1. 要建立起一套领导人才脱颖而出的社会制度机制

在这方面，最重要的是建立起法制化的人才选拔机制。一则解除人治情形下任人唯亲的用人桎梏，不至于使具备领导才能的人才被无辜埋没；二则通过法制化的方式建立起规范的、客观的、任人唯贤的领导人才选拔体系。目前，我国推行的公开选拔高中级干部的方法，以及全面实行的国家公务员制度等等，都是朝这个方向所作出的努力。

2. 要建立起适宜的选拔领导人才的畅通渠道，要用多种多样的方式、方法，使具有领导才能的人走上领导岗位

在这方面，首先要走出苛求"完人"。"人无完人，金无赤足"，是说用人时要辩证地看人。"内举不避亲，外举不避仇"说的是选拔、举荐领导人才时要有一种任人唯贤的气氛。"唯贤是举"则强调的是任用领导人才时的公开性与公平性。当然，多年来关于领导者任用上强调的"能上能下"，也是避免领导者选拔中间出现封闭现象的一个起码要求。就这一方面而言，建立起领导人才随时得以涌现的良性环境与建立一个具有机会平等特征的用人体制，显得同等重要。

（二）领导者的知人善任

任用合格的领导人才，是形成高水平领导活动的首要条件。但是，只强调这一点是不够的。因为，一个领导者走上领导岗位，还得要明白他的职责究竟是什么才行。一方面，他的决策水平高低，影响领导的权威性。另一方面，他是否具有"慧眼识英雄"的能力，能否将下属中的人才选拔出来，并让其担负工作重任，则制约他的领导绩效。但将两个方面结合起来看，一个领导者的决策水平，实际上也与他能否充分运用决策智囊一类"外脑"紧密相关。从这个角度讲，领导者的知人善任，就显得格外重要。对此，从下述分析，可以得到进一步的确证。

1. 领导者的职责不同于普通成员

一个组织中的普通成员，其职责是积极完成某些具体固定岗位的工作就可以了。但是，正如前面所指出的，领导者在一个组织活动中居于主导、率领的地位，他的基本职责是对整个组织进行目标决策，制定大政方针政策。为使决策付诸实行，必须团结下属，推动他们去做，借助他们的智慧和力量，来完成任务。因此，领导者必须将下属安排到适当的位置上，用其所长。这就要求领导者要做到知人善任。

对领导职责的认识，我国古代早已有之。如汉高祖刘邦就说过："夫运筹帷幄之中，决胜于千里之外，吾不如子房。镇国家，抚百姓，给馈饷，不绝粮道，吾不如萧何。连百万之军，战必胜，攻必取，吾不如韩信。此三者，皆人杰也，吾能用之，此吾所以取天下也。项羽有一范增而不能用，此其所以为我所擒也。"

这段话表明刘邦对领导者的职责有正确的认识，懂得欲得天下须正确用人的道理。这也说明，做一名领导者不必样样都干，也不一定样样都比别人高明，只要决策的目标正确，并通过科学地选用人才来保证组织目标的实现，就称得上是好领导。否则，作为一个领导者就是失职。

现代管理学强调分级管理，领导者必须干领导的事。邓小平同志曾经在《有理想有道德有文化有纪律》中强调指出："善于发现人才，团结人才，使用人才，是领导者成熟的主要标志之一。"这都说明，要做一个合格的领导者，不仅要会出主意，而且还要善于选才用人。

2. 选才用人是实现科学决策的组织保证

任何领导工作，都是制定与执行一定的路线、方针、政策。要实现一定的政治决策目标（在宏观上通常也称政治路线），必须要有组织路线作保证，并为其服务。组织路线集中到一点也就是一个选才用人问题，这是领导活动的基本内容之一，只是不同时代、不同阶级的领导有不同的组织路线和用人标准罢了。

这道理很简单，任何事情都是人干的。毛泽东同志指出：领导者要想实现决策目标，"使这一切主意见之实行，必须团结干部，推动他们去做"。[①]

---

① 《毛泽东选集》第2卷，人民出版社1991年版，第527页。

从这个意义上说,"政治路线确定之后,干部就是决定的因素"。①"干部问题是党内的中心问题"。②"没有大批的人才,我们的事业就不能成功"。③

正是由于我党始终坚持把制定正确的组织路线放在重要的地位上,培养了千千万万德才兼备的优秀干部,所以才能在领导中国革命与建设的过程中取得了一个又一个的胜利。

当然,我们也有过失误,包括组织路线上的错误,这些失误正是从反面证明选才用人的重要性。

从1978年党的十一届三中全会开始,我们党把四个现代化建设和努力发展社会生产力,作为压倒一切的中心任务确定了下来。在这个基础上制定了一系列新的方针政策,同时也确定了相应的组织路线。对此,邓小平同志重申:"中国的稳定,四个现代化的实现,要有正确的组织路线来保证,要有真正坚持马克思列宁主义、毛泽东思想和党性强的人来接班才能保证。"④

1956年,当世界社会主义运动出现风波时,毛泽东同志曾经深有感触地说,我们党有成百万有经验的干部。我们这些干部,大多数是好的,是土生土长,联系群众,经过长期斗争考验的。我们有这样一套干部,就可以"任凭风浪起,稳坐钓鱼船"。实践证明,能否正确解决选才用人的问题,是关系到革命和建设事业兴衰成败的大问题。

二、人力开发:从现代知识与现代化大生产的角度看⑤

现代化大生产离不开现代科学知识和科学技术,而现代科学技术,是由人来掌握和控制的。因此,人才对现代化生产起着决定性作用。

---

① 《毛泽东选集》第2卷,人民出版社1991年版,第526页。
② 《刘少奇选集》(上卷),人民出版社1981年版,第69页。
③ 《邓小平文选》(1975~1982),人民出版社1983年版,第193页。
④ 同上书,第178页。
⑤ 参考夏禹龙等:《领导科学基础》,广西人民出版社1983年版,第196~199页。

（一）现代化大生产是知识化生产

1. 现代知识越来越成为现代化大生产的重要推动力

在工业革命之前，劳动者只能靠个别经验的积累，缓慢地提高生产技术。到了现代，情况发生了根本变化，机器大生产代替了手工业生产，科学技术与物质生产日益紧密结合，使劳动生产率几倍，甚至几十倍地提高。

随着现代科学技术和现代化大生产的发展，一般知识转变为科学技术和科学技术"物化"过程的发明到应用间隔60年，电话技术由发明到应用相隔56年，电子管由发明到应用相隔33年，而晶体管从发明到应用只隔3年，激光由发明到应用则只有2~5年。从发达国家对20世纪劳动生产率提高构成的分析表明，在20世纪初只有5%~20%是依靠技术进步获得，而70年代已上升到60%~80%，在某些知识密集型的行业中，生产的发展几乎100%依靠科学技术。因此，脑力劳动在生产过程中占有越来越重要的地位。从事脑力劳动的人也是劳动者。将来，脑力劳动和体力劳动结为一体的程度更高。

具有一定科学知识的劳动者，是决定生产力水平提高的重要因素。正如斯大林所说：没有掌握技术的人才，技术就是死东西。有了掌握技术的人才，技术就能够而且一定会创造出奇迹来。因此，在实现社会现代化的过程中，重视知识，开发人才是个极为重要的问题。

2. 现代知识在产品中的密集程度越来越高

由于知识越来越渗入生产，导致产品中知识密集的程度越来越高。现代化大生产的一个重要标志，就在于科学技术已经渗透到社会经济生活的各个领域，"知识密集型"、"技术密集型"产业迅速发展。生产力发达的国家，出现了以脑力劳动为主体的"白领阶层"的劳动大军。在一些智力密集型生产中，"白领职工"已占2/3以上。

我国目前生产水平比发达国家落后，其中一个表现就是知识密集型企业少。由此足以说明，要提高劳动生产率，不能简单地靠增加劳动力、设备和资金，而是主要依靠科技进步和提高劳动者的素质，提高生产中知识的密集程度。为此，就必须大力发展教育科技，提高整个中华民族的科学文化水平。

3. 现代知识的整体性越来越强，更新越来越快

现代化大生产是极为复杂的社会活动，许多重大问题，常常需要动员各个学科的力量去进行综合研究，才能解决。现代的知识已经从自然科学和社会科学各立门户的情况，发展到高度分化又高度综合的程度。因此，从总的来说，综合是主要的趋势。当前，我们迫切需要培养多学科人才，培养知识面宽的人才。

此外，知识更新的周期也越来越短。以自然科学知识为例，据统计，在18世纪，知识陈旧期为80~90年；19世纪到20世纪初，缩短为30年；从20世纪50年代以来又缩短为15年；如今，在一些尖端领域里已经缩短到5~10年了。这说明人才的培养不能是一次性的，而必须是一个开放的、不断发展的过程。通过终生学习而不断地求得自我更新，已成为现代社会对于人才的客观要求。

（二）人力开发与现代领导

由于现代社会大生产与现代知识的紧密联系，使知识价值在20世纪发生了巨大的变化。知识产业早已不是陌生的辞藻或事情。对于一个现代社会或努力迈向现代社会的国家，从直接的角度讲，发展具有高知识含量的新兴产业，已经成为增强综合国力的重要方式；而从战略的角度讲，培养出具有现代知识素质的高科技人才，并使其在科学研究—技术开发—生产应用的领域里发挥主导作用，则成为这些国家在决定发展战略时的首要抉择。

正是在这个角度，我们认为有必要充分重视现代人力开发理论给我们的宝贵启示。在人力开发的研究方面，西方学者的切入角度很多。但从领导学的视角而言，则以经济学家们的人力资本理论最具启发。

1979年获得诺贝尔经济学奖的美国经济学家西奥多·W.舒尔茨，以研究人力资本理论知名。他针对第二次世界大战以后西方经济发展中出现的新问题——一些为西方传统经济理论所无法解释清楚的现象，提出了人力资本理论。这一理论，将人力资本概念融入到传统的资本概念之中，而不是将资本简单地视为有形的物质资本。他认为，人力资本与物质资本都具有资本的属性，尽管二者具有质上的差异。这一区分，使得人们可以看出当代西方经济发展的一个经验事实，即人力资本投资的收益率比物质资本的收益率要高。而且，由于在市场经济条件下人们会对投资收益率的差

异作出合理的反应,正确地选择自己的经济行为,结果就会使社会经济迅速增长,提高国民收入。经验事实和理论研究都证明了,凸显人力资本投资与提高人口质量在现代经济发展中的关键作用。

舒尔茨因此提出,在社会的各种活动中,教育和医疗保健等可以提高人口素质的活动,有格外重要的地位与作用。他尤其强调,对人类前途起决定性作用的,不是空间、土地与自然资源这些因素,而是人口的素质、技能与知识水平。舒尔茨还特别强调人力资本投资理论对于发展中国家的特殊意义。[1] 像舒尔茨这样的经济学家们所提出的人力资本理论,从专门的经济理论上为我们证明了人力开发的极端重要性,证明了人力开发的普遍的重要意义。

从领导学的角度来分析,一个有着资源配置权力的领导者,他能否在物流之外看到人力的独特作用,能否在物质资源的合理配置的同时,对人力资源进行合理配置,就成为一个领导者能否对领导资源进行合理配置的两翼。如果从一个领导者的基本职责在于"决策"与"用人"两大方面来看问题的话,一个领导者能否对人力投资有战略意义上的认识,能否在紧缺的资源中划出相当份额进行人力投资,能否对人力资源有清醒的估计,能否对现有潜在的人力资源加以充分的、有效的利用,这些构成了领导者是否是一个合格领导者的标志。现代领导者对此不能不有一个明确的认识。

三、选才用人在现代领导工作中具有特殊的意义

就人与事的一般关系而论,孙中山说过:人能尽其才则百事兴。这是对的。当今世界是一个竞争的世界。经济的竞争,技术的竞争,……归根到底是人才的竞争。现代社会的发展,有两个关键因素,一是科学技术的迅速发展,二是科学管理水平的不断提高。这两条表明,现代社会的进步是以人的知识、能力、素质的发展为标志的。

从这个意义上看,当代社会的一切竞争最终都是要落实到人,集中于人的素质上来。人才的重要性正日益为人们充分认识,争夺人才的斗争越

---

[1] 参考西奥多.W.舒尔茨:《论人力资本投资》,北京经济学院出版社1990年版,译者的话,及首篇、次篇文章。

演越烈。邓小平同志曾指出:"我们说资本主义社会不好,但它在发现人才、使用人才方面是非常大胆的。"①

据统计,美国在"二战"后引进科学家22万人,这是采取人才输入政策的结果,也是美国的科学技术一直处于领先地位的重要原因。"二战"后日本的经济在一片废墟上得到如此迅速的发展,其重要原因之一也在于重视人的潜能的开发,实行"能力主义"、"功绩主义",不搞论资排辈,凡合格的人就大胆使用,并广泛形成了尊重人才的社会风气。

我国社会主义现代化是一项极其伟大而艰巨的事业,迫切需要大批优秀人才。诚然,我们要清楚地看到,我们要建设的是中国特色社会主义的现代化,在许多方面与资本主义的情况是有根本区别的,因此,不能机械照搬其他国家的做法。但是,在关键是人才这一点上,却是共同的(当然,对人才的素质要求也不尽相同,尤其是政策素质)。在一定意义上说,这个问题对我们更为紧迫。

我国从20世纪50年代末期开始到"文革"十年动乱结束的这20年中,一个重大的失误就是人才培养和知识分子政策问题上的失误,使一大批青少年没有受到应有的教育。同发达国家相比,我们的科学技术和教育落后了20年。因此,人才问题成为我们国家面临的一个重要问题。我们事业成败的关键将在于能不能大量发现人才,能不能充分使用人才。

为了要赶上世界先进水平,实现社会主义现代化,我们必须从科学和教育着手,培养人才。邓小平同志多次说过,经济体制、科技体制的改革,最主要的,也是我们最关心的,是人才。概括地说,就是"尊重知识,尊重人才"八个字。

各级有关领导者都应当坚持科学技术是第一生产力的观点,充分认识到人才问题的重要性和紧迫性,尽职尽责地做好选才、用才、育才工作,以保证第二步战略目标的胜利实现,同时为实现第三步战略目标奠定坚实的基础。

---

① 《邓小平文选》(1975~1982),人民出版社1983年版,第197页。

第二节 人才的含义与素质

一、人才的含义及其特征[①]

"人才"二字即"人之才"的意思。列宁曾把"精明强干的人"、"聪明人"作为人才的同义词使用。斯大林曾经说过:"人才、干部是世界上所有宝贵的资本中最有决定意义的资本。"毛泽东同志对邓小平评价时讲过"人才难得"。

人才,通常是指"有学问的人","德才兼备的人"或有某种特长的人。"人才"概念又有广义与狭义之分。人才是才能较高,以其创造性的劳动成果,对社会发展和人类进步做出一定贡献的人。这是狭义的人才定义。

邓小平同志说:……科研机构要出成果、出人才,教育战线也应该这样。中小学教师中也有人才,好的教师就是人才。钱学森同志在《人才系统工程》一文中指出:"我们的人才,不是什么天才,而是人民之才。是人民当中各行各业有才能的人。这样的人才问题,在以往的社会是不存在的。只有在社会主义制度下才提得出来。所以是一个崭新的问题。"这是广义的人才概念。

人才具有以下几个方面的特征。

(一) 人才的社会性

任何人都是作为一名社会成员而存在的,这是指人的社会属性。人才,尤其是具有超出一般常人的能力和做出突出贡献的人,更是社会的需求和社会评价的产物。否则,就没有人才这一概念本身。

人才的发展离不开社会,而且,随着现代化水平的不断发展,人才社会化的趋势越来越突出。特别是担负领导工作的人才,他们是社会活动的组织者和管理者,其社会性更为直观。在阶级社会里,其社会性集中表现为阶级性。

---

① 参考刘德道、硕晶忱:《人才修养教程》,河南人民出版社1986年版,第11~19页。

（二）人才的广泛性

所谓"七十二行，行行出状元"，说的就是人才的广泛性。随着生产社会化程度的不断提高，社会分工的不断发展，专业分化越来越细，各种各样的专业人才就越来越多；随着科学技术日新月异的发展，新科学、新技术不断涌现，必然会出现更多的新的人才。按照上述的人才的广义概念，社会主义制度本身的优越性为这种"人民之才"的产生和成长开辟了广阔的道路，形成了一个人才辈出的局面。

（三）人才的层次性

从总的来说，根据上述的人才的广义、狭义之区分，可以看到人才是有层次之分的。高层次的人才是指那些做出"较大贡献"、"出类拔萃"、"有特殊贡献"的人才，这只是极为少数的优秀人才。

但是更多的还是其他层次的人才。正如万里同志1985年5月31日在全国教育工作会议上的讲话中所指出的："我们所说的人才，不只是指高级专家，而且包括能够适应现代化建设需要的各个层次各个方面的人才，其中需要量最大的是各行各业基层经营管理人员以及各种技术人员和技术工人，全国总数应以千万计，以至亿计。"所以，我们既要重视高层次的"尖子人才"，也不可忽视其他各层次的人才；既要重视显人才（已经显露出才华，做出贡献并已得到公认的人才），也不可忽视潜人才（未被发现和未被挖掘出来的人才）。

（四）人才的专业性

在人类历史的发展中，随着人类社会分工的渐趋明显和相对稳定，社会便产生了各行各业。在封建社会的成熟期，中国民间有三十六行、七十二行、三百六十行的称谓，还有三教九流、七十二门的说法。这是职业分工导致人才发展的专业化趋势。但是，工业社会以前，由于生产力发展水平低，科学技术不发达，知识总量有限，杰出的人才较易掌握各类知识和技能，因此人才一般是"通才"型，如达·芬奇，不仅是个大画家，而且也是大数学家、力学家和工程师；古希腊的亚里士多德，从哲学到各门具体学科，如天文、地理、数学、物理、生物，几乎是无所不知，是个"全才"。

在现代社会中，科学知识高度分化，学科分工越来越细。据联合国教科文组织统计,当代的基础学科已达 500 个以上,科学技术也达 470 多种,学科门类已超过 2000 项。知识量如此巨大,这是任何杰出人才都无法全部涉足的。所以,现代社会人才的专业性越来越强是一种客观趋势。因此,在育才、用人方面,我们要根据实际,创造条件,形成优势,用其所长,避其所短,防止"求全责备"的片面性。当然,也要看到现代各学科相互交叉、密不可分的整体化特点,在大量培养多学科人才的同时,培养知识面较宽的人才,即知识的整体性较强的人才。

(五)人才的进步性

人才是德才兼备的人。有德无才,没有造福于人类的真实本领的人,当然不能成为人才;反过来,有才无德,也不是社会和人民所需要的人才。在对待人才问题上,人们容易重才轻德,忽略德与才的统一。为了防止这种倾向,我们应强调人才的积极进步性问题。所谓积极进步性,主要是指以特定的才能和专长为社会发展及人类进步作出贡献。

在阶级社会里,人才的作用总是表现出一定的阶级属性的。因此,并非所有的才能都会促进社会进步。这里有一个才能的使用方向问题。在社会主义现代化建设时期,人才进步性的政治标准,就是"为人民造福,为发展生产力、为社会主义事业作出积极贡献"。①

(六)人才的动态性

所谓动态,就是说人才的内涵和层次不是固定的,同任何事物都在发展变化一样,人才也会随着时间、空间、条件的变化而变化。这种动态性主要表现为:

(1) 在一定条件下,人才和非人才、各种类型和各种层次的人才,是可以相互转化的。

(2) 人才概念本身在不同的历史时期,有着不同的内涵和衡量标准。

(3) 就个体而言,人才的出现总有一个从潜到显的过程;人才的成长总有一个从崭露头角到炉火纯青的发展过程;人才还可能有正反方面与上下层次地位的转化。

---

① 《邓小平文选》(1975~1982),人民出版社 1983 年版,第 141 页。

二、社会主义现代化建设人才的基本素质

如上所述，人才是为社会进步事业作出积极贡献的人。因此，人才的基本素质应与具体的社会历史任务联系起来界定。在社会主义初级阶段，我们党的建设中国特色社会主义的基本任务是：以经济建设为中心，坚持四项基本原则，坚持改革开放，把我国建设成为富强、民主、文明的社会主义现代化国家。为了实现这个任务，各级各类人才当然应有各自的特殊素质要求，但是首要的是，要具有如下几方面共同的基本素质。

（一）品德端正

俗话说："有才无德，行而不远，德是人才之本。"有的人把才能、智力比作鲜花美果，把德比作土壤和根基，都是用通俗的语言表达德的重要地位。

陈云同志提出：所谓"德"，最主要的就是坚持社会主义道路和党的领导。在新的历史时期，坚持社会主义道路和党的领导，就要求坚持党的十一届三中全会以来的一个中心、两个基本点的路线。邓小平同志指出："搞社会主义现代化是基本路线。要搞现代化建设，使中国兴旺发达起来，第一，必须实行改革、开放的政策；第二，必须坚持四项基本原则，主要是坚持党的领导，坚持社会主义道路，反对资产阶级自由化，反对走资本主义道路。这两个基本点是互相依存的。"[①]

这段论述为现代化建设人才的政治素质指明了方向。就是说，我们需要的人才是把社会主义现代化建设、努力发展社会生产力，作为压倒一切的中心任务，在拥护党的四项基本原则的前提下，坚决执行改革、开放、搞活的方针。

改革开放是强国之路，我们应该反对僵化思想，实行改革开放，更好地显示社会主义的优越性和增强社会主义的吸引力。这就需要勇于开拓新局面的人来勇挑重担。这种人要求有强烈的事业心和责任感，富于牺牲精神，善于独立解决问题。各级领导要大胆使用、积极支持、热情关心、爱护"创业型"人才的成长。

四项基本原则是立国之本。我们实行的改革开放是坚持四项基本原则

[①] 《邓小平同志重要讲话》，中央文献出版社1987年版，第40页。

的改革开放,即作为社会主义制度自我完善的改革开放。从这一点上来说,良好的政治素质是人才素质的坚定因素。这不仅是发展我们的事业和保持社会主义方向性的需要,也和人才的成长规律有关。凡是与人类社会发展规律相一致的,自觉遵循人类社会发展规律塑造自己的,即与发展规律"顺向"而行的则比较容易"顺天应理"成才,并为社会所认可。反之亦然。这都是为无数事实所证明了的真理。

(二) 远见卓识

远见卓识是指在遵循客观规律,正确确定目标,科学分析主客观条件,以求在既定条件下达到最大功能效果所体现的远大目光和高超的见识。它一般包括两个方面:一是政治见识,二是业务见识。政治见识是指能看得准时代和社会前进的方向,能坚持坚定的政治方向。业务见识是指能抓准业务领域中具有关键意义的问题,能很快辨别出业务领域中的新事物、新发现、新经验。

远见卓识具有方向性、预见性、敏锐性、坚定性、独特性等特征。它是同一定社会的历史条件相互联系的。它是思想品质、知识素质、科学的思维方法、开创新局面的能力等条件的集中表现。今天,我们从事的事业是富有开创性的事业。远见卓识是现代化人才素质,尤其是杰出人才素质的一个重要方面。这是因为:

(1) 杰出人才的界定与创造性特征密切相关,无创造性的人也难称为杰出人才,而远见卓识正是创造性思维的内涵。

(2) 领导型人才本质上是一种创造性、开拓性的人才,远见卓识是创造性思维的前提。

(3) 我们这个时代的重要特点之一是面向未来。现代社会活动复杂多变,影响巨大而深远,缺少远见卓识就无法取得战略的主动。所以,今天的人才要有预见性,非常强调远见卓识的素质。

(三) 真才实学

才即才能,主要包括一般才能与专门才能。学即各类知识。人才学对才能的定义是:在从事脑力劳动和体力劳动的过程中,使知识形成的技能得以高度发展。所谓真才实学,是指人才以系统而专深的知识作基础,以马克思主义科学的世界观与方法论为指导,有较强的智能,在认识世界和改造世界的活动中显示出较高的水平。主要表现在以下两个方面。

(1) 既要有专长，又要有较宽的知识面。知识面较宽的人才难得。因为现代化建设的问题，几乎都是综合性的、复杂的、涉及许多具体科学技术部门，需要多学科的知识和多学科的人才综合、协作来完成。如果一个人的知识面太窄，只懂得自己专业的一部分，就会在这些复杂问题面前无能为力，或者同其他专业的人才缺乏共同语言，很难协作配合。对于现代领导者来说，既要懂得本系统的专业知识，又要是管理工作的内行。为此，一是要选拔知识面较宽的，有一定的组织管理才能的人担任领导；二是对原有干部进行知识化、专业化的培训。如果各类人才能做到专与博的统一，除了对本行专业有深刻研究外，对邻近学科也有相当了解，就会大大地提高他们解决实际问题的本领。

(2) 要有较强的智能。知识不等于智能。智能是人们运用知识去分析问题与解决问题的能力。现代知识的更新越来越快，要求人们进行有效的学习，防止知识结构的老化。但是我们不能仅仅停留于获得一定数量的知识，更重要的是要培养自己的智能，即培养运用知识解决问题的能力。那种传统的"仓库理论"（把人脑仅仅视为"储存知识的仓库"）的观点，显然已经过时了；除各类人才必须具备的专门才能外，在社会主义人才的个体结构中，一般地还应包括下列内容：观察才能、记忆才能、综合分析才能、创新才能等。

(四) 优良作风

作风是指人在思想上、工作上和生活上表现出来的态度和行为方式。工作作风是指人们对待工作的态度及其行为方式，是决定和影响工作效率及工作成果的重要因素。

我们中国共产党人在长期的革命斗争中，形成了一整套实事求是的优良传统和作风。主要包括以下几方面：理论联系实际的作风；密切联系群众的作风；批评与自我批评的作风；自力更生、艰苦奋斗的作风等。这些都是各级各类人才应当加以继承和发扬的。

根据新时期的具体实际，现代化人才的优良作风应着重强调两条：一是要有很强的集体观念，二是要有一丝不苟的严谨态度。这是因为，现代化建设只有把许多人的创造性工作有机地组织起来，向着一个共同目标努力，才能使事业取得成功。如果人们的全局观念淡薄，或者办事马虎，就会成为限制甚至是破坏现代化事业发展的内耗根源，酿成重大损失。

(五) 健康的体魄

现代健康内涵包括身体健康与心理健康。毛泽东同志在《体育之研究》中指出:"体者,为知识之载而道德之寓者也。"人们通常说的"健康是事业之母"或"健康是工作的本钱",就是毛泽东同志这一论述的形象表达,事实也确是如此。

作为人才,尤其是高层次的人才(含领导者),其工作环境常态是长达数小时以至十几个小时的会议,纷杂而无规律的生活方式,紧张急迫的文字工作,长时间的说服动员和宣传鼓动,应付各种意想不到的突发事件,对重大问题决策的超强度智力消耗,身处困境时的精神超负,繁重的视察活动、礼仪活动和紧张的旅途生活,等等。这一切,如无健康的身体是难以适应的。

保重身体,为革命事业自觉学一点"养身之道",炼就一副健康的体魄,保持充沛的精力、清醒的头脑、健康的心理状态等,对于一个有才华的人,尤其是担负着重要职责的高层次的人才来说是十分必要的。

第三节 "知人"的原则和方法

知人,是要了解人,对人进行正确的考察、识别,以便选择;善任,是要用好人,用其所长,使用得当。知人是善任的前提,应当从下面几方面去做好知人工作。

一、识别人才的正确态度

(一) 要相信人才的客观存在

"只有无能的管理,没有无用的人才"。这句格言告诉我们,人才是有的,就在我们现实生活中。只是因为我们有种种偏见,致使对周围的人才视而不见(具体的偏见,将在有关部分评述)。"丢掉错误的观点,干部就站在面前了"。在现实生活里,各有所长者比比皆是,但没有短处的完人却是不存在的。只要是本质很好,长处突出,即使有些缺点和毛病,也应当以"成大功者不小苟"、"有大略者不问短"、"有厚德者不非小疵"的态度来对待。又如,人各有其长,只是才能有方向之别、大小之分。有科学研究才能的人,不一定是管理人才;工作勤恳的劳动模范,也许所见不广,难以承担重任,"是放错位置的人才"。此话有一定哲理。因此,我们要根据实际情况,区别不同类型的人才。

邓小平同志的《在全国科技工作会议上的讲话》中指出:"人才是有的,不要因为他们不是全才,不是党员,没有学历,没有资历,就把人家埋没了。"他的告诫,很值得各级各类领导者警惕!

(二)一切优秀的领导者和组织人事工作者,都必须是爱惜人才的

因为一个人的才能再高,本领再大,也不可能事事皆通。特别是现代社会,人才是最重要的资源。现代领导者应该十分珍惜人才,以人才作为事业兴旺的关键。日本一家大企业,其经营哲学是"人才盘点"。社会主义事业是亿万人民的千秋大业,更需要有群星灿烂、各显光辉的人才群体。爱才是一个领导者热爱党和人民的事业的表现。同时,还必须有求才的热忱。

为什么人才要"求"呢?从群体看,正如毛泽东所说:人才难得。从个体看,有才的人往往具有某些独特的个性。如果没有求才的热情,真正的人才往往被埋没。特别是在目前我国技术人才缺乏的情况下,更是如此。古代的封建政治家刘备、萧何尚能礼贤下士"三顾茅庐"、"月下追韩信",我们共产党人为了中华民族的振兴,难道不是更应该有求才若渴的心情吗?

二、识别人才的原则

我们党运用辩证唯物主义和历史唯物主义的观点,总结了识别干部中的经验教训,提出了正确考察和识别干部的基本原则。总的来说是,坚持实事求是的原则,用全面的、发展的观点看干部,要看人才的全部历史和全部工作,不要只看一时,只看一面。如果只看到这个人今天干什么,没有看到他以前干些什么,如果只看到他的本领高低,没有看到他的本质好坏,那么,就不能对人才作出正确的评价,就会在用人方面造成很大的错误。只有客观地而不是主观地,全面地而不是片面地,历史地而不是一时地,深入地而不是表面地了解干部,并对干部各个方面的情况进行综合考察,科学地分析,才能得出符合客观实际的结论,分清良莠,识别"真才"。

在"了解人"的具体要求上,陈云同志提出应当做到:

(1) 必须区别好坏,了解优点和缺点;

(2) 必须实事求是、客观、严格,切忌以主观的推测为根据。不要看言论和态度,主要看本质和实际。不决定于家庭,决定于个人;

(3) 不仅看一时一事,主要看整个工作历史;

(4) 必须对干部有高度的责任心,不能疏忽大意,不能冤枉好人;

(5) 必须有正当的方法,切忌耍手腕;

(6) 必须做出符合实际的书面结论。

这些基本原则和具体要求对我们选才仍然是完全适用的。

三、识别人才的科学标准

前面指出的社会主义现代化建设人才素质,既是人们成才的修养要求,也是各级各类领导者识别人才的标准。在德、识、才、学、体五方面中,除把"德"单列为一类,可以把"识"、"学"归入"才"。共产党的干部路线就是坚持德才兼备,"任人唯贤"。如果加上"体",那就是德、才、体兼备的标准。

德,是指人的政治觉悟和道德品质。在社会主义现代化建设新时期,表现为坚持四项基本原则,坚持党的基本路线、方针、政策,有强烈的事业心、政治责任感和锐意进取、开拓创新的精神;贯彻"三个代表"重要思想,坚持科学发展观、密切联系群众、谦虚谨慎、艰苦奋斗的作风;具有正直、廉洁、严于律己、宽以待人、合作共事的品德。

在德的标准中,政治觉悟是核心的、本质的内容,它制约和影响着道德品质。而政治觉悟中,最主要的就是坚持社会主义道路和党的领导,要在这个前提下去贯彻领导干部年轻化、知识化和专业化的要求。

才,是指从事某方面工作所具备的专业知识和专业能力,即所谓"真才实学"。关于才的具体内容,上节已述。这里要补充的是,由于组织内部专业分工与上下层次的不同,对于干部的才能也必然有不同的要求。因此,才能的要求应因人而异,因专业而异。

此外,"体"的问题虽不言自明,但却不容忽视。不管你的才能有多大,如果疾病缠身,缺乏旺盛精力,那就无法适应现代社会的发展节奏,也无从发挥出自己的才能。

在掌握"德才兼备"标准时,要注意下面的问题。

（一）对"德才兼备"标准，既强调统一又要分清主次

古人云："德者，才之帅也；才者，德之资也。"有德无才，难以当大任；有才无德，其才足以济其奸，重用了很危险，不可不慎。毛泽东同志指出："政治和业务是对立统一的，政治是主要的，是第一位的。"① 周恩来同志说："挑选干部的标准，政治标准与工作能力，二者是缺一不可的，而政治上可以信任是先决问题。"② 邓小平同志在谈到全面实现干部的革命化、年轻化、知识化、专业化时，明确指出前提是革命化。陈云同志也说：德才相比，我们要注意"德"，就是说，要确定选拔那些党性强、作风正派、敢于坚持原则的人。

许多历史教训说明，有德的人有了才，就能如虎添翼，为国为民干出更多的好事；坏人有了才，却会干更大的坏事。当然，重德绝非轻才，而是选拔人才时，要以德为前提，选其中有才者。

（二）"德才兼备"是总的标准、总的要求，但也不能绝对化、理想化

要根据工作的特点加以具体化，区别对待。如业务人才与政工人才，领导人才与一般人才的要求都不同，不能一概而论。同时，德与才的内容，是随着形势和任务的发展变化而有所不同的。在新的历史时期，党要求干部必须坚持社会主义道路，具有胜任工作的专业知识和业务能力，年富力强，能适应繁重任务的需要。这三条就体现了德才兼备的原则，体现了红与专的统一。

四、识别人才的方法与制度

要选人，仅仅掌握标准和原则还不够，还需要有一套正确的选人方法，否则可能把庸才当人才，坏才当好才，而埋没了真正的人才。在中华民族的历史长河里，许多政治家、思想家对"知人识才"问题提出了许多精辟的观点。如诸葛亮著的《知人性》一书中，提出七条知人之道：问之以是非而观其志；穷之以辞辨而观其变；咨之以计谋而观其识；告之

---

① 《毛泽东文集》第 7 卷，人民出版社 1999 年版，第 309 页。
② 《周恩来选集》（上卷），人民出版社 1980 年版，第 130 页。

以难而观其勇；醉之以酒而观其性；临之以利而观其廉；期之以事而观其信。

这就是从"志、变、识、勇、性、廉、信"七个方面对人进行考察。在历史上还出现过种种人才选拔制度。我们应从新的社会历史条件出发，借鉴古人的知人方法。我们党在长期的革命和建设中形成了一套完整的选才之道，这是我们在新的历史时期中应当继承和发扬的。主要的方法有以下几种。

（一）查阅档案与日常工作检查相结合

通过查看挑选对象的工作简历以了解其德、才、学、识、体的基础，了解其历史表现，了解其一贯性的特点，这是一种静态的考察方法。此外，我们还应十分注意从选择对象的日常工作情况中进行动态的考察。两个方面结合起来，是深入了解干部的好形式。进行动态考察时，一般可以按照岗位责任制所规定的职责、任务、权限以及完成的情况作标准，来衡量一个干部在工作岗位上的思想态度和智能状况。

（二）领导亲自考察和群众评议相结合

领导者除了在工作中接触、了解干部外，还可以运用面谈、座谈和对话等方式，进一步加深对干部的了解和感情的沟通。其中提问式座谈可以测定对方的应变能力，自由讨论式座谈可以考察与会者的思路、设想、态度、知识面和创造力等等。

还有在民主、平等探讨问题的气氛下进行的对话式座谈，可了解干部的志趣、情操、思维力与应变力等等。群众中有广泛的人才资源，人才产生和成长在群众之中。群众对于谁是人才，是什么类型、什么层次的人才，一般来说了解得比较深。所以，领导者必须走群众路线，充分发扬民主，运用民主选举或推荐、民意测验等方法，广泛听取群众意见，才能收到选贤任能的好效果。

（三）委任制与考任制相结合

委任制主要是领导决定人选，依靠组织人事部门对干部考核，然后决定是否任用。如果领导者思想端正，作风正派，组织人事部门又能深入群众，秉公办事，一般来说，选拔上来的干部还是比较可信的。然而这种方式也有缺点，由于领导决定人选，容易造成一些人只对领导负责，而不对工作和群众负责。

考任制能比较客观地用同一类问题测试应考者，从中比较出优劣高低。通过考试，一般说既有利于在公开竞争中发现和选拔一批能人，也有利于减少"走后门"等不正之风。因此，这种方法不仅为各类学校所采用，而且也为各单位招工、招干、晋升职称时所采用。考任制也有弊病，它往往测试不出人的实际能力，不适用于选"偏才"和中上层领导。

（四）聘任制和选任制

聘任制是用人单位通过签订合同的形式招聘人才的一种制度。在我国，聘任制的实施范围和主要对象是企业的经营者和专业技术人员。企业实行聘任制，主要有两种形式：一是"挑选式"，即由企业的主要领导人，通过签订聘任合同聘任助手；二是"招聘式"，即企业通过张榜招贤，对应聘者进行考核或考察，与符合条件的应聘者签订聘任合同。前者一般用在企业内部聘任，后者一般用在企业外部聘任。这种制度的优点在于：打开人才能进能出的渠道，有利于人才竞争，扩大单位选才用人的自主权。它也有缺点：易给任人唯亲造成可乘之机，或助长被聘者的临时思想，形成短期行为。

选任制是依照法律程序，通过群众或群众代表投票表决选拔人才的一种制度。这种制度一般适用于对各级国家权力机关以及各级政府负责人的选拔。随着人事制度的改革，我国的一些企事业单位也开始实行选任制。它是国家政治生活中的一种民主形式。在实行选任制时，一般应采取无记名投票的方式，采取差额选举。根据具体情况，可以采取直接或间接选举。为了更好地体现选举人的意志，应保证群众有了解候选人情况、要求更换候选人和另选他人的权利。

选任制的优点是民主性强，能够较好地反映群众的意愿，是依法选拔人才的一种好形式。但是这种制度也只能在一定范围内采用，主要是对重要领导人的选拔，对专业技术人才的选拔就不一定适宜。再有，如果不能做到严格按照党章、宪法和有关专门法规进行，还往往容易为某些领导人搞个人专断、任人唯亲提供条件。

第四节 "善任"的原则和制度

考察、识别人才的目的在于用才。人才用得好，事半功倍，使用得不好，必定降低效率，甚至造成不安定的因素。在知人、选人、用人、育人诸问题中，用人是核心问题。合理地使用人才，是现代领导者人才修养的中心环节。

一、正确的用才原则[①]

（一）因事设人，量才任职

因事设人，量才任职的原则，要求就事择人，就能授职，使得组织内"人—事"相宜，做到事得其人，人尽其才。要做到这一点，一是要设计科学合理的职位，二是要掌握干部的类型，三是要对号入座，授以职权。为此需要采用职务分析的方法，将组织的人事管理工作，纳入到以事业为中心，因能授职的科学轨道上去。

（二）扬长避短，各尽所能

俗话说：尺有所短，寸有所长。用人要诀首先在于用其所长。领导者应该用心分析每个干部的特点和能力，分析其长处是什么，他能做得最好的工作是什么，尽可能将其放在最能发挥他的优势的岗位上。决不能用非所长，勉为其难。

其次，要容人之短。任何人，有其长必有其短，完人是没有的。在现实生活中，有的人可能不拘小节；有的人可能个性较强，不易相处；有的人可能爱挑毛病造成领导难堪等。这一类的缺点或弱点只要不涉及原则问题，就应该容忍，也给予一些帮助，不要因求全责备而埋没人才。

再次，要能"短中见长"。不知人短中之长，就不能做到善于用人。如陈景润不善言辞，有些"呆气"，当中学教员时很"吃力"。然而华罗庚正是透过这种"呆气"看到了他的潜心钻研精神，把他调到数学研究

---

① 参考赵履宽主编：《现代领导知识要览》，浙江人民出版社1989年版，第116~120页。

所，使他攀登上了研究"哥德巴赫猜想"的高峰。这种"短中见长"，更需要"伯乐"的慧眼。

如果能用人之长，容人之短，把各种各样的人才组织成结构合理的群体优势，就能形成"全才"，提高整体效能。

（三）明责授权，用人不疑

用人之道就是明责授权。领导者和人事管理部门经过深入了解考察之后选拔出来的人才，就要充分信任他们。所谓充分信任，就是在他们工作范围内授给一定的职权，做到有职、有权、有责，使其放手工作，充分发挥聪明才智，努力去实现预定的目标。这里的一个重要原则是用人不疑，疑人不用。

春秋战国时期的齐桓公曾向管仲请教如何防止有害于实现霸业的事情，管仲回答："不能知人，害霸也；知而不能任，害霸也；任而不能信，害霸也；既信而又使小人参之，害霸也。"管仲这里说的就是对人才深入了解和信任、任用是同样重要的。

用人不疑，疑人不用。就是说，一个人才，你既然在使用他，就不能轻易地、毫无根据地怀疑他，如果你怀疑他，那么，在未弄清楚之前，可以先不用他。试想，一个人才，一方面在承担责任，另一方面又时时感到领导的怀疑，其心态如何，干劲如何，是不言而喻的。正如聂荣臻同志说的："要人家做事，又不信任人家，这不是马克思主义的态度。"要做到"信而不疑"，关键是要正确对待谗言，采取实事求是的态度，一切以事实为根据，在没有查证落实之前，不能轻易地怀疑人才。

（四）爱护人才，用养并重

《汉书·李寻传》上说："马不伏枥，不可以趋道，士不素养，不可以重国。"这就是在说，如同马要驯养才可以上路一样，有能力的人要有平日的育养才能给国家做出重大贡献。今天，从领导学的角度来说，人才是需要培养的。这不单是物质上的"养育"，更重要的是思想上、才能上的培育。

人才的使用有一个才能的输出和输入的过程。任何一个系统，如果只有输出而没有输入，那么这个系统就无法维持，就会丧失应有的功能。为了使人才保持、增长报效祖国的才能，每一个领导者都必须重视人才才能的输入，重视人才的培养。除有计划地让他们进行系统的学习进修外，更重要的是采取多种形式，在实际工作中进行培养和锻炼，不断加强其适应飞跃发展的新形势的能力。否则，只注意用人，而忽略了培养，那无异于竭泽而渔。我们必须防止这种短视行为。

应当指出，我们说注意爱护人才，用养并重，这不仅是就"才"的方面来说的，同时更重要的也是对"德"的方面而言的。

在使用过程中，要经常给予具体的检查、指导、教育。一是要为他们施展才华、做好工作创造条件；二是当他们犯错误时，要慎重对待。既要帮助他们从认识错误、纠正错误中逐步成熟起来，又要敢于为他们承担责任，挽回损失；三是当他们因为做出成绩、受到吹捧而产生骄傲情绪，忘掉了群众和组织的支持时，领导者既要批评各种不恰当的吹捧，又要严肃地指出他们的不足，帮助他们正确地对待自己，处理好个人、群众和组织的关系。"容才之量"决不是让人才任其自流，否则是糟踏人才，而不是真正地爱护人才。

（五）事业为重，举才荐贤

我们共产党的最终目标是实现共产主义。这是漫长而艰巨的伟大事业，需要世世代代的长期奋斗。

人才是个动态概念，随着主客观情况的变化，人才的适应性也是会变动的。因此，优秀的领导者，不仅要善于发现人才、使用人才、培养人才，还要具有推荐人才的美德。这就是要求在自己领导的组织中，随时随地注意发现人才，把才能高于自己的人才推荐到上级或其他领导岗位上去。

特别是由于年龄、身体等种种原因，致使自己无法承担相应工作的时候，要有勇气让胜过自己的中、青年干部及时上来接班，并热情地鼓励、支持他们工作。即通常说的"扶上马，送一程"。这是为维护党的事业而应尽的光荣责任。

邓小平同志早在1982年就指出：老干部要把选拔和培养中青年干部，作为第一位的庄严职责。别的工作做不好，各自要做自我批评，这项工作做不好，就要犯历史性的错误，可见举才之重。

二、正确的用人制度

(一) 考核制与奖惩制

考核制度，是指对一定职位的人才的德才素质、工作能力、工作表现和工作成绩所进行的考察、审核和评价的一项制度。考核的内容主要包括德、能、勤、绩四个方面。最重要的是考绩。考核人才的目的，是为了全面正确地了解和掌握人才的思想政治情况，及其业务水平和工作能力，分清被考核者的功过是非，做到合理地使用人才，有计划有目的地加以培训提高，或给予必要的奖励和惩罚，以鼓励先进，鞭策后进。

奖惩制度，是对有突出成绩的人才给予物质奖励或荣誉，对犯有错误的人给予必要的惩处的一种制度。奖励的方式主要有三种：荣誉奖励、物质奖励和晋升奖励。惩罚的方式主要有三种类型：党纪处分、政纪处分和司法处理。

奖惩必须分明、恰当和及时。无论是奖是惩，都要有一定的标准作为依据。奖惩的目的是为了发扬正气、打击邪气，增强各个岗位人才的责任心和荣誉感，提高工作效率，保证各项工作的顺利完成。

(二) 交流制和回避制

交流制度，是指对人才实行有计划有步骤定期交流的一项制度。人才交流包括领导人才的交流和科技人才的交流。关于科技人才的交流，应改革专业技术干部的管理制度，按照"人尽其才，用其所长"的原则，促进专业技术人才合理流动。领导干部长期在一个地区、一个部门工作，容易产生惰性，削弱进取精神，容易形成"板块"，陷入"关系网"或"宗派圈子"，不利于工作。因此，各级领导部门应有计划地开展干部交流，为开阔他们的眼界，冲破各种关系网，扫除产生独断专行的官僚主义的环境，促使领导作风的民主化和为政清廉提供制度上的保障。

回避，是借用程序法的一个法律概念。这里讲的干部回避制度，是指对领导者的近亲或直系亲属避免在同一个单位做有从属关系或有监督关系工作的一种制度。实行这种制度总的原则是：有夫妻、夫妻双方三代直系血亲及儿女姻亲关系的工作人员，不得在有直接领导关系或直接监督关系的单位担任领导工作。在执行公务时，凡涉及以上血亲关系的人员应回避。

除民族自治区以外,经选举担任县长(或其他相同职级的领导干部)、县人民法院院长、县人民检察长等职务的本地人,任届期满后不得连任,需要继续任原职的,列入交流系列,易地任职。具体来说,可分四种回避制度:亲属回避制度;地区回避制度;公务回避制度;职务回避制度。这是当前干部管理制度的一项重要改革。

(三) 任期制和离(退)休制

任期制度,是指规定某些职位的工作人员,其任职起止时间的制度。任期届满后其职务、职权、职责自然取消。任期制既适用于领导干部,也适用于专业技术干部。它是"终身制"的对称性制度安排。任期制避免了终身制的种种弊端,促使任职人员在有限的任职期间,最大限度地发挥其工作的积极性和主动性,努力为人民作出更大贡献,培养干部树立能上能下、能官能民的思想,使干部队伍处于不断发展之中,保持其内部的活力。

离休退休制度,是指担任一定职务的人才,或工作人员到了一定年龄并服务一定年限后,离职或退职休养的一种制度。离休与退休的区别在于:离休是退休中的一种特殊待遇,只有新中国成立前参加革命、符合规定条件的干部才能享受。人的生命是有限的,从生到死是不可抗拒的自然规律。实行离退休制度,是为了保证社会主义建设事业后继有人的需要。只有这样,才能保证我国社会主义事业兴旺发达。

此外,还有岗位责任制与培训制等,因在本书的有关部分已有说明,这里就不重复了。

第五节 优化人才成长的组织环境

人才的成长和发展,是受内外多种因素制约的极其复杂的社会现象。探讨人才成长的规律,既要考虑人才的内因,又要考虑人才的外因,还要考虑到人才成长的多种因素的综合效应。这里要研究的是优化人才成长的环境的问题。

领导人才的生长存在规律性的现象。如人才学提出的"人才团"(指以高势能人物为稳定的人才核,周围聚集着一批志同道合、才华出众,并表现一定层次关系的领导人才群体），"人才链"（指人才在时间顺序上的继承、发展，像一根链条一样，是一环一环连结着的），"人才带"（一般指人才本身的层次区别和联系），"人才区"（指人才汇集的中心区域），都与一定的历史的、现实的条件和环境有关系。

"人才团"是从与人物个体条件相联系的环境说的，"人才链"是从与历史延续的序列条件相联系的环境说的，"人才带"是从与人才本身的现实层次状态相联系的环境说的，"人才区"是从与人才汇集的空间条件相联系的环境说的。

总之，人才的生长都与环境密切联系着。因此，优化人才生长的环境是人才问题中的一个极为重要的问题。怎样优化人才成长环境呢？可以从下列几方面去探讨。

一、根据时代需要确定组织目标

"时势造英雄"是历史唯物主义的基本观点。它是对于历史发展的客观需求和英雄人物的应运而生之间的因果链关系的表述。英雄之所以是英雄，就在于其顺应时代的发展潮流，在历史的需要之处施展才华，为历史的进步作出了超出常人的贡献。

时代需求既是内在的抽象，又是具体的外显。这里的环境条件是：领导如何在特定时间、地点、条件下，通过战略、目标、规划、措施的正确制定，使时代需求能够具体地明确地表现出来，使人们找到自己的努力方向。这是使时代需求的内在抽象转化为具体外显的根本条件，也是人才生长在方向目标上与潮流相一致，使人才成长效益增长的外部环境优化的表现。

在现实生活中，有的领导者自身对全盘工作就心中无数，成天为一些琐碎事务所纠缠，下层成员失去明确的奋斗目标，基本上是一种"混"的局面。在这样的情况下人才成长就缺乏强大的动力。邓小平同志的《在全国科技工作会议上的讲话》中指出："要创造一种环境，使尖子人才能够脱颖而出。改革就是创造环境。"

改革呼唤人才。我们不仅要反对不尊重人才的错误思想，造就一种尊重知识、尊重人才的风气，而且还要善于根据时代改革要求，具体规划组织目标，以此激励人们奋发努力，大批改革型人才就会涌现出来。

二、把竞争机制引入人才领域

竞争观念，是改革开放带来的新观念。"竞争"首先是适应发展社会主义市场经济需要而出现的社会现象，尔后广泛应用于社会各个领域。把竞争机制引入人才领域，是加速人才培养的需要。竞争是一种催化剂，它激发人们勤学苦练，奋进向上，多做贡献。正是通过各种竞争，一大批能人脱颖而出，茁壮成长。

理论和实际有力地证明：人才需要竞争，竞争涌现人才。我们应坚持竞争，强化竞争。然而，应当清醒地认识到，我们开展的是社会主义的竞争，决不是尔虞我诈、弱肉强食的那一套竞争手段。为此，我们要在坚持四项基本原则的前提下，在总结我们党人事管理经验的基础上，制定科学的竞争标准、合理的规章制度……开展积极的、公平的、良性的竞争。

三、坚持按科学标准选才

"任人唯贤"是我党一贯坚持的干部路线，"贤"即德与才的统一。我们要根据前述"现代化建设人才素质"中德才兼备的要求，结合本单位实际，确立具体的选才标准，并引导其成员按标准塑造自身，完善自己。

领导者要坚决按标准选才，在标准面前人人平等，做到唯贤是举、唯贤是用。这既是我国社会主义事业兴旺发达的要求，又是优化成才的组织环境的根本内容。在实际工作中，如果领导者以种种借口，搞"任人唯亲"、"任人唯顺"、"任人唯全"、"任人唯资"等等，就违背了以上要求，其结果必然是严重影响本单位工作，压制人才的健康成长。

四、用其所长，形成优势

任何人都有长处与短处两个方面。陈云同志说："量才的原则是用其长，不是用其短。发挥长处是克服短处的最好方法。"① 清代诗人顾嗣协有一首诗："骏马能历险，力田不如牛。坚车能载重，渡河不如舟。舍长

---

① 《陈云文选》（1926～1949），人民出版社1984年版，第148页。

以就短，智者难为谋。生材贵适用，慎勿多苛求。"

因此，成才的"诀窍"全在于不断地扬长避短，要做到这一点，最重要的是领导者对自己的下属要知其所长，用其所长。所以，领导不仅要教育下级服从分配，而且在用人时，要尽可能考虑和照顾下级的志趣、特长、气质、能力，以求合理使用，以此造成有利于人才成长的环境条件。如果领导者妒其所长，舍长用短，这无疑是浪费人才，打击人才，对人才的成长极为不利，而且也会贻误工作。

五、优化激励，形成尊重人才的风气

行为是受动机驱使的。社会主义国家在人的行为动力问题上强调集体主义的价值取向，这是完全正确的。但这不等于否认人的行为动力中也可以有个人利益的取向，按劳分配原则本身承认个人物质利益原则，承认个人物质利益的分配因能力的不同而有差别。那么，应如何将集体主义与个人利益相结合，优化人才成长的环境，以增大成才的动力？

（1）在思想上，强调为我国的社会主义现代化建设事业成才。使个人的成才努力与远大的理想和目标联系起来。

（2）在组织上，对成才中取得实绩者，要通过各种鼓励形式给予肯定，使之能够得以动态对应。

（3）在物质上，要为各类人才提供相应的物质条件，特别是对那些有突出才能和突出贡献的人，要为他们提供较好的工作、学习和生活条件。对于确有发展潜力的人，要提供各种方便，让其早日成才。

在这个问题上，我们还面临许多阻力。俗语有言："人怕出名猪怕壮"、"枪打出头鸟"、"锋芒毕露遭人忌恨"。现实生活中，有才的人受打击，重贤的领导者压力重；一些人自己安于现状，不求上进，却不能容忍别人冒尖，这种现象并非个别。为此，领导者的一个重要责任就是坚持原则，力排非议，做过细的思想教育工作，在组织内部逐步形成一种尊重知识、尊重人才的气氛。同时，要带头搞好人际关系，增强相互之间的亲密感，为早出人才、多出人才而通力合作。对于一些搬弄是非、中伤他人的言行，要以严肃的态度，给予必要的批评，伸张正气，抵制歪风，以形成整体上的团结战斗气氛。从个人方面说，如何将成才的目标与自身条件、进程、途径等方面协调起来，也是一项重要工作。只有这样，才能减少内耗，促进协调，增强成才效应。

优化人才成长的组织环境是个复杂的系统工程。除从以上五个大的方面思考外,还可就相对稳定与合理流动、科学的人才结构、退(离)休等问题进行多视角的探讨,通过各方面的优化努力,最大限度地发挥人才的积极性、创造性,使人才充满生机活力,以便更好地为现代化建设大业贡献力量。

第十三章

领导监督：领导行为的合理规范

内容提要

领导监督是领导科学体系的重要组成部分，也是实现领导职能的重要环节。在领导活动过程中，必须对领导进行有效的监督，才能严格按照监督程序规范领导行为。把握领导监督的原则、方法，规范领导监督制度建设，提高领导监督的水平和能力，是现代领导体制建设的基本要求之一。

第一节 领导监督的含义、分类

一、领导监督的含义与特点

监督，监是监视、观察；督是责成、催促。监督就是监察、督促、督导与制约的意思。作为领导过程中的监督，就是指领导者通过一定的领导组织和领导手段实现领导者与被领导者、领导者与组织、组织与组织之间的相互监察与督促，以保证领导职能的正确贯彻执行，最终实现领导目标的一种职能活动。它是领导活动过程中一个必不可少的环节，有着重要的地位和作用。

一般来说，领导监督包括两个方面的监督：一是领导者对被领导者的监督，即上级对下级的监督；二是被领导者对领导者的监督，即下级对上级的监督。在领导的实践过程中，领导监督多数是指对领导者的监督。领导监督是社会分工的产物。领导者处于领导地位，拥有下属所没有的资源和权力，因而有可能出现越权等滥用权力和资源的可能性，对其进行监督是极其必要的。

领导监督有下列几个特点。

(一) 领导监督在本质上具有多方位制约性和强制性

领导监督的特殊功能，就是对其他领导职能具有制约作用。它既表现在制约着领导活动中领导者的领导行为，又表现在制约着上级组织、上级领导者的领导行为，同时，也表现在制约着下级组织和被领导者的执行行为。这种制约作用，目的在于保证领导活动的正常进行，使领导行为沿着正常的轨道运行，促使领导目标的实现。这种制约作用是以行使权力、追究集体和个体的责任为主要特征的，因此它带有强制性。

领导监督能够顺利进行，是以强制性为前提的，没有强制，则无法开展监督。领导监督的强制性是主要以国家颁布的各种法律、法规、法令、条例及地方性法规为准绳的，离开它，就谈不上有效的制约。

总之，这种强制性表现为对领导权力一定程度的规范、对其违法乱纪行为的责任追究，它是以强有力的监督系统作为法制制约力量、权威制约力量和社会监督强制力量。

(二) 领导监督的双向性和监督主客体的相对性

领导监督是一种双向的监督。领导活动的主体是各级领导者（包括领导集体和个人）。与领导活动的其他环节相比，领导监督的主体、客体是相对的，在一定的条件下，它们又是相互转化的。这是因为：

其一，领导监督是一种双向的行为，监督既包括领导者对被领导者的监督，这时领导者就表现为监督的主体，被领导者表现为监督的客体；同时又包括被领导者对领导者的监督，这时被领导者表现为监督的主体，领导者表现为监督的客体。

其二，在领导活动中，作为领导监督的主体的领导者，同时又是领导监督的客体。这是因为，领导者处于一级组织的领导地位中，有他们所领导的下级组织和被领导者，同时也有对他们实行领导的上级组织和领导者，他们的领导活动受着上级组织和领导者监督。所以，对下级组织和被领导者来说，他们是领导监督的主体，而对于上级组织和领导者来说，他们则是领导监督的客体。

(三) 实施领导监督的社会性和群众性

领导监督无论是在政府还是在企业，都具有社会性。也就是说，领导的活动是处于社会之中的，在一定程度上要接受社会评价与监督控制，其领导效能最终还要接受社会的考验。实际上，对政府领导来说，领导监督最强有力的措施就是社会监督，尤其是舆论监督。本质上说，政府领导的权力来自于人民，应当服务于社会，所以，领导的所有活动都应当接受社会的监督。社会性的另一个方面就是群众性。

群众性这一特点主要是对我国而言的。在社会主义国家中，人民群众是国家的主人，他们直接或间接地参与领导管理国家事务的活动。各级领导者是人民的公仆，他们受党和人民的委托管理国家事务。因此，他们的一切领导活动必须置于党和人民群众的监督之下。监督领导行为是人民群众的一项基本的政治权利，广大人民群众的监督是有效领导和规范领导行为的保证。

（四）领导监督过程的公开性和监督结果的评价性

在领导活动中实行公开监督，是领导目标有效实现的要求。一方面，领导者在领导活动过程中的作用，主要是带领被领导者去实现领导目标，本质上是为领导目标服务的，人们对其进行的监督也是公开的。在我国，领导者的根本宗旨是全心全意为人民服务。这种大公无私的领导本质，也就决定了其在领导活动中要光明磊落，向人民公开。只有公开，各级领导者方可真正置于人民群众的监督之下，受到自下而上的广泛而有效的监督，而且也只有这样，才能真正体现出领导监督的群众性。

另一方面，监督的结果必须起到对领导者及其行为的评价作用。这包括对错误行为的纠正，对越轨行为的纠偏，对各种滥用资源、贪污腐败等领导行为进行控制与监督。监督之后，就应当对领导者的领导行为进行肯定或否定的处理。监督要在最后真正起作用，这就是领导监督的评价性体现。

二、领导监督的分类

领导监督涉及的面广、层次多，从不同的角度、按照不同的标准可分为下面几类。

（一）按被监督者的活动过程划分，可分为事前监督、事中监督和事后监督

事前监督，是指某项活动付诸实施之前，对其执行方案进行预防性监

督，以防止做出不科学的决策，防止领导指令下达之前不当行为的发生。

事中监督，是指在执行领导决策过程中所进行的监督。通过事中监督，可及时发现妨碍目标、任务实现的缺点和偏差，并加以纠正。

事后监督，是指一项工作执行之后，对其是否正确执行了领导或上级机关的指令，执行过程中有无偏差及出现偏差的原因进行总结检查。通过事后监督，可以检查一系列活动的正确性，如决策是否科学、执行是否得力、管理有无失误、制度是否严密等等，从而为加强领导、完善制度、堵塞漏洞、提高领导水平提供素材和依据。

（二）按监督涉及的范围划分，可分为一般监督和专门监督

一般监督，是指对监督对象活动的一切方面进行的监督。如上级领导者对下级所有活动过程的全面监督。

专门监督，是指对监督对象活动的某一方面的监督。如税务监督，其监督对象，是具有纳税义务的纳税人，监督的内容是纳税人是否照章纳税，监督的范围仅限于纳税人经济活动的某一方面。审计监督，一般来说就是对领导的经济财务活动进行审计，规范其行为。

在现代社会，领导监督更加侧重于专门监督。所以，加强领导监督的部门建设和专门性制度建设，是健全现代领导制度的关键措施之一。

（三）按监督的组织形式划分，可分为政党监督、国家监督、社会监督

政党监督。在我国，中国共产党是执政党，是领导我们事业的核心力量。大量共产党员在国家机关和企事业单位担负领导工作，他们是党的方针政策的执行者，又是社会的管理者。广大党员的素质如何，特别是党员领导干部的表现如何，关系着党和政府在人民群众中的威信和形象，关系着党的方针政策能否顺利贯彻执行，关系着能否建设一个廉洁、高效的政府，并且最终关系着改革和建设的进程。因此，对各种领导活动、各级领导机构和领导人员实行全面的监督，这是实现中国共产党领导的重要保证。中国共产党的监督，在监督体系中具有核心地位，贯穿于全部国家组织和社会组织的活动之中，对其他监督起着表率和指导作用。此外，我国民主党派的监督也是政党监督体系的一个重要组成部分。

国家监督，是指以国家的名义、利用国家权力所实行的监督。它是领导监督的最高形式。国家监督检查具有最高的权威性，它可以监督检查国家一切管理机构及其领导人的领导行为。它又是极为广泛的监督和检查,可以对国家和社会的各领域、各方面的领导活动实行强有力的检查与监督。

社会监督,是以社会组织的名义实行的监督,是指通过各社会团体和组织、舆论机关等的监督。社会监督的形式非常广泛,主要有三种:一是通过自己选出的代表,将自己的意志和权利集中表现出来,共同履行其监督职责;二是积极参加各种活动,通过参与、协商进行直接监督;三是通过各种媒体,进行公众舆论性监督。

(四)按监督的系统关系划分,可分为自我监督、内部监督和外部监督

自我监督是领导系统中的个人对自身进行的自我检查,它在本质上是一种自律监督行为,注重的是自身的修养、品质及行为。

内部监督是在同一领导系统中进行的监督。它主要是指领导系统内部人员,包括上下级、同事之间的监督。

外部监督是存在于领导系统之外的专门的国家机关或社会组织对与它们没有直接隶属关系的对象实行的监督。

在现代社会,领导者既要讲究自我监督,更重要的还是要依靠内部监督和外部监督,尤其是外部监督,它在很大程度上起着决定性的作用。

(五)按监督的专业性质划分,可分为经济监督、政治监督

经济监督内容较复杂,本身构成了一个多层次的系统。例如它又可以分为生产、分配、流通、消费等方面的内容。从另一个角度来说,经济监督主要的是针对领导者的经济行为与财务行为方面的监督,例如是否廉洁奉公、有无贪污受贿等腐败行为等。

政治监督多是指政治行为的责任追究方面的监督,有对政治道德、政治觉悟和政治品质的要求,也有对其政治行为的错误进行的责任追究。例如对政治错误所实行的领导引咎辞职制度等。

第二节 领导监督的原则、方法与程序

一、领导监督的原则

领导监督的原则,是指领导者行使监督职能的基本要求和准则,反映了领导监督的目的、性质、特点及其进程。从当今领导活动的特点来看,领导监督应遵循以下原则。

(一) 党性原则

我国作为共产党领导的社会主义国家,各级领导干部大多数是共产党员,在领导监督的时候所依据的首要原则是党性原则。所谓党性原则是指一个政党应有的本质特性,它是阶级性最高而又最集中的表现。不同阶级的政党,有不同的党性。资产阶级政党的党性是资产阶级阶级性的最高而又最集中的表现,是资产阶级利益的集中表现;共产党的党性是无产阶级阶级性的最高而又最集中的表现,它把消灭阶级、消灭剥削、消灭私有制,实现共产主义作为奋斗目标。这是党性的最高原则。

领导者在实施领导监督的活动中,必须依据共产党的党性原则来观察、监察被监督者是否有偏离党性原则的行为,即他的所作所为是不是一心为公,是不是有助于推陈出新,促进社会主义、共产主义事业的进程。党性原则是我国领导干部尤其是党员领导干部所遵循的根本原则,失去党性的领导干部也就失去了领导干部的基本资格。

(二) 依法监督原则

领导监督工作的根本准绳就是国家宪法、基本法和有关领导监督法令、法规实施监督的原则。党的每一级组织和所有共产党员都要在宪法和法律所允许的范围内活动,不允许有超越宪法和法律之上的特权。领导干部进行领导活动行使的是国家法律与法规授予的权力,领导监督工作的权力也是来自于法律所规定的权限,各级领导者必须依法进行监督和接受监督。

领导监督工作如果离开了法律制度,就会出现两种偏差:一种是监督

工作变得"无法无天",不受任何约束,从而干扰了正常的领导活动,使领导目标和任务不能顺利完成,这就达不到监督的目的,不能实现领导者的意图;另一种是无"法"监督,在监督上由于权限、程序规范、义务等方面规定不明,有监督权力和监督职能的个人或部门就难以进行有效的监督,从而使监督工作处于瘫痪状态。显然,这两种偏差都会给监督工作带来损害。依法监督原则是领导的制度规范原则,它确定了监督的权力、职责、内容和程序。

(三)准确监督原则

领导监督的准确性原则,是指在实施监督检查过程中对偏离领导目标和违反法纪的事实要了解得准确,纠正得正确。在领导活动中,偏离领导目标的情况和违法乱纪的现象是经常出现的,其情况和原因往往又错综复杂。要做到监督有力,首先要做到情况清,区分是执行中偏离了目标还是决策本身的缺陷。其次要做到责任明,分清是制定者的责任还是执行者的责任,是直接责任还是间接责任。根据监督对象的行为事实做出如实的认识、辨析和评判,做到事实准确、处理得当。这样,才可以既纠正了偏差,又使责任者心悦诚服。

(四)平等监督原则

虽然监督关系在一定程度上是一种权力关系,但是监督活动本身是一种平等的行为。监督的平等原则,是指在监督的权利和义务上人人平等。人人平等是社会主义国家的监督检查的基础。因此,不论领导者还是被领导者,不论专门监督机构还是普通公民,在拥有监督的权利和接受监督的义务上人人平等。领导干部或专司监督特权的工作人员,只是其监督作用重于常人,而不存在不受监督的特权或具有特权的监督。总的来说,平等监督体现的是人格、权利、义务的平等。

(五)层级监督原则

领导监督从权力制约角度的理论上来说,监督权力一般是要高于被监督的对象,这就是采取层级制的监督原则。所谓层级监督原则,是指在监督检查中按纵向分为若干层次,每一个下级层次都对上一个层次负责。各个层次所管辖的地区和范围,随层次的降低而缩小。如部队中的军、师、团、营、连,国家行政机关的国务院、省政府、县政府、乡镇政府一样。

这个原则是同领导系统中层级管理原则相一致的。

在一个领导工作系统中，领导者能够直接领导的部门在数量上应有一定的限度，数量少了，不便于发挥作用，过多则难以兼顾和协调。层级监督原则不是绝对的，在特殊情况下，上级监督部门可以越级检查下级的工作。

（六）公开监督原则

领导监督要公开，包括公开领导监督主体、对象、范围；公开领导监督制度；公开监督程序；公开领导监督结果等等。不搞神秘化，更不能背着群众搞秘密监督。这既是社会主义领导监督的特点，又是实施领导监督中的一条重要原则。

正确实施公开原则，要注意以下三种情况：一是属于一般性监督，其公开性应该是没有条件的，不论是自上而下的监督还是自下而上的批评建议都应该是公开的；二是特种监督，只能在监督的范围内公开；三是一时情况不清或客观不允许公开，为了维护国家和人民的利益可以暂时不公开。但这种不公开只是暂时的，一旦情况允许，还是要公开的。

实行公开原则，要建立社会协商对话制度，领导者同群众要直接面对面，协商对话，向群众说明情况，答复群众的质询，听取群众的批评，及时准确地了解群众的愿望、要求、建议和批评，使自己的工作更符合客观实际。

实行公开原则，要提高新闻报道的透明度。通过报刊、电台、电视等各种新闻媒介，广泛地、真实地传播信息，让人民群众了解国家大事，以保证监督的有效进行。

实行公开原则，还要注意反对两种错误倾向：一是借口"公开会泄露国家机密"而对群众隐瞒重大情况、重大问题；二是借公开为名，不顾对象，不顾内容，不顾后果，事事都公开，甚至为了个人的利益，不惜泄露党和国家的重要机密。

（七）监督的时效原则

领导监督的时效原则，就是领导监督的及时性和有效性，领导监督本身也必须讲究效率。领导者在监督过程中，要认真把握监督的特点和规律，力求监督手段和方法的科学性，以便以最小的代价达到最有效的监督目的。在实践中贯彻监督的时效性原则，有利于克服效率低下、贻误时机的问题。因为领导监督不仅是一种权力约束、制衡和惩戒机制,同时,还应是一种扶正机制和社会激励机制。通过及时而有效的领导监督,会促进领导者决策、执行等行为及时运行,提高其办事效率。

坚持领导监督的时效性原则,还有助于强化领导监督的功能和价值。领导监督不仅要使正确的领导行为得以倡导,使错误的权力活动得以禁止,而且还要使得这种效力及时发生和有效地发生。过时的和无效的领导监督行为,无异于没有领导监督。强调领导监督的时效性,有助于端正党风、政风和社会风气。

(八)自我监督为主的原则

从监督活动主体的角度,可以把监督分为他人监督和自我监督。这两种监督在领导活动过程中都是必须的,但对于领导者来说,他人监督毕竟是被动的,而自我监督在查错纠偏上则要主动得多,因此,领导监督应该强调以自我监督为主。

这里有两个基本要求:一方面,领导者要养成自我监督的习惯,特别是主要领导者要带头自动履行监督职责;另一方面,领导者应注意给下属创造自我监督的条件,制定自我监督的制度,使监督成为领导系统中每一个成员的自觉行为。当然,在这个过程当中,必须以制度化监督和外在监督作为基础,否则任何形式的自我监督都是软弱的。

二、领导监督的方法

领导监督的方法很多,不同的监督目的、监督内容和监督要求,有不同的监督程序和方法。从一般的领导活动来考虑,有思想监督的方法、组织监督的方法和制度监督的方法。具体地说,又有下列几种具体办法来开展领导监督工作。

(一)统计分析监督法

统计分析监督法是运用统计报表从数量方面对领导计划进行监督的方法。这是一种常见的全面监督方法。这种方法一般有四个步骤:第一,根据领导工作需要对报表的内容格式进行设计,保证以最简明的内容反映最全面的情况;第二,组织对统计报表的填写,要求做到内容客观,文字清楚;第三,对统计报表反映上来的情况进行分析和评价,找出偏差和错误；第四，根据产生偏差的原因和责任，采取措施予以追究和纠正。在我国，经济审查、财务审查都属于统计分析监督方法之一。

（二）专题问题调查法

许多监督行为都是在出现了问题之后才进行的监督，这就是事后监督或者事中监督，这种监督多数是为解决问题所采取的一系列调查行为，这就是问题调查监督。另一方面，领导者除了通过统计报表掌握一般情况外，还要根据需要选择一些专题进行更加深入细致的了解和监督，这就要采用专题调查法。具体做法是，抽调一些训练有素的人员组成调研组，不给他们委任固定职务，只在主管领导者的直接领导下，采取客观公正的态度对某个重大问题进行调查研究，找到问题产生的原因和责任者，提出处理意见。

问题调查与专题性调查监督往往侧重于对领导行为问题给予纠正，对违法乱纪的领导行为给予惩治。

（三）现场监督法

现场监督是指领导者或主管人员通过蹲点调查或现场办公等形式，亲自到现场进行监察和督导的监督方法。采用这种方法便于领导者掌握第一手材料，不仅是解决一些急需解决的重大问题的好办法，而且也是对整个领导工作都大有裨益的领导方法。

现场监督本身有多种不同表现，如明察暗访、突然袭击，或者是长期现场办公等。现场监督应当根据不同的环境与情况灵活运用。

（四）民主监督法

监督是一个双向的行为过程。领导者要对被领导者进行监督，被领导者也要对领导者进行监督，这是领导监督过程中不能分开的两个方面。在我国，民主监督的具体做法很多，但大体不外两种类型。一类是正规的，主要是一些社会组织、民主团体对党务、政务，对社会的经济生活、政治生活等进行的监督。这类监督既有稳定的组织形式，又有一定的法律和制度来规范其监督程序。另一类是非正规的，指人民群众依照其民主权利，随时、随地对整个国家事务和领导活动进行的监督。

必须指出，上述领导监督方法，只是从一般领导活动过程中抽象出来的监督的一般方法，在具体的领导活动中，仅仅掌握这几种方法是远远不够的,必须因人、因时、因地制宜,在抓好监督的基础工作的前提下,在方法的运用上要讲究变通性、灵活性和创造性。这是正确运用监督方法的一条重要指导思想。

三、领导监督的程序

监督的程序是指进行监督的工作顺序。监督活动是一种综合的动态过程,具有其特有的运行程序。对领导的监督涉及广泛的社会领域,监督主体又呈现多样性,因而监督的程序也不尽一致。但一般说来,监督的程序主要包括以下基本步骤:制定监督计划、实施监督检查、采取措施纠偏和总结经验教训。

(一)制定监督计划

进行有效的监督,首先要制定出科学有效的监督计划,这是对未来监督活动做出的规定和安排,包括以下具体内容。

(1)根据领导决策的目标和决策方案的实施过程,确定监督的任务和标准,包括监督的范围和对象、监督的内容和标准、监督的结果和目的等等,这些内容都要明确。在这些工作项目中最重要的是确定监督标准,也即监督者在实施监督前必须有明确的判断标准。

监督的标准是实施监督检查、衡量成效的尺度,也是进行有效监督的必要前提。在实施一项具体的监督时,必须有既定的正确、协调、完善的标准,以便在复杂的情况面前做出公正客观的判断。必须以法律为依据,遵从客观规律,坚持最佳社会效益和实事求是的原则,并结合具体监督的对象和范围、目的和方式,从质和量两方面作出明确而具体的规定,其中尤其要注意把握以下两个问题:

其一,选好关键点。在监督过程中,监督人员不可能也没有必要去监督领导活动的每一个细节,只要抓住影响决策实现的一些关键性问题,就可以实现对领导的有效监督。因此,要选好关键点进行监督。

其二,监督标准应当具有客观性和可考核性,这样既能如实地反映客观运行实际,又可以避免监督人员因主观因素而出现的监督失误,有利于监督结果的公正和真实。

(2)根据监督的任务确定监督的组织机构及相应的职责权限范围。监督的任务明确后,要据此确定监督主体的职责权限范围。建立相应的监督组织机构,并且配备一定数量的合乎要求的监督人员,以及实施监督活动所需要的其他条件,为监督任务的完成提供组织的保证。

(3) 根据监督的任务确定监督的方式,即通过什么途径,采取什么形式实现监督。在考虑监督方式时,首先要注意与领导决策的特点相适应。是重大的战略性宏观决策,还是解决具体问题的微观决策;是定型化的常规决策,还是非定型化的非常规决策。需要采取不同的监督方式才能收到事半功倍的效果。其次要注意监督的方式和主管人员的具体情况相适应,对不同性格、不同经历的主管人员所采用的监督方法也不相同。

(二) 实施监督检查

监督计划一经制定就要付诸实践。各监督机关、监督人员要有效地协调起来,扎扎实实地搞好调查,掌握详实的一手资料和证据,同时要广泛收集来自各方面的情报信息,特别是收集各种偏离决策目标和违法失职的情报信息,按照所确定的监督标准,进行客观的比较、评价,确定偏差或偏离的情况,以提供纠正的客观依据。要利用法律、行政权威和监督机制及各种有效的监督手段,对其进行强制性干预。

实施监督检查,要注重讲求监督的有效性。为此,首先要在监督中注意"关键点"和例外情况的结合运用。"关键点"是影响决策目标实现的关键性问题,例外情况则是某些特别优良或特别不良的情况和偏差。监督人员要将注意力集中于关键问题,掌握偏离目标的重要偏差。其次,监督检查需要具有一定的灵活性,以应付领导决策系统内外的各种变化,随机应变地调整检查内容、监督方式等,以保证监督的有效性。

(三) 采取措施纠偏

通过监督检查,发现领导决策过程的偏差或失误,目的在于及时采取措施,纠正偏差或失误,使之避免和减少损失。这是监督过程中最关键的一个环节,也是监督机构的主要任务。采取措施纠偏、纠错,要从分析产生偏差或失误的原因着手。

偏差或失误的发生往往有不同的原因,比如有时是因为领导决策确定的目标不符合客观实际,导致实施的困难,无法达到目标。对此,需要根据客观实际,重新修正决策目标。有时决策目标是正确的,决策方案也是可行的,但实施活动不力而出现了偏差或失误。这就要采取有力措施,加强实施活动。

总之，制定纠正措施，要根据不同的情况因时、因地制宜，如此才能保证监督和纠偏工作的有效进行。

（四）总结经验教训

对领导进行监督的最后一个环节就是要搞好经验教训的总结，以便为不断完善和健全监督机制提供依据及经验，以有利于不断改进工作。社会运行过程中的领导活动，既有成功的一面，也有失败的一面，监督机构就是要善于总结成功的经验，促进、保护和发扬成功的一面。同时还要注重揭露存在的问题、矛盾、漏洞和薄弱环节，以吸取教训，纠正和消除失败的一面。

总结经验教训时，应重点抓住领导决策的制定、组织领导等关键活动，为进一步完善领导监督制度提供参考；同时要增强监督机构和人员的法制观念，增强领导者接受监督的自觉性和监督机构实施监督的积极性。

第三节 强化领导监督机制的建设

强化制约意识，健全领导监督机制，是我们党一贯的主张。毛泽东同志1945年在回答民主人士黄炎培时曾说："只有让人民来监督政府，政府才不敢松懈，只有人民起来负责，才不会人亡政息。"可见强化权力的监督，对防止权力的腐化起着至关重要的作用。

一、建立有效领导监督机制的必要性

监督，就其政治含义而言，是指对权力的制约。确切地说，是指对滥用或可能滥用权力的制约。因此，它是一种预防和修正错误的机制。这里所要论述的只限于政治范畴的监督。

监督的必要性表现在下列几个方面。

（一）权力和资源具有被滥用的可能性

专门从事党和国家事务管理的各级领导干部，掌握着大大小小的权力和资源。他们那些权力，都是人民赋予的，理应用来为人民服务。但是，由于权力毕竟是从社会中分离出来的，即使在社会主义条件下，由于种种

社会的、历史的因素影响,也有被滥用的可能性。

就是说,掌握权力的人既可以运用权力来为人民服务,也可以滥用权力而危害人民。因此,权力的行使必须受到监督,不受监督制约的权力极易导致腐败。

(二) 掌权者的情况呈现复杂性

马克思认为,人是社会的人,是一定的社会环境和历史条件下的产物。任何个人,即使共产党员或领导干部,他们也都是生活在社会中的人,其觉悟有高低之分,品德有优劣之别,能力有大小之差,就是觉悟较高、品德较优的人,因受各种因素的影响,也可能发生这样那样的消极变化。

既然掌权者的情况是复杂的,滥用权力犯错误就是可能的。因此,我们必须着眼于对掌握权力的现实的人,建立有效的监督制约机制,防止其滥用权力。这样,即使发生了滥用权力的行为,也可以及时得到制止和纠正,避免给党的事业造成重大损失。

(三) 认识存在局限性

人类的认识能力是不断发展的,但人们的认识水平又总是要受到社会的和历史的客观条件的制约。党政领导干部由于受社会和历史条件的限制,加之自然界和人类社会是复杂的和不断发展变化的,对客观世界的认识不可能全部都是正确的,认识上的片面、偏差乃至错误,是会经常发生的。

这种偏差如果发生在一般干部身上,自然会造成一定的损害,但这种损害还比较小;如果发生在掌握权力的领导干部身上,那就会导致决策上、行动上的偏差和失误,从而对社会造成很大的危害,给事业带来极大的损失。因此,为了不使错误的认识转化为错误的决策和错误的行动,也必须引入监督机制。

二、监督制度体系的建设

我国现行的监督体系,包括党内监督、行政监督、法律监督、舆论监督、群众监督、人大政协和民主党派的监督等若干个相对独立的监督机构。它们分工明确,各司其职,各负其责。

(一) 政党监督体系

包括党内自我监督和参政党的监督。党内的监督具有很大的权威性和广泛性，党的监督主要是监督党员干部在社会行为中模范地遵纪守法，严格按上级指示和法规办事的情况和问题，它的专职监督机构是党的纪律检查委员会。

参政党的监督是指我国的民主党派对领导干部的行政行为与决策行为所进行的监督。我党制定的民主党派的方针是"长期共存，互相监督"，就包含着民主党派对共产党的监督，对人民政府的监督。

在现阶段，民主党派的监督力量还没有得到充分发挥，实际上，我国的领导监督体系还是以党内监督为主。随着我国领导体制的改革，参政党的监督将对领导干部特别是主要领导干部的监督起着越来越重要的作用。

(二) 国家权力机关监督体系

国家权力机关监督，是指国家各级权力机关的监督。它是领导监督的最高形式。《宪法》第二条和第三条规定，国家的一切权力属于人民，人民行使国家权力的机关是全国人民代表大会和地方各级人民代表大会，在闭会期间，是由它的常务委员会来行使。国家行政机关、军事机关、审判机关、检察机关都由国家权力机关产生，对它负责，受它监督。

国家权力机关监督的途径：一是各级人民政府对同级人民代表大会及其常委会负责并报告工作，接受它的审查；二是监督检查各级人民政府执行宪法、法律和法规的情况，受理群众对上述机关和工作人员的申诉及意见；三是撤销行政机关制定的同宪法、法律相抵触的法规、命令和决议等；四是必要的时候可以组织关于特殊问题的调查委员会，并根据调查报告提出相应的决议。

(三) 行政权力监督体系

行政权力监督是指国家行政机关内部的监督，它分为一般性监督和特种监督。一般性监督，主要通过上级对下级的监督、下级对上级的监督和同级部门之间的监督。特种监督，包括审计监督、人事监督以及卫生监督、环境监督、工商行政监督等等。这些监督是非常重要的，它是各级领导者正确行使行政权力的根本保障机制。

(四) 司法监督体系

司法监督也叫法律监督,是领导监督的重要形式。它是指国家法律监督机关,为保障宪法、法律的统一和正确实施,而对法律的适用和遵守进行的监督。法律监督是一种具有普遍约束力的监督形式,它不是对一部分人,而是对任何人都有效力的监督活动。法律监督的主要方法,是对已触犯刑律的、已构成犯罪的人和事件提起公诉。行使司法监督权力的机关是各级人民法院和检察院。它们对领导者的违法乱纪和犯罪行为进行监督,这是对领导活动的法律监督,也是现代领导监督体系的最重要的内容。

(五) 社会监督体系

社会监督包括群众监督、社会组织监督和媒体舆论监督等。群众监督是各类监督中最重要的监督之一。人民群众监督的形式非常广泛,除参与各种社会监督外,还可以通过居民委员会、村民委员会、职工代表大会,以及通过向各级国家机关的信访部门,对各级行政机关及其工作人员进行监督。

社会组织监督是指通过各社会团体和组织,包括政协、民主党派以及工会、共青团、妇联等进行的监督。政协和民主党派在监督中起着重要作用。政协委员视察工作、旁听人大会议,及时提出意见和建议,是社会组织监督的重要渠道。

媒体舆论监督是社会监督的一种,是指通过舆论的力量来揭露领导工作中的缺点和错误,对于防止官僚主义、纠正不正之风起了重要的作用。

具体来说,领导监督要加强制度建设,如建立领导干部监督举报制度;政务公开制度;强化领导责任追究制度;建立领导干部个人财产申报制度;等等。加强领导行为的规范与制度建设,这是领导监督的一项重要工作。

三、我国现行领导监督机制的问题与改革

(一) 我国现行领导监督机制存在的问题

随着民主与法制建设的不断发展,我国社会主义领导监督机制已初步形成,各种监督机构都得到加强,大批法律法规相继出台,增强了领导监

督的有效性。然而，现行监督体系还只是初步形成，还很不完善。主要表现在下列三个方面。

1. 监督机构监督力度不够，缺乏独立性

改革开放以来，党和政府致力于国家权力监督制度的建设，取得了可喜的成绩。如以法律的形式明确规定国家权力监督的原则、监督主体、监督客体和监督内容，设置较全面的监督机构等等，但与人们的期望和社会主义市场经济建设的要求还有距离。

监督方面存在的首要问题便是监督机构缺乏独立性。监督旨在治官而非治民，要治官就要有能够制约官员的权力。监督权的设置是个复杂的问题，权力设置过大，可能打扰被监督权力的正常运行，降低其工作效率；设置过小，则无法实现监督目的，甚至会为监督客体抵制监督提供法律依据。

我国目前监督权设置方面存在的主要问题是权力过小，且缺乏独立性。一些专门的监督机构大多设在系统内部，接受着上级监督机关和同级党委、政府机关的双重领导，其财政经费、人员编制、人事任免主要由同级党委和政府控制，形成一种监督主体受制于监督客体的附属型监督关系，因而缺乏独立性，从而严重削弱了监督的权威性，弱化了监督机制的职能。

2. 监督法规不完备，现行监督法规存在许多不足

我国至今还没有一部统一的监督法，因而难以形成以法律监督为主、其他监督为辅的监督合力。在已有的法律法规中，监督主体的力度明显不够。人民参与监督的性质、地位、作用、方法、途径等缺乏系统的法律依据和保障；另一方面，监督客体的义务不明确，故而不可能高度重视监督，更不用说自觉接受监督、自愿要求监督了。

从监督范围上说，监督权力未能全面覆盖被监督权力，致使某些权力仍游离于监督范围之外，而凡是未被纳入监督立法范围的领域，往往是滥用权力最严重的领域。

3. 监督体制不健全，监督功能有缺陷

合理的监督应是自上而下的监督与平行制约以及自下而上监督的有机统一，过于偏重哪一方面，都可能造成监督权力的失衡。传统的监督体制

是自上而下的监督，与以上级党委为中心的权力辐射体制相适应，优势之处在于效率较高。然而，国家机关内部自上而下的监督虽然是必不可少的，也是效率较高的一种监督类型，但其权力依附使其具有避免不了的弊端。而且，这种监督体制在事实上弱化甚至摒弃其他监督类型，从根本上背离了社会主义民主政治的本质。

只有人民起来监督政府，才能保证权力不发生变异，才会有社会的安宁和国家的长治久安。对领导的监督不仅应当是全方位的，而且应当是全过程的。虽然在某一具体问题上可以有所侧重，但不应有偏废。我国目前的监督状况却是事后追惩相对容易，事前、事中监督艰难。这与前面的缺陷有着必然的联系。因为事前是上级决策，事中是执行上级决策，监督机构难以介入，致使一些本来可以避免的错误发生，给国家和人民带来了巨大的损失。这是领导监督功能上的严重缺陷。

（二）加强我国领导监督机制的改革措施

建立健全领导监督机制，是一项艰巨而复杂的工程。针对我国当前的实际情况和现有的领导监督体系存在的突出问题，当前应着重抓好以下几项工作。

1. 必须完善领导监督的主体系统，保证监督机构的相对独立性

我国领导监督主体应当包括党和国家的权力监督和人民权利监督两个方面。党和国家的权力监督，是作为权力主体的人民，利用执掌国家政权的力量，选举产生国家权力机构，并派生出执行机构从而实现对权力的监督。党和国家权力监督主要包括：

（1）国家权力机关的监督。它根据宪法和法律对"一府两院"及其工作人员实施全面监督。

（2）执政党的监督。中国共产党作为执政党，是监督的主体，又是被监督的主体。

（3）司法监督。公安机关、人民法院、人民检察院为我国的司法机关，依据宪法和法律行使国家的司法权。司法监督对于领导干部监督，大多体现在对行使权力者滥用权力而造成严重不良后果的监督。

（4）行政机关内部的专门机关的监督。它主要是行政监察部门的监督、审计监督等。

（5）媒体舆论监督。它是社会监督的一个有力形式，通过舆论机关

揭露领导工作中的缺点和错误。

（6）人民民主权利监督，包括人民政协、各民主党派、无党派民主人士、工会、共青团、妇联等群众组织以及广大人民群众，依据宪法赋予的广泛的政治权利，对任何层次的权力进行直接的监督。根据我国《宪法》规定：公民有言论、通信、出版、集会、结社的权利，有对任何违法失职的国家工作人员提出书面控告和口头控告的权利，有选举权和被选举权，等等。这些广泛的民主权利，可以转化为对国家机关工作人员进行有效监督的多样化形式和渠道。

另外，监督机构应能独立负责地行使监督的权力，在执行监督任务时，具有相当的权威，只向自己授权的组织负责，而不受其他因素的干扰或影响。

2. 扩大监督主体的权力，形成全方位的社会监督力量

在我国，监督主体的权力不明显，没有形成一个全方位的社会监督力量是当前的一个重要问题。事实上，没有一个强大的、全面的监督系统，监督工作是难以取得成效的。这就要强化各监督主体的权力。

首先，就要强化人民代表大会的监督职权。要扩大各级人大及其常委会的职权，制定相应的法规，明确其监督的形式、规则和手段，确保质询、调查、弹劾、罢免等权力的落实。

其次，要保证政协和各民主党派参加监督。要让民主党派知情悉政，参与监督；还要注意吸收民主党派人士参与监督部门的工作，吸收他们参加案件的查处工作。

第三，健全信访举报制度。信访举报是群众的重要监督权，其优点是能够揭露专门监督机构不易直接发现的线索。应建立对举报人的保密、保护、奖励等一系列制度。

第四，扩大新闻媒体的监督力量，从而形成社会性的监督网络。

只有保证监督主体的权力，才能形成对领导的有效监督。

3. 健全监督制度，加强领导监督的法律法规制度建设

邓小平说：制度好可以使坏人无法任意横行，制度不好可以使好人无法充分做好事，甚至会走向反面。因此，加强领导监督，首先就要加强监督制度的建设。

（1）制度条文细则要具体化，便于在工作实践中对照操作。

(2) 制度条文要定量化，要有定性的具体依据，尽可能减少执行过程中的随意性、解释中的"弹性"，使别有用心者无法钻制度的空子。

(3) 制度条文必须明确对违反制度者的制裁由谁来监督执行，坚决杜绝有制度而无人监督、无人执行的现象。

加强法制建设，首先要加强立法，使监督有法可依并逐步实现制度化、依法而治，不能靠"灵活掌握"。其次要以法治取代人治，使监督做到有法可依、有法必依。现实生活中大量存在的以言代法、以权代法等现象，已使监督中发现的许多问题最后不了了之。这种情况必须杜绝。

4. 严格限制领导者个人权力，加强民主集中的领导体制

权力监督与权力制约是现代监督最重要的手段与方法。严格限制领导干部掌握的权力，规范其权力行使的范围与方式，对其违规行为要有相应的制裁措施。各级干部大都掌握着人民赋予的一定权力，个人权力过大或过于集中，很容易形成"监督空档"。因此，必须对每个干部，重点是各级领导班子成员和主管部门领导人的权力范围，做出明确、严格的界定。限制专权主要有三种办法：

首先是分解权力，把集中于一人之权，分散到多人身上，形成制衡；

其次是重大决策、重要干部任免、重要建设项目安排、大额度资金的使用等事项必须经集体讨论，不准个人或少数人专断；

再次是尽可能实行党务、政务活动的公开化，增加透明度，把领导干部运用权力的过程，置于广大党员和群众的直接监督之下，使权力的运作始终纳入组织和社会的视野之中。

同时还要注意监督决策权、执行权和监督权这三者之间的串位取代现象，建立严密的互相监督、互相约束制度。

另外，在我国，加强民主集中的领导决策体制也是加强领导监督的重要方面。民主集中要求在民主的基础之上进行各种政策方针的决策，从而有效地规范领导行为，尤其是在干部人事任免、工程项目上马等重大决策的监督上，强化民主集中的领导决策体制，对完善民主监督程序，显得更加重要。

第十四章

思想政治工作：领导工作的生命线

内容提要

思想政治工作是中国共产党领导活动中的一项优良传统。思想政治工作有其特定的含义及特点。思想政治工作是一切工作的生命线，是各级各类领导工作的中心环节，在社会主义现代化建设时期更是如此。应当根据新时期的特点，在继承党的优良传统的基础上，进一步探讨思想政治工作的固有规律，制定正确的思想政治工作的方针和原则，采取相应的科学方法，从各方面加强和改进思想政治工作，这是领导者责无旁贷的重大历史职责。

第一节 思想政治工作：含义与特征

一、思想政治工作的含义

思想政治工作是以解决人们的思想、立场、观点问题，提高人们认识世界和改造世界的能力，动员人们自觉地为实现当前的和长远的发展目标而奋斗的社会实践活动。这里要注意两种区别。

（一）思想工作和思想政治工作的区别

马克思告诉我们：人的本质，在其现实性上，是一切社会关系的总和。在社会活动过程中，人与人之间必然发生思想上的相互影响与相互作用，实际上也就是相互在做思想工作。每个人都有思想活动（含非政治的思想活动），领导者必须解决人的思想问题，才能调动人们的积极性，把工作做好。思想工作中的"思想"是一个含义广泛的范畴。它包括人们的理论观点、道德观点和行为中表现出来的情绪、情感、意志等诸种精神因素的总和。因此，思想工作是一个非常广泛的概念。

而我们所讲的思想政治工作，则是特指以中国特色社会主义理论去影响和作用于人们，解决人们观察问题和处理问题的政治立场，以及人们在言论和行动中所坚持的政治方向，以保证党的各项任务的完成的活动。可见，思想政治工作与一般的思想工作是有区别的。当然二者并不是绝对分离开的。真正有效的思想政治工作必须与一般的日常思想工作有机地结合起来。

（二）思想政治工作与政治工作的区别

所谓政治工作，就是为实现特定的政治目标而进行的实践活动，它主要是解决政治问题，即政权问题和路线、方针、政策等问题。政治工作在内容上可分为非思想性的政治工作（如党的组织建设、职工民主管理、党内监督等）和思想性的政治工作（如宣传党的路线、方针、政策，抓党的组织的思想建设和作风建设，发挥党员的先锋模范作用等），可见，思想政治工作是整个政治工作的一部分。

思想性的政治工作与非思想性的政治工作是有密切联系的，二者都以实现现代化和共产主义为最终的奋斗目标，彼此在作用上存在着相互渗透和相互转化。但也应当指出，由于内容性质的不同，两者在运行轨道和工作方法上也有不同。对非思想性的政治问题，如政治行为和政治纪律方面的问题，需要采取组织手段，甚至运用强制的方法去解决。而对思想性的政治问题，如政治态度、政治观点、政治道德等方面的问题，则应当采取教育、疏导的方法去解决。如果把二者的联系视为等同，将不利于各种矛盾的解决，从而影响革命和建设事业的顺利发展。

二、思想政治工作的特征

在不同的历史条件下，思想政治工作具有不同的内容和特点。当前，思想政治工作有以下六个方面的特点。

（一）鲜明的党性

从上述思想政治工作的含义中可以看到，思想政治工作从根本任务到基本内容都体现了鲜明的无产阶级党性。它公开声明为实现我们党的路线、方针、政策服务,为实现党的总任务、总目标服务;公开声明要用社会主义思想去抵制资本主义腐朽思想和其他各种错误思想。在现阶段,我们党的思想政治工作的根本任务是以中国特色社会主义理论为指导,按照党的基本路线的要求,坚持以经济建设为中心,坚持四项基本原则和改革开放,不断用社会主义思想和理论提高群众的觉悟,激发群众的工作热情,以保证各个时期各项工作任务的完成,保证社会主义现代化建设总目标的实现。

我们必须牢记思想政治工作的根本任务。这有助于各级领导者在实施思想政治工作这项领导基本职能时,抓住它的本质,不致于把思想政治工作仅仅理解为是某些具体工作的内容或形式。从而既避免肤浅软弱、言不及义、一般化等缺点,又不致产生形式主义、简单粗暴等弊端。这是思想政治教育的党性要求。

思想政治教育的内容是丰富多样的,主要有:科学发展观理论和四项基本原则(必须坚持社会主义道路,必须坚持无产阶段专政,必须坚持共产党的领导,必须坚持马列主义、毛泽东思想)教育,"四个主义"(集体主义、爱国主义、社会主义、共产主义)教育,"四有"(有理想、有道德、有文化、有纪律)教育,革命传统教育,社会主义民主和法制教育,政策教育和形势教育,以及劳动和科技进步教育等。

这些教育的内容是一个有机的整体,其中,四项基本原则的教育,是解决正确的政治方向问题,应当作为整个思想政治教育的核心。在进行思想政治教育的过程中,必须抓住这个核心,根据实际,有针对性地选择教育内容,这样思想工作才能达到帮助人们确立正确的立场、观点、方法的目的,收到较好的效果。这也是思想政治教育的党性要求。

(二) 严格的科学性

思想政治工作的党性与它的科学性是一致的。所谓科学性,一是指它以中国特色社会主义理论(尤其是辩证唯物主义与历史唯物主义)为根本的理论基础,而这些理论都是为实践所证明了的颠扑不破的客观真理;二是指它在这些科学理论的指导下,总结了无产阶级革命和建设的思想政治工作经验,形成了科学的理论体系;三是指它把这种理论付诸实践,遵循人的思想发生、发展的客观规律,讲求实事求是,以理服人,不带任何强制性。

无产阶级的根本利益与社会发展的客观规律是完全一致的。因此,

"科学愈是毫无顾忌和大公无私，它就愈加符合于工人的利益和愿望"。①

所以，无产阶级的党性要求思想政治工作要有严格的科学性，严格按照客观规律办事。而思想政治工作只有按客观规律办事，才能保证完成无产阶级赋予自己的使命。

(三) 强烈的实践性

人的社会生活本质上是实践的。思想政治工作是做人的工作，具有很强的实践性。所谓实践性，一是指思想政治工作的全过程一刻也离不开实践。只有依靠实践，才能正确地认识和把握工作对象的实际，从而有的放矢地进行工作；只有投身实践，才能向群众宣传革命道理，才能解决群众的思想问题和实际问题。二是指思想政治工作的任务、计划，都来自实践并受实践检验。

思想政治工作的实践性特点，要求我们贯彻理论联系实际的原则，面向群众、面向社会主义现代化、面向世界、面向未来，有针对性地进行思想政治工作，坚决反对"假、大、空"，这是我们思想政治工作的强大生命力所在。

(四) 普遍的群众性

因为群众是实践的主体，所以，思想政治工作的实践性，决定了它的群众性。所谓群众性，一是指思想政治工作的对象是亿万广大人民群众。无产阶级政党是无产阶级的先锋队，其根本任务是带领广大群众实现社会主义、共产主义事业。对于党的工作来说，凡有群众的地方就有党的思想政治工作。二是指思想政治工作的主体也具有广泛的群众性，单靠少数几个领导者是做不好工作的，而必须动员广大党员、干部以至广大人民群众，人人都做思想政治教育工作，广泛开展自我教育和相互教育的活动。三是指思想政治工作的过程实际上是从群众中来，到群众中去的过程。群众路线是思想政治工作的根本路线。

群众性的特点，要求在思想政治工作中贯彻民主的原则，坚持群众路线。只有贯彻这项原则，才能使思想政治工作符合人民群众的意愿，使人民群众增强主人翁的责任感，充分发挥他们的聪明才智。

---

① 《马克思恩格斯选集》第4卷，人民出版社1972年版，第254页。

(五) 广泛的综合性

思想政治工作的综合性主要是由它的工作对象的复杂性和内容广泛性所决定的。思想政治工作的对象是人和人的思想。生活在纷繁复杂的客观世界之中的人有两重属性，即自然属性和社会属性。就其现实性来说，人的本质是社会关系的总和。每一个人的思想都是极为复杂的，它由多方面因素造成，有各种表现，它所引起的行为结果又是多变难测的。因此，要全面、客观地了解人们的思想和行为的固有规律，就必须运用多学科知识，进行全方位的、多视角的观察和研究。

由于人们思想的多样化表现（除政治思想这个主要方面外，尚有业务的以及日常生活等方面的思想表现），与此相适应的思想政治工作的功能与手段也是多样的。总而言之，要较好地解决人们复杂多变的思想行为问题，就要根据系统论原理，应用各有关学科原理和方法（包括艺术），综合攻关。因此，思想政治工作是一种综合性工作，思想政治教育学是一学科群。

综合性的特点，除要求思想政治工作做到上述各项要求外，还应实现思想政治工作社会化，注意优化思想政治工作者个体素质和群体结构，提高其整体效应。

(六) 一定的管理特性

思想政治工作是一项具有多环节、多层次的社会活动，是由许多部门、许多人共同从事的工作，需要进行计划、组织、指挥、协调和控制。这就是管理。近年来，一些思想政治工作者探索把现代科学管理方法，如目标管理法、QC方法（质量管理法）、管理坐标法等移植于思想政治工作，拓宽了思想政治工作的路子。这是思想政治工作具有管理特性的体现。

所谓一定的管理特性，不仅在于思想政治工作要结合经济管理、行政管理进行，而且要看到在现实生活的管理中还有思想管理这一独立领域。这是思想政治工作与现代管理交汇产生的新天地，尚未引起人们足够的重视。然而，随着现代社会活动的飞速发展，它的重要性正显示出来。

所谓思想管理，就是按照科学的途径和方法，对人们思想观念的形成、发展，进行科学的计划、组织、协调和控制。这种管理的提出，同人在社会经济活动中的地位有直接关系。劳动者是生产力诸要素中的首要因素。人的状况如何,决定着一个组织的兴衰。所以,现代管理强调以人为主体,强调对人的管理,特别是强调对人的观念进行管理。企业文化就是在这种背景下应运而生的。

企业文化的核心就是强调在关系企业的生存和发展的重大问题上,建立共同的价值观和共同的行为模式。它充分强调人的积极性,力求加强企业的凝聚力、向心力、持久力,以及竞争力。这是通过特殊方式以求更大效益的管理。从对人的观念管理、协调人的共同劳动来说,思想工作从内涵上成为当代管理的一种新概念。国外在企业文化方面的一些经验和做法可供我们的思想政治工作借鉴。认识到这一点,对于理解思想工作、思想政治工作真正统一起来的新路子,是很有意义的。但思想政治工作与现代管理毕竟是相对独立的两门科学。国外的企业文化同我们的思想政治工作又有质的区别,绝对不能等同视之。归根到底,我们应该从实际出发,努力发展和推进中国特色的思想政治工作。

第二节 思想政治工作:地位与作用[①]

根据经济是基础,政治则是经济的集中表现这一马克思主义的基本原理,在认真总结我党思想政治工作经验教训的基础上,我们党提出了"思想政治工作是经济工作和其他一切工作的生命线"的科学论断。这一论断有一个历史发展过程。

1938年,周恩来同志曾在《抗战军队的政治工作》一文中指出:"以革命主义为基础的革命政治工作是一切革命军队的生命线与灵魂!"[②] 1955年,毛泽东同志在为《山西日报》写的一篇报道《严重的教训》一文所加的按语中指出:"政治工作是一切经济工作的生命线。"[③]

1978年中共中央在《关于建国以来党的若干历史问题的决议》中进一步指出:"思想政治工作是经济工作和其他一切工作的生命线。"明确了思想政治工作在我党各项工作中的地位和作用,当然也明确了它在领导工作中的地位和作用。

---

① 参考张云庭主编:《现代领导学》,内蒙古人民出版社1987年版,第261~270页。
② 《周恩来选集》(上卷),人民出版社1980年版,第93页。
③ 《毛泽东文集》第6卷,人民出版社1999年版,第449页。

什么是"生命线"的地位和作用？简单地说，就是指思想政治工作对广大群众的引导和对其他各项工作的保证、服务作用。在新的历史时期，这种引导、保证、服务的作用，主要表现在以下四个方面。

一、保证现代化建设的社会主义性质和方向

我们正处于社会主义的初级阶段，党和国家的中心任务是进行现代化建设，发展生产力，建设小康社会，实行改革开放的总政策。长期以来，在这个问题上存在着两种截然不同的主张。一种是党中央和邓小平同志一贯的以坚持四项基本原则为前提的改革开放，建设中国特色的社会主义现代化。另一种是主张"全盘西化"的"改革开放"，其实质就是资本主义化。这种对立和斗争，从根本上说就是我们搞的现代化和改革开放要不要坚持社会主义方向这个问题。

毛泽东同志根据过去深刻的经验教训，明确指出：只要我们的思想工作和政治工作稍微一放松，经济工作和技术工作就一定会走到邪路上去。改革开放头十年最大的失误是对人民的教育和思想政治工作被削弱了，这造成了许多消极的后果，带来了不少负面的影响。从国际的大气候来看，一些资本主义国家的政治势力，总是利用国际共产主义运动的曲折和社会主义建设过程中的困难，极力推行"和平演变"、"不战而胜"的策略。在新的历史条件下，思想政治工作无疑仍然是一切工作的生命线，它关系着现代化建设和改革开放的性质及方向，关系着党和国家的盛衰及存亡。

国家是这样，一个单位（或地区）和一个人也是这样。随着党的工作重点实现转移和改革开放的深入，思想政治工作者应当树立正确的新观念，采取适应新环境的新方法，一些领导者把这种工作方式的转变误以为是对思想政治工作重要性的否定，这是错误的。一部分领导干部认为，"四化"建设重要，改革重要，思想政治工作不重要。有的同志甚至说，"思想工作做半天，不如发放两元钱"。由于忽视思想政治工作，一些单位的生产虽然暂时上去了，但是资本主义和封建主义的流毒远未肃清，甚至一些解放后绝迹已久的丑恶现象也在复活。一些人在"一切向钱看"的思想腐蚀下，不择手段地追求"发财致富"，走上犯罪道路，扰乱社会治安，对人民群众的生命财产安全带来严重威胁。

说到底，我们党的思想政治工作就是用正确的东西去克服错误的东西，用社会主义思想去抵制资本主义、封建主义思想的影响。这个任务是

贯穿整个社会主义历史时期的。如果放弃思想政治工作,哪里还有什么社会主义的发展与壮大?

二、保证社会主义精神文明建设的健康发展

在党的十一届三中全会实现了工作重点的转移后,党中央多次提出在建设物质文明的同时,一定要加强精神文明建设。特别是在党的十二大上,党中央明确提出社会主义精神文明是社会主义的重要特征的科学论断,再次说明"两个文明"一起抓是建设中国特色社会主义现代化的一个战略方针。

从广义上讲,精神文明是指人类社会在历史发展过程中所创造的精神财富,是指人们在改造客观世界过程中改造主观世界的成果,是社会的精神生产和精神生活发展的成果。它包括教育、科学、文化知识,包括理想、道德、价值观,还包括习俗、风尚等等。

要搞好社会主义精神文明建设,必须加强思想政治工作。这是因为:

(1) 社会主义精神文明的核心是共产主义思想体系,这种先进的思想不可能自发地产生,必须通过宣传教育才能为人们所理解和接受。可见,离开了党的思想政治工作,就不可能建设社会主义精神文明。

(2) 加强社会主义精神文明建设,归根到底,就是培养和造就亿万有理想、有道德、有文化、有纪律的新人。而"四有"教育是思想政治工作的一个重要内容。可见,加强思想政治工作是培养"四有"新人的根本途径之一。

(3) 社会主义精神文明建设中的文化建设和思想建设,都离不开思想政治工作。文化建设是社会主义精神文明建设的一个重要内容。只有通过四项基本原则和党的路线、方针和政策的教育,不断地对"左"的激进思想、右的僵化思想以及其他错误思想(尤其是腐朽、没落的思想意识)进行抵制、揭露和批判,才能保证党的思想政治领导,才能使文化建设部门和文化建设事业保持社会主义性质,更好地服务于社会主义现代化建设。否则它们将会变成制造精神污染、传播反党反社会主义舆论或者散布反对改革开放的思想的文化阵地。

三、激励广大群众社会主义现代化建设积极性的重要保证

从总的来说，思想政治工作，对于动员群众实现领导目标，起着保证作用。无产阶级事业是人民群众争取自身解放的事业。在无产阶级的领导活动中，领导者的任何决策或意图，都是从群众实践中来，依靠群众去贯彻实施的。人民群众是领导工作的基础，没有群众的参加和支持，领导目标就无法实现。

那么，怎样才能使群众参加这一切活动呢？这就要通过思想政治工作，向群众灌注先进的精神，提高觉悟，激发热忱，把群众动员起来。当前，特别要突出进行共产主义思想教育、四项基本原则教育、爱国主义教育、革命传统教育，激发广大群众的爱国热情，提高民族自尊心和自信心，坚定社会主义信念，发扬自强不息、艰苦创业的革命精神。在路线、方针、政策正确的基础上，群众的自觉行动就必然成为实现这些路线、方针、政策的决定因素。因此，不论哪一层次，哪一领域的领导工作，都必须掌握思想教育这一中心环节。这是实现领导目标的保证。

四、开发人的潜能的重要途径

毛泽东同志曾指出，广大群众中蕴藏着极大的社会主义积极性。人们有着丰富的"自身资源"，从一定意义上说，开发人的潜能就是使人的能量由"潜"变"显"的工作。人的潜能如何转化为效能，这是人类的发展永远面对的课题。如果将已经开发出来的能力作为结果，那么导致这个结果的原因是多方面的。广义地说，改革不合理的社会制度是最重要的原因。

此外，在既定条件下，经济关系、政治关系、法律关系、思想关系、感情关系、审美关系的状况如何，对人的能力开发也有重要影响。通过制定一系列的政策、法规、制度、纪律，去约束和规范人们的思想及行为，这可以称作是潜能开发过程中的硬件激励因素，它固然具有决定性的意义，但软件激励因素亦十分重要。所谓软件激励因素，就是靠科学的思想工作去激发人们的革命热情和主观能动性，依靠人们的智能与努力去自觉地分析情况，解决问题，谋求改进。因此，思想政治工作是一种"软开

发"。在树立奋斗目标、协调人际关系、理顺思想观念和提高认识能力等方面，思想政治工作都是大有可为的。

总的来说，思想政治工作是帮助人们塑造积极向上的精神面貌，它归根到底对于民族的生产力的发展和物质财富的创造，都有积极的促进作用。随着社会和人的思想的日益复杂化，这个问题也日益显得重要。领导者对此应有足够的认识和给予足够的重视。

总而言之，在思想政治工作的地位和作用问题上，我们一方面要继续批判"突出政治"、"政治可以冲击一切"的"左"的倾向；另一方面，又要批判"淡化"乃至取消思想政治工作的右的倾向。我们要适应改革开放的新潮流，加强和改进思想政治工作，确保其"生命线"地位，全面发挥其"保证"的功能作用。

第三节 思想政治工作：方针与原则

研究思想政治工作的科学化与有效性，就是研究人的思想和行为的规律性，而这种研究是为了在实践中使思想政治工作能够按客观规律办事，使之科学化。坚持正确的方针、原则，是客观规律的要求，是搞好思想政治工作的重要保证。

一、思想政治工作应遵循的战略方针

《中共中央关于经济体制改革的决定》中指出："在新的时期，党的思想工作和组织工作必须坚定地贯彻执行为实现党的总任务、总目标服务，密切结合经济建设和经济体制改革实际来进行的指导方针。"1987年党的十三大和1997年党的十五大从社会主义初级阶段的实际出发，确立了建设中国特色社会主义的具有长远意义的指导方针。

(1) 必须集中力量进行现代化建设。
(2) 必须坚持全面改革。
(3) 必须坚持对外开放。
(4) 必须以公有制为主体，大力发展社会主义市场经济。
(5) 必须以安定团结为前提，努力建设民主政治。
(6) 必须以马克思主义为指导，努力建设精神文明。

保证这些指导方针的贯彻执行,是思想政治工作应该遵循的战略方针。

二、思想政治工作的基本方针

党的十八大指出,加强和改进思想政治工作,注意人文关怀和心理疏导,培育自尊自信、刚性平和、积极向上的社会心态。思想政治工作的基本方针是疏导。"疏导"最早见于大禹治水"疏浚河道,导水以行"的典故。简单地说,疏导就是疏通引导的意思。所谓疏通,就是广开言路,畅所欲言。所谓引导,就是循循善诱,说服教育,把群众的思想引导到正确的方向。

疏通和引导是辩证统一过程。疏通是引导的前提,引导是疏通的目的。要在疏通中引导,引导中疏通,又疏又导。没有疏通,就无所谓引导,更谈不上正确的引导;没有引导,疏通也就失去了实际意义。我们在思想政治工作中必须坚持疏导的方针。这是因为:

(一)思想政治工作是解决人的认识性、情感性问题的一种精神性的转化和升华的活动

人的认识有正确和错误之分,只有创造条件让大家畅所欲言,将各种看法讲出来,才能鉴别其正误,为此,只能"疏",不能"堵"。为了帮助人们用正确思想克服错误,实事求是地解决思想问题,还要"导"。就对象来说,"导"的过程,实际上是思想信息从输入到输出的转换过程。

比如与一位同志谈话,批评了对方的缺点,这可称作信息输入,对方经过一番斗争,想通了,并在行动中有改进的表示,这可称作信息输出,这期间有一个转换过程(包括对方的一定的反复)。这种转换性的实现要靠对象自觉对输入信息的正确加工。靠外力的强制是不能解决问题的。

思想政治工作还得解决人们的情感问题,而人的情感更是不能强制的,越是强制越是产生负效应,越是产生逆反心理,也就越偏离思想政治工作的轨道以至最后否定思想政治工作自身。

(二)人民群众具有通过自我改造和教育,不断提高思想觉悟的特点

思想政治工作的主要对象是广大人民群众。人的认识难免有错误,但总趋势是不断前进的。而且,一般说来,人都是有上进心、自尊心、荣辱感和是非感的。如果我们善于找到使思想转化的内在动机，就能够引导有错误思想和行动的人逐步接受无产阶级的是非观和荣辱观，纠正自己的错误，提高觉悟水平。从这个意义上说，坚持疏导方针是建立在相信群众、尊重群众的历史唯物主义基础上的。

（三）不同性质的矛盾只能用不同性质的方法去解决

思想政治工作是解决人的思想认识问题。而凡是思想性质的问题，凡属人民内部的争论问题，只能用解决人民内部矛盾的方法，即讨论的方法、批评的方法、说服教育的方法去解决，而不能用强制的、压服的方法去解决。因为压制民主、强迫命令，只能把本来可以缓和的矛盾激化，使本来可以解决的思想问题更加复杂化。正如毛泽东同志指出："企图用行政命令的方法，用强制的方法解决思想问题，是非问题，不但没有效力，而且是有害的。"① 我们党的思想政治工作的几十年经验教育充分说明了这一点。

在思想政治工作中，坚持疏导的方针，就是要遵循思想发展变化的规律，讲究方法和艺术，循循善诱，晓之以理。然而，疏导不等于对各种错误东西听之任之，放任自流。疏导包括批评和纪律、法律的处理。

三、思想政治工作的基本原则

根据党中央有关思想政治工作的规定，在做思想政治工作过程中，必须坚持以下原则。

（一）理论联系实际的原则

理论和实际的统一是我们党一贯的思想原则。从根本上说，思想政治工作是运用马列主义、毛泽东思想的科学理论去解决人们的无产阶级立场、观点和方法问题的工作。它有很高的说理要求，又有强烈的实践性特点。因此，必须始终贯彻理论联系实际的原则。

没有科学理论的指导，就不会有先进的思想政治工作；而不结合实际，思想政治工作也就会失去生命力。在这个原则问题上，既要加强科学理论研究，又要结合实际运用，并使之有机结合起来，二者都不可偏废。

---

① 《毛泽东文集》第 7 卷，人民出版社 1999 年版，第 209 页。

联系实际包括客观环境和工作对象两大方面。当前的思想政治工作要联系当代世界社会主义和国际共产主义运动的实际，联系我国社会主义现代化建设和改革开放的大局，联系本地区、本单位的具体情况，结合工作对象的学习、工作、生活、心理等不同特点，有针对性地进行。

"实际"是一个含义丰富的动态范畴。随着客观环境的发展，人们的思想也发生相应的变化，思想政治工作者要不断研究新情况，善于更新观念，注意采取适当的新方法，不断开创思想政治工作的新局面。

（二）民主的原则

人民群众是历史的创造者，是国家的主人。只有坚持民主原则，才能使思想政治工作的发展符合人民群众的意志和利益；才能使人民增强主人翁责任感，充分发挥主动性和积极性；才能真正了解工作对象的思想情况，把握进行工作的依据；才能造成巨大的声势，使思想政治工作发挥应有的威力。

坚持民主的原则，必须尊重人民群众的主人翁地位，确保教育者与被教育者之间关系的平等。对于群众中存在的思想认识上的不同见解，必须鼓励广大群众积极开展思想政治工作，以同志式的平等态度讨论，各抒己见，因势利导，求得统一。那种以势压人的"我讲你听，我批你服"的不良作风，既脱离群众，又解决不了群众的思想问题，还会损害思想政治工作的形象。

（三）思想政治工作结合经济和其他工作一道去做的原则

思想政治工作同经济工作和其他业务工作相结合，是我们党在长期实践中形成的好经验。如果思想政治工作不结合经济工作和其他业务工作一道去做，它的"保证"、"引导"、"服务"的"生命线"作用也就无从体现。特别是在我们党的工作重点转移到社会主义现代化建设以后，结合现代化建设事业一道去做，更是时代的要求。不这样，思想政治工作就会落入"空头政治"的泥潭。

当前，在企业体制方面要解决好以厂长为"中心"、书记为"核心"的关系问题，避免出现"两张皮"。党政干部都应团结一致，紧密配合，形成合力，"中心"、"核心"，心心相印，共同搞好企业的思想政治工作，进一步把社会主义企业办好。

(四) 坚持解决思想问题同解决实际问题相结合的原则

思想政治工作是要解决人的思想问题。人的思想问题有两类，一类纯属认识问题和思想意识问题，另一类是由于生产、学习、工作、生活中的种种实际问题引起的。我们应当具体分析，区别对待，不能"一锅煮"。物质利益是人们行动的基本动因，人们奋斗所争取的一切，都同他们的利益有关。邓小平同志指出："革命精神是非常宝贵的，没有革命精神就没有革命行动。但是，革命是在物质利益的基础上产生的，如果只讲牺牲精神，不讲物质利益，那就是唯心论。"①

在解决群众的思想问题时，要注意同关心、解决群众切身利益问题结合起来，按照统筹兼顾的原则，调节各种利益关系。同时，也要用社会主义、共产主义思想教育群众正确对待实际利益问题，反对"一切向钱看"。

(五) 教育者先受教育的原则

思想政治教育工作者既是思想政治教育的主体，又是思想政治教育的客体。作为主体角色，其思想行为和能力状况，在一定程度上是思想政治工作成效大小的关键。仅就知识结构而言，也如俗话所言：要想给人一杯水，自己要有一桶水。因此，教育者必须先接受教育。从现代信息论的观点看，信息传递者与信息接受者必须有一定的信息差，否则传递就失去意义。因此，教育者必须是信息富有者和信息加工、转换的能动者（相对于信息接受者而言）。

作为客体角色，规定其必须不断提高自己认识世界和改造世界的能力。教育者和被教育者不但在地位上是平等的，而且在教育上也是相互的。教育者如果不能向被教育者学习，取他们所长补自己之短，不断完善自己，就会失去教育者的资格。思想政治工作作为一种塑造他人灵魂的崇高工作，首先要求主体自己（教育者）塑造美好的心灵，给客体以美的感染；同时还要求在塑造客体灵魂的过程中加强对主体的塑造。

(六) 言传与身教相结合的原则

在思想政治工作中要求坚持言传与身教相结合，身教重于言传的原

---

① 《邓小平文选》(1975~1982)，人民出版社1983年版，第136页。

则。强调二者的结合,是理论与实际相结合在教育者身上的当然体现。这种结合是建立教育者的威信,取得被教育者信任和爱戴的重要条件。这种结合是我们同一切剥削阶级思想政治教育的根本区别之一,也是我们的思想政治教育者有力量的表现。

这就要求思想政治工作者必须在实践中不断加强自身的改造,真正做到言行一致,处处以身作则,导之以行,否则就没有号召力,就无法教育群众。

第四节 思想政治工作:方法与制度

一、思想政治教育的主要方法

做好思想政治工作,除了遵循客观规律,坚持正确的方针、原则外,还要采取正确的方法。从思想政治工作的过程、功能、层次等不同角度考察,它可以划分为多种类型。

这里,仅就思想政治工作过程中的思想政治教育方面介绍几种常用的方法。

(一) 正面教育的方法

总的来说,广大群众身上的积极因素,始终是占主要方面的,他们总是具有积极进取的心理态势。所以,在思想政治工作中应该采取正面教育为主的方法。

李瑞环同志在一次新闻工作研讨班上的讲话中指出:"我们所说的'正面',所说的'为主',就是要着力宣传报道鼓舞和启迪人们发展社会生产力的东西,鼓舞启迪人们坚持四项基本原则,坚持改革开放的东西,鼓舞和启迪人们加强社会主义民主和法制建设的东西,鼓舞和启迪人们热爱伟大祖国和弘扬民族文化的东西,鼓舞和启迪人们为推动世界和平与发展而斗争的东西。总之,一切鼓舞和启迪人们为国家的富强,人民的幸福和社会进步而奋斗的新闻舆论,都是我们所说的正面,都应努力加以报道。"①

李瑞环同志虽然是对新闻界讲的,但同样适用于思想政治工作领域。要求思想政治教育工作者坚持以马列主义、毛泽东思想为指导,从正面启发人们的社会主义积极性,化消极因素为积极因素。当然,这里也要防止强调了正面教育而不敢进行批评的错误倾向。

(二)典型示范的方法

在一个群体中,总会有先进、中间、后进之分。先进典型代表着我们事业努力的方向,运用先进典型的事迹去激励群众,可以使我们的共产主义思想教育更加具体化、形象化,使思想政治工作更加具有号召力。所以善于运用先进典型,宣传群众,组织群众,鼓励群众,这是开展思想政治工作的一条重要方法。

做好典型教育工作,首先要根据中心任务和形势发展的需要,选好典型;其次要实事求是地宣传典型;再次是既要教育群众,正确认识、努力学习先进典型,又要教育先进典型正确对待自己,虚心向群众学习,力求百尺竿头、更进一步。

(三)分别对待的方法

马克思主义的活的灵魂,就是具体问题具体分析,一切以时间、地点、条件为转移。世界上没有完全相同的两片绿叶,也没有完全相同的两个人。做思想政治工作要分别对待,对症下药,一把钥匙开一把锁。

不同年龄层次、不同职业等群体,思想状况各有不同,至于每个具体的个人的思想差别,就更不用说了。因此,平时要善于观察、分析,摸准对象的个性和问题,在弄清情况的基础上,处理方法要因人而异,切忌"通用化"、"一刀切"。为了准确掌握情况,有针对性地做过细的教育工作,要积极开展有效的个别谈心活动。

(四)协商对话的方法

领导干部包括思想政治工作者同群众直接对话,是进行思想政治工作的一种行之有效的好方法。这种方法是群体内部实行直接沟通,增进相互理解,加强团结的需要,也是相信群众和充满自信心的表现。它可以引导

---

① 《人民日报》,1989年11月26日。

人们在民主平等的气氛中敞开思想，讨论问题，统一认识，使思想教育入心入脑。有条件的单位都应规定"民主协商对话日"，使之成为制度，不断解决群体内部的各种矛盾，不断完善各项措施，使群众和领导者之间得以沟通。

搞好对话当然不是一件简单的事情，需要有正确的态度、方法和艺术。如确定恰当的主题，事先做好准备，采取平易近人和向群众求教的态度，坚持原则，扣紧中心，加强针对性，掌握火候，讲老实话等等。

（五）入情入理的方法

思想政治工作是说理的工作，又是传情的工作。讲大道理，是为了推动广大群众所从事的社会主义事业的发展。这本身就是对群众根本利益的关心和爱护，这是最大的情；讲小道理，是为了单位或个人的进步、发展，表现为对其关怀、帮助，使大道理的"情"体现得更为具体。所以理与情本来就是内在地联系在一起的。

我们做思想政治工作，不仅要强调以理服人，也要强调动之以情。在日常工作中，理如何表达得恰当、得体，情如何相伴得适宜、真实，做到入情入理，是不容易的。把抽象思维与形象思维统一起来是一个十分值得研究的问题。一方面是判断上的入情入理，即知人、知面、知心、知情；另一方面是处理上入情入理，即能以深刻的分析、丰富的感情、善意的规劝、真实的慰藉、动人的感化、强烈的激励、有效的开导去打动对方。二者不可偏颇。

（六）社会化的、生动活泼的教育方法

思想政治工作同社会各方面都有千丝万缕的联系，只有依靠社会各种力量"齐抓共管"才能做好。各个社会舆论部门尤其要努力推动这项工作，创造一个社会主义良好的风尚，使人们在这种环境中受到健康的熏陶。影剧院、运动场、图书馆、文娱室以及文字宣传橱窗等都是经常性的思想教育场所。借助这些阵地，寓教于乐，这也是对广大群众特别是青年进行思想教育的重要方法。

总之，凡是广大群众喜闻乐见的教育形式，都应采用，凡是各单位的思想文化阵地，都应积极去占领，使广大群众在"无意识教育"和"形式化教育"中得到正确的引导和启迪。这也是避免思想政治教育工作者"孤军作战"和枯燥、单调的弊病的一种有效方法。

应当强调指出，思想政治工作的方法是很多的，其他方法不一一列举了。思想政治工作是教育者和对象之间复杂的意识活动。这些方法应当视其具体情况，综合使用，才能获得事半功倍之效果。

同时，还要看到，思想政治工作既有理智的科学思维，又有丰富的感情内容，它是一门科学，也是一门艺术。因此，开展思想政治工作，不但要有科学的方法，而且还要有高超的艺术技巧。后者，我们也应在继承优良传统的基础上，进行开创性研究。

二、逐步建立思想政治教育的工作制度

为了能够有计划、有步骤、有秩序地进行思想政治工作，提高其效果，应在总结经验的基础上，建立一套符合思想政治工作自身规律的教育制度。经过摸索和实践，目前相对固定下来的，大体有如下几种。

（一）入职教育制度

世界各国的许多企业，都十分重视入厂教育，把它作为形成职工"向心力"的起点。我们应当总结过去的经验教训，在原有基础上加以提高。

这种教育的主要内容是：介绍本单位的历史、现状、前景和有关规章制度，其间特别是贯穿爱国主义、集体主义和社会主义、共产主义精神教育，使新工（新生、新兵）入门伊始，就自觉地以单位的标准塑造形象，把为单位做贡献和振兴中华联系起来，初步树立起爱厂（校、队）如家的集体主义思想和为社会主义现代化建设贡献力量的决心。

（二）系统的马克思主义理论教育制度

各类学校学生的这类教育主要是按教学计划进行。机关、企事业单位的干部除少数干部进行离职定期轮训外，一般采取在职集中学习的方式进行。企业职工则一般采取正规办学、脱产轮训的形式。

马克思主义是一个严谨而完整的科学体系。马克思主义不是教条而是行动的指南。无论是采取什么形式，都应贯彻理论联系实际的原则，力求完整而准确地把握马克思主义，以之作为"认识世界和改造世界的工具"。

（三）专题性的思想政治教育制度

这是指集中一段时间，就某些重大问题，对群众做辅导报告，组织群

众讨论，有针对性地解决某些"热点"问题的制度。一般应在如下情况下进行：重大的国内、国际形势变化；党和国家制定新的重大路线、方针、政策；新的法律法规的颁布；中心任务的动员以及群众最关心的、思想分歧较大的其他问题。

组织这样的活动，选题要恰当，要慎重准备，要理论联系实际，坚持民主讨论与精心指导相结合的原则，增强专题教育的吸引力、说服力。

（四）民主生活会和"三会一课"制度

职工要定期召开民主生活会。党组织内部要按期召开党的小组会、支部委员会、支部大会和上党课。开展批评和自我批评，克服非无产阶级的思想意识，改进工作中的缺点和错误。针对目前存在的不同程度的形式主义现象，各单位要在大力充实内容、在提高水平上下功夫。

（五）总结表彰制度

这是调动积极因素、推动工作的一种有效方法。一般可结合半年工作总结或年终总结进行。主要是表彰先进。对先进人物的表扬，除了要认真宣扬他的事迹外，更主要的是宣扬他的革命精神和优秀的道德风尚，把人们的注意力引导到提高思想觉悟上来。

本单位先进人物的事迹，人们看得见、摸得着，因此，这种总结表彰制度也是开展生动活泼的思想教育的好制度。

就整个思想政治工作系统而言，还有思想情况的调查、分析制度，思想政治教育的计划制定、计划实施及反馈调节制度，干部思想讲评制度等。思想政治教育制度化、规范化，是实现思想政治教育科学化的要求之一。各级领导者和广大思想政治工作者应为之而殚精竭虑！

第五节 思想政治工作学的学科综合性

一、思想政治工作学与相关学科的关系

思想政治工作学是一门综合性的应用学科。作为一门独立的、领导学的分支学科，它有其独特的研究对象，是其他任何学科所不能代替的。作

为一门综合性的边缘学科，除明确以中国特色社会主义理论为其指导思想外，还同政治学、心理学、社会学等许多学科有着密切的联系。把这些学科的有关成果综合应用于思想政治工作，对于全面深刻地揭示其规律，开创思想政治工作的新局面大有裨益。

（一）思想政治工作与政治学

我们这里研究的不是一般的思想工作，而是思想政治工作，当然同政治学有关。政治学是研究以国家政权为核心的政治现象、政治关系及政治行为的科学。对于社会主义国家政治学来说，则特别要对社会主义政治制度、政治观念、政治行为等等的特点及发展规律进行马克思主义的研究。

我们思想政治工作的任务，就是要教育全体人民正确认识社会主义，深刻理解党的路线、方针、政策。很明显，这种教育要大量借助于政治学研究的科学成果。马克思主义政治学关于社会政治发展运动规律的科学理论，可以为思想教育学的研究提供重要指导。此外，社会主义政治学也研究人们的政治教育、政治修养，这些交叉内容可以直接为思想政治工作提供可贵的养料。

（二）思想政治工作与教育学

思想政治工作从广义上讲也属于对人的教育，是对人的政治品质、思想品质、道德品质、工作品质、纪律品质等方面的教育。其基本方法是疏导，疏导的方法就是教育的方法。教育学的各种教育方法，如参观、演示、对比法、熏陶法、示范法、竞赛法、启发法等等，均可以为思想政治工作这门学科所借鉴、运用。有的同志在思想政治工作中搞强迫命令、行政手段，除了其他原因之外，也与不懂教育学的一般规律有关。

（三）思想政治工作与伦理学

马克思主义伦理学是关于道德、特别是关于共产主义道德的科学。它揭示共产主义道德形成和发展的规律，阐明共产主义道德的基本原则和规范，确定革命的人生观、崇高的道德理想、人的行为品质要求，并提出共产主义道德修养的途径和方法，从思想品德这一面揭示出培养一代共产主义新人的客观规律。

研究、运用马克思主义伦理学，自觉地把人的道德教育放在重要的地位上，并按道德发展的一般规律进行思想政治教育，有助于社会主义精神文明建设和促进有理想、有道德、有文化、有纪律的一代新人的成长。

(四) 思想政治工作与美学

思想工作者是灵魂工程师，他不但按照真和善的要求，而且也按照美的要求去塑造灵魂。美学是研究人对现实审美关系一般规律的科学。美学能够陶冶人的情操，净化人的灵魂，提高人欣赏美、创造美的能力。

思想政治工作的根本任务是提高人们社会主义的思想觉悟和认识世界、改造世界的能力。这不仅是抽象思维的过程，而且也是一个充满活力的有血有肉的智慧、情感、道德的综合性的塑造过程。"五讲、四美、三热爱"中"四美"的核心是心灵美，而心灵美就是崇高理想、道德情操和纪律、文化、审美观念的高度统一。

吸收美学原理进行思想政治教育，可以使其富有情感性、愉悦性、技巧性、感染性等，增强功能效应。审美关系是一种客观存在，人类具有追求美的天性，只要引导得好，人们就会从语言美、行为美、环境美等角度升华为心灵美。从这个意义上说，美育也是思想政治工作的内容。

(五) 思想政治工作与心理学

心理学是专门研究人的心理现象及其活动规律的科学。思想教育是用正确的思想武装人们的头脑，实现主观与客观统一的活动过程。思想教育工作只有以人的心理活动规律为依据，使教育方法与人的心理特点相适应，才能提高针对性和有效性。社会心理学是研究各个社会群体及其个体的心理结构与心理发展、变化规律的科学。它所揭示的人与社会相互影响的心理现象和规律，也是做好思想政治工作的重要依据。

当代企业管理的新发展——企业文化，其核心内容就是强调一个群体的共同的价值观和共同的行为模式。这同时也是一种群体规范，一种群体心理环境。它一旦形成，就会产生一定的群体压力，对这个群体的每一个成员产生导向、制约、规范的作用。人的发展方向，从现代心理效应看，很大程度上取决于社会心理环境。改革开放必然促进社会心理环境的变化。这种心理环境具有积极进取、开拓前进、创造性思维、动力压力增大等等特点。思想政治工作要积极培育良好的社会心理环境，促进人们思想的健康发展。

（六）思想政治工作与社会学

社会学是从变动着的社会整体出发，研究社会各个组成部分及其相互关系，揭示社会良性运动规律性的社会科学。它广泛地触及人类社会生活的各个方面，研究它们之间怎样相互联系、相互作用以及社会的运行和变迁。思想政治工作以人为对象，涉及方方面面的社会关系。运用社会学的有关原理，能够把人们的思想状况放到一定的社会环境中来研究，有利于正确调节组织内部与社会外部环境的关系。

思想政治工作借助社会学对社会关系的一般性研究成果是必要的、有益的。如社会学的社会角色理论是关于社会角色的分类、时代特征、角色的扮演与调适等方面的论述。思想政治工作以人为对象，实际上就是以社会角色为对象。如何引导其进入角色，更好地把握自我，以及处理好人们之间的角色关系，以提高自己的角色扮演水平，做一个群体中的合格的角色，去创造自己的人生。这些都是思想政治工作同样要解决的问题。

（七）思想政治工作与行为科学

行为科学是一门研究人的行为特征和规律的科学，也可以说是一门研究人的需要、动机、行为三者关系的科学。其目的是为了探求人的行为的规律，提高对人的行为的预测和控制的能力。思想政治教育也有一个预测和控制的问题。运用先进理想、道德、信仰等精神规范和精神力量来约束、调整人的思想行为，这就是思想政治教育控制。

为实现有效的控制，关键在于预测，即预测人们可能产生的思想。在这方面，行为科学的某些方法，可以参考与借用。如借用期值模式（激发力量＝目标价值×期望概率），对一些重大工作事先摸底调查，根据摸底实际，通过相应的思想工作，影响人们正确提高或降低目标价值，来调动人的积极性。应当指出，我们的思想政治工作与西方的行为科学有着本质的区别。对它们只能用科学态度，批判地吸收，绝不能盲目照搬。

二、相关学科在思想政治工作中的应用

上面论及的相关学科，从不同方面为思想政治工作提供了许多新的思想和方法，把它们正确应用于思想政治工作领域，有利于探讨思想政治工作规律，有利于提高思想政治工作效果。我们根据当前思想政治工作实

际，综合研究有关的三个问题。

（一）重视人的自觉能动性，有效地培育先进的思想意识

现代心理学告诉我们，在实践中人的心理活动是一个极为复杂的过程。人的自觉实践活动是受自觉思想意识支配的。意识是人们在长期的实践中逐步形成的，是以一定的立场、观点、信念等各种观念形态存在于人的大脑之中的一种特殊的心理功能。它对于其他心理活动具有定向、选择、率领等作用。这是人区别于动物的重要特征。

在阶级社会里，人的思想意识集中表现为一定的阶级意识，表现为对阶级利益、阶级关系的看法，表现为对世界和人生价值的看法。

社会主义意识表现为对社会主义和共产主义事业的坚定信念，对党对国家的热爱，对社会主义事业的执著追求及对同志真诚的爱。正确的、社会主义的思想意识一旦形成，共产主义的世界观和人生观一旦形成，就会比较稳定地支配人的行为，就会对外部世界的信息进行正确的加工，得出正确的结论并及时地、正确地调整自己的行为。这也就是在同样的外部条件下由于人的思想意识不同会有不同的行为选择的原因。

培养正确的思想意识，一方面要靠自身的修养，另一方面也要靠组织的帮助，即思想政治工作所执行的灌注。思想政治工作的对象是人而不是物，是有主观能动性的、作为社会行为主体的人。

思想政治工作也像其他客观条件一样，只构成行为主体的外部环境，它不能超越人们的内在活动直接作用于生产、工作、科研、学习等社会实践活动。它不能代替而只能通过一定形式作用于人们内在的思想矛盾运动。这种接受影响和作用外界的过程，会带有某种滞后性。

所谓滞后性，一是指行为主体接受外来影响有一个过程，二是指这种影响作用于人的工作及社会生活，又需要一个过程。我们只能顺应这些过程的规律去争取好的效果、大的效果，而不可人为地加大、加快。所谓"假、大、空"，就是人为地"加快进程"。这不仅不能产生良好的效果，反而损害了思想政治工作的形象。

（二）通过预测，有效地调控人的行为

恩格斯说：人们"……行动的一切动力，都一定要通过他的头脑，

一定要转变为他的愿望的动机,才能使他行动起来"。① 这就告诉我们,人的需要与人的动机、行为之间有着内在的联系。人的需要是对客观环境刺激的一种反应,动机是使人产生行为的思想,动机受需要制约,而行为则是在一定思想支配下的实践活动,通过掌握人的需要和价值导向,预测或改变动机,控制行为,这是做好思想政治工作的一条重要规律。

因为需要在形成支配行为的思想过程中起着重要的作用,所以要控制人的行为,必须研究人的需要,分清合理的需要和不合理的需要,对合理的需要不断予以最大程度的满足,达到"最佳的激励状态"。但是,单纯地从量的方面的满足并不是激励本身。常常有这样的情形,给予越多则越不能满足。这里有一个社会行为主体对待物质上、精神上的满足的态度问题。在错误思想的指导下,给予越多,越是"口味"高,也就越是不能满足。

要控制人的行为,还要注意人的不同的心理特征。个性心理对于人的思想行为也有一定的影响。由于各人的生理基础、经历、教育条件、生活环境的不同,以至形成了各个人在品质、性格、能力、兴趣、爱好等方面即个性心理上的差异。这些个性心理一旦通过情感和意志固定下来,就具有一定的稳定性。一个人的行为总是认识判断和情感意志的综合表现。因此,由个性心理产生的情感意志,不仅是思想政治工作要予以引导的方面,同时又是要加以区别,分别对待,在方法上与之相适应的重要问题。

(三) 顺应历史规律,优化客观环境,给人以积极影响

社会存在决定社会意识,这是历史唯物主义的根本观点。人的思想动机的形成,从生理上看,是人脑的机能;从内容上看,它是物质世界的反映。人的思想支配人的行动。

思想政治工作的功能是帮助行为主体在思想上对客观事物进行正确的加工。因此,除教育人们有正确的加工态度和方法外,创造良好的环境也是必要的。"近朱者赤,近墨者黑",不是没有一定的道理的。马克思说,一步实际运动比一打纲领更重要,强调了客观实际的影响力。李瑞环同志指出:商品经济条件下,思想政治工作究竟怎么办的问题,不只是一个思想政治工作本身根据新形势、新的对象环境怎么办的问题,还有一个整个经济环境的治理,也包括经济政策调整的问题。

---

① 《马克思恩格斯全集》第21卷,人民出版社1965年版,第345页。

如调动人的积极性与一定的分配制度有关。我们要调动人的积极性，除了进行正确的价值观的教育以外，不能不考虑合理的分配结构，不打破两个"大锅饭"，平均主义的分配结构不改变，就会打击人们的积极性。在这样的现实条件下去调动"各尽所能"的积极性，其收效是有限的。又如，如果我们的党风不正，为政不廉等问题不动真格去解决，就难以在群众的心目中树立起高大的形象。再如，如果不是坚定不移地贯彻改革开放的总政策，克服经济体制、政治体制等弊端，便会束缚社会主义制度优越性的发挥，进行"坚持社会主义道路"教育也难以收到更好效果。如此等等。大环境、中环境、小环境都是如此。

当然，我们要看到，一方面客观环境作用于人，另一方面，人又能动地改变客观环境。而改变或优化环境条件的态度、方法也要求做好人的思想政治工作。如改革中的思想政治工作，它是思想政治工作的重要组成部分，同时又具有优化环境条件，保证人们具有健康的改革心态的特点。无论是优化环境条件还是正确对待环境，思想政治工作都有一个如何帮助行为主体正确对待客观条件的问题，它虽不能代替客观环境条件优化本身，但可以促使环境条件优化，更可以促使人的正确思想的形成和发展。在思想工作中，这方面更为重要。

第十五章

领导方法与艺术：通达领导目标之桥

内容提要

领导方法是领导者在领导活动中所采取的各种手段、办法和程序的总和。它具有目的服务性、客观真理性、多种层次性、动态变异性、具体相关性等特点。领导方法与艺术既有随机性、个性化特点，又有规律性、共同性的特征。领导方法在领导活动中有着重要的地位和作用。实事求是、群众路线、对立统一是领导工作的哲学方法论原则，也是基本的领导方法。系统论、信息论、控制论方法对实现领导工作现代化有重要的现实意义。现代领导者应该讲究领导的方法与艺术，提高领导工作效率。

第一节 领导方法：含义、特征及重要性

一、含义与特征[①]

（一）领导方法的含义

在社会生活中，人们实践活动的方式或手段是多种多样的。这种实践活动不同的方式或手段，一般说来，就叫做方法。列宁说在探索的认识中，方法也就是工具，是主体方面的某种手段，主体方面通过这个手段和客体发生联系。从总体上看，方法有思想方法和工作方法之分。

思想方法是人们在认识世界和改造世界中观察、研究问题的思维方式，它是解决"怎么想"的问题。人们的活动是受思想支配的，所以思

---

① 参考《领导方法的基本特征》，黄兆雄：《领导科学》1986年第3期。

想方法决定工作方法。

工作方法是指行为主体为实现一定的目的，对客体所采取的手段、办法和程序的总和。它是解决"怎么做"的问题。

所谓领导方法，是指在领导主体的领导活动中，为实现一定的目标所运用的各种手段、办法和程序的总和。它是领导主体的思想方法和工作方法的具体运用，是领导者尽其职能的行为方式。

（二）领导方法的特征

1. 领导方法的目的服务性

领导方法是和领导目的（目标）相对应的概念。上面我们把达到领导目的的手段（或途径）称为领导方法，这样就内在地规定了领导方法具有明确的目的服务性特点。目的决定手段，手段是从属于、服务于目的的。没有无手段的目的，同样，也没有无目的的手段。因此，我们学习和运用领导方法，都应该有明确的目的，否则，为方法而方法的"无的放矢"，是没有任何实际意义的。

然而，没有正确的目的，甚至是错误的、反动的目的，其方法越"高明"，给社会带来的负效应就越大。《明史·奸臣传》把那些"窃弄威柄，构造祸乱，动摇宗祐，屠害忠良，心逆俱恶，终身阴贼"的人界定为奸臣。这正是说明奸臣为了个人的权势和私欲，工于心计，只想钻营，玩弄阴险狡诈的权术，给人民、给社会带来严重危害。

当然，领导方法对于领导目的并非是消极、被动的，相反，它能制约领导目的的实现。对这个问题，我们将在本节第二部分论及。

2. 领导方法的客观真理性

领导方法是领导者在领导工作中普遍运用的，不存在无领导方法的领导工作。然而存在着科学与不科学、正确与不正确、有效与无效的领导方法。领导方法虽然是领导主体制定和使用的，具有主观性，但它不是随意制定的，而是受客体制约的。

从根本意义上说，正确的领导方法是正确的思想方法和工作方法的具体体现，是领导者对客观规律的正确反映和运用，对客观规律反映和运用的正确程度越高，其真理性就越高，反之亦然。

一般说来，处于上升时期的进步阶级，较没落的反动阶级，能较正确地反映和运用客观规律,所以其领导方法中有较多的科学成分。但是由于阶级和时代的局限,即使处于上升时期的剥削阶级,其对客观规律的正确反映和运用也是极其有限的。

由于无产阶级的阶级利益与客观世界发展规律(尤其是社会发展规律)相一致,使其实现了科学性与阶级性的高度统一。因此,自觉地学习并运用无产阶级的立场、观点去分析问题和解决问题,对提高领导方法的科学性有着重要的意义。

3. 领导方法的多层次性

领导工作是一个极为复杂的系统,与此相适应的领导方法也是一个系统体系,大概可分三个层次:一是反映领导工作具体规律的具体领导方法,一般偏重于方式、技术,它是基本领导方法的体现,是外在层次;二是反映领导工作一般规律的基本领导方法,渗透在具体领导方法中;三是关于认识世界、改造世界的根本方法的学说和理论的方法论,它是从具体方法和基本方法中抽象出来的理论体系,居于方法体系的核心地位,制约着基本方法和具体方法。

方法论和世界观是一致的。恩格斯说:"马克思的整个世界观不是教义,而是方法。它提供的不是现成的教条,而是进一步研究的出发点和供这种研究使用的方法。"[①] 辩证唯物主义认为世界的本质是物质的,物质世界是遵循辩证规律不断变化发展的。以这个世界观去观察自然与社会,去研究与解决问题,就要坚持一切从实际出发,实事求是,坚持发展的、全面的、联系的观点。这就是辩证唯物主义的方法论,也是正确反映整个客观世界普遍规律的科学的方法论。

各个领域的领导方法,诸如科学决策的方法、知人善任的方法、思想政治工作的方法等已在各章中论述,这里着重研究的是指导整个领导工作的领导方法论的基本原则和基本的领导方法。在领导方法的问题上,既要重视领导方法论原则和基本领导方法的研究与应用,使具体的领导方法得以正确的运用和发展,又不能忽视根据新情况更新具体的领导方法,使领导方法论原则、基本的领导方法得以补充和完善,显示出科学的生机勃勃的力量。

[①] 《马克思恩格斯全集》第39卷,人民出版社1974年版,第406页。

4. 领导方法的动态变异性

领导方法是客观的,客观事物是不断变化的,因而反映客观事物的领导方法也是经常变化发展的。这种变化有多方面的表现,所以,适应客体的复杂多变,领导方法的功能也应该丰富多样。

综观历史发展,领导方法在原始社会主要表现为朴素的民主协调功能;阶级出现后,尤其在封建社会中,又集中体现为封建统治者治国平天下的专断统治功能;到了资本主义社会,资产阶级的领导方法比奴隶社会、封建社会多了一项内容,就是如何管理现代工业生产,领导的管理方法与管理艺术突出来了,而且着力把传统的政治统治术运用于管理领域。如日本在企业管理中,吸收我国的封建统治谋略,其中"以柔克刚"、"软硬兼施"、"七擒七纵"、"皇帝招安"、"攻心为上"等,这一套统治术突出了一个"软"字,形成一套令人刮目相看的日本管理艺术,这就是一个典型的例子。

领导方法体系也是一幅多变图。有的方法向高层次发展了,有的方法适应不了新形势而逐渐被淘汰了,又有的方法在新情况下诞生了。方法论对于方法的研究,也会随之变化。又由于不同层次的方法反映客体状况的差异性,其变化速度也有明显区别。

5. 领导方法的具体相关性

客观真理是具体的,任何的领导方法也是具体的,因此是相对的、有限的,"包治百病"的领导方法是不存在的。例如,基本的领导方法虽然具有普遍的指导意义,但它却不能代替具体方法解决具体问题。同样,具体的领导方法虽然可以解决具体问题,但它却常常面临各种新问题的挑战,因而不得不随时改变其内容与形式,甚至被淘汰。

世界的事物又是相互联系的,领导方法也是这样。各种领导方法的相互渗透、相互联系的"互补效应"可以解决一个个领导活动中的难题。领导方法的这种具体关联性,要求领导主体必须根据客体实际,综合运用各种方法。同时,还必须根据客体实际的变化,不断丰富、发展和完善原有的领导方法。

二、掌握和应用领导方法的重要性

（一）领导方法是有效地完成任务的"桥"或"船"

无论做什么工作，方法都很重要。没有方法或方法不当，就达不到目标，实现不了目的。毛泽东同志曾经形象地指出："我们不但要提出任务，而且要解决完成任务的方法问题。我们的任务是过河，但是没有桥或没有船就不能过。不解决桥或船的问题，过河就是一句空话。不解决方法问题，任务也只是瞎说一顿。"① 这里说的"船"或"桥"，就是一种"中介"或称作一个"环节"，没有这个"中介"和"环节"，主体和客体就连接不起来，领导行为就会落空。因此，解决工作方法问题就突出地摆在领导者面前。

这里说的"解决"，并非有无方法的问题，而是方法正确与否的问题。在实际领导活动中，在大体相同的条件下，大体相同的工作，由于方法不同，效果大不一样，甚至正负效应反差甚大。所以，"要做好工作，应该情况明，决心大，办法对"。② 如果领导方法不对，领导工作就不能得到广大群众的拥护和支持，就不能朝着正确的方向推进，这就影响到领导工作的成败。

（二）在社会主义现代化建设的新的历史时期，领导方法具有更为重要的意义

领导方法具有明确的目的服务性，它应随领导目标的转变而改变。我们党的领导工作一贯重视科学地解决领导方法问题，呕心沥血浇灌和培养着领导方法这朵鲜花。特别是在重大的历史转变关头，突出强调"注意工作方法"。如在1949年3月召开的中国共产党七届二中全会上，会议根据党的工作重心由乡村转移到城市的决定，要求全体党员用全力学习经济建设，学习工业生产技术和管理生产的方法，学习与生产有密切联系的商业工作、银行工作和其他工作，在领导方法上来个转变，使之面向和服务新的工作重点。为此，党中央先后发出《关于建立报告制度》等一系列

---

① 《毛泽东选集》第1卷，人民出版社1991年版，第139页。
② 《周恩来选集》（下卷），人民出版社1984年版，第405页。

文件，毛泽东同志又制定了《党委会的工作方法》，强调一定要讲究工作方法，对在新的条件下贯彻民主集中制，加强党委会的集体领导，改进领导方法，作出许多具体指示和规定。

在我国进入全面社会主义建设时期，1958年初，毛泽东同志专门写了《工作方法六十条（草案）》，其主要目的在于从工作方法方面求得进取。其中不少工作方法是在总结了领导工作经验的基础上提出来的，对党的工作起了指导作用。但是，由于这期间毛泽东同志和党中央在阶级斗争和经济建设的指导思想上存在着"左"的错误，因而工作方法也难免会出问题。

1978年12月党的十一届三中全会，实现了党和国家的工作重点转移到社会主义现代化建设上来的伟大的历史性转变，领导工作进入了社会主义现代化建设的改革、开放新时期。新时期的事业是前无古人的，解决这个时期的领导方法问题，意义更加重要。这是因为：领导方法是解决领导者"如何做"的问题，即先做什么，再做什么，如何做才能更好地达到和实现目的，才能取得更大的效益。历史的经验固然可以借鉴，但是新时期的任务是新的，不能照搬过去"如何做"的经验，只能从新的实际出发，遵循马克思主义方法论和基本领导方法的原则，进行创造性研究，找出相应的新办法。尤其是近几年来走上领导岗位的一大批年轻同志，他们缺乏系统的领导方法的基础知识，研究和掌握领导方法就显得更加迫切了。

另外，我们正处于新的世界技术革命时期（通常称为信息时代），全球各项事业的发展都有新的特点，"如何做"的方法问题日益突出。在20世纪以前，社会活动范围比较狭小，要素比较简单，联系不甚密切，行为后果不甚深远，变化节奏比较缓慢，信息要求的程度较低等等，这就从客观条件上决定了方法论的地位不能与今天相媲美。

现代科学技术发展的突出特点是高度分化与高度综合的统一。日本学者提出："综合就是创造"。所谓综合是指对系统要素进行科学的排列组合。从生物学角度看，不同的要素的排列组合在一定条件下可以创造新的物种。从这个意义上讲，综合方法也是内容，是一种创造物。

领导决策既是领导者的工作内容，也是工作方法。没有一套与方法论相联系的决策思维方法、决策程序方法、决策技术等，也就没有决策本身。科学的方法论，可以保证在众多的领域获得成功。正是如此，客观历史地把方法论的地位大大提高了。有人称"20世纪是方法论的世纪"，还有人说"20世纪最伟大的发明是方法论"。

由此可见,掌握和运用领导方法是实现领导工作科学化的需要,也是迎接新世界方法论挑战的需要。只要我们发挥马克思主义的哲学方法论的优势,弘扬中华民族的优秀领导方法传统,虚心学习各国在各门学科上所形成的科学方法论之长处,就能够屹立世界方法论之林和作出应有的贡献。

第二节 方法论原则和基本的领导方法

恩格斯说:"原则不是研究的出发点,而是它的最终结果;……只有在适合于自然界和历史的情况下才是正确的。"① 这就是说,原则是人们认识事物的结果,是从客观世界中抽象出来的。用这些原则作为人们言行的依据或衡量事物、处理问题的准绳,以其指导人们解决认识世界和改造世界的问题,就形成了思想方法和工作方法。原则和方法是一致的,有什么样的原则,就有什么样的方法,它们是一个问题的两个方面。

方法论这一概念,人们通常使用的意义有两种:一是最普遍意义的方法论,即哲学方法论,是关于认识世界、改造世界的根本方法的学说。这里专指辩证唯物主义和历史唯物主义的方法,这是最根本的方法。二是一般意义的科学方法论,它是从具体的自然科学、社会科学学科中总结概括出来的,既具有较高的概括程度和较广的适用范围,又包含着丰富的哲学内容,比如系统论方法、控制论方法、信息论方法、等等。

一、马克思主义哲学的方法论原则和基本的领导方法

马克思主义哲学是一个内容极其丰富的无产阶级的科学世界观,每一条基本原理、基本原则都是科学的方法论。对这一个"伟大的认识工具",需要全面地、完整准确地掌握和应用。这里,仅就体现中国共产党人特色的最基本的几个方面分述如下。

---

① 《马克思恩格斯全集》第20卷,人民出版社1971年版,第38页。

(一) 实事求是的方法论原则和基本的领导方法①

1. 实事求是方法论原则的基本内容

邓小平同志说:"马克思、恩格斯创立了辩证唯物主义和历史唯物主义的思想路线,毛泽东同志用中国语言概括为'实事求是'四个大字。"②他还指出:"按照实际情况决定工作方针,这是一切共产党员所必须牢牢记住的最基本的思想方法、工作方法。实事求是,是毛泽东思想的出发点、根本点。这是唯物主义。"③

我们党的实事求是思想路线,经历了一个形成和发展的历史过程:毛泽东同志早在《反对本本主义》、《实践论》等著作中就已经自觉地熟练应用和论证了实事求是思想。但把"实事求是"作为党的思想路线,则是在《改造我们的学习》一文中正式提出并加以充分阐述和深刻论证的。

"实事求是"是中国的一句成语,最早见于东汉班固《汉书·河间献王传》,毛泽东将它加以改造并赋予了崭新的内容和现实意义。他说:"'实事'就是客观存在着的一切事物,'是'就是客观事物的内部联系,即规律性,'求'就是我们去研究。我们要从国内外、省内外、县内外、区内外的实际情况出发,从中引出其固有的而不是臆造的规律性,即找出周围事物的内部联系,作为我们行动的向导。"④

根据毛泽东同志的这一阐述,实事求是的思想路线主要包含着以下几方面的内容:实事求是的前提,是承认外界事物的客观存在性,即从实际出发;实事求是的核心,在于从"实事"中求出"是",即认识事物发展的客观规律;实事求是的基本方法是调查研究;实事求是的目的,在于用"求"出来的"是"去指导实践,更有效地改造世界。可见,从实际出发,实事求是的思想路线是具有中国共产党人特色的马克思主义世界观和方法论,它具有深刻的理论意义和重大的实践意义。

当时,主观主义的思想路线有两种突出的表现形式。一种是做研究工作的人,只强调书本,凡是书本上没有的,就不敢去做。把书本上的只言

---

① 参考齐平:《领导方法与领导艺术》,四川人民出版社1988年版,第15~28页。
② 《邓小平文选》(1975~1982),人民出版社1983年版,第242页。
③ 同上书,第109页。
④ 《毛泽东选集》第3卷,人民出版社1991年版,第801页。

片语和个别结论,当作千古不变的教条,当作包治百病的灵丹妙药到处套用,对新生事物,一概不感兴趣。另外一种是做实际工作的人,盲目拔高自身经验的价值,一切都是"三年早知道",不注意客观情况的研究,往往单凭主观热情去工作,以感情代替政策。这种主观主义的领导方法不仅不能解决中国的问题,而且使中国建设事业多次遭受严重的挫折和失败。它们的共同特征是主观和客观、理论和实际相分离。

而实事求是,就是从实际出发,理论联系实际,就是要把马克思列宁主义的普遍原理同中国革命实践相结合。中国革命取得一个又一个胜利的事实说明:"实事求是"是我们党对马克思主义哲学原理的坚持和发展,是对辩证唯物主义方法论的灵活运用和出色的创造。

2. 坚持和运用实事求是的基本方法

物质和精神的关系问题是哲学的基本问题,也是实际工作中的根本问题。实事求是的思想路线,科学地解决了物质(客体)和精神(主体)相统一的问题。所以,它是无产阶级世界观的基础,是马克思主义的思想基础,也是无产阶级革命和建设的根本方法。过去,我们在民主革命、抗日战争、解放战争中取得的一切胜利,是靠实事求是;现在我们搞四个现代化建设,同样要靠实事求是。

坚持和运用实事求是方法要做到:

(1) 坚持一切从实际出发,切忌主观主义。真正做到按照事物的本来面目认识客观事物。决不能从抽象的定义出发,从主观框框里找方针、政策、方法。这就需要认真的调查研究。"认真"二字的主要含义:一是要有一条马克思主义的思想路线;二是要眼睛向下,甘当小学生;三是坚持唯物辩证的思想和方法,对事物进行定性、定量分析,并采取切合实际的灵活的形式和方法。

(2) 正确发挥主观能动性,努力从"实事"中"求是"。领导工作也像世界上的其他事物一样,有着其固有的规律。就是说,它具有"是"可求的,从"实事"出发的任务就在于"求是"。而事物的"是"隐藏在事物的内部,不能单凭感官去感知,尤其重要的是靠抽象思维去把握它。这就要求领导者精于思索,将调查获得的丰富感性材料加以去粗取精、去伪存真、由此及彼、由表及里的改造制作,使我们的认识反映事物内部的规律性。

还必须指出,领导者要善于通过偶然性去认识和把握必然性,运用慧眼及时发现那些未曾见过的偶然出现的，然而却是一种内在必然表现的新生事物，并力排众议，积极予以扶植，使之茁壮成长。这在改革开放的新时期尤其重要。当然，也要正确掌握现象与本质的辩证关系，谨防鱼目混珠，切不可被绚丽夺目的假象所迷惑。

（3）坚持用实践来检验和发展真理。我们从"实事"出发，"求"得的认识是"是"还是"非"，只有通过实践检验才能判定。由于"实事"是发展变化的，所以就是被实践证明为"是"的认识，也需要在实践中不断提高、完善。领导者的"求是"不是一次完成的，"求是"的过程是一个动态过程，所以要经常研究新情况、新问题，沿着实践、认识、再实践、再认识的规律逐步提高、完善，不断实现主观和客观的具体的、历史的统一。

（二）群众路线的方法论原则和基本的领导方法①

1. 群众路线的含义、内容

党在领导中国人民的长期斗争实践中，创造和发展了从群众中来，到群众中去的群众路线。用毛泽东同志的话来说就是"将群众的意见（分散的无系统的意见）集中起来（经过研究，化为集中的意见），又到群众中去作宣传解释，化为群众的意见，使群众坚持下去，见之于行动，并在群众的行动中考验这些经验是否正确。然后再从群众中集中起来，再到群众中坚持下去。如此无限循环，一次比一次更正确、更生动、更丰富。群众路线是我们根本的工作路线……"。

"群众路线"一词，最早见之于李立三在1928年11月同江浙地区负责人的谈话。1929年9月，周恩来同志主持起草的《中央给红四军前委的指示信》（《九月来信》）中，才比较明确提出"群众路线"的概念。1942年毛泽东同志在《关于领导方法的若干问题》的名著中，科学地把群众路线的基本内容归纳为两句话："从群众中来，到群众中去"。第一句是说，按照群众的觉悟和经验，按照实际可能和条件，去制定方针和方法。第二句话是说，把已经制定的政策和方法，向群众宣传解释，从而变为群众的自觉行动，并通过实践来检验领导机关决定的政策与办法的可行性程度。

---

① 参考齐平：《领导方法与领导艺术》，四川人民出版社1988年版，第28~46页。

这条路线,建立在人民群众创造历史的理论基础上,是辩证唯物主义认识论、唯物辩证法在领导方法上的生动体现。至此,我们党的群众路线方法已具有成熟的理论形态,并成为全党的一项基本的领导方法、工作方法。

2. 正确运用群众路线的方法论原则

江泽民同志在党的十三届五中全会上谈到群众路线是我们党的工作路线时指出:"一定要在坚持群众路线、改进领导作风上有个新的提高。任务要依靠群众去完成,经验要依靠群众去积累,新事物要依靠群众去创造,困难也要依靠群众才能克服。"这里,从"一切为了群众"、"一切依靠群众"的宗旨出发,再次强调了在今天坚持群众路线的现实意义。执行群众路线有两种主要方法:一是一般号召和个别指导相结合;二是领导骨干和广大群众相结合。

(1) 一般号召和个别指导相结合的方法。它是指在实施领导过程中,将一般的普遍号召和个别的具体指导相结合的一种领导方法。毛泽东同志说:"任何工作任务,如果没有一般的普遍的号召,就不能动员广大群众行动起来。但如果只限于一般号召,而领导人员没有具体地直接地从若干组织将所号召的工作深入实施,突破一点,取得经验,然后利用这种经验去指导其他单位,就无法考验自己提出的一般号召是否正确,也无法充实一般号召的内容,就有使一般号召归于落空的危险。"[1] 蹲点,培养典型,突破一点,取得经验,指导全局的领导方法,就是一般号召和个别指导相结合的具体方法。

(2) 领导骨干和广大群众相结合的方法。它是指领导骨干和广大群众相结合,即如何处理领导者和被领导者之间关系的领导方法。任何一项任务的完成,决策目标的实现,从物质方面看,都要依靠领导骨干和广大群众两个积极性,如果光有少数积极分子的积极性而无广大群众的自觉行动,势必冷冷清清,很难打开局面。反之,如果只有广大群众的积极性,而无领导骨干亲临组织群众,宣传群众,那么,群众的热情和行动,既不可能持久,也难以保证沿着正确的方向发展并使之达到一个令人满意的状态。领导者在任何时候都必须深入群众,善于发现、培养、使用领导骨干,并依靠这些骨干去团结处于中间状态的多数群众,以及热情帮助少数

---

[1] 《毛泽东选集》第 3 卷,人民出版社 1991 年版,第 897 页。

后进群众。

在新的历史时期,还要求领导者依靠群众决策,实现决策民主化;讲究用人之道,优化组织结构,发挥积极分子特别是智囊团的作用。只有这样,才能真正实行领导骨干和广大群众相结合,把各项事业推向前进。

(三)对立统一的方法论原则和基本的领导方法

我们生活于一个充满矛盾的世界。处处有矛盾,时时有矛盾。领导工作就是分析矛盾、解决矛盾的工作。对立统一的法则是宇宙间普遍存在的根本法则,也是领导工作的根本法则和根本方法。学会分析矛盾,养成分析习惯,是做好领导工作的重要保证。

1. 具体问题具体分析,"一把钥匙开一把锁"

矛盾是普遍存在的,同时又是各自有别的。在诸多的矛盾中,有主要矛盾和次要矛盾之分;在矛盾的双方中,有矛盾的主要方面和次要方面之别;就矛盾的性质而言,又分为对抗性矛盾和非对抗性矛盾,不同性质的矛盾,解决方法也不同,等等。我们的思想方法和工作方法,要求做到具体问题具体分析,"一把钥匙开一把锁"。

凡事要从实际出发,因地制宜,因时制宜,不能千篇一律,一概而论。这是马克思主义的活的灵魂。没有区别就没有政策。那种"一刀切"、"一锅煮"、"一个模式"、"一风吹"等等简单化的做法,都是否定矛盾的差异性以致最后否定矛盾的真实存在的,是注定要失败的。

2. 全面地看问题,学会抓关键和"弹钢琴"的领导方法

客观事物不仅是无限多样的,而且是普遍联系的。每一事物都是一个系统,它同其他相关事物又构成大的系统。其内部各要素之间以及事物与事物之间,也处在相互联系、相互作用的发展状态之中。因此,我们必须全面地、系统地、发展地思考问题、观察事物、处理矛盾。从思想方法和工作方法说,应当做到"既要……也要……",而不能"只要……不要……"。比如既要抓中心工作,又要带动一般工作,学会"弹琴";既要进行"自己同自己比"的纵向比较,又要进行"自己跟他人比"的横向比较,掌握立体比较的思维方法;在注意一种倾向时,也要注意掩盖着的另一种倾向,以加强超前预见性。

3. 创造条件做好矛盾的转化工作

做工作就是分析矛盾，解决矛盾，否则就无工作可言。解决矛盾的实质内容就是使矛盾向有利的方面转化。而矛盾的转化不是无条件的，条件不同，其转化也不同。我们解决矛盾，必须从矛盾的普遍性和矛盾的特殊性出发，从各方面创造有利的条件，使矛盾朝着正确的方向转化，防止向相反的方向转化。在一定的意义上说，领导方法就是如何做好矛盾转化的方法，做好矛盾转化是研究领导方法的出发点和落脚点，矛盾转化的状况就是衡量领导方法水平高低的标志。

二、现代科学方法在领导活动中的应用[①]

20世纪40年代产生的系统论、信息论、控制论（简称"三论"）是20世纪自然科学取得的重大成就之一。"三论"与其他基础学科不同，作为方法论，抽掉了事物的具体特点和差别，从横向综合的角度，揭示世界各种事物的内在联系和本质特性，因此具有普遍的适应性。现代领导工作本身就是一个系统，就是一个信息过程，就是一个控制过程。这个过程同时也是主客观相统一过程的展开。学习和掌握"三论"的思想和方法，对于提高领导者认识世界、改造世界的能力，增强领导效能，具有重要的意义。

（一）系统论方法

所谓系统，是指由若干要素按一定结构方式结合成的具有特定功能的统一整体。任何事物都是作为系统而存在的。现代领导的每一个基本要素，都不是孤立的，它既在自己的系统之内，又与其他系统发生各种形式的联系。从领导活动的一定目的性和功能优化的控制要求出发，按照事物的系统性把对象放在系统形式中加以考察，这就是系统方法。这种系统方法要求从事物的系统性出发，始终着眼从总体与部分（要素）、部分与部分、整体与外部环境之间的相互联系、相互制约的关系中把握对象。

在领导活动中应用系统方法时，要遵循系统方法的基本原则。

（1）目的性原则。每一个系统都应有明确的目的性；系统的结构一

---

① 参考赵怀让主编：《领导科学新论》，河南人民出版社1985年版，第162~168页。

定要根据系统的目的和功能设置；要强调子系统（单元）服从母系统的目的；一个系统通常只能有一个目的。

（2）整体性原则。从整体去观察各个部分存在的意义；局部的目的和功能要服从整体的目的和功能；局部不能代表整体。整体功能大于各局部功能的总和，这是整体性原则中重要的一条。

（3）联系性原则。既要分析组成系统的各要素的数量和质量状况，又要注意系统与要素之间、要素与要素之间、系统与环境之间、上层次和下层次之间的联系。

（4）结构性原则。要素功能不等于系统功能，系统的功能主要由结构决定。结构不同，系统功能则不同。即使相同的成分，结构不同，性质也不同。

（5）层次性原则。层次性是各系统结构的一个重要特征。任何复杂系统都有一定的层次结构；每一层次都具有各自的功能；同一层次的各子系统之间的横的联系，由各子系统本身自立进行，只有在它们不协调、发生矛盾时，才需要上一层次干预解决。

（二）信息论方法

信息，最简单的解释是"消息"。但信息不是一般的消息，而是客观世界中各种事物的变化和特征的最新反映，是事物存在和变化的情况。对接收者来说，信息是指具有新内容、新知识的消息、情况等。信息方法，就是把系统的联系、变化抽象为一个信息的过程，即信息的输入、贮存、加工、转换、传递、输出的过程，并使这个过程为一定的目的服务的一种现代科学方法。它的具体过程如下图所示：

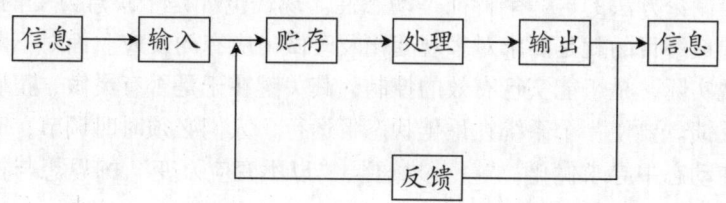

从信息论的角度分析，领导活动可以看作一个信息系统，基层单位可以看作信源（或信宿），而领导机关也可看作信宿（或信源）。各种机关、组织，了解情况的一些渠道则可以看作信道，而各种报表数据、指令等等都是信息。领导机关和各级组织、领导机关之间通过信息关系发生联系。

领导工作过程也可以抽象为信息过程。这就是通过信息系统收集信息、处理信息和利用信息的过程。即从实现一定的目标出发紧紧把握信息流,并以信息流作为媒介调整人流、物流的数量、方向、速度和过程,以求整个系统向有序、高序的方向发展和进入良性循环的状态。

(三) 控制论方法

控制论是关于各种系统的控制和调节的一般原理的科学。所谓"控制",指一个有组织的系统根据内外部的各种变化来进行多次调节,使系统始终处于某种特定状态或促使事物从一种状态向另一种状态转换。由于自然科学和社会科学所研究的对象大多数具有控制和调节的共同功能,因而控制论被广泛地应用于自然和社会的领域。

控制论方法旨在实现一定目标的信息过程中求系统功能的运用,离不开信息方法。它的第一个特征是信息化。控制过程中的自适应、自调节,首先取决于所获得的信息。系统运动的输出状态所形成的信息反馈对系统的控制更为重要。控制论方法告诉人们,一个现代人特别是领导者,必须珍视信息,善于获取、加工、处理、贮存和利用信息,从而达到人与环境、个人与集体的协调发展。

控制论方法的另一个特征是反馈。为完成系统的总目标,系统中的各个子系统、各个层次都处于运动中。那么,它们是否都朝着有利于总目标的方向发展?是否都发挥应有功能?它们之间的关系是否协调?要解决这些问题就要通过信息反馈对系统加以控制。大凡要求调节和控制的地方,无不应用反馈原理。信息反馈在现代管理和领导工作中占有日益重要的地位。

控制论方法的再一个特征是动态性。现代世界是个瞬息万变的世界。反馈的最终目的就是要求对客观变化及时做出应有的反应。面对不断变化的客观实际,是否能实行有效的控制,其关键在于是否有灵敏、正确、有力反馈。要使一个系统在最佳状态下运行,人们必须时时调节,时时反馈,在动态中寻求优化。"一劳永逸"、"以不变应万变"的思想与控制论方法是格格不入的。

第三节 几种常见的领导方法与艺术

领导方法与领导艺术本身是多种多样的。按照领导者个人情况的不同,依据领导者所在的岗位差异、所处的地域及发展状态的区别,领导方法与领导艺术会表现出个性化的特点。与此同时,由于领导活动总是具体针对某一问题展开的指挥与统御行动,领导者个人在面对某种具体情形、具体问题时,便会表现出鲜明的随机性特征。

观察人类的领导活动历史,从来就没有适合于任何领导者、任何领导情况、任何时代、任何社会情形的领导方法与艺术,试图抓住"一劳永逸"的"万应灵药"是徒劳的。但是,古往今来,领导活动总是人的活动,总是围绕指挥和统御者而展开的组织活动。因而,在领导艺术或领导方法上,总是有共同性与规律性可循的。因此,领导艺术与领导方法是个体性、随机性与共同性、规律性的辩证统一。正是从这个角度来讲,我们有必要去追寻那些可以为我们所用的、带有共同性、规律性的领导方法与领导艺术。

一、个人形象塑造

从机制上来说,领导活动是一种公共活动。公共活动必然受公共规则的制约。从这个角度讲,领导活动不能成为私人性活动。换言之,领导活动不是领导者的一己逞雄逞能的活动。在现代社会,对于领导者的领导活动严密而有效的制度约束,早已成为社会现代化程度的一个重要标志。假如一个领导者在指挥与统御的领导活动过程中随心所欲,只按自己的好恶与脾性使用领导权力,而这种情况又对社会有着支配性的作用,那么我们可以说,这一社会的现代化程度是不高的。

从领导活动来看现代社会,现代化程度越是高的社会,领导活动的共同性与规范性程度就越高,领导方法与领导艺术的共同点就越多,领导者发挥个人的意志、愿望、爱好的"余地"就越小;现代化程度越是低的社会,领导活动的随意性与非规范性就越明显,领导方法与领导艺术的差异性就越大,领导者个人的意志、愿望、爱好就越是对社会起支配性的影响和作用。

现代社会之所以要严密限制领导者用权的方式方法，而尽量不给领导者随意挥洒的"艺术"发挥余地，原因是很简单的：领导者手里握有支配他人的权力，假如随其使用，领导者个人的意志和愿望、爱好，倒是可以尽情发挥，但是社会大众的权利就会受到侵害。就此而言，限制领导者对其领导"艺术"的滥用，使其不至于将领导艺术偷换为领导权术，是现代社会采取以权制权的一个重要原因。

但是，现代社会的这一根本要求，并不妨碍我们在遵循法定的领导规则的前提条件下，对有助于提高领导效率和领导水平的领导方法与领导艺术加以探讨，对富有领导者个性特点的领导方法与领导艺术加以分析，对领导者运用领导权力的方式方法进行个人化的研究与塑造。之所以有必要对领导者个人的领导方法与艺术加以勾画，原因有三：

其一，领导活动尽管是在共同的规则前提下展开的，但领导活动毕竟是领导者这一主体作用于领导对象这一客体的人的活动，领导者个人一己的动机与愿望如何，毫无疑问会影响他对权力的运用及其效果。

其二，领导者个人在规则之下活动，但由于规则总是有"黑色"和"灰色"的地带，即规则始终有对其所制约的同类现象无法全部加以统摄的"漏洞"，又有对其所制约的同类对象规定不是十分清晰的地方，因此，领导者个人还是有发挥其主观意志的余地。如何发挥，就会有一个因人而异的个性化问题了。

其三，领导者个人在具体运用其被合法赋予的权力的过程中，尽管要在法律与规则的范围内行动，但是，领导者的个人气质、人生经历、领导经验等等，对其活动的规范程度、对规范的遵守效果，都会有很大的不同。

既然领导者个人因素对领导活动的效果具有如此巨大的影响，那么，明了哪些因素对形成领导者个人的富有成效的领导风格有着不可忽略的作用，就是一个重要的问题了。当然，影响领导者领导风格与成效的因素有个人内在外在因素与社会各种因素等多方面的复杂机制。从社会因素方面而言，政治经济体制与法律状况具有最重要的影响，这一点在前面已有论述。从个人外在方面来说，领导者个人对权力的运用方式是最重要的。从个人内在方面而言，领导者自己能否树立良好的个人形象，则具有重大的影响。

领导者要树立良好的个人形象，须从三方面着手：

第一，作为一个负有指挥和统御责任的领导者，不同于作为普通一员有处理问题的自主权。授权是领导者的分身术和成事术。授权艺术的原则是：授权留责（即领导者下授权力，但不下授责任）；适度合理授权（不能把自己的全部领导权下授，不能把同一权力授予两个人，也不能将不属于自己的权力授予下属）；因事择人，视能授权；逐级授权（授权时应按组织的层级节制原则逐级进行，对其所属的直接下级授权）；加强授权后的监督；防止反向授权（即防止下级把什么事情都往领导头上推）。

2. 不能颠倒工作的主次，要善于"弹钢琴"

辩证唯物主义的主要矛盾原理告诉我们，任何事物，在其发展的各个时期，都存在着主要矛盾或主要环节、中心环节。抓住了它，就能解决其他矛盾或带动其他环节。列宁、斯大林都认为，政治家的全部艺术就在于抓住无穷链条中的中心环节。根据这些科学论述，领导者要抓准抓好大事，一抓到底，绝不能半途而废。一般来说，在一个组织内大事情只占20%，20∶80已成为公认的管理原理。如果领导者淹没于80%的琐碎事务之中，事必躬亲，管理太细太具体，则是主次颠倒，干不好领导者该干的事。

当然，这不等于说可以"单打一"，可以只抓中心工作而忽视其他工作。因为主要矛盾和次要矛盾是相互联系、相互影响的。在许多情况下，做好中心工作需要其他工作的配合，否则，中心工作也不可能抓好。这就需要"弹钢琴"，既不能十个指头都同时按下去，也不能有的动有的不动。在抓中心、抓重点工作的同时，也要花一定的精力和时间抓好其他工作。

（二）激励下属积极性的方法与艺术

激励就是运用各种刺激手段，唤起人的需要，激发人的动机，调动人的积极性。使其行动趋于目标，当目标达到之后，经反馈又强化刺激。如此周而往复、延续不断，使人始终维持在一个兴奋状态之中。除前面已述的思想政治工作激励外，常见的还有以下几种。

1. 目标激励

目标，是在一定时期内通过各种行动所要实现的工作成果和理想状态。人的积极性程度取决于目标价值的大小和达到目标可能性的大小。目标的价值越大，吸引力就越大。但如果实现的可能性小，可望而不可及，也不能激发积极性。因此，领导者要充分地调动下属的积极性，就必须使管理者所欲实现的目标与职工的意愿相一致，设法使每个人自觉地去选择与管理者目标协调一致的目标。

能调动组织成员积极性的目标还应当是具体明确的，有吸引力的；有一定难度但经过努力可以达到的。成功的激励者，要能够给每个人均等的条件，发挥其各自最大的潜力，同时又使其摩擦系数降至最低，从而获取最大的合力；给每个人充分的自主权，以发挥其主动性、创造性、灵活性，充分地利用其智慧和才干；开展正当的竞争，以择优汰劣作为工作的动力和压力。

2．抓住优势需要来激励下属的积极性

人的需要决定动机和行为。人的需要是受到社会影响的，是随着社会历史的发展而发展的。现代社会人的需要是复杂多样的，除了物质需要外，还有多方面的社会需要。但是这些需要的迫切程度是有差异的。人的需要在不同时期，对不同对象是有不同的侧重的。这就叫优势需要。因此，领导者应善于掌握群众和个体不同的优势需要，把物质激励和精神激励有机地结合起来，瞄准下属的"穴位"和"兴奋点"，予以激励。这样做，可收到增大效应的明显效果。

3．重点激励先进分子的积极性

事实证明，在实现社会前进的各个社会组织中，总是有先进、中间和后进之分，我们的激励工作应该突出重点。没有重点，也无所谓有效的激励。国外不少企业做过这样的统计分析，就人们完成工作的数量和质量来讲，呈"二八"分布状态。即对于一个历史时期或完成一项重大工作而言，80%的工作是由20%的先进分子完成的，其余的20%工作是由另外80%的人去完成。因而提出领导观念"二八律"，[①] 亦称领导重心"二八分配法"。[②] 其基本要求是：领导者应当集中力量调动完成工作量的80%、却只占从业人员总数20%的先进分子的积极性，以带动另外80%的人员，使先进更先进，后进追先进，促成工作的良性循环。我们可以根据中国国情，借鉴这种重点激励方法，更好地调动人们的积极性。

---

① ② 参考赵履宽主编：《现代领导知识要览》，浙江人民出版社1989年版，第7页。

4. 正确运用强化手段，合理修正员工行为

人的行为都受一定的动机支配，只要是能有效地达到目的的行为，人们总是乐意实施的。反之，人们行为的动机就削弱以至消失。因而，直接控制行为的结果，就能控制行为，即可以通过对行为施以不同的刺激来修正行为，这就是强化。对某种行为给予肯定的奖赏，即给予职工所喜爱的结果，使某种行为巩固、保持，这是正强化。而对某种行为给予否定和惩罚，即给予行为者所不喜欢的结果。使行为减弱以至消失，这是负强化。管理者，可以依据管理需要，运用强化手段对职工的行为进行定向控制和改造，以达到预期的最佳状态。

5. 建立良好的上下级关系

这是属于情绪激励。人的情绪是与人的要求是否获得满足以及满足的程度相联系而产生的。情绪能使人的行为积极，也能使人的行为消极。因而，领导者要以优良的作风去建立融洽的上下级关系。

（1）领导者对下属要充分信任，大胆使用。

（2）领导者与被领导者之间应当平等相处，"相敬如宾"。

（3）下属工作中出现失误，领导者要敢于承担领导责任。

（4）领导者要言而有信。不要随便许诺，失信于下属。

（5）对下属工作上和生活中的难处，要关心备至，热情相助，努力创造一个宽松的工作环境和良好的人际关系条件。

（6）对下属要公正，赏罚分明。

（三）运用时间的方法与艺术

时间参与了人们的一切物化劳动，决定着劳动的成果。时间最易消逝、最难捉摸，是特殊的稀有资源。时间和财物不同，是借不到、租不到，也买不到的。时间是个常数，不论时间需要量多大，供给绝不可能增加。时间没有代用品，也不能贮存。"时乎时乎不再来"。正是这样，古今中外，都知道时间的宝贵。马克思说，一切节约归根到底归结为时间的节省。"一寸光阴一寸金"，就是我国的古训。一个高明的领导者，总是从掌握和有效地驾御自己的时间开始。其主要方法与艺术有：

1. A、B、C 时间管理分类法

ABC 时间管理就是把自己有限的时间科学地支配在自己所领导的那个系统的关键工作上,以求获得最大的效果。具体做法是:把所要办的事情分成三类:A 类是重要的事,当天必须办的;B 类次之;C 类则可以放一放。把处理事务的时间按 ABC 分类后,就要严格按顺序进行,不能把 ABC 的位置颠倒。首先集中精力把 A 类工作做完后,再去处理 B 类工作,C 类工作可以交给下级去办或托办。这样就形成把时间和精力用在重大工作上,突出了关键性的工作,往往能取得事半功倍的效果。

现实的事物总是复杂多变的,因此,在具体执行过程中,要机动灵活办事。比如忽然有人来电话催问某事办得怎样,这件事又属 C 类,你就得把它提到 B 类去做。再如,有人专门上门来联系属于 C 类的事,那就可能要把这件事提到 A 类来办。

2. 集中使用时间

集中方能成大功。古今中外的成大事业者,其成功的奥秘无一不是集中时间,集中精力。

(1) 与下属人员相比,有效的领导工作更需要较多的"整块"时间思考问题。因此,凡是有效的领导者,都有挤"整块"时间的高招。

在处理工作时要坚持三个自问:能不能取消它?能不能与别的工作合并?能不能用简便的东西代替?这样,自然节省了时间与精力,无形中就提高了效率。

根据有关方面的研究,时间在领导工作中的分布是极不均匀的,占领导工作数量 80% 的重要工作,却只需占用全部领导工作 20% 左右的时间,这里的诀窍是这段时间要集中,不要被分散;要连续,不要中断。

(2) 在"生物钟"最佳时间集中做最重要的事。每个人都有自己体内"生物钟"运动的规律,有着各自不同的时间节律。利用"生物钟"的自身特点,在精力最充沛的时间去做最重要的工作,收益会最大。对于那些不太重要的工作,可以放在精力相对较差的时间去做,这样时间就得到了合理的安排。

3. 专心致志

时间的集中,有量的集中和质的集中,而质的集中比量的集中更重要，它会收到预想不到的效果。所谓"质"的集中，就是要提高自己的注意力。一个领导者常常面临着纷繁复杂的问题、现象，如果思维始终处于无目的、无方向的散漫状态，就无法理出头绪，抓住关键性的东西。因此，思维要保持高度的凝聚力，善于使思维"聚焦"，即把思维有意识地集中到一点，深入下去，产生突破，从浩瀚的材料、信息当中发掘出有价值的东西。使注意力高度集中是个复杂的问题。要沉下心来，对工作有浓厚的兴趣，对工作有紧迫感。严格决定工作完成的期限和适当的休息等也有助于提高集中力。历史上凡是有成就的人工作和学习时间总是注意力高度集中的，达到如痴如迷的程度。

4. 时间管理记录统计法

有效使用时间的反面是浪费时间。这种方法是避免浪费时间的有效方法。它是把自己的时间"消费"如实记录下来，经过分析，从中找出浪费时间的因素，从而制定消除这些因素的措施。具体做法是：

（1）记录。把每天所做工作和各项工作消耗时间的情况真实准确地记录下来。切忌回忆、补记，避免由于时间记录的不准确导致整个时间管理的失误。如下表格可供参考：

日 期	星期	上　　午		下　　午		备　注
		事由	耗时	事由	耗时	
月　日	一					
月　日	二					
月　日	三					
月　日	四					
月　日	五					

（2）统计。对时间的统计情况（一周或一天）进行统计分类，统计出各占用的时间多少。

（3）分析。主要分析如下几个问题：哪些事是根本不该做的；哪些事是属于插手了下级的；哪些事属于时间安排不合理的；哪些事属于工作方法不当的;如此等等。

(4) 重新制定工作时间表。时间表中应列出要做的主要工作,各项工作的先后顺序以及完成的最后期限。

(四) 开会的方法与艺术

会议是人们为了达到一定的目的,聚会在一起交流思想或规划行动的一种活动。它对于沟通情况,统一思想;对于讨论、研究和解决问题;对于下达计划,布置任务等都是极其必要的。开会是领导者进行领导工作的一个重要手段。据统计,一个领导者每周大约有3/7的时间是在会议桌旁工作的。因此,为了提高领导效率,就必须讲究会议管理的方法和技巧,开好会议。

1. 要有端正的会风

会议过程一般包括会前准备、会议进行和会议收尾三个主要环节。与此相适应的端正会风主要有:
(1) 不开没有准备的会;
(2) 限制开会次数,不开可开可不开的会;
(3) 不开没有明确议题或有许多议题的会;
(4) 限制会议人数,不要无关的人参加;
(5) 准时开会,不迁就迟到的人;
(6) 限定发言时间,不要作离题或重复性的发言;
(7) 不受外界干扰,专心致志开好会;
(8) 不开铺张浪费的会;
(9) 有计划控制会议,不延长会议时间;
(10) 不要议而不决;
(11) 应由集体决定的事,不由个人作决定。

2. 主持会议的要领

会议的效率同主持会议的水平直接有关。精明的会议主持者在会议开始时,他会十分明确地把开会的目的首先提出来让与会者明白。在开会的过程中,他会以自身良好会风的表率作用,以得体的言行举止的感染力,引导会议。其间,他会细心观察和巧妙处理冷场、离题、争执等种种异常状态,想方设法引导与会者始终围绕议题来进行讨论。当会议快要结束时,立即回到开场宣布的主题上来,使会议的结果和主题相符,保证会议宗旨的实现。

会议的类型是很多的,按会议的内容分,有政策性研究会、执行性协调会;按与会对象及规模分,有干部会、群众大会;按会议的形式分,还有座谈会、调查会、讨论会等等。不同的会议,应有不同的主持要求。这里,仅研究常见的两类会议的指导原则和方法。

(1) 政策性研究会。它包括目标规划、应变对策、贯彻指示以及学术交流等。这类会议应该充分发挥民主,百家争鸣,使领导能够兼听,切忌"一言堂"。领导的水平和艺术在于:虚心倾听各种意见之后,将其中的精华吸收到自己的总结中来,使与会者每个人都感觉到自己的意见受到重视。最忌讳的是,与会者发表了很多意见,领导者总结时却发表一通自己早已想好的意见。久而久之,会使会议空气窒息,失去活力。

(2) 执行性协调会。它包括布置任务、协调矛盾、组织接力等。这类会议事前应有充分准备,届时不展开自由讨论。必须每会有决,每事落实。为此要明确:什么事?为什么干这件事?哪个单位执行?在什么地方执行?谁执行?什么时间执行?什么时间完成?如何执行?准备采取哪些有效措施?

3. 要计算会议成本

会议本身是为了提高领导效率而召开的,在强调经济效益的今天,会议成本必须计算。因为与会者不仅占用了自己的时间,而且也占用了集体的时间。这是解决多开会、开长会、开"大"会这一老大难问题的重要措施,是平"文山"填"会海"的有效办法。会议成本计算的公式是:

$$会议成本 = \frac{平均工资}{小时} \times 3 \times 2 \times 开会人数 \times 开会时间 + 会议实际费用$$

公式中,平均工资乘3是因为劳动生产率高于平均工资,乘2是因为开会要中断经常性工作,损失应加倍计算。

显然,会议的经济成本是很高的。成功的领导者一定要从中悟出一个道理:会不可滥开,只开非开不可的会,切切讲求会议的效率和效果。

此外,还有用人的领导方法与艺术,主要原则有:扬长避短,短中见长;待人以诚,取信于人;注重激励,奖罚分明;用养结合,爱护下属;

等等。

三、公共形象的树立

领导者的领导方法与领导艺术，在领导者具有个人修养意识和恰当用权的条件下，已经大致具备领导者游刃有余地运用领导方法与发挥领导艺术的余地。但其个人修养与运用权力，在归宿点上还得归结于领导者领导活动所得到的公共结果。将目光移向领导活动结果对领导方法与领导艺术的影响上来，我们可以看到，领导者的领导活动所导致的公共结果，使领导者务必重视公共形象的树立。领导者要树立良好的公共形象，须在三方面下功夫。

1. 领导者的主要工作不外决策和用人

在决策用人的准备过程中，要具有"公平、公正、公开"的领导作风。所谓决策的准备过程，是指决策前对决策目标的预计、调查、征求意见、拟定方案、方案选优等为正式决策所做的准备工作。在这个阶段，决策尚未作出，但领导者以何种方式方法进行准备，则对决策的科学性与合理性影响甚大。

为了达到科学决策的目的，领导者应当具有为科学决策作出充分准备的领导技艺。因此，在这个准备阶段，需要领导者对决策思维科学的内容有深入的了解。对于预计的上限与下限、对于调查的周密与缺陷、对于各种意见的确当与弱点、对于方案拟定的可靠与局限，以及选择方案的主观与客观，都需要领导者有清醒而充分的估计。同时，在用人方面，需要用什么人、如何用一个人、用人之长与用人之短等等问题，都要搞清楚。一个领导者首先要在决策与用人的准备阶段有上述"三公"精神，才会有良好的形象基础。

2. 在进入决策与用人的实际操作阶段，领导者应对决策对象有十足的把握

所谓有十足的把握，就是说对这一决策的政策规定、决策所需动员的人力、物力、财力、决策所拥有的已有资源、决策的可预期效果、决策的连带影响，都要有能力给予合理估价。而在具体到使用某一个人时，要对这个人的为人处事、行为习惯、可靠程度加以周全的了解。从而以确当的

决策与合理的用人，赢得下属甚至公众的赞誉。

3. 领导活动毕竟是为了达到经济与社会效益双丰收的满意或最佳状态而展开的活动，因此，领导者要想树立良好的领导形象，还需要将通过决策用人而树立良好形象的动机与效果统一起来

假如一个领导者具有良好的个人素质、具有用权的恰当方式，但却总是处于失败的结果、嘲笑良好动机的可悲状态，那他是决不会有一个良好的公众形象的，相应也难有施展领导才华的余地。虽然我们讲不以成败论英雄，但一个总是失败的人恐怕难以担当英雄之名。对于一个领导者来说，道理亦是如此。而且，由于领导者的领导活动在展开的过程中需要动员的资源相当之多，一旦失败，给社会大众带来的损失就难以估量，人们对他的容忍限度也会相应下降。

从这个意义上讲，领导方法与艺术简直就可以说是将领导活动引向成功的高超技艺。

此外，领导者得以树立起良好的公共形象，还与他自己对自己的公共形象的定位、在公共领域的活动及其影响、使用权力的公共方式及其后果等等因素密切相关。

第四节 几种常见的领导方式

领导方式是领导方法的一种表现，是领导过程中领导者、被领导者及其作用对象相结合的形式。"领导方式的中心问题，是正确处理上下级关系"。① 中外领导学家历来重视领导方式的研究，提出了各种不同的领导方式理论和分类的方法。

一、集权式、分权式与均权式的领导方式

这是按领导权力的控制和运用程度分类的。集权式领导方式是一切权力集中于领导集体或个人，偏重于运用集权推行工作，而不注意授权。分权式领导方式是指领导者决定目标、政策、任务的方向，对部属的日常活

---

① 《陈云文选》（1926～1949），人民出版社 1984 年版，第 154 页。

动不加干预,下属有一定的自主决定权。均权式领导方式则是领导者掌握一些重大权力,同时适当分权给下属,使下属在其职权范围内有一定的自主权。其特点是保持权力平衡,不偏于集权,也不偏于分权。

二、强制命令式、自由放任式与教育激励式的领导方式

这是按领导的指挥模式分类的。强制命令式的领导方式注重正式组织结构、组织规章及纪律的作用,通过组织系统,采取命令方式实施领导;用这种方式,领导效率较高,但下属的主动性和积极性不易发挥。自由放任式的领导方式不注意权力和规章制度、纪律的作用,对下属采取自由放任的态度;这种方式容易出现混乱和失控的状况。教育激励式的领导方式注重思想教育和激励工作,运用灌输、对话、启发、商讨等说服教育的方法和各种激励手段,激发人的内在动力,使下属心悦诚服地领会、接受领导的意图,自觉地为实现特定领导目标而努力;它是一种行之有效的领导方式。

三、重人式、重事式与人事并重式的领导方式

这是按领导活动的侧重点分类的。重人式领导方式致力于建立和谐的人际关系和宽松的工作环境,以人为中心进行领导活动。重事式领导方式注重组织的目标、领导任务的完成和领导效率的提高,以事为中心进行领导活动。人事并重式领导方式则既关心人,也注重工作,做到关心人与关心事两方面的辩证统一。只有关心人,才可能调动人的积极性,也只有同时关心工作,才可能使每一个人都有明确的责任和奋斗目标。显然,人事并重式的领导方式是应该提倡的。

上述各类型领导方式的划分并不是绝对的,其运用也不是单一的、不变的。领导者应根据其素质、能力以及客观环境、工作性质、领导对象等诸方面条件,确定以某种领导方式为主,辅以其他方式。

第十六章

领导效能的考评：领导活动的起点与归宿

内容提要

考评是考查与测评的意思。考评工作对于提高领导效能具有多方面的重要意义。领导效能的考评就是透过效果对领导能力进行确认。我们应该努力掌握各种科学的考评原则、程序和方法，结合我国国情，建立科学而完整的考评制度。采取各种有效措施，提高领导效能。

第一节 领导效能考评：含义与意义①

对领导效能的考评，是与领导活动共存的现象。就是说，自有领导以来，就有对领导的考评。但是，考评工作在整个领导活动中真正成为一个相对独立而完整的重要环节，并以科学化制度化的方式来进行，则是进入现代社会才有的现象。因此可以说，科学的考评是现代领导的重要特征和内在要求。

一、领导效能考评的含义

从词义上看，考评是考查与测评的意思。领导效能的考评，就是透过领导活动的效果对领导能力的考查与测评。所谓考查，可以理解为考诸标准，查以实际，即将领导工作的理想标准与其实际上的工作状况相对照。我们前面所谈到的领导职责、功能的地方，都是从抽象理论层次上说明对于领导行为的理想规定。在实践中，每一个组织、集团、阶级、政党、国家都会对其领导提出一定的要求。所有这些，都是在说领导"应当"

---

① 参考赵履宽主编：《现代领导知识要览》，浙江人民出版社1989年版，第45~52页。

如何。

但我们必然还会面对另一个问题，即领导"实际上"做了什么。领导"应当"果断地进行决策，"应当"综合群众的利益。那么，领导"实际上"作出了正确决策吗？反映了群众意愿吗？可见，每一种具体的领导活动，都存在"应然"（应当如何）与"实然"（实际如何）两个方面。对领导效能的考查，就是将这两个方面联系起来加以对照，以暴露两者之间的差距。一般可以假定，差距是必然有的。因为理想与实际的一致只能是相对的，而不一致则是绝对的，矛盾永远存在。差距或矛盾的暴露，将使我们对领导工作进行反思，从而，或者修改"应当"标准，使之更切合实际，或者根据切合实际的标准，进一步改善不能如意的实际状况。

考查是一个总的说法、总的要求，它还需要具体化为两个可操作的环节——测与评，即测定领导效果，评价领导能力。

效果是以目的为参照系而确定的。因此，测定领导效果，就是将领导行为所引起的组织状态改变、组织环境改变，以及组织与环境之间关系的改变等等，与预定的目的相对照。效果测定是整个领导效能考评工作中最基本的一环，没有这个环节，后面要进行的评价工作就会失去客观的依据。

要使效果测定工作成为可操作的一环并获得可以相信的结果，从理论上讲要解决两个问题。

首先一个是目标量化问题。行为的目的，特别是较高层次较为抽象的目的，必须变成有明确数量标准的次级目的，才能成为有用的参照系。比如，在"改变落后面貌"、"消灭贫困"、"廉政"、"决策民主化"等目标系统中，落后、贫困、廉洁、民主诸概念都必须给出量的解释，必须量化为次级指标，如人均收入多少多少之类。否则，是否取得效果的问题就会变成弹性极大的、任意解释的状态而无法确定。

其次，要解决的另一个问题是信息失真问题。人的认识能力、价值偏好、利益关系等等因素，都有可能影响人们对特定效果状态的认识。尤其不容忽视的是，体制上存在的某些弊病会导致信息传递过程中出现"系统扭曲"的危险。例如，为了应付上级而做表面文章、报喜不报忧、夸大一面掩盖另一面等等。因此，要真正实事求是地确定一种行为的客观效果状态，有时并非易事。

在实事求是地确定了客观存在的效果状态之后，另一个重要的步骤就是依据效果来证明与评价领导能力。换句话说，就是要透过效果对领导能力进行确认。在这个环节上，主要的困难就在于能力与效果之间常常不是直接对应的，而可能包含有复杂情况。因此，正确地评价领导能力，需要对能力、效果、环境三者间的复杂的相互关系作全面的和辩证的分析。

这种分析要回答两组相关联的问题：如果效果令人满意，那么，它是由于高超的领导能力抑或意外机缘？而如果效果不能满意，那么，它是出于错误的领导抑或存在确实难以改变的客观限制？很显然，评价领导能力比测定领导效果更困难，更需要有高级的辩证思维。而且，正确的评价经常不能一次完成，需要有一个在实践活动中反复验证的过程。

二、领导效能考评的意义

《中华人民共和国宪法》明确规定："一切国家机关……实行工作责任制，实行工作人员的培训和考核制，不断提高工作质量和工作效率。"

在现代领导活动中，考评工作日益成为一个规范化和制度化的环节，这表明了考评工作的地位和重要性正日益突出。

我们党在长期的社会主义革命和建设的实践过程中，积累了丰富的领导经验。在对于领导的考评方面，也有许多好的经验、制度和做法。但是也应该承认，我们在领导的考评问题上仍有许多不足之处。忽视考评工作的重要性，只管按照经验和本本去做；不问绩效如何等的落后习气，还相当程度地存在。对考评抱"叶公好龙"式态度的人也不少。我们的考评制度、机构与方法也还有许多不能适应现代社会新情况的地方。一个时期以来，官僚主义、为政不廉、"任人唯亲"等等现象的存在甚至泛滥，都在一定程度上与对干部的考评不力有关。因此，按照领导学的要求，加强和改进我们领导活动中的考评环节，显然是一项急迫的任务。它对于我们端正党风，改善领导素质，提高领导活动的科学化程度，都具有十分重要的意义。具体来说，考评工作的意义有以下几个方面。

（一）考评是在领导活动中贯彻"实践标准"的需要

"实践是检验真理的唯一标准"，这是马克思主义认识论的一个基本观点。这个观点要求我们十分重视依据实践结果来检验人的认识。从本质上说，领导活动也是认识世界和改造世界的活动，领导机关和领导者集中群众的智慧，形成决心、意图、方案、政策、规划等等，然后用于指导实践。在这样一个主观见之于客观的过程中，领导者的主观认识的东西，当然必须经受客观实践的检验。

我们在领导工作中所发生的失误，特别是那些时间较长、范围较大、程度较深的失误，都与领导者思想上陷入主观主义，行动上奉行"权力意志论"，拒不接受实践的检验有关。所以，实践标准问题对于领导活动来说是一个十分重要的问题。

实践检验真理，这就是一般认识论意义上讲的普遍原则，它在领导学中的具体化，就贯穿在对领导的考评中。在考评中，我们实事求是地确定领导行为的效果，并据此而评价领导的能力，这在本质上讲就是在进行实践检验的工作。在这个意义上我们可以说，是否重视和加强考评工作，是领导机关和领导者是否承认及重视实践标准的具体表现。

（二）考评是推动领导活动向更高程度发展的需要

如果静态地来分析，领导活动主要分为两大部分，即制定政策与执行政策。从作出决策到加以贯彻落实，领导活动就算完成了一个周期。但是，社会实践是一个不断运动发展的过程，需要人们不断地认识新问题和解决新问题。按照马克思主义的观点，人的认识发展要循着"实践—认识—再实践—再认识"的途径，循环往复，螺旋上升，一次比一次更丰富、更生动。

相应地，社会实践中的领导活动也需要一个周期接一个周期地向前发展，不断地作出新的决策并予以贯彻执行。从这种动态的眼光来看，领导活动的一次周期与另一次周期之间，就需要有一个联系过渡的中介环节。考评工作的地位、作用和意义即在于此。它通过对前一阶段领导工作之成效的总结与反思，暴露新的问题、差距和矛盾，引导领导工作进入一个新的周期，从而推动领导活动不断深化和向高级程度发展。所以说，考评是推动领导活动深入发展的需要。

从动态和发展的角度上看，如果缺少这样一个中介环节，领导活动就是不完整的，就不能形成一个无限深化的动态系列。

（三）考评是实行"任人唯贤"用人政策的需要

现代管理学和领导学在用人问题上都强调"功绩原则"。现代管理系统和领导体制都提出这样的要求，即个人在组织中的职、权、责、利等等，主要地应与其效能表现挂钩，而不依赖其个人身份（种族、门第、性别、肤色、财产、宗教等等）。

我们中华民族历来有提倡"任人唯贤"的优良传统。我们党在长期的实践中继承和发扬了这种传统，并赋予其崭新的时代内涵。在现阶段，我们党的干部政策和人才政策，就是以革命化、年轻化、知识化和专业化为标准的"任人唯贤"的政策。但是应该看到，在我们的队伍中，"任人唯亲"的现象并未绝迹，搞熟人、同乡、同窗、朋友、亲戚的小圈子，拉帮结派，以裙带关系、主观印象、私人感情作为干部取舍的标准，这些现象，还时有泛滥。要肃清这些现象，真正做到"任人唯贤"，一个十分重要的环节，就是按照科学的方法加强对干部、特别是领导干部的考评。

考评是对一个人的能力与效果的科学鉴定，它显然是鼓励贤者与能人的，是与"任人唯亲"的做法完全对立的。因此，科学的考评，是"任人唯贤"政策的内在必要的要求。

（四）考评是加强领导活动中民主监督的需要

考评实质上是对领导活动的一种监督，尤其是来自被领导者的角度的监督。因此，考评体现了现代领导活动的民主性质。马克思主义历来认为，领导者不是高高在上的社会主人，而应该是为公众利益服务的社会公仆。现代民主政治也要求领导活动应该是公开的、可监督的。考评就是对领导进行必要的监督的一种有效的形式。我们应该把加强和完善科学的考评工作，看作是逐步推进和扩大社会主义民主的重要内容，看做是动员群众实行民主参政议政的制度化渠道之一。考评对于民主发展的意义，是不言而喻的。

需要补充说明的是，我们对于监督概念应有全面理解。从方向上看，领导活动不仅需要有自下而上的监督，而且需要有自上而下的监督，还需要有来自同级同行的横向监督。从性质上看，监督不仅仅意味着对违反规定的行为的监督，还应该包含对合规范行为的督导与鞭策。也可以说，监督不仅仅是否定性的，还应该是肯定性的。总之，完整意义上的监督应该是多向而且多维的。相应地，考评也具有多角度、多层次的含义与内容。这样来理解，可以避免把考评变成只是群众向领导提意见，被领导者向领导者提出批评和意见，这些肯定是考评工作中一项极重要的内容，但不是唯一的内容。

(五) 考评是提高领导水平和改善领导素质的需要

考评是领导者及时而正确地总结自身工作经验的重要依据。每一位有事业心和进取心、对工作负责任的领导者，都会愿意不断地反思和总结自己工作的实际成效。然而，"当局者迷"的情况总是难以完全避免的，这就需要有来自外部的帮助和促进。考评就是这样一种来自外部的帮助和促进。特别是当领导者需要对自身的不足和存在的问题进行深入的剖析时，考评的作用就会显得更加重要。

一般地说，领导者（干部）是群众中比较优秀的一部分人。但就领导者内部来看，也仍然可以区分出先进与后进，优秀与平庸；他们之间在工作动力、工作能力和工作效果方面都表现出差别。因此，在领导系统内部也需要有激励先进、鞭策后进、淘汰不合格者甚至败类的机制，以提高领导水平和改善领导者的素质。考评工作正是要起这种作用。通过科学的考评，领导者之间的效能差别被客观公正地反映出来，这无疑是给领导者照镜子、树榜样、敲警钟。这个过程必然会产生激励先进与鞭策后进的效应，并形成改善领导工作的压力和推动力。

(六) 考评是改进和充实干部教育培训工作的需要

从现代眼光来看，人需要终身学习，领导者也不例外。干部的在职培训（包括脱产的与不脱产的），就是一种重要的学习方式和学习机会。在职培训的主要优点在于它的针对性，即针对特定领导工作中的薄弱环节，针对原有知识结构与新的形势要求之间的差距，进行知识与技能的更新或强化。培训工作要做得好，也是与考评工作有密切关联的。考评是对领导工作现实状况的反映，其中所暴露出来的干部素质上的薄弱环节，正是为加强培训工作的针对性提供客观的指向。所以，认真搞好考评，也是保证干部培训的针对性和有效性的重要保证。

第二节 领导能力与相关因素的关系

领导能力是通过领导活动的效果来体现的。效果是指行为产生的有效的结果或成果。领导活动的效果是领导行为所引起的组织状态、组织环境及组织关系的有效变化。这种效果是以领导行为的预期目的为参照系而得以确定的。同时,它与领导行为所处的客观环境之间存在着复杂的辩证关系。所以,透过效果对领导能力进行考评,需要对能力、效果、环境三者的关系以及效益、效率等方面作综合的多元分析。

一、目的与效果

人类社会实践的明显特征之一是它的目的性。就单个人来说,他的行为意愿,他对于行为与环境间关系的预期,以及对于行为方案和行为步骤的选择,都贯穿着一种目的性的考虑。对于一个组织(小至三五个人组成的团体,大至企业、机构、阶级、政党、国家等等)来说,情况也是如此,所不同的在于组织的目的并不是组织成员个人目的的简单相加。任何一个规模较大的组织都需要发展出一套机制,它负责选择、建立、修正、解释组织的目的,并据此来规范、控制、协调组织的行为,以达到被选定的目的。这种机制,就是领导。

有目的的组织活动必然引起组织存在状态的某种变化,引起组织与环境之间关系的某种变化。这些变化,就是组织行为的效果。换言之,由一定行为所导致的状态变化或行为变化,就是该行为的效果。

单个人的行为中没有领导问题。我们不能说"我领导自己吃了一顿饭"。但在组织中,则存在可区分的领导机制和过程。在这个意义上,我们可以说领导活动或领导行为的效果。

领导活动的效果可以有狭义和广义两个层次。从狭义来说,它指的是由于领导活动而引起的领导系统与被领导系统之间关系的变化。例如,领导机构严肃纪律,动真格地严惩腐败官员,从而使群众增强了对领导机构的信任,就属于这一类。此外,广义地来看,由于组织的任何一种有目的的活动都是在领导控制与协调下进行的,所以,组织活动的全部效果,即组织与环境之间的全部状态变化或关系变化,都可以看作是领导活动的效果。因此,交通部长要为重大的交通安全事故负责,理由就在于组织(交通运输部门)与环境(旅客的安全需求)之间的关系与状态的改变,被看作是领导行为的效果。当然,需要根据具体情况区分责任的轻重、性质、直接与间接,不是说直接行为人(譬如司机、调度等等)没有责任。

效果本身只是一种客观状态。效果问题的意义首先在于它与行为目的的关联。从目的角度来看,所谓效果就是目的是否达到,在多大程度上达到,以及以什么代价达到。因此,效果概念是与目的概念相对而言的。没有目的，就无所谓效果。苹果不是苹果树的"效果"，因为苹果树没有结果的"目的"。但对于以获取苹果为目的的果农来说，满树的苹果是他的行为目的的确证，因此是他的行为效果。

进一步看，只有以行为目的为参照系和衡量尺度，效果的质与量两个方面才能得以确定。当经过一定努力，采取一系列行为而达到了预期的目的时，就是取得了效果。在这个范围内，还可以根据达到目的程度区分出效果的大小。反之，如果没有达到目的，就无效果，即所谓"无功而返"。但无效果也是一种效果，我们不妨称之为零效果。如果一种行为使得达到预期目的条件更为恶劣，障碍更为严重，时间更为漫长，或者根本就破坏了达到目的的可能性，那么我们说这是负效果。同样道理，负效果也是一种效果。

严格说来，零效果可以归入广义的负效果。因为花费了许多投入而无任何产出，总不免给行为—目的链上增添不利因素。如果综合考察各种效应的话，情况更是如此。一场久攻不下的战斗，就不胜不负而言可算是零效果，但已经消耗了弹药，造成了伤亡，更何况还可能暴露了战略意图，延误了最佳时机。官僚主义或者平庸无能之辈尸位素餐，"不求有功、但求无过"，但他已经是无任何效益地耗费各种人力、财力、物力，还可能阻碍了更有才能者的用武之地，这样的"无过"，实应纳入负效果更为恰当。总之，效果之正负或大小的判定，必须与目的相联系才有可能。

人类的社会实践是主体与客体之间以各种方式进行物质与能量变换，以求主体的生存和发展的过程。在这个意义上，人的行动效果也就是行为的自由度问题。马克思说："这个领域内的自由只能是：社会化的人，联合起来的生产者，将合理地调节他们和自然之间的物质变换，把它置于他们的共同控制之下，而不让它作为盲目的力量来统治自己；靠消耗最小的力量，在最无愧于和最适合于他们的人类本性的条件下来进行这种物质变换。"①

马克思的这段话可以看作是对于领导的要求。消耗最小且最合人类本性的物质交换，是人类实践活动所追求的总目的，同时是衡量人类行为效果的总标尺。效果与目的之契合程度，就是人所达到的自由程度。

---

① 《马克思恩格斯全集》第 25 卷，人民出版社 1974 年版，第 926～927 页。

二、效果与能力

效果问题不但是对目的而言的,也是对能力而言的。很明显,领导活动的效果必须反映出(当然不是仅仅反映出)领导的能力,两者是不可以截然分开的。当我们把效果问题与考评问题相联系的时候,情况尤其是如此。我们之所以对领导活动的效果作出评价,为我们提供了一种客观指标,据此,我们可以区分领导者的优劣和分清领导的责任。因此,从考评这个角度来看,我们不单提领导效果概念,而且还从综合效果与能力两个方面及两方面之间的复杂关联,来考察分析领导活动中的效能问题。

领导者的能力包括功能与才能两个方面。

功能是系统对于角色或结构的作用规定。在一部电视机中,显像管的作用在于将接收到的电波转换为图像,这就是它的功能。在一个组织系统中,核心领导部门的功能就是作出决策和选才用人。在现代社会的复杂组织中,组织功能有分解化倾向,需要众多的职能部门和专门人才来承担不同的功能。如果说,电视机的功能是保障各个电子元件的质量,那么,领导机构的功能的保证就在于领导者的才能。

领导者的才能要求包括广泛的内容,如智慧、经验、技巧、性格、气质、意志、情感等,甚至包括形象和风度。

能力与效果的关系是一种因果关系。能力是造成效果的重要原因之一,效果是能力的外在具体的显现。在有人力参与的一切社会实践活动中,没有无能之效,也没有无效之能(注意与日常语言中的"无效"相区别,人们平时讲的无效,是说没有取得正效果)。不花费任何努力就想获得工作成绩,是不可能的。反过来看,不存在没有任何效果表现的能力。从未写出过一句诗的人,不可以言诗人才能。没有任何工作成绩的人,也不能使人相信他有领导才能。

这个道理对于我们实际工作的意义是,检验领导者能力的试金石是工作实绩,别的东西,如资历、出身、文凭等等,都不足以说明领导者能力的状况。根据一定的效果,我们可以看出领导的决断能力、应变能力、协调能力、洞察能力、学习能力、等等。

效果与能力的这种相互关系,需要我们把效果分析分解成两个部分,即效益分析与效率分析。也可以说,效果概念,可以从效益与效率两个方面来综合理解。

所谓效益，是投入与产出之比。投入越小而产出越大，则效益越大。从效益角度看，领导能力的重要表现就是能够以相同投入获得更大产出，或以较小投入换取同样产出。

所谓效率，则是产出与所费时间之比，在同样的时间里产出越大，效率就越高。它要求我们在效果评价中必须计算时间因素。

这一点在"时间就是金钱"、落后一步即可能步步落后的现代社会中，尤其显得重要。强调效益和效率，可以帮助我们全面地、动态地评价和分析效果。过去我们有一种"假、大、空"的恶劣习气，喜欢围着一点点表面成绩而自我吹嘘，皆大欢喜，却有意无意地掩盖整个领导过程中机构重叠、人浮于事、职责不清、重复劳动等种种弊病。我们必须掌握科学的方法，不再被这类得不偿失的假效果所蒙蔽。

但是另一方面必须指出，我们不能把效益和效率简单化和机械化。对于一个复杂的组织和复杂的行为来说，合理的投入产出之比常常不能只根据一种价值目标来确定，还需要有其他价值目标的补充或校正。我们常说企业不仅要考虑经济效益，而且要考虑社会效益，就是这个意思。

此外，领导活动是一种复杂的高级活动，其"投入"量的合理标准，也常常不能以常规的机械计算来确定。比如为了做通一个人的思想工作，常常要耗费大量的时间与精力，甚至即使暂时无效，仍需"投入"（继续做各种工作）。在这里，就不可以拿效益问题作挡箭牌，推诿应做的工作。总之，在这个问题上需要有辩证的思维方法。

三、效果：能力关系的环境制约

要全面地把握效与能的关系。还必须考虑到环境因素。

效果是能力的客观表现。但是，人的主体能力不是决定效果状态的唯一因素。组织行为所处的环境中的客观条件的影响与制约，也是非常重要的因素。由于这种影响与制约，效与能之间就会出现种种复杂情况，并非时时处处都能直接相吻合。有能力的领导者因客观条件的干扰与制约，无法取得相应的工作成效。这种大能小效的现象并不少见。

反过来，小能大效，即平庸之辈或工作上未见特别努力者，竟因机缘之巧合，阴差阳错地获得大成功的现象，也不是绝无仅有的。在不甚严格的意义上，有能无效或有效无能的现象，也不是绝无仅有的。比如常胜将军吃败仗、头回生意发大财之类。我们几乎可以说，效与能的理想对应并

第十六章　领导效能的考评：领导活动的起点与归宿

非常态，两者间的不对应甚至错误倒是常态。

所以不难理解，一个社会中名副其实的成功者（真正有大能而又成大效者）只是少数，确有许多人未能尽其才并显其效。被认为功绩赫赫而其实无本事或无大本事者，也不是绝无仅有的。所谓"不以成败论英雄"，就是考虑到环境制约而言的，确实给我们揭示了能效关系中的辩证法。

客观环境因素不但对于人的行为效果产生重要影响，而且它与人的主体能力之间也存在着相互作用的辩证关系。从归根到底的意义上说，人的能力要受到客观环境的制约。马克思主义认为，人不能随心所欲地创造历史，只能在历史条件下进行创造。

这就是说，人的能动性，人的创造性，是被历史条件限定的。人的能力再大，也不可以违抗物质运动和历史发展的客观规律。我们党在领导社会主义建设过程中，在指导思想上曾屡次出现急于求成的倾向，结果在实际工作中导致程度不等的失误，走了不少弯路。之所以如此，一个重要的原因即在于忽略了主体能力和意志的客观限制问题。

实践表明，社会主义初级阶段将是一个相当长的历史时期，不顾我们的国情条件而想一步登天，任何能人都不免栽跟斗。这方面的教训，我们确实应该深刻记取。但是，另一方面我们又必须看到，所谓人的能力，正在于改变、重组、利用客观条件以达到目的。在实践中我们甚至可以设想，"创造"客观条件或"打破"客观条件的限制以达到目的。

由此可见，人的主体能力与客观环境是相互影响和相互作用的。理解这一点并不困难。全部困难在于：我们怎样知道人的能力可以在多大程度上作用于客观历史条件？答案是，先于实践，没有任何人能够离开实践进行主观臆测。

如果人只能顺应既定的、直接碰到的环境，就没有能动的实践，就没有人与动物的区别。

如果行为的所有可能性和所有的限度都清清楚楚地写在教科书上，人的实践活动就不需要任何领导。

这当然不是说领导者就预先知道一切。领导者只是专门承担"知"的职责的那一部分人。他们作出的决策就是探寻和搜索在客观关系的一切行为可能。在这个过程当中，有人成功，有人失败。人们根据这种实践结果，评定领导能力的大小、高低。

第三节 领导效能考评：原则和标准

一、领导效能考评的原则

考评是对客观存在的领导效能状态的主观反映和认识。考评与考评对象的关系，就是反映与被反映的关系。因此，考评工作的基本原则和总要求，就是客观与科学，即"实事求是"，反映出来的东西要与被反映的东西相一致。当我们实际地进行了一次考评之后，我们必然会提出这样一个问题：考评的结果是否真实地反映了被考评者的实际状况？如果不能够如实地反映客观情况，甚至还歪曲了客观情况，把能人看作庸人，或者把庸人看成能人，那么，这样的考评就是缺乏科学性的。它只会给领导活动带来负效应和恶劣后果。

要真正准确地对领导效能进行考评，是一项十分复杂和困难的任务。领导活动虽然也有其常规性的一面，但依然含有大量的创造性因素。而创造性活动所引起的效果，不像流水线上的产品那样容易检验和鉴定。尽管如此，我们仍然应该要求，尽可能准确而全面地对领导活动的效能进行考评。在"实事求是"这样一个总的原则指导下，我们还要根据具体情况，在考评工作中坚持下列原则。

（一）静态与动态相结合的原则

领导活动的效果总有其相对确定的表现形态，这是效果的静态属性。相应地，我们总是要从某个确定的视角或横截面上去反映领导活动的效果，这是考评的静态属性。必须有这静态的一面，我们才可以把握住效果的特定形态，才可以比较出某某人成绩大，某某人成绩小。

但是，领导活动又是连续的、发展的动态过程，其中每一阶段上相对静态的效果又都必然带有并且必须反映出发展的过程性。它与此前的发展和此后的发展都有深刻的内在联系。这就是效果的动态属性。它相应地要求我们的考评工作要有动态眼光，因为必须要有动态的考察，才能使我们理解"静态"效果的真正意义。动态与静态两个方面需要结合起来，即从静态把握动态，从动态理解静态。

举个大的例子看：我国的社会经济发展水平还比不上发达的资本主义国家，这是从静态比较而言的。如果从动态的眼光来看，考虑到旧中国留给我们的一片废墟，考虑到我们的人民在这几十年中作出的惊人努力，再考虑到社会主义制度所包含的发展潜能，那么，我们应该说，我们目前达到的水平是了不起的，是意义巨大的。在这里，忽略任何一个方面，都不可能有恰当的评价。

举个小的例子看：某个厂长上任一年即甩掉长期亏损的帽子，这当然是很大的成绩。但这个成绩的取得有赖于很多条件，其中有许多条件可能是前任厂长多年惨淡经营而逐渐形成的。前任厂长可能由于种种原因功亏一篑，未能攀上最关键的一级台阶。很显然，这里需要动态和静态相结合的考评，才能避免对前任与后任的评价不公平。

（二）直接与间接相结合的原则

领导活动作为一种复杂的创造性活动，涉及到许许多多的复杂因素。它使领导活动的效果常常不是表现为单一形态，而是表现为包含直接效果和间接效果在内的复杂的"效果集"。这种情况，就需要我们在考评中把握直接与间接的辩证关系。

如果直接效果和间接效果都很好，所谓锦上添花，良性反应，那么需要做的就是充分反映成绩。但这种一片大好或反过来一片大坏的情况都是不多见的。常见的倒是直接效果与间接效果不能一致，这就需要具体分析。

一种情况是直接的效果好而且大，间接的效果不好但是较小。这时候我们说，效果好，但有点副作用。只要这个副作用在可以容忍的限度以内，它就被看作是必须付出的一种代价。在这种情况中，直接间接的问题就是一个分清主次的问题，我们将留后专论。

如果间接的坏效果完全抵消了甚至超过了直接获得的好效果，我们就需要对单位效果给予严重注意。人类在改造大自然的同时也严重破坏了大自然，这种直接与间接两重效果的尖锐矛盾构成了人类今天面对的一大困境。某些生态学理论对于这里的直接效果是持否定立场的，至少是持保留立场。当我们看到一家工厂在生产发展的同时严重污染环境，我们也就面临同样的评价上的困难。一家工厂直接地看效益不错，间接地看则扰乱市场秩序，助长不正之风，那么其直接效益应被否定。

直接与间接的问题常常也表现为目前利益与长远利益的关系问题。我们在改革中出现的许多短期行为,就是领导者只追求眼前效果,不顾长远利益甚至不惜以破坏长远利益为代价而导致的后果。同时,也与我们在考评中只以直接效果为评价依据的片面做法有关系。

相反,有时候直接效果看似"不好",但相联的间接效果却很好。例如,厂长决定将有问题的产品全数追回以杜绝质量漏洞。这个决定,直接效果是有形的财产损失,然而却增强了职工的责任意识,树立了企业的良好形象。显然,厂长的决定应该得到正评价。这告诉我们,行为效果的意义,有时候不体现在直接效果上,而体现在间接效果上。

总之,就一般意义而言,领导活动总是重视追求直接效果的,因此考评工作重视直接效果,这一般地说没有错。但是,人类社会实践中矛盾的复杂性和特殊性,决定了我们必须同时兼顾到直接效果与间接效果两个方面。

(三) 系统与环境相结合的原则

在现代社会中,领导者带领一个组织为实现特定目的而采取各种行动时,其所处的环境是很复杂的,不同的领导者和不同的组织所面对的客观条件也往往有很大的差异。体制因素、政策因素,以及其他各种因素,都能够造成这种差异。例如,在一段时间里"双轨制"的实行,使许多企业在生存环境和发展环境上都出现明显差异。从原料的进价和产品的销价的关系来看,有的企业是高价进,高价出;有的是低价进,低价出;有的是低价进,高价出;还有一些则是高价进,低价出。

这样,我们在评价一个企业的经济效益并进而评价其领导的效能时,就不能不注意对客观条件的差异进行分析。如果没有这种分析,考评就可能变成一种扭曲的反映。环境好的领导依赖好的客观条件,不必作更多的努力也可轻易取得好的考评结论。而环境差的领导则命中注定怎么努力也无法获得好评,久而久之将会完全失去积极进取的信心和锐气,因为他始终感觉不到对于自己超常努力的公正评价。这种情况是必须避免的,否则,考评就会失去其积极意义。

(四) 显性与隐性相结合的原则

领导的效能会有显而易见的一面,也会有隐而不见的一面。造成隐而不见的一个常见原因,是人为的掩盖,所掩盖的又常常是缺点与失误。我们在总结工作中通常会强调"成绩说够,问题说透"。而实际上,成绩说够比较容易，问题说透就比较难。

由于体制、干部素质、传统心理以及考评的科学化等种种原因，人们在自我总结或汇报时，往往会报喜不报忧，或大张旗鼓地报喜，轻描淡写地报忧。结果造成了成绩方面的过显性与不足方面的过隐性。更有甚者，有人可能会千方百计地对问题和错误加以掩盖，尤为恶劣的是把错误也说成是成绩。本来辩证法承认坏事在一定条件下可以变成好事，但有的人竟然可以变戏法般地把坏事本身说成是好事。所有这些，就是我们前面提到过的在信息传递过程中发生的"系统扭曲"。

之所以叫"系统扭曲"，是因为造成扭曲和失真的原因就来自系统（体制）结构本身。我们不难发现，一些负有监督考评责任的机构或上级领导，本身就默许、赞同、甚至纵容这种信息扭曲。所以，科学的考评工作要对有关信息作过滤、甄别、破译、解释等等工作，以把隐性面揭露出来。

领导效果中有些隐而不显的部分可能不是人为的掩盖，而确实是较为细微，不显露，因此不被察觉和发现。但不显露不等于不存在。有经验的卫生检查团常常不看门面，专找隐蔽的角落检查。在一定意义上考评工作也需如此。如果隐而不显的部分确实属于无伤大雅的枝节问题，就不应该纠缠。如果是包含有不良的发展倾向的问题，则应实事求是地指出及加以剖析，并提出中肯的改进意见。

（五）主要与次要相结合的原则

每一个人和每一件事都有主要的方面与次要的方面。次要方面固然不可不问，但一定要抓住主要方面。

在考评中，区分主次这个原则首先要求我们着重考查是否按照一定的目标要求达到了一定的效果。假定一位领导者在他的工作中不善于识别和抓住带全局性的大事，没有负起应负的领导责任，结果工作平平庸庸，打不开局面。但他在琐细事务上却亲力亲为，忙忙碌碌。那么应该评定，作为领导者来说，他是不怎么够格的，甚至是失职的，虽然他完全可能是一个好的办事人员。

如果我们在考评中不是这样从主要方面着眼，而是着力宣扬他如何勤勤恳恳，那就是主次不分，或叫主次颠倒。要记住，我们这里是讲对于领导效能的考评，而不是一般的人品鉴定。造成主次不分现象的表层原因是思想方法的片面性，其深层原因是旧体制的影响。旧体制的一个主要弊病是平均主义、"大锅饭",缺乏对于效益和效率的激励。这就使人们在评价领导时容易只注意其平易近人、善结人缘这些方面,反而忽视其工作实效。

如果说考评中不能以次要方面的好来遮盖主要方面的不足,那么同样地也不能够以次要方面的欠缺来否定主要方面的成绩。一位工作卓有成效的领导者,其工作方法上、性格上的某些缺点或弱点固然也需要努力改正,但决不应当以此而抹杀他的主要成绩。当然这里需要补充说明,主要方面与次要方面的区分是历史的、具体的。有的领导在房子、孩子、票子诸问题上有失检点,却以小节问题为由轻轻带过。殊不知它事关政风党风,是不能作次要方面而论的。

主次关系的另外一种表现,就是直接效果与间接效果的关系。前面已经指出,如果连带产生的副作用不超出合理限度,那么直接的好效果就应被视作主要方面而予以肯定。事实上,在牵涉到大范围的、复杂的利益关系时,要使决策后果完全没有一点副作用,常常是难以做到的。要理顺不合理的比价关系,难免引起某种社会心理的震荡,可能会诱发一些不安全因素。要完全避免这种风险,除非是不改革。可见,我们在评价各种措施、决策或领导行为时,一定要抓住主要的积极方面。这在改革过程中是一个尤其需要注意的问题。

(六) 整体与局部相结合的原则

我们在考评领导的效能时,不但要看到局部,而且要看到整体。这意思是说,每一个特定的效果状态,我们都可以而且应该把它放到一个更大的系统背景中加以考察评定。每一个组织都有自己"局部的"利益要求,但是,它所属的大系统也会有更高一级的整体利益要求。

这两个层次、两个方向的利益要求可能一致,也可能有矛盾。解决矛盾的基本原则是在服从整体利益的前提下尽量兼顾局部利益。由此,我们在考评领导效能时,就需要从局部和整体两个角度来分析。有些人在改革中钻政策不完善的空子,搞"上有政策,下有对策",他们在本部门、本单位的成绩,是靠损害全局利益而取得的。对于这种靠损害整体利益而取得的局部利益,我们只能予以否定。

(七) 政治与业务相结合的原则

我们党在整个社会主义初级阶段都要坚持科学发展观,把坚持四项基本原则、人民利益原则与坚持改革开放结合起来。这个基本原则在干部考评中的具体体现，就是政治与业务相结合的原则。

任何领导活动都有一定的方向性。我们在各项业务工作中都要坚持党的领导和社会主义的方向。这是客观必然性的要求，也是广大人民群众的根本利益所在。这一条是绝对不可以违反的。方向性的要求违反了，业务工作的效率越高，则危害性就越大。另一方面，社会主义政治的方向性如果不是渗透在高效率的各项具体工作之中的话，那它就是空洞的政治说教，是没有意义的。这样的政治绝不是我们要坚持的社会主义的政治。

总之，我们在对领导效能的考评中，不但应该从具体业务的角度，而且要从社会主义方向的高度，去提出要求并进行分析。只有这样把两个方面结合起来，考评才能有正确的轨道和健康的方向。

（八）稳定与发展相结合的原则

我们在考评中对领导效能所得出的评价和结论，只要是遵循科学途径得出的，就有一定的稳定性，因为它反映了客观存在的相对确定状态。但是，领导者的能力、素质及其工作表现又是不断发展变化的，不可能永远停留于一种状态上。因此，"稳定的"结论与发展着的实际之间总会有或大或小的差距。

所谓稳定与发展相结合的原则，就是要求我们在每一次考评中，既要尊重以前的考评中得出来的稳定的结论，又要充分注意到实际的发展变化。这里的关键问题还是要用发展的眼光来看领导者。任何人，他原来有好的一面，既可以变得更好，也可能变差。他原来差的一面，既可能变得更差，也可能变好。这都以一定的主客观条件为转移。因此，考评需要不断地进行，每一次考评所得出的结论，都不可以绝对化、凝固化地看待。有些领导者常常依据一两次考评结论就把一个干部看死了，这是缺乏发展的眼光看问题的。

二、领导效能考评的标准

领导效能考评的标准是测定领导活动效果的一系列价值指标。科学、可行的评估标准体系可以有效规范领导集团和领导者的行为价值观与政绩导向。改革开放后，在以经济建设为中心的国策促动下，我国对领导干部的效能考核过度偏向 GDP 指标。这在某种程度上反映了我国当今衡量领导活动效果、测定领导者能力标准体系的不合理和局限性。

科学发展观应该是领导效能考评的指导思想。党的十六届三中全会明确提出了"全面、协调、可持续发展，促进经济、社会和人的全面发展；按照统筹城乡发展、统筹区域发展、统筹经济社会发展、统筹人与自然和谐发展、统筹国内发展和对外开放的要求"作为内涵的科学发展观。这就要求我们用周全的、实践的、公共利益的视野评价领导者的政绩和领导活动效果。

具体来说，领导活动要从物本管理向人本管理转型；从注重短期经济效益向重视经济、社会、环境长期协调发展转型；从强调物质文明向"三个文明建设"并重建设转型。

领导效能考评的具体标准设定要考虑到我国的现实国情、领导职能状况和不同的领导职责特征，这是一项困难的工作，但是我们依然可以在宏观上进行基本的价值标准设定。

(一) 根本 (Basic) 标准

领导活动及其效果，是否体现了我党所要求的"科学发展"，是否符合人民群众的根本利益，是否有利于密切党群关系和干群关系。

(二) 经济 (Economy) 标准

经济标准常常意味着"经济节约"和"开支缩减"，其主要目的就是尽量降低和压缩领导活动过程中的开支包括时间、精力损耗。领导活动特别是公共部门的领导活动需要大量的由实际物质投入转化而来的人力、物力、办公设施、技术工具等。由此，经济标准更多的关心机构精简、人员精干，克服领导、管理活动的浪费现象就是"经济标准"诉求的主要体现。

(三) 效率 (Efficiency) 标准

效率标准主要测定领导活动产出与投入的关系，即在成本保持不变的情况下，实现领导活动效果的最大化或者在产出水平不变的前提下，实现成本投入最小化。效率标准至少应具有两个特征：第一，这一描述是定量而非定性；第二，这一描述反映的是整体而非个别情况。

西方政府部门和社会科学界在长期的实践中，发展了一套复杂的效率测定技术方法。如将效率分解为生产效率和配置效率、回归分析、参照系与非参照系比较技术等等。效率标准关心的是手段问题,可以说,效率准则所指代的就是在给定资源的条件下,选择能够实现最大化效果的备选方案。特别应该注意的是"当效率准则应用于政府机构决策时,必须考虑这些机构活动可能造成的经济效应,用经济学的语言来描述就是,公共机构的效率问题必须从总体均衡而不是局部均衡的角度来解决"。[1]

(四) 效益(Effectiveness)标准

效益标准关注的是领导效能、效率的正面社会效应和领导效果的质量。没有效益的效率和产出都是毫无意义的,反而还会带来巨大的财富损失。对领导效益的评价可以从两方面着手:第一,看它是否增进了社会福利和公共利益;第二,此类领导效果是否对更高层级目标的实现做出了贡献。

(五) 公平(Equity)标准

公平是领导活动的终极价值取向。公平作为领导效能的一项评价标准,关心的是社会资源和利益的公正分配。领导活动最需要体现基于维护公共利益的公平精神,如果整体领导效率很高,但它严重损害了少数和弱势群体的利益,威胁了社会的安定与和谐,那么此类领导效能也是不合理的。弗雷德里克森曾提出社会公平的复合理论,[2] 这为出自公平标准的领导效能考评提供了可资借鉴的学理支持。

第四节 领导效能考评:类型、程序和方法

一、领导效能考评的类型

对领导效能进行考评,可以从不同的角度、不同的层次,采用不同的方式来进行,并没有固定的模式。一般地说,可以按下列方法作出几种类型划分。

---

[1] 赫伯特. A. 西蒙:《管理行为》(第4版),机械工业出版社2004年版,第234页。
[2] 弗雷德里克森:《公共行政的精神》,中国人民大学出版社2002年版,第105~108页。

（一）层次划分

领导是一个有层次的系统。按我国的情况，一般企事业单位中的领导机构分为两层：单位领导和部门领导。以企业为例，厂长、经理、党委书记等等是单位领导，车间主任、部门主管等等是部门领导，通常也被称为中层干部。两个层次在职、权、责方面都有若干差别。

在一个单位中，对领导的考评通常也需要分两个层次进行。部门领导的考评可以由单位领导主持进行。单位领导的考评，一般都要求更高层次的领导机关派人参加，必要时，更高层次的领导应该主持或负责某些环节上的审定工作。整个考评情况与结论，要向相应的上级机关报告并留档备查。

（二）时间划分

领导活动可以按自然时间划出阶段，相应便有日常考评（一般是月评、季评）、半年考评、年终考评之类。领导活动也可以按职务时间来划分，于是便有届期考评，即按照一届领导的法定期限（一两年至四五年不等），对届期内的领导效能作出总评。大体上，级别低的领导，其工作目标量化程度大，考评期限常常会短一些，以便于及时发现问题，在系统内作出"微调"。级别高的领导，其工作成效常要经过一个大跨度的时间阶段才能充分显示，考评的期限也就相应长一些。此外，还可以有临时性考评，以适应某些突发需要，如急需抽调干部担任新职等等。

日常考评可以不完全依照下述的领导效能考评的六项程序来进行，由有关部门作一些有针对性的调查了解即可，最好能有书面材料积累下来。而年终考评、届期考评则意义重大，应当坚持按照规范要求重点抓好。

（三）内容划分

这是按考评事项的详略来进行的划分，主要包括综合考评与单项考评。综合性考评是对领导活动作全面整体的评价，许多时候都要运用到。年终考评、届期考评等必须是综合性考评。如果是针对特定需求，从特定角度而对领导活动作出了解，则可应用单项考评。也有一种做法，即综合性考评不是一次性完成，而是分出若干项目，在一段时间内分项进行。这可以称作是分项考评。分项考评的好处是既可获得单项考评的那种对于某一特定问题的深入了解，又可获得综合性考评的全面效果。当然，这样做，时间和精力上的花费会更大。

（四）角度划分

这里所谓角度实际上是指参与考评者的类型，即由谁来作出考评。由不同类型的人来对领导活动作考评，自然会有看问题的不同角度。这种划分在形式上有多种多样，主要包括：自我考评、群众考评、专家考评、职能机构考评、上级考评，以及同级考评，等等。在时间和其他条件允许的情况下，考评的角度应该是越多越好。当然，这就需要主持考评者善于将各方面意见作全面综合。

二、领导效能考评的程序

考评是一项系统工程。科学的考评工作，需要一套完整的程序和步骤。根据我国的国情和我们干部管理工作中长期积累的经验，考评工作的程序主要有下列几个方面。

（一）思想动员和组织准备

领导效能考评是对领导者和领导活动实行科学管理的一个重要环节。这个环节要真正形成制度，并成为每一位领导者的自觉行动而长期坚持下去，首先必须依赖于对这项工作重要性的充分认识。所以，在开始阶段一般都应有思想动员工作。要讲清楚考评的必要性和重要性，有针对性地解决一些思想上的顾虑。同时，还要把考评中将要运用的具体方法、标准和时间安排等等向大家交待清楚，以期相互的配合。

所谓组织准备，则是将考评工作人员的组织方式、机构领导、工作纪律等等确定下来，必要时要对有关工作人员进行理论上和方法上的短期培训。

（二）自我评定和群众评议

自我评定是考评中重要的基础环节之一，这项工作做好了，将同时起到自我教育的作用。自我评定一定要按照实事求是的精神加以引导，以避免自评过分偏高或偏低的现象出现。

群众评议则是从被领导者的角度给领导者"照镜子"、作评价。这里的根本要求就是要将准确性与广泛性统一起来。这就存在一个组织和引导的问题。在方式上可以是面对面的,也可以是背靠背的,或者二者结合,这要视具体情况而定。

(三) 综合分析和作出结论

以自我评定和群众评议为基础,再加上日常的有关材料,进行综合分析(能够有量化的数据和计算更好),从定性定量两个方面作出考评的初步结论。

(四) 材料见面和复核修正

考评结论一般要坚持和本人见面。材料见面的好处,一是产生正面的激励作用;二是使当事人明确了解自己的不足之处,引导警醒和鞭策;三是避免可能发生的误评,减少顾虑,使整个考评工作透明化。复核修正则是一种必要的补充性程序。当对某些问题的评价有争议时,应尊重被考评人的意见,组织专人对全部材料和有关事实进行更深入的调查与了解,对初评中不适当的地方作出修正。如果维持原有结论,应向本人作充分说明。

(五) 领导审定和调整变动

主管首长最后要对考评结论予以审定。这是防止考评失误的最后一道环节。同时,也是上级领导了解下属的一种方式。考评结论一旦确定,则视情况之需要,对干部分别予以表彰、升迁、调整,或者惩罚。

(六) 资料整理和归档保存

考评工作中最后形成的文字资料(如有必要,也包括其他资料)应当作技术整理后,分类归档,妥为保存,以便为以后的考评留作参考。要注意建立和完善严格而科学的档案管理制度。

三、领导效能考评的方法

要使考评工作真正具有科学性并且有效,必须十分注意方法。按照考评科学化的原则要求,也结合我们的国情和实践中提供的经验,我们提出下列几种方法供作参考。当然,这些方法要运用得当而且有成效,还需要我们在实践中进一步探索,有所变通,有所补充。

（一）目标对照法

这是按照领导活动中预定的目的，检查其完成情况来评定被考评人工作成效的方法。依前所述，既然行为效果是必须对照目标而确定的，因此可以说，目标对照法实际上是考评工作中最基本的要求，它渗透于各种方法之中。换句话说，无论采用什么方法，本质上都是以不同方式，从不同角度去做目标对照。这里把它单列为方法的一项而提出来，是着重强调其基础性的意义。

前面已经分析过，目标要能被考核，必须量化为一组次级指标体系，总目标与次级指标体系之间应有同构关系。同构的意思是，目标与次级指标之间确有内在关联，据此可以证明，达到次级指标中所列的数量水平，即是达到目的。

我们可以举一个最为人们熟知的例子来说明这个意思。我们要实现现代化，在这里，"现代化"是一个抽象目的。什么叫做"达到现代化"，可以有极为不同的理解，仅"现代化"一词的定义，就有百十种之多。要将"现代化"作为现实中的行为目的，必须将其量化为次级指标，例如人均收入水平（当然不只是这一个指标）。还要提出时间限度。我们所说的到 20 世纪末人均收入达到 800～1000 美元的水平，就是这样一种次级指标。不仅如此，还必须有充足理由证明，人均收入的一定水平确实是"现代化"概念的内涵。这就是次级指标与总目标的同构。深究起来，这里涉及到许多理论问题，在此就不论述了。

总之，量化指标不是任意设定的，我们不可以把"每人养一只猫"作为现代化的指标。因此，整个指标体系的确定，是颇见功力的一项工作。目标对照法还内含一个要求，考评不仅是在事后（即领导活动的一个周期以后）才做的工作，而且要在事先（即开始订立目标时）就有所策划。如果事先的目标设计就不合理，那么事后也是无法考核的。还要注意的一点是，在行为后果与目标的对照中，要考虑到客观环境因素的影响与制约，确实有些条件不是领导者完全能够控制的。

（二）民意测验法

这是现代社会日益广泛使用的一种调查方法。它可以包括投票法、对话法、问卷法等等。投票法是指由考核者对领导效能按优秀、良好、较好、一般、较差等几个层次进行投票。这项工作可以在组织的全体成员中进行，也可以只在部分代表中进行。

对话法是指找个别人谈话，或找几个人开小型座谈会，直接了解对领导者的评价。与其他方式比较，对话法的明显优点是亲切、灵活、即时反馈，可随时就某个问题作深入了解；缺点是范围不广。对话法要运用得好，必须要有引导方法和技巧。但绝不应该给暗示，不应该事先加框框，妨碍谈话者表达真实想法。

至于问卷法，则是将考评问题分级分类列表后发放，要求被调查者按要求填好后送回，由考评小组进行数据综合。此法的优点是范围广，信息规范，避免对话法中可能有的顾虑。不言而喻，这种方法的有效性完全依赖于问卷设计的科学性。所提的问题应注意不带暗示。

(三) 专家评估法

专家是对特定工作具备专业知识和经验的人。对于一个领导活动来说，当事的领导者是"局内人"。其他人员是"局外人"，专家的特殊之处在于，他既有"内"的属性又有"外"的身份。说内是因为他内行，他的专业知识使他可以超越普通人的意识，容易理解领导活动自身的特殊要求。说外是因为他并不直接参与决策，因此，又可以超脱某些人际关系的利益纠葛，具有"旁观者清"的优势。所以，用一定的组织形式集中专家的意见，来对领导效能进行考评，是一项非常重要而且必要的方法。

(四) 调查研究法

调查研究是大家比较熟悉的，是我们党历来强调的一种方法。这里说的调查研究，包括典型调查、走马观花、解剖麻雀、抽样统计等等方式。做调查，一要有的放矢，不能心中无数，碰到什么抓什么；二要持之以恒，因为一次调查往往不能说明问题；三要在调查后必须研究，不能为调查而调查。

(五) 统计分析法

它要求用定量的方法来做考评。要在所有可能的地方，将领导活动及其效果用量的指标显示出来，然后运用数学方式，建立数学模型，对各种数量关系及资料进行汇总、列表、分析，再形成定量的结论。统计分析法是广泛使用的现代科学方法。但是，在充分重视定量分析方法的同时，不可以忽视定性分析。

(六) 模拟考评法

这是一种直观的考评方法。具体来说是让被考评者置身于一个模拟的工作环境中,要求他按照给定的条件进行模拟操作,以此来观察他的行为方式、心理素质、反应能力等等,并依据这些观察来评价他的工作能力。例如,可以让法官在模拟的法庭上判案;如要考评一个经理,也可以让他在一个模拟场合中与客商谈判。这种方法主要可以看出人的能力,通过这种能力状况去预期他未来的工作成绩。

使用这种方法的优点是,可以将各种工作难题集中起来,充分观察被考评人解决难题的能力。在现实生活中,有些难题的出现,可能并不是那么典型,因此,这种方法的局限性也是明显的。模拟毕竟是模拟,与现实总有差距。实际工作中的许多问题和困难,常常不能被模拟。

(七) 比较考评法

这是在常规的考评中加入比较因素。在方法上包括纵向比较,即现在与过去比较,这次考评情况与上次考评情况比较;还有横向比较,即领导者、领导机构之间的相互比较。比较其实是确定和评价效果的重要依据。没有比较就没有评价。所谓成绩大小,不但是与预定目的比较而言的,也是与同等条件下的"别人"相比较而言的。在大体相同的条件下,别的领导者更好地实现了目的,而这个领导者的成绩就相形见绌,从这个意义上也可评定,这个领导者尚未取得应有效果。正确地运用比较方法,可以产生很好的激励作用。这里的主要困难是,在现实生活中,条件完全相同的组织是没有的,正像没有两片完全相同的绿叶一样。所以,在什么意义上可以比较,又是一个需要专门分析的问题了。

第四编

第十七章

市场经济与现代领导

内容提要

传统的计划经济体制条件下的领导活动方式需要改变，领导观念需要更新，领导行为水平需要提高。我们有必要建立起与社会主义初级阶段、社会主义市场经济相适应的领导体制与领导制度。从而，树立相应的领导观念，为建设中国特色社会主义现代化而努力。

第一节 市场经济与领导方式变化

实行社会主义市场经济的发展模式，对于中国现代化的进程而言，并不是一个主观选择的结果。它是社会自身运动到一定阶段的必然产物。

中国社会之所以最后"选择"了市场经济，是经历了两个历史阶段的挫折以后，才得以确认市场经济的必要性与重要性的。因此，在今天要全面推行市场经济，需要使全社会的人们认识到市场经济并不简单地只是一种经济组织方式，它首先是一种社会运动模式。

它要求与其相适应的社会观念、制度与行为方式。当然，也要求与其相适应的领导方式。

一、市场经济的政治要求

（一）市场经济在中国存在与发展的历史理由

从中国历史的过程来看，市场经济不是一种由本身社会运动孕生出来的社会经济组织方式。它是我们中国人经历了两次历史曲折后才不得不作出的权衡结果。

1. 第一次历史曲折，是从古典社会视角看

我们中国具有悠久的历史文化传统，在长达数千年的历史发展过程中，中国社会形成了独具特色的社会经济组织方式。在社会组织方式上，中国没有走上经家庭分化、社会重组的过程而形成的家国分流的发展道路。在原始社会向文明社会转化的关键时刻，我们拖着氏族血缘关系的尾巴，进入到文明社会。

国家的诞生与作用的发挥，都与以血缘关系为纽带的家庭纠结在一起。家国同构成为中国社会最突出的特征。而与之相适应的社会经济组织形式，便只能是自给自足的小农经济。这种经济形式，可以满足以一家一户为社会基本单位的社会之需要。它不需要为市场交换而生产。它与市场大致处于一种隔绝状态。

由于交换不发达，消费水平有限，经济生产对社会变迁的推动力量也就较小，社会基本处于它最早成熟的那个阶段的水平上。"停滞"成为社会的明显特征。虽然，在社会的运动发展过程中，也能创造出辉煌的文明，甚至对世界文明的发展产生巨大的推进作用。但是其自身的惰性难以给其带来更大的发展余地，以至于逐渐走入一个发展的死胡同里。因此，在古典与现代转折的边缘上，中国人没有能够再创辉煌。

不仅如此，在进入现代的历史起点上，我们饱尝了西方列强强加给我们的历史辛酸。中国在落后与挨打之中，充分认识到向西方人学习他们现代的社会经济组织方式的极端重要性。

2. 第二次历史曲折，是从现代进程角度说

经过与西方列强的不断交锋，经过对失败的不断总结，经过人民大众的浴血奋战，终于在 1949 年建立了中华人民共和国。由于当时历史条件的限制，国家在确认社会发展的基本经济形式时，选择了计划经济的方式。必须要肯定，计划经济在重组国家经济资源、重振国家经济活力的特殊时期，曾经发挥了巨大的作用。但是，计划经济的内在外在的限制，决定了计划经济难以长期维持其推动社会经济发展的动力作用。

计划经济的内在限制是，人们理性的有限性，使得人们不可能将社会问题的方方面面看得那么清楚，并在此基础上制定出足以解决方方面面问题的计划经济体制。计划经济不可避免地要引入制定这一计划的政府官员们的主观意志，以期弥补对客观情况了解的不足。这样，更限制了计划经

济的内在有效性。

计划经济的外在限制是，与计划经济相适应的政权组织方式必然是集权的权力运转方式。而集权与分权比较，最大的限制是用权的官员们对权力有没有一个谨慎的态度，前者用权较为放肆，后者用权则必须谨慎。

同时，与计划经济相适应的社会文化心理状态，则使得社会大众形成了一种消极等待的行为惰性，人们的劳动主动性与积极性被消磨掉了。

计划经济的这些弱点，在经过一个时期的积累之后，终究会恶性地膨胀开来。正是由于这些理由，中国社会到了20世纪70年代末期，国民经济已陷入了崩溃的边缘。经历了十余年的改革，我们终于发现，市场经济是取代计划经济的更好的经济模式，市场经济是经济可持续发展的"最不坏"的经济发展方式。

（二）市场经济的基本状态

市场经济在我国是一个初起的经济形式。但是，从西方的经济发展史上来看，它已走过了数百年的历程，发展得已相当充分了。作为一个后起的市场经济国度，我们当然不能期望一下子建立起完善的市场体制，我们还有必要虚心学习和了解西方市场经济的基本情况与大致安排，并对其基本模式了然于心。

严格说来，迄今为止，市场经济还没有一个普遍认可的模式。但是，对市场经济进行轮廓勾画则是可行的。把市场经济与自给自足的小农经济、主观领先的计划经济对比起来，较为容易看出市场经济的特征。

从市场经济的前提上来看，这一经济形式要求以三个问题的解决为先决条件。

（1）产权的明确界定。明确了产权，个人对于资本的营运效果，才会加以高度的关注。因为个人只有在其财产权利没有被剥夺的忧虑的情况下，他们对于生产与提高效益才会有积极性。

（2）有效竞争和商品的自由交换。因为只有在用法律制止垄断，制止企业之间、企业与政府之间发生阻止竞争的勾结行为的条件下，在消费者享有正确的和满意的信息并有一个竞争及自由交换商品的良好条件的情况下，市场效用才得以充分显现。

（3）企业的破产和整顿。企业的破产与整顿，可以停止非赢利企业的生产，使其所使用的资源被释放出来，并达到更高的效率。

与这些前提相对应，非市场经济的产权是模糊的，竞争受到限制，交换欠发达，没有现代企业机制。①

从市场经济的运行上来看，市场经济是不可能自发营运的，它的运行情形，诚如伊萨克森等所指出的："有效竞争和商品的自由交换是市场经济的核心。有了这个核心，只要每一个参与者做最能促进自身利益的事，便可协调各种经济决策。给定收入和价格后，'经济人'作为消费者会力求得到尽可能大的效用；给定生产可能性和价格后，'经济人'作为生产者会追求尽可能大的利润。"②

一方面，价格携带信息，知道了各种商品和服务的价格，就可以容易地比较货币的各种用途，作出合理的经济决策。在这方面，对生产者和消费者所起的作用是一样的。

另一方面，由于价格不是正确和完整的信息载体，经济行为产生的结果常常超出价格所反映的价值，政府与市场的关系必须得到合理的处理。在市场经济中，政府必须保证价格在最大可能的程度上反映各种商品和服务的相对稀缺，以免市场的轻微不完善滑向政府官员造成大的严重的不完善。③

（三）市场经济的政治要求

正如伊萨克森等人指出的："从计划向市场的转变将不可避免地导致权力的再分配。负责计划的庞大官僚机构的任务将不复存在，计划官员的权力也由此而消失。行政官员和党的干部将丧失特权。"④ 在这种情况下，经济改革必须要求政治改革与之策应。

这种策应关系，恰如著名经济学家吴敬琏所指出的："一方面是政治体制改革的内容，是政治生活法制化、民主化的要求，另一方面是政府转变职能，精简机构，又是经济改革的任务，为建立强有力的、高效率的宏观调控所必须。"⑤ 不言而喻，领导方式的改革，是为适应市场经济需要的政治体制改革的题中应有之义。

---

① A.J. 伊萨克森等：《理解市场经济》，商务印书馆1996年版，第85~95页。
② 同上书，第96页。
③ 同上书，第8~10章。
④ A.J. 伊萨克森等：《理解市场经济》，商务印书馆1996年版，第260页。
⑤ 吴敬琏等：《论竞争性市场体制》，中国财政经济出版社1991年版，第242页。

二、适应市场经济的领导方式

在计划经济体制条件下的领导方式，与在市场经济体制条件下的领导方式，是有巨大差异的。为了能够建立适应市场经济的领导体制，我们有必要对计划经济与市场经济两种情况下的领导方式的差异、要作出的转变、新体制与方式的基本点，加以研究。

（一）两种经济模式与两种领导方式

计划经济与市场经济是两种经济模式。

计划经济条件下，国家掌握生产资料，中央控制经济的形式，计划部门拥有相当大的权力。反映在领导体制上，指令或命令成为领导的基本法宝。[1] 但是，这种经济—社会—领导体制，有着严重的缺陷。正如伊萨克森等所指出的，从实际经验来看，用命令式的经济体制的那种行政协调方式在社会化的大经济中配置稀缺资源，必然会遭遇两方面的障碍。

其一，在信息机制方面，现代经济无论在生产结构还是需求结构方面都极其复杂，而且变动迅速。要求中央计划机关及时掌握和处理这些信息，迅速完成包含亿万个变量的模型计算，得出资源分配的正确结论，根据这种计算编制统一的计划分解下达到执行单位去，几乎是不可能的。

其二，在激励机制方面，由于广泛的利益矛盾，中央机关从基层取得的信息会因为各种利益的主体有意和无意的偏离实际而发生扭曲。而且，即使资料和计算都无误，中央规定的计划也会由于各个层次上的本位主义而在执行中发生偏差。因此，传统体制中以行政命令为主干的资源配置是不可能有很高的效率的。[2]

市场经济条件下，产权掌握在法律保护的所有者手中，市场拥有内在的自动调节机制（经济学称为"看不见的手"），权力与权利的互动成为可能，计划经济下面领导体制的弱点得以克服。最关键的一个变化是，"竞争在经济和政治生活中都是复兴和进步的重要源泉"。[3] 围绕这一重大变化，领导体制与领导方式也要发生由计划经济条件下的模式向市场经济

---

[1] A. J. 伊萨克森等：《理解市场经济》，商务印书馆1996年版，第44页。
[2] 吴敬琏等：《论竞争性市场体制》，中国财政经济出版社1991年版，第33页。
[3] A. j. 伊萨克森等：《理解市场经济》，商务印书馆1996年版，第262页。

条件下的模式的转换。

(二) 经济调整与领导方式转换

领导方式的转换不是领导者主观意志变化的产物。相反，领导者意志及其领导方式的变化只能是客观环境发生变化的产物。在市场经济主导的时代与社会里，经济组织方式发生了重大变化，领导方式也相应要发生重大调整。

在市场经济的法定地位被确认以后，如何推动市场的建立，就成为一个首要的问题。依照经济学家的研究，建立市场，在目前要做好四件事：

（1）进行价格改革，把竞争部门产品的价格基本放开。

（2）将物质调拨和商业收购分配制度改造成贸易制度，建立以相互竞争的商业组织为基础的流通体系。

（3）建立以平等竞争为基本准则的市场秩序，制定保护公正交易、反对垄断行为的法律。

（4）进行宣传教育，树立市场价值观念。①

依据经济学家的这些见解，可以看到实行市场经济的经济运行体制，不但需要在经济体制上进行调整，而且需要在政治、法律、意识形态诸方面着手进行改革。而从领导方式转换的角度来看，也需要做全面的调整和改革，以期与市场经济的要求相适应。领导方式的转换主要是：

第一，领导观念必须转换。从习以为常、固步自封、主观意志主导的计划经济条件下的领导观念，转换到适应市场、迎接挑战、面向客观情况的市场经济条件下的领导观念。

第二，转换领导者个人意志主导、凭领导者个人的英明神武办事的领导方式，将领导活动的制度化安排作为领导方式重建的先导性的工作来抓。在这方面，抓住三个支点：一是法律制度的完善，使领导活动有法可依，使旧有的法外权力运作、体制外权力运作进步到依法行政的状态。二是领导活动规则的系统建立，使不同层次、不同领域、不同岗位的领导者，有可以依循的较为具体的行为规范。三是建立领导活动成效的科学评估体制，使领导活动的评估具有客观机制，而不是由其上一级的某个领导者说了算，从而，借此保证卓有成效的领导者能够获得积极评价以增强工作动力，使得那些工作绩效较低的领导者努力去改进工作方式以提高工作

---

① 吴敬琏等：《论竞争性市场体制》，中国财政经济出版社1991年版，第100页。

效率。

第三,将过去高高在上的官僚化领导作风转变为亲民服务性的工作方式。官僚文牍主义将是最不适应市场经济体制需要的工作观念,是最妨碍效率提高的工作作风。市场经济条件下,需要领导者有深入基层,处理具体的、专业的工作问题的能力,需要有较高的工作效率以适应市场不断变幻的情况。

(三) 市场社会的领导格局:政府与市场

对中国来讲,市场社会刚基本成型。因此,市场社会的领导格局也还在不断完善之中。但是,从有利于中国的市场经济实践着眼,总结西方国家市场社会建构的历史经验,对其领导格局加以大略的描述,是有其理论和实际意义的。

对源自西方的市场社会的领导格局进行描述,有些问题是必须予以注意的。

1. 从总的领导格局上来讲,领导活动可以为市场社会的建立做什么,是一个首先要明确的问题

对此,从政府对市场经济所能做的事情方面可以加以认识。因为,现代政府的领导格局和主要作用,对整个社会的领导格局有着一种导向性的影响。依据西方学者的见解,政府在市场体制中的作用表现于六个方面,其中三个方面是政府在市场体制中的基本任务:一是确保明晰产权的各种法规的稳定。二是保证有效竞争及商品和劳务的自由交换。三是为破产和工业调整提供法律依据。

再有三方面则是政府在市场经济的经济事务中较传统的作用:一是促进宏观经济稳定。二是保证公平和合理地分配收入和财富。三是促进生产资源在各种用途中的有效配置。

2. 从领导格局的作用机制上来说,需要建立市场机制与政府功能的互动机制

一方面,首先需要从市场机制的视角出发来改进政府的领导方式与作用机制。而在这一方面,美国前几年出版的《改革政府——企业精神如何改变着公营部门》一书中有着十分富有启发意义的论述。它以市场社会为论述问题的大背景,对政府领导方式进行了重新的、全面的勾画。论述以 10 点为主体内容：①政府掌舵而非划桨的催化作用；②授权而非服务的社区化政府；③把竞争机制注入到提供服务中去的竞争性政府；④改变照章办事而有使命感的政府；⑤按效果而非按投入拨款的讲究效果的政府；⑥满足顾客需要而非官僚政治需要的受顾客驱使的政府；⑦有收益而不浪费的有事业心的政府；⑧预防而非治疗的有预见的政府；⑨从等级制到参与和协作的分权的政府；⑩通过市场力量进行变革的以市场为导向的政府。① 这一论述是具有普遍意义的。

另一方面，则要合理确认政府对市场改进的作用。这方面，有学者从实证的角度作过分析，指出从五个方面可以确认政府对市场的改善与扩展的作用：①政府中各具职能的行政机关，有益于规制无约束的市场；②政府在劳动力市场与工资制度的互动方面，可以通过政府提供的各种类型的手段来鼓励和推动其朝健康的方向发展；③在卫生和保健领域，市场的不完善最为严重，政府能对其起到有效的干预作用；④政府通过建立联合退休基金，使资本形成有更多的来源；⑤政府可以通过反垄断法的制定，从而避免任何工业生产中的过度集中。此外，在立法、司法和行政领域里，政府有时能够具有开创精神，发挥改善和扩大市场的作用，从而减少市场缺陷事件的发生率。②

当然，观察市场社会的领导格局，是不能只从政府与市场这一个角度着眼的。这个角度，所提供的分析只是对了解市场社会的领导格局的总体情况有一个指南的作用。除开这个角度以外，我们还应当从领导者的选拔、领导风格的创新、领导艺术的优化等等视角加以探讨。只是因为这些方面不放在市场社会的背景下，也可以加以研究。

---

① 参考戴维·奥斯本等：《改革政府——企业精神如何改变着公营部门》，上海译文出版社 1996 年版，有关各章。
② 参考查尔斯·沃尔夫：《市场或政府——权衡两种不完善的选择》，中国发展出版社 1994 年版，第 138~144 页。

第二节 社会主义初级阶段的领导

一、社会主义初级阶段：迈向现代化的阶段

（一）社会主义初级阶段的含义

中国共产党第十三次全国代表大会指出：我国正处在社会主义的初级阶段。中国共产党第十五次全国代表大会再一次强调，我国现在处于并将长时期处于社会主义初级阶段。这个论断，包括两层含义。第一，我国已经是社会主义社会。我们必须坚持而不能离开社会主义制度。第二，我国的社会主义社会还处在初级阶段。我们必须从这个实际出发，而不能超越这个阶段。

那么，我国社会主义的初级阶段，是一个什么样的历史阶段呢？它不是泛指任何国家进入社会主义都会经历的起始阶段，而是特指我国在整体生产力相对落后、商品经济不发达条件下建设社会主义必然要经历的特定阶段。我国从 20 世纪 50 年代生产资料私有制的社会主义改造基本完成，到社会主义现代化的基本实现，至少需要上百年时间，都属于社会主义初级阶段。这个阶段，既不同于社会主义经济尚未奠定的过渡时期，又不同于已经实现社会主义现代化的阶段。

（二）社会主义初级阶段的主要矛盾与根本任务

这个阶段的主要矛盾，是人民日益增长的物质文化需要同落后的社会生产之间的矛盾。阶级斗争在一定范围内还会长期存在，但已经不是主要矛盾。为了解决现阶段的主要矛盾，要把发展生产力作为全部工作的中心，大力发展商品经济，提高劳动生产率，逐步实现工业化和经济的社会化、市场化、现代化，并且为此而改革生产关系和上层建筑中不适应生产力发展的部分。

根据对主要矛盾和根本任务的认识，党的十三大提出了社会主义初级阶段的历史使命和目标规定：我国社会主义初级阶段，是逐步摆脱贫穷、摆脱落后的阶段；是由农业人口占多数的手工劳动为基础的农业国，逐步

变为非农业人口占多数的现代化的工业国的阶段；是由自然经济中自然经济占很大比重，变为商品经济高度发达的阶段；是通过改革和探索，建立和发展充满活力的社会主义经济、政治、文化体制的阶段；是全民奋起，艰苦创业，实现中华民族伟大复兴的阶段。

经历了差不多十年的发展，党的十五大根据中国社会的现代化变迁情形，进一步将这一认识加以深化和具体化，强调：社会主义初级阶段，是逐步摆脱不发达状态，基本实现社会主义现代化的历史阶段；是由农业人口占很大比重、主要依靠手工劳动的农业国，逐步转变为非农业人口占多数、包含现代农业和现代服务业的工业化国家的历史阶段；是由自然经济半自然经济占很大比重，逐步转变为经济市场化程度较高的历史阶段；是由文盲半文盲人口占很大比重、科技教育文化落后，逐步转变为科技教育文化比较发达的历史阶段；是由贫穷人口占很大比重、人民生活水平比较低，逐步转变为全体人民比较富裕的历史阶段；是由地区经济文化很不平衡，通过有先有后的发展，逐步缩小差距的历史阶段；是通过改革和探索，建立和完善比较成熟的充满活力的社会主义市场经济体制、社会主义民主政治体制和其他方面体制的历史阶段；是广大人民牢固树立建设中国特色社会主义共同理想，自强不息，锐意进取，艰苦奋斗，勤俭建国，在建设物质文明的同时努力建设精神文明的历史阶段；是缩小同世界先进水平的差距，在社会主义基础上实现中华民族伟大复兴的历史阶段。

（三）社会主义初级阶段的基本路线

党的十八大指出，建设中国特色社会主义，总依据是社会主义初级阶段，总布局是五位一体，总任务是实现社会主义现代化和中华民族伟大复兴。

党在社会主义初级阶段的基本路线，既反映了中国现阶段的历史特点，又包含了深刻的理论原理，是马克思主义基本原理同中国的实际相结合的产物，理解和把握党的基本路线，最重要的是把握住"一个中心，两个基本点"，即以经济建设为中心，坚持四项基本原则，坚持改革开放。它是现阶段一切工作的指针。

二、社会主义初级阶段的领导观念

社会主义初级阶段是我国领导环境的实质。它规定了我国的各级领导必须树立相应的观念，并以之指导领导活动，共同为建设中国特色社会主义而努力。这些观念是以建设中国特色社会主义的三个基本方面的观念及其四项主要内容共同组成的。

三个基本方面的观念是：

1. 中国特色社会主义经济的观念

我们是在社会主义制度下发展经济的，因此，在逐步实现国民经济现代化的进程中，必须牢牢把握中国特色社会主义市场经济的基本要求。概括地说，即是党的十五大所指出的：建设中国特色社会主义的经济，就是在社会主义条件下发展市场经济，不断解放和发展生产力。

这就是要坚持和完善社会主义公有制为主体、多种所有制经济共同发展的基本经济制度；坚持和完善社会主义市场经济体制，使市场在国家宏观调控下对资源配置起基础性作用；坚持和完善按劳分配为主体的多种分配方式，允许一部分地区、一部分人先富起来，带动和帮助后富，逐步走向共同富裕；坚持和完善对外开放，积极参与国际经济合作和竞争。保证国民经济持续快速健康发展，人民共享经济繁荣成果。

2. 中国特色社会主义政治的观念

我们是在社会主义制度下加强民主和法制建设的，因此，在逐步实现高度民主政治进程中，必须牢牢把握中国特色社会主义政治的基本要求。对此，党的十五大强调：建设中国特色社会主义的政治，就是在中国共产党领导下，在人民当家做主的基础上，依法治国，发展社会主义民主政治。

这就是要坚持和完善工人阶级领导的、以工农联盟为基础的人民民主专政；坚持和完善人民代表大会制度和共产党领导的多党合作、政治协商制度以及民族区域自治制度；发展民主，健全法制，建设社会主义法治国家。实现社会安定、政府廉洁高效、全国各族人民团结和睦、生动活泼的政治局面。

3. 中国特色社会主义文化的观念

我们是在社会主义制度下加强文化建设的，因此，在逐步实现高度精神文明的进程中，必须牢牢把握中国特色社会主义文化的基本要求。这就如党的十五大所说的：建设中国特色社会主义的文化，就是以马克思主义为指导，以培养有理想、有道德、有文化、有纪律的公民为目标，发展面向现代化、面向世界、面向未来的，民族的科学的大众的社会主义文化。

这就要坚持用邓小平理论武装全党，教育人民；努力提高全民族的思想道德素质和教育科学文化水平；坚持为人民服务、为社会主义服务的方向和百花齐放、百家争鸣的方针，重在建设，繁荣学术和文艺。建设立足中国现实、继承历史文化优秀传统、吸取外国文化有益成果的社会主义精神文明。

四项主要内容是：

1. 社会主义观念

社会主义初级阶段理论明确指出：我国已经是社会主义社会。我们顺应中国历史发展的客观规律，经过几十年的努力奋斗，社会主义制度已经在中国大地上扎根并初步显示出优越性。我们必须坚持社会主义道路，坚持人民民主专政，坚持中国共产党的领导，坚持马克思列宁主义、毛泽东思想、邓小平理论、"三个代表"和科学发展观的重要思想，建设中国特色社会主义。

那种认为中国不能超越资本主义充分发展阶段而走上社会主义道路，以及中国社会主义搞早了，必须退回去搞资本主义的机械论是错误的。"四项基本原则"是立国之本。那种违背"四项基本原则"，用形而上学的观点去观察和处理改革开放问题，其结果必然断送社会主义。

2. 现代化建设观念

我国的社会主义是脱胎于半殖民地、半封建社会，还不成熟，不完善，生产力水平远远落后于发达资本主义国家。贫穷不是社会主义，社会主义正是要摆脱贫穷。社会主义初级阶段的根本任务是基本实现以经济建设现代化为中心的社会主义现代化，实现发达资本主义国家在资本主义条件下实现的工业化和生产的商品化、社会化、现代化。

在整个社会主义初级阶段，必须把发展生产力作为全部工作的中心。各项工作都必须服从和服务于这个中心，而不能离开这个中心，更不能干扰这个中心。因此，必须破除那种认为不经过生产力的巨大发展，就可以越过社会主义初级阶段进入高级阶段的空想论的桎梏，在思想上树立起生产力标准观念和科学技术是第一生产力的观念，尊重知识，尊重人才，鼓励竞争，讲究效率，千方百计地加快社会主义现代化建设大业。

3. 全面改革观念

社会主义是在改革中前进的社会。在我国社会主义初级阶段，由于长期形成了一套僵化的体制，加上还有许多旧社会的痕迹，改革更成为迫切的历史要求。我们的改革，是一项复杂的巨大的系统工程，它包括经济、政治、教育、科技、文化体制等各方面的改革，需要相互协调，配套进行。

我们的改革是社会主义制度的自我完善和发展。30多来年的改革已经取得了巨大成绩。十年规划和"十五""十一五""十二五"计划纲要中已经确定新的各项改革任务，各级领导要坚定不移地投身改革的伟大事业，认真组织实施，保证胜利完成。离开改革，用僵化观点看待"四项基本原则"，社会主义也就失去生机活力。

4. 对外开放观念

当代国际关系越来越密切，任何国家都不可能在封闭状态下求得发展。在落后基础上建设社会主义，尤其要发展对外经济交流和合作，吸收国外先进科学技术、管理经验和优秀文化成果，引进外资，以增强我国经济社会发展的能力和在国际社会中的竞争能力，逐步缩小同发达国家的差距。我们决不能走闭关自守的老路，否则，只能越来越落后。

第三节 我国领导制度的建设

要适应市场经济发展的需要，就要在制约经济发展的关键环节——领导体制与领导方式以及领导艺术等方面的建设上花大功夫。尤其是加强领导制度的建设。领导制度建设是一项带有根本性、全局性的工作。加强领导制度建设，使领导工作走上按制度办事的轨道，也是领导体制改革的重要内容之一。

领导活动，不论是主观见之于客观的领导者的活动，还是领导者与被领导者相互配合，利用可用资源，为达到一定目标而展开的协同活动，都不可能建立在主观随意性的基础上。现代社会科学告诉我们，制度已构成组织和组织化的个人活动的条件。领导活动，务必在领导制度的保证之下，才可能有序、有效地展开。

领导制度，可以划分为三个层次：一是要有一个可以根本性制约活动的制度安排。在我国，这就是民主集中制。二是要有一个足以保障领导者个人可以与组织协调的制度，以使领导者个人的能量最大地发挥。三是要有一个足以保证领导活动顺利开展的制度性措施，使领导活动富有收效，不致无的放矢。

一、民主集中制

我国《宪法》第三条规定："中华人民共和国的国家机构实行民主集中制的原则。"民主集中制是我国国家机构包括各级领导机关的基本组织与活动原则，是科学领导制度中一项根本制度，具有最高的法律权威，各级领导者都要严格遵守。

（一）民主集中制的含义

民主集中制是民主和集中有机结合的制度。毛泽东同志指出："这种民主和集中的统一，自由和纪律的统一，就是我们的民主集中制。"[①] 民主制的根本内容是，在国家生活中，人民群众当家做主，有权以不同方式积极参加对国家大政方针、重大决策和法令的讨论，参加对国家事务、经济文化事业和社会事务的管理；一切国家机关及其工作人员必须对人民负责，受人民的监督。

集中制则是指在高度民主的基础上实行高度集中，不论在党内，还是在国家机关，企事业单位，社会团体、组织中，实行少数服从多数，个人服从组织，下级组织服从上级组织，全国服从中央。"四个服从"是建立全党和全国的正常秩序，实行集中统一和行动上一致的基本保证。

总之，民主集中制，是民主和集中不可分割的有机统一体。两者相辅相成，互相制约。

（二）民主集中制是根本的领导制度

民主集中制开始是作为无产阶级政党的组织制度而确定的。中国共产党一贯把民主集中制作为自己的根本组织原则和制度。全国解放后，党又把这一原则推广到国家生活中去，并通过国家的根本大法把它作为人民民

[①] 《毛泽东文集》第7卷，人民出版社1999年版，第209页。

主专政国家政权的组织原则和国家的根本领导制度固定下来。具体表现在：

(1) 全国人民代表大会和地方各级人民代表大会的代表，由民主选举产生，对人民负责，受人民监督。

(2) 国家行政机关、审判机关由人民代表大会产生，对它负责，受它监督。

(3) 中央和地方国家机构职权的划分，遵循在中央统一领导下，充分发挥地方的主动性、积极性的原则。

民主集中制贯穿于各级领导的全部实践活动中，是社会主义根本制度的直接体现。因此，它决定和影响着领导制度。如集体领导和个人分工负责相结合的制度、集体办公制度、接待日制度、信访制度、请示报告制度、通气会制度等，其中有的是民主集中制的具体化，有的是由其决定和派生的，在实行中还必须坚持民主集中制，否则就难以实现和发挥作用。

二、集体领导与个人负责制

集体领导和个人分工负责相结合是我国各类组织普遍实行的一种领导制度。它是协调领导成员在领导活动过程中的相互关系、更好地发挥领导集团整体作用的重要制度。

(一) 集体领导

集体领导是集体决策、共同负责的制度，即对重大问题，由领导集团全体成员讨论、决策和决定。一经决定，必须共同遵守，不得违背和随意推翻。

根据中共中央《关于党内政治生活的若干准则》等文件规定：集体领导是党的领导的最高原则之一。从中央到基层的各级党的委员会，都要按照这一原则实行集体领导和个人分工负责相结合的制度。凡是涉及党的路线、方针、政策的大事，重大工作任务的部署，干部的重要任免、调动和处理，群众利益方面的重要问题，以及上级领导机关规定应由党委集体决定的问题，应根据情况分别提交党的委员会、常委会或书记处、党组集体讨论决定；决定时要严格实行少数服从多数，一人一票，第一把手只有一票的制度，不能由第一把手说了算。这种集体领导制度已推广贯彻到国家政权及社会主义的企事业单位和群众组织中。

(二) 个人分工负责

列宁指出:"集体领导应限于在最小的委员会内最简短地讨论最重要的问题,而实际处理机关、企业的事情和任务的责任,则应委托一个素以坚强果敢见称、善于处理实际问题并享有最大信任的同志去担负。任何时候,在任何情况下,实行集体领导都要最明确地规定每个人对一定事情所负的责任。"[①] 这说明实行集体领导还须同个人分工负责相结合,分工负责制度就是领导集团内各成员为执行集体领导的意志而密切配合、各司其职、各尽其责,是保证集体领导实现的一项重要措施。若无明确分工,各成员无具体职责,就会出现互相扯皮、推诿的混乱状态,集体领导则成了一句空话。

实行集体领导与个人分工负责相结合,领导成员分工明确,便能焕发起积极性、创造性,按时、按质、按量地完成分工任务,提高领导工作效率。因此,在管理制度上,当前要特别注意责任制。责任要专,即要落实到人。这种责任制的基本原则是:责、权、利相结合,国家、集体、个人利益相统一,职工劳动所得同劳动成果相联系。

集体领导和个人分工负责是辩证的统一,不可偏废或分割。集体领导是个人分工负责的前提,个人分工负责是集体领导的基础,是集体领导意志实现的途径。离开集体领导的个人分工负责是无政府主义和自由主义;离开个人分工负责的集体领导,只能是抽象议论。我们坚持集体领导和个人分工负责相结合,反对个人说了算或个人不敢负责的两种官僚主义倾向。

(三) 集体领导与个人分工负责制的具体形式

在我国各种组织中实行集体领导与个人分工负责制有不同的具体形式。如党的委员会制、政府和企事业单位的行政首长负责制、军队的党委领导下军政首长分工负责制等,但它们所依据的基本原则相同。这里仅简述行政首长负责制。

行政首长负责制是相对于委员制而言,也是民主集中制和集体领导与个人分工负责制相结合制度的一种具体形式。它是指重大事务在集体讨论的基础上由行政首长定夺,日常行政事务由行政首长决定,行政首长独立

---

① 《列宁选集》第 4 卷,人民出版社 1972 年版,第 24 页。

承担行政责任的一种行政领导体制。我国《宪法》规定："国务院实行总理负责制。各部、各委员会实行部长、主任负责制。""地方各级人民政府实行省长、市长、县长、区长、乡长、镇长负责制。"

《国务院组织法》还明确规定："国务院工作中的重大问题，必须经国务院常务会议或国务院全体会议讨论决定。"各级地方政府组织法也明确规定各级政府工作中的重大问题，必须经各级政府常务会议或各级政府全体会议讨论决定。可见，我国实行的首长负责制是建立在发挥集体作用基础之上的，是同集体领导相结合的行政首长负责制。但从这种制度本身而言，它还是有其自身的特点。

这种制度的基本特点是责任主体单一化，优点是责任分明，事权集中，分工合作，行动果断，有利于克服官僚主义，提高工作效率，适应现代化建设的客观需要，符合行政机关集中、迅速、果断管理行政事务的要求。

三、日常的具体领导制度

日常的领导制度是根本的领导制度在实际执行中的具体化。日常的领导制度是非常重要的领导制度，在实际执行中的具体化，对于建立科学的领导制度，更好地规范领导行为是必不可少的。这些具体领导制度，可以从两个方向上考虑，从三个层面上制定。两个方向：一是领导者；二是活动的参与者——一般组织人员。这是领导活动主体的双向性（领导与群众）所决定的。三个层面：一是领导与群众关系的层面，这是由前述"两个方向"的特性构成的；二是领导与领导关系的层面，这一层面形似一层，实则为二。因为，一个组织机构的领导班子，先有它与上级领导的关系，再有领导班子内部关系协调的问题。

可以说，只有两个方向的诸种关系、三个层面的相互协调都处理好了，这些具体制度才是完整而有效的。在长期的领导实践中，尤其在改革开放的条件下，我国日常的具体领导制度不断完善和发展，许多已经定型化、制度化了。其中主要有：

（一）领导者与领导活动参与者关系处理的制度安排

作出这种安排，可以说是领导的民主原则最直接的要求和体现。由于领导者在这种制度安排中，处于权力掌握者、政策决定者的角色地位，因此，他们应当处在主动加强与领导活动参与者（或通常所说的群众）联系的角度，想方设法收集群众的意见、建议，了解群众的愿望、要求，以求最广泛地征集到领导活动的社会反应，从而获得最有力的社会心理支持，以保证领导活动的参与者以高昂热情，始终活跃于活动的全部过程之中。

根据我国社会主义的政治关系，按民主集中制的原则建立密切领导者与人民群众联系的工作制度，乃是由社会领导活动性质所决定的。加强与群众的联系，方法可以有多种，诸如接待日制度、信访制度、通报制度、评议制度等。不过需要特别强调的是，这些制度必须有助于解决具体问题，并且是常设而不是应急性的，否则，它就只有暂时性的效果。

这几类制度大致简介如下：

（1）接待日制度。定期由主要领导干部接待来访群众，直接倾听群众意见、建议，了解群众呼声，及时解决群众需解决的问题。

（2）"直接对话"制度。领导干部根据实践需要和群众要求，深入到群众中去，就一些思想问题和群众关心的实际问题，以座谈会、谈心会的形式作直接解答，争取群众对领导工作的支持和谅解。

（3）咨询会制度。领导干部，特别是基层单位的领导者，定期或不定期地召开会议，请有关群众代表，就工作任务、工作计划的安排和贯彻执行提出咨询，发挥群众参政议政的积极性。

（4）信访制度。接待受理人民群众来访来信，整理研究群众的意见和建议，供制定政策、部署工作时参考，及时查处群众反映的重大问题。

（5）"两公开，一监督"制度。即各级领导"公开办事制度，公开办事结果，实行群众监督"。凡是应该让群众知道的事都要通过各种渠道，以不同形式公布于众，做到办事制度公开透明，公平合理，办事结果大多数满意。这是领导向人民负责，接受人民监督的一种制度。

党的十三届六中全会作出《中共中央关于加强党同人民群众联系的决定》以后，各级领导采取专题调查、挂职锻炼、扶贫包村、定点联系、现场办公等多种形式，组织了大批干部到群众中去，与群众同甘共苦，积极为群众办实事、办好事，党的密切联系群众的优良作风得到进一步恢复和发扬。

（二）上下级领导之间联系的制度

领导活动的有序、有效的开展，既需要诸种客观条件，更需要各级别的领导者有效配合。在上者,发出正确的领导指令或领导禁令;在下者,令行禁止。上下之间相互密切配合,共同支持,最大地优化领导行为。

最有利于提高领导效率的上下级联系制度的原则是统一意志、统一指挥、统一步调、统一行动,这是保证组织系统正常运转的重要环节。统一的前提条件有两个:一是对领导的共同使命——提高领导效率,增强合作意识,提高社会效益,实现领导目的有共同的认识。二是对对方都抱着尊重的态度。上级尊重下级,就是要保护他们的工作积极性、创造性、自主性,从而激发下级工作的动力,提高效率;下级尊重上级,就是要服从上级发出的合理指令,并加以创造性的执行。而在具体的制度安排上,则有下面一些做法:

(1) 通信征询制度。定期或不定期地将上级意图、决策、部署,通过会议传达给下级领导征询意见,调动其工作的主动性与创造性。

(2) 报告请示制度。为保证领导工作的有序性与正确性,下级领导机关或工作人员对全局性的领导决策或步骤,或权限范围不清的问题,及时向上级领导机关或领导人报告,上级领导作出指示后,再作处理和执行。

(3) 检查反馈制度。上级领导机关对下级领导机关执行上级决定或工作任务,进行经常性的或定期的检查,以保证决定的贯彻。下级领导也应将指示本身优劣点反馈给上级领导,以求指示日臻完善。

(三) 领导班子成员之间联系的制度

这是为保证集体领导和个人分工负责相结合的制度得到实现,而建立的加强领导班子成员之间联系的制度。领导班子内部关系的协调状况如何,对整个领导活动及其结果产生很大影响。这主要表现为:

第一,领导班子有没有共识。如果领导班子成员都有搞好领导工作的共识,就能理智地形成相互配合而不是相互拆台的关系,才可能搞好领导工作。

第二,领导班子主要靠什么协调关系。只是借助人情,还是通过公开的、合理的制度安排,将会对他们采取什么样的工作态度,以何种姿态表达自己的领导意志,处理同事关系,造成影响。相应地,对领导活动投入的合理性、领导活动产出的高效性,也会造成影响。

第三,领导班子以什么来衡量自身的领导工作效果,以什么来评估各自的工作绩效,从而进一步密切彼此关系,协力合作。如以人情关系好坏来衡量工作绩效,或仅以人缘关系的疏密来强化合作,那么长效的、高效的领导活动就会失去其可靠的基础。如果以工作实绩和客观效率来衡量一个领导者的领导活动,并以此作为协调领导班子成员的客观准则,那么,长效的、高效的领导活动就能赢得持续动力。

显然,通过办公会议制度、集体学习、民主生活会等多种形式的制度安排,可以收到更为理想的领导活动效果。因此,有必要对这些制度加以介绍:

(1) 办公会议制度。如各种定期或不定期、固定或不固定的政务会议、部务会议、办公会议等。实行这个制度,主要是互通情报,共商重大问题。

(2) 集体学习制度。定期组织领导班子成员学习马克思主义理论和党的方针政策,以及现代科学技术,武装思想,统一认识,以提高政策水平,实现科学领导。

(3) 民主生活会制度。乡镇以上各级领导班子,每年至少应举行两次民主生活会,就执行党和国家的路线、方针、政策,为政清廉,遵纪守法,联系群众等问题,交心通气,认真开展积极的批评和自我批评,提高认识,增强团结,改进工作,使领导班子保持廉政、勤政、统一、高效的最佳状态。

第十八章

建构现代领导文化

内容提要

随着领导科学的不断拓深和领导实践的不断发展，人们对领导现象及其规律的研究也不断从体制层面走向文化层面，从技术层面走向观念层面，并进而提出了领导文化的概念。目前，有关领导文化的研究仍然是一项探索性的工作。认真研究领导文化，有利于推进领导科学的深化和成熟，也有助于实现领导工作的科学化和现代化。

第一节 领导文化概述

一、领导文化的概念

把握领导文化的概念，首先要理解文化的含义。从广义来说，文化是指人们在实践过程中认识、改造客观世界的一切活动及其创造、保存的物质产品和精神产品。它包括物的文化，即物质文化；心物结合的文化，即制度文化；心的文化，即观念文化。从狭义来说，文化特指心的文化。它包括人们在认识、改造客观世界的过程中形成的观念、态度、理想、道德、价值观和行为模式等。本章所说的文化，是就狭义而言的文化。

领导文化是文化的一般性在领导领域的特殊表现。领导本质上是人的活动。每个领导成员身上都具有意识、观念等各种文化因素。当一定数量的领导成员形成一定规模的体系时，领导体系中的领导成员就会自然而然地创造出一种为领导成员普遍认可的价值观念、共同信守的行为模式和广泛流传的态度作风，即领导文化。

确切地说，领导文化是领导成员在领导活动中产生并通过后天学习和社会传递形成的反映领导实践的观念意识，是客观领导过程在领导成员心理反映上的积累或沉淀，是领导成员普遍认可的价值观念、共同信守的行为模式和广泛流传的态度作风，包括领导意识、领导观念、领导魅力、领导价值观、领导合法性和领导行为模式等。进一步认识理解领导文化，需要注意澄清以下问题。

（1）领导文化属于领导领域的主观意识范畴，是仅仅能以符号表示的非物质文化。广义的文化虽然包括了物质文化、制度文化和观念文化，但是，领导文化却没有物质形态的领导文化，那些介乎物质形态与观念形态之间的领导制度或体制也应该与领导文化区分开来。当然，一定的领导制度或体制反映了一定的领导文化，但是，这种反映需要一定的转换过程。领导制度本身并不是领导文化。

（2）领导文化虽然是文化的一般性在领导领域的特殊表现，但是，有关领导的精神文化产品并不一定都是严格意义的领导文化。确切地说，领导文化主要是指一定体系的领导成员普遍认可的价值观念、共同信守的行为模式和广泛流传的态度作风。那些仅仅被人们束之高阁的领导理论并不是真正意义的领导文化。例如，在某些彻底腐败的集团中，虽然集团成员所讲的领导理论还是"领导就是服务"，但是，这个集团的领导行为中实际体现的文化却是"领导就是谋私"。换句话说，"领导就是服务"仅仅是他们说在嘴上、写在纸上的领导理论，"领导就是谋私"才是他们内化为价值观念、外化为行动模式和体现为态度、作风的领导文化。

（3）领导文化作为领导成员普遍认可的价值观念、共同信守的行为模式和广泛流传的态度作风，可以理解为领导成员的一种时间上较为持久、空间上较为广泛的主观取向。它不是暂时的、偶然的，而是相对长期的、稳定的；它不是个别的、孤立的，而是相对广泛的、普遍的。它是与某一领导体系相对应的领导成员的主观取向的集合体和积淀物，是前后相继、相对固定的取向聚集和取向模式。也正是从这一意义上说，领导文化是客观领导过程在领导成员心理反映上的积累或沉淀。

（4）不能把体现于领导成员身上的所有文化现象都视为领导文化。领导成员在进行领导活动时必然体现一定的领导文化；领导成员在进行与领导活动无关的活动时，这些活动所体现的文化就不一定属于领导文化。如某位领导成员在医院看病时，他对于疾病的观念、态度就不属于领导文化。

（5）领导文化与政治文化、行政文化既相联系，又相区别。一方面，领导文化与政治文化、行政文化密切相关，存在着一种交叉关系。政治领导文化和行政领导文化就是领导文化与政治文化、行政文化交叉重叠的部分。另一方面，领导文化与政治文化、行政文化并不等同。

从时间上说，领导活动存在于人类社会的始终。只要有人类社会，就必然存在着领导活动，也就必然存在着领导文化。政治活动、行政活动则是国家诞生之后的产物，并伴随着国家的消亡而消失。政治文化、行政文化也就同样仅仅存在于国家诞生之后和国家消亡之前。

从空间上说，那些非领导领域的政治文化、行政文化并不属于领导文化，如选民心态、非领导类的普通公务员的行政观念就不属于领导文化。同样，那些非政治、非行政领域的领导文化也不属于政治文化、行政文化，如企业、事业单位特别是私人企业、私立学校的领导文化就不一定属于政治文化、行政文化。

（6）领导文化与管理文化密切相关，存在着一种被包含关系，即领导文化包含于管理文化之中。领导文化与管理文化的这种被包含关系，是由领导与管理的被包含关系决定的。管理就其层次而言，可以区分为相对高层的管理和相对低层的管理。领导则属于其中的相对高层的管理。因此，相对高层的管理文化也可以属于领导文化，相对低层的管理文化则不属于领导文化。

二、领导文化的特征

领导文化作为文化的一种类型，无疑具有不同于物质、制度的文化特征；领导文化作为文化的某种类型，又必然具有不同于其他文化类型的领导文化特征。其具体表现如下。

（一）模式性

一定时期、时代或一定社会、国家由于历史背景、民族性格、地理环境和生活状况等条件的不同，其领导文化也将表现出各自的特色。这种特色就是领导文化的模式性。就时期、时代而言，革命时期的领导文化强调激情，建设时期的领导文化注重理性；传统领导文化封闭守旧，现代领导文化开放创新。就社会、国家而言，东方社会的领导文化注重等级，西方社会的领导文化强调平等；美国领导文化表现为民主化、分权化、专业化；中国传统的领导文化积淀为官治主义和德治主义。

(二) 连续性

领导文化的连续性,可以从两个方面来理解:一方面,任何具体的领导文化,都是以往存在的领导文化的某种延续、继承或扬弃,同时又都具有时间与空间上的推移性,具有向其他类型领导文化渗透、转移和演变的可能性。另一方面,作为人类社会整体的领导文化,从量上看,只要存在领导活动,领导文化的延续便是无限的,其发展也是不可间断的。从质上看,优秀的领导文化最终将能沙里淘金,得到人们的继承、弘扬和发展。

(三) 变化性

领导文化虽然是前后相继、相对固定的取向聚集和取向模式,但是,这种取向聚集和取向模式并非僵化不变的、"死"的物质,而是能够发展变化的"活"的文化。从根本上说,一定的领导文化是在一定的历史条件下,适应一定方式的领导活动而产生、形成的,当然也要随着历史条件和领导活动的变化而变化。领导文化的变化性可以是滞后的,也可以是前瞻的。滞后的变化往往是被动的,有时则由于难以及时适应社会的变革而成为历史前进的阻力。前瞻的变化往往是主动的,一般是对社会走向的自觉意识和适应,并对社会的进步和发展起着积极的引导、促进作用。

(四) 政治性

在国家诞生之后直至国家消亡之前的整个社会中,领导文化往往与政治密切相关,表现出浓郁的政治性特征。领导文化的政治性特征是与民众文化或低层管理文化相比较而突显的。一方面,政治领导文化、行政领导文化固然与政治直接相关;另一方面,即使是非政治、非行政领域的领导文化,如企业、事业单位的领导文化,甚至于私人企业、私立学校的领导文化,也通过具体环境中的社会制度和社会体系的影响,而带有政治色彩。

领导者的职位、职权和职责,决定了领导者必须具有敏锐的政治意识、政治嗅觉和政治头脑,能够总是从政治的高度高屋建瓴地处理问题。列宁说过:一个阶级如果不从政治上正确地处理问题,就不能维护它的统治,因而也就不能完成它的生产任务。江泽民同志关于"领导干部一定要讲政治"的论断,进一步强调了领导文化的政治性特征。

三、领导文化的作用

任何文化都是一定的历史环境和人类活动的产物,又将反作用于一定的历史环境和人类活动。领导文化也不例外。其具体表现如下。

(一) 规范作用

领导文化产生于领导活动,自然要受到领导活动的制约和影响。但是,领导文化一旦产生和形成,又具有相对的独立性,并对领导活动具有规范作用。由于领导文化是一定体系的领导成员普遍认可的价值观念、共同信守的行为模式和广泛流传的态度作风,所以,如果有人背离这些价值观念、行为模式和态度作风,就会遭到众人的非议或排斥。不同于法律制度硬性的、看得见的约束规范,领导文化的约束规范是软性的、看不见的。领导文化的这种规范作用,在我国古代,可以从礼的角度加以认识。

礼是一切习惯风俗所承认的调整人们关系的行为规范和准则。传统中国那些约束统治者行为的礼也就是当时的领导文化。儒家认为,礼"因人之情而为之节文",即礼的功能之一是因人之情而加以品节,使不至一纵而无极。"礼义以为纪,……如有不由此者,在势者去,众以为殃。"这就是说,礼既为社会所公认,有不守者则被视同怪物,虽为有势之人,也将遭到摒弃。当然,儒家是将礼作为正面意义的文化加以阐释、倡导的。

实际上,无论是正面意义还是负面意义的领导文化都具有规范作用。正面意义的领导文化对领导成员及其活动具有积极的规范作用,负面意义的领导文化对领导成员及其活动具有消极的误导作用。

(二) 导向作用

领导活动必然要受到领导成员观念意识的指导和影响。领导文化作为领导领域的主观意识范畴,无疑具有导向作用。领导文化的导向作用可以通过对领导态度的分析加以说明。

领导态度是由领导成员的认知、情感、意向三个因素构成的比较持久的个人内在结构,这里,认知是对对象的认识了解,情感是对对象的好恶感情,意向是对对象的反映倾向。三者相互联系,协调一致。领导态度对于领导活动的导向作用,表现为当领导成员在思想上认识到某种领导行为是好的时候,就会在感情上喜欢这种领导行为,也会在意向上倾向于实施这种领导行为。优秀的领导文化对于领导活动具有正确的导向作用,恶劣的领导文化对领导活动具有错误的导向作用。

(三) 示范作用

领导意味着率领、引导。领导者的特殊地位,决定了领导者的言行举止对下属具有表率作用。领导所意味的率领、引导,不仅依靠政策号令的发布来施行,而且通过领导文化的示范来实现。领导文化的示范作用可以通过儒家德治思想的有关论述加以说明。子曰:"君子之德风,小人之德草。草上之风必偃。"这里,君子常常是指有位者,即领导者;小人是指无位者,即普通民众。领导者的道德对于普通民众的道德具有风行草偃的示范作用。因此,领导者"为政以德,譬若北辰,居其所而众星拱之";"其身正,不令而行;其身不正,虽令不行"。良好的领导文化对下属具有正面的示范作用,不良的领导文化对下属具有负面的示范作用。

第二节 领导文化的主要内容

一、领导精神

(一) 领导精神的基本内涵

精神,是哲学范畴的概念,是指人的意识、思维行动和一般心理状态。人们在实践基础上产生的认识、观念、思想、理论、路线、方针、政策等,都是属于精神的范畴。科学、民主化领导体制规范下的优秀领导者,在积极的领导过程中逐渐形成了优秀、最富有特性的思想精华,即先进的价值观念、职业理想、信念、意志、作风、职业道德和自身的行为准则等。所有这些将形成一股无形的精神力量,反映在领导者身上的这种精神力量,就是领导精神。

领导精神不是空洞的口号,也不是虚无缥缈的幻影,而是一种体现在领导活动中,影响领导者与被领导者的关系,形成不同领导效能,可以具体分析的东西。它实质上也可以说是一种时代精神。江泽民同志指出:

"在当代中国，发展先进文化，就是发展面向现代化、面向世界、面向未来的，民族的科学的大众的社会主义文化，以不断丰富人们的精神世界、增强人们的精神力量。"领导学和领导实践研究，必须结合中国的经济、政治和社会发展的实际，建立中国特色的时代领导文化。

(二) 领导精神的主要特征

(1) 时代性。任何一个领导者总是生活在一定的社会历史条件下。从总体上来说，领导精神必然要反映这一时代的特点并适应其中的某种要求。

(2) 代表性。作为公共部门的领导者，其领导精神的重要特征，就是代表公众利益。作为工人阶级和广大人民群众的领导者，必然要求其代表他们的利益。即使是剥削阶级政党的领导人，在其公共领导活动中，除了代表其所属阶级的利益外，也要在一定程度上反映广大群众的利益。因为公共领导所行使的公共权力，除了具有阶级性之外，也具有社会性和公共性，这与国家职能的两重性是一致的。在当代世界，公共领导在代表性上的两重性相当明显。

(3) 渗透性。领导精神是一个单位或一个部门中占主导地位的价值观念的集中体现，它能够对所属员工的行为方式产生广泛而持久的影响力，并通过领导者的无声行动去感染、影响其部属，从而渗透到一个单位或一个部门活动的全过程。

(4) 制约性。领导精神一旦形成和确立之后，便产生一种无形的约束力，规范部属的言行。

(三) 领导精神的具体内容

(1) 坚定的领导信念。处于社会主义四化建设浪潮中的领导者，首先是要有坚定的政治方向，坚持四项基本原则，对走中国特色社会主义道路有坚定的信念。其次是要有对领导工作的信心与勇气，对领导工作的热情与魄力。

(2) 强烈的社会责任感。领导者要自信自强，尽心尽责，自力更生，艰苦奋斗，树立为四化建设作贡献、为祖国繁荣而拼搏的强烈社会责任感。

(3) 尊重人、理解人的平等意识。领导者和部属同是国家的主人，两者之间有平等的人格和人权，因而也应当有平等的交往，这种平等意识能积极调动全体员工的劳动积极性和创造性,是社会主义领导精神的特色之一。

(4) 崇高的荣誉感和自豪感。领导者通过有效的领导活动,搞好本职工作,提高对本人所负责的单位或部门工作的理解度和满意度。领导者有了崇高的荣誉感和自豪感,就能激发起工作的热忱,满腔热情地投身于领导工作。

(四) 当代中国领导精神的精髓

领导就是服务,毛泽东把"为人民服务"作为党的宗旨,邓小平把"共同富裕"作为社会主义的本质,"三个代表"重要思想强调"代表先进社会生产力的发展要求、代表中国先进文化的前进方向、代表中国最广大人民的根本利益",这些都一致地体现了社会主义社会公共领导的精神实质。

科学发展观反映了中国公共领导的本质特征和基本要求。我们主张公共领导的公共性,首先就是强调立党为公;我们主张公共领导的社会性,本质上就是强调以最广大人民的根本利益为根本出发点和落脚点。立党为公与执政为民的有机统一,是公共领导的公共性和社会性相统一的体现。

从学理上看,公共性作为共性是对社会群体中的个性的一种提炼和升华,是建立在一定条件(契约等)基础上的群体的一致的意志或者意识表达。因此,公共性脱离了社会个体的杂乱无章和无序,成为一定团体的集中意志。

二、领导价值观

(一) 价值、价值观和领导价值观的基本内涵

价值是表示实践客体对实践主体的多方面、多层次意义的一种联系,它揭示了自然和社会对个人以及个人对他人所具有的肯定或否定的意义。领导者的价值观就是指一个领导者对客观事物的意义、重要性的评价和看法。

价值观是关于价值系统化、理论化的主体评价意识。通俗地讲,价值观就是人们对客观事物的意义的总评价和总看法,是社会存在和人们的社会实践在人们头脑中的积淀和反映,是属于意识形态的范畴。由于人们的

需要、利益、文化传统和生活方式的不同，形成了不同的价值观。人的价值观取决于一个人的世界观、人生观。由于价值观对人的行为有重大影响，它能调节和控制人的态度、意志、情绪和兴趣，指导一个人的活动，规范一个人的行为。所以，反过来又能直接对人的世界观和人生观产生重大影响。

（二）领导价值观的主要特点

领导者的价值观具有各自独特的个性，在实践中，它往往表现为如下几方面的个性特征。

（1）它是一种心理态势。价值观潜藏于领导者的深层意识和心理之中。因此，在判断某一事物时，会下意识地表露出自己个人的评判。

（2）它是一种目标意识。它往往把那些有利于自己生存和发展的行为定为可行的，而把那些不利于自己生存和发展的行为定为不可行的。

（3）它是一种独特的行为取向。每一个领导者在与别人谈话或行事以及礼仪、服饰等方面，都能体现出一种能显示自身独到风格的行为取向。

（4）它是一种主体意识的觉醒，鞭策和督促自己达成与部属之间一致的理解、信任和支持。

一个优秀的领导者的价值观具有共性与个性两个方面，是共性与个性的辩证统一体。共性方面主要包括以下的内容：认真贯彻党和国家的方针、政策和法令、法规，服从国家的管理和指导；充分尊重员工的主人翁精神，体现为人民服务的宗旨，反映改革开放的时代精神；有坚定的领导信念或事业信仰，在改造客观世界的同时，改造自己的主观世界，努力提高自身思想道德素质和科学文化素质；积极培养和树立自身的奉献精神、效益观念、民主观念、集体观念等。

（三）领导价值观的功能

领导者的价值观像一股神奇的魅力，渗入领导者的灵魂，规范和左右着自己的行为，形成领导者的特殊功能，主要有：

（1）导向功能。通过领导者的价值趋向，引导下属凝聚到自己所确定的目标上来，并使部属不屈不挠地去为自己所领导的单位或部门的事业而奋斗。

（2）凝聚功能。按照力学的观点，每个员工发挥的力量，都是一种矢量，只是大小不同、方向有别。领导者的价值观的作用，就是使这些大小不同的矢量在合理的方向上凝聚，产生对领导者的认同感、归属感，从而形成一股巨大的合力。

（3）激励功能。正确而崇高的价值观，会使人产生一种强烈的事业心和责任感，从而激励一个人焕发出潜在的热情、能力和智慧。

（四）领导价值观的主要内容

一般来说，领导者的价值观念包括下列方面：尊重知识（知识经济时代的知识变更理念）、尊重人才（以人为本，人的因素是第一要素的观念）、科学决策观（民主化、科学化的决策观）、系统领导观、信息主导观、有效控制观。除此之外，领导者观念当中还应当树立服务型领导观念、开放竞争观念、创新与变革观念、法制法治观念和国际思维观念等等。

以上这些都是现代领导者必备的价值观念。

领导者的价值观一旦确立之后，便具有稳定性、持久性的特点，但它并非是一成不变的。相反，它始终处于一种动态发展变化的过程之中，这就决定了它的可塑性，领导者应当培养和造就引领时代的科学的价值观。

三、领导形象

（一）领导形象的内涵及其分类

领导形象是领导文化的综合反映和外部表现。它通常是指领导者在其全部活动进程中所表现出来的各种特征和品质，以及由此而产生的社会公众对其所形成的总体印象和评价。领导形象是领导者主观实践与社会客观认识相结合的产物。

领导形象从其构成要素来看，可分为外观形象和内在形象。外观形象亦可称之为表层形象，一般是指领导者的外表、相貌、服饰穿戴、举止言行等；而内在形象则是领导者的内在素质、内心活动、待人意向、在部属中的声誉、影响力以及发展潜能等。

从认识论的角度来看，领导形象可分为局部形象和总体形象。社会公众和部属对领导者某个方面的印象或评价，称之为局部形象。当人们对一个领导者进行了全方位、多层次、多角度的扫描、观察和接触之后，才能对一个领导者作出较为全面的综合性评价，这就是总体形象。

从传播媒介来看，领导形象可以分为真实形象与虚假形象。领导形象是在与社会公众进行交往中形成的，由于传播媒介等因素的影响，既可能"传真"，也可能"失真"。因此，社会公众得到的领导形象就可能是真实的，也可能是虚假的。

从时间坐标来看，领导形象可分为短期形象和长期形象。领导在一定的阶段给人造成的印象称之为短期形象；而通过长期的接触，人们对领导者形成了一种较为稳定的印象，称之为长期形象。这种长期形象一旦形成并被确认，通常是很难改变的，因此，塑造良好的长期形象是领导者的一大目标。

（二）领导形象的作用

领导形象在领导文化建设中具有重要的作用。首先，良好的领导形象为领导文化建设提供了形象目标。在领导文化建设的过程中，每一个领导者都希望自己在社会、在上级和下属员工心目中树立良好的形象，这就是领导者所需要的期望形象。其次，良好的领导形象有助于提高领导者在员工中的感召力和影响力。它表现为员工对领导者权力、知识、才干和人格的认可与信服，以及员工对良好领导形象的模仿。

（三）领导形象的塑造

领导形象是领导精神的表现形式。如果把领导精神比作"内核"，那么领导形象则是其"外壳"，领导形象的塑造，需要植根于丰富而深厚的文化土壤，吸取文化养料，需要长久的熏陶与磨炼。

在现代社会，随着改革开放的不断深入发展，领导者承担的任务更加繁重，参与社会生活更加广泛，努力塑造良好的领导形象变得更加重要。这就要从以下几方面着手努力。

第一步，进行领导形象的调查。通过搜集社会公众对自我形象的评价，准确地把握自我原始形象，调查要力求做到真实。

第二步，进行领导形象定位。即根据调查出来的结论，针对自身的不足和缺点，根据本单位或本部门工作的需要以及环境条件、心理条件、知识和能力等设计出形象目标。

第三步，竖立领导形象。按照自己的既定领导形象目标，循序渐进，不断完善，使自己的形象既能满足本单位或本部门的需要，符合社会公众的愿望，又具有自己鲜明的个性特色。

四、领导魅力

领导者的魅力是领导者的鲜明而又独特的个人素质。一个领导者，要领导好一个单位或一个部门，除了必须具备优秀的领导精神、正确的领导价值观、良好的领导形象之外，神奇的领导魅力也是必不可少的。

作为一个领导者，必须具备哪些"神奇"的魅力呢？我们认为，主要有以下几个方面。

（一）真诚

领导者真诚坦率，能令人感到很实在。有魅力的人，是勇于敞开心扉的人，与拥有这种魅力的领导者交往，能够比较轻松自如，不必多加疑虑和设防。这种真诚，是根植于内心的；这种坦率，是坦诚磊落的，洋溢着一种待人处世的诚意。这样的领导者给人的印象必然是可信赖、可亲近的，从而能自然而然地打动人、吸引人。

（二）风度

所谓风度，是指人们对于美的形体、举止、谈吐和装束打扮的审美尺度。它是一个人在漫长的社会生活中逐渐形成的，是人的全部生活姿态所提供给他人的"综合印象"。领导者的风度则更是一个丰富的立体，它意味着一个领导者在认识和完善自我方面向着更高层次的追求。领导者的风度美存在于领导实践的纷繁复杂的现实生活之中，它不仅给人以美感，令人亲近、羡慕，而且还具有某种征服力。如周恩来总理，他那革命家的翩翩风度，不仅赢得了国内外朋友的赞誉，就连对手也不得不为之折服。

（三）自信

自信指的是人的一种心理状态，一种精神面貌。对一个领导者来说，自信显得尤为重要，它具有改变和创造的功能。"自信"本身不是"魅力"，但它却能创造出丰富多彩的魅力来。以言谈为例，一个总是缺乏自信的领导者，必定给人的印象是缺乏主见，当然对人就不会有吸引力。

反之，一个充分自信的人，即使他本来不善言辞，他说出的话毕竟是他自己的话，不乏其个性和睿智，使言谈平添机智妙趣，从而娓娓动人，平添了几分魅力。

（四）幽默

幽默是指言词有趣或可笑而意味深长。恰到好处、机智高雅的幽默能使举座欢娱，给人带来会心的喜悦。具有幽默感的人，能够运用幽默的力量来增进他与别人的相互了解，改善人际关系，并使他更易于对自己作出恰如其分的评价。

作为一个领导者来说，培养与锻炼自己运用幽默的能力，具有幽默感，将有助于与他人之间架起友谊的桥梁，缩短相互间的距离，也有助于待人接物、广交朋友，帮助他解决人际关系的难题，赢得人们对他的欢迎和信任。

（五）信任

信任是指相信而敢于托付的心理。人必须依托一定的组织，归属于某一团体，以满足他的物质、心理和社会的需要。对于这种组织、这种团体及其领导者的选择，取决于人们对他的信任度，受人们信任的领导者能够代表一个组织、一个团体，聚集起大批成员，这些成员将自己的现在和未来与这一组织联系在一起，结成一个命运共同体。

而领导者对部属的信任，就会在他们心目中架起依托和归属的桥梁，在领导者的实际工作与人际交往中，散发出一种温馨的气息。

领导者的信任是无形的，它不求助于相貌、年龄、装饰之类，人们往往不能触摸到它，却可以时时感觉到它。

领导者的信任又是有形的，一个目光，一个微笑，紧紧地握一握手，短短的一语交谈，彰显于关键时刻的态度言行，更可感于日常交往的细事琐语之中。

第三节 中西领导文化的比较

一、历史中的领导文化的变迁

人类的领导文化经历了一个长期的变化过程。每一个过程都是随着社会的政治、经济和文化的进步而不断发展。这是人类领导活动的积累过程和认识过程。在整个人类的过程中,领导文化经历了四个阶段,即图腾崇拜领导文化阶段、专制统治领导文化阶段、经验领导文化阶段和科学领导文化阶段。

(一) 图腾崇拜领导文化阶段

领导活动是自人类有史以来就存在的,在原始社会时期,人类对自己的命运无法控制和支配,于是产生了所谓的"知天通神"的巫觋、祭祀一类的人。他们用卡筮、祷祀、符咒等方法,以听取神意、指导社会和慰藉人生。久而久之,这种神权政治和迷信行政便成了人类最早的"领导活动",这也可称之为领导活动的无意识时期。这种领导文化是以图腾崇拜作为其最重要的文化特色的,因而可称之为图腾领导文化阶段。

(二) 专制统治领导文化阶段

伴随着阶级社会的产生,人与人之间的关系也发生了质的变化。在奴隶社会和封建社会时期,行政官僚只对皇帝和君主负责,领导人的权力集中,在经济、政治、思想、文化等方面占据统治的地位,阶级矛盾比较突出,基本的领导特性是以专制领导与集权统治为主体的领导文化。

(三) 经验领导文化阶段

经验领导有被迫与自觉之别。由于独裁必然遭到暴力的反抗,一再改朝换代,迫使统治者不得不改变其手法,开始重视领导经验的研究,这是一种被迫的。另一方面,历史上一些杰出的人物,他们采取了一些顺应潮流的行为,比较客观而系统地总结并积累了许多有价值的、足供人们借鉴的历史经验。

这个经验领导文化阶段,主要是指封建社会向资本主义社会发展阶段转变时期及在资本主义社会发展的初级阶段时期,领导者普遍以经验为主的领导方式,经验文化的形成表明领导者对人类领导历史与传统领导文化精髓进行总结,为科学领导文化的产生奠定了一定的基础。

(四) 科学领导文化阶段

20世纪40年代,系统论、控制论、信息论、系统分析、运筹学等新型学科的产生,为解决复杂系统提供了基础理论和数学理论工具,并为一部分领导工作向定量化发展提供了条件。只有在这时,领导工作才得以作为一门科学展示在人们的面前。这个阶段的领导文化最大的特点就在于其科学性。它是建立在现代科学技术与理论发展的基础上的。这个阶段的领导文化才是真正成熟的领导文化。

二、中国传统领导文化

"一切历史都是当代史"。我们对中国传统领导文化的分析研究,一方面,是对历史上存在的领导活动的分析,对这些领导活动的基础、活动方式、领导效率、领导效益等问题进行总结。另一方面,更是在这种总结的基础上,对我们今天的领导活动的科学化进行筹划。因而,对中国传统领导文化进行反思,只能在古今的维度中展开。

中国古代领导文化,由于其悠久的历史传承,而形成了自己的特色。在领导活动赖以开展的社会基础上,传统中国的集权政治、小农经济、封闭社会环境,形成领导活动据以展开的现实条件。古代中国在权力的所有权方面,是固定化的。皇权中心是社会机器顺利运作的政治基点。因而,"普天之下,莫非王土;率土之滨,莫非王臣"。这就对权力的所有者有了再明确不过的"规定"。因而,从统治的过程来看,一切官僚机构的建制,都只能服务并听命于拥有一切权力和资源的皇帝的个人意志、愿望以及命令。

从形式上看,官僚建制是完整的,运行是有序的,甚至结构是完美的,官员选拔是公正的,社会控制是有效的。这正是古代中国能够形成较为成功的领导体制,诸如赋税制、科举制一类领导运作机制的原因所在。但是,在权力具体作用于社会时,性质就发生了变化。由于权力的世袭性质,权力的私有性是不容置疑的。皇帝具有最后的、最高的裁量权,"事无巨细皆决于上"。这使权力的合理运用余地被收缩到最小的地步。领导体制在一个具有随意性的个人意志面前,很难有所作为。领导体制的顺利运作,依靠的是皇帝本人是否有为和英明。如果皇帝昏聩无能,这一领导体制安排得再好,也是一无用处的。在前一种情况下,天下便得到治理;在后一种情况下,天下便一片混乱。整个古代中国历史所体现出来的一治一乱的治乱循环特征,就是这么来的。

与此同时,在领导文化的观念层面上,古代中国最具影响的两种学派——儒家和法家,对古代中国的领导文化的发生与发展起了重要作用。当然，从实际情况来看，这种作用，既有积极的方面，又有消极的方面。

儒家对古代中国领导文化的贡献主要是：奠定了领导活动的人性善的人性观基础。孟子直接阐述了人性善的观点，认为领导者在领导活动中从善性出发，实行仁政，关心爱护下民，是领导活动成败的关键。荀子则认为人性本恶，但强调人性向善的必然性。领导人要能够做到"化性起伪"，即通过教育的方式来改善人性。为此，儒家强调领导者在处理人与人之间的关系时，从最低限度上讲，起码要做到"己所不欲，勿施于人"；从较高的角度来说，则要做到"己欲立则立人，己欲达则达人"，"博施济众，老安少怀"，使治下的老百姓都得到安适。儒家所强调的是领导者个人在领导活动中的决定性作用。这对于领导活动中个人作用的再认识是有借鉴意义的。

相反，法家则认为人性是不可靠的。因此，法家对订立领导规则予以高度重视。早期法家的代表人物商鞅重法，慎到重势，申不害重术。前者强调制定法规的首要性与严肃性。后两者强调领导者对被领导者的牵制与监督。法家人物的共同点是对人决不简单信任，认为人对人是狼，因而领导者对被领导者要小心提防，既要把文字性的规矩立好，强调法制的极端重要性；同时要把对下属的法外提防重视起来，领导者的心术权谋之计也是非常重要的。立法与心计两者有同等的地位与作用。整个古代中国的领导文化，在观念的层面上，是"阳儒阴法"，即个人的英明神武与法制规定相结合。

中国传统领导文化在历史上发挥了积极的作用。对于古代中国的社会稳定、政治控制、组织机制以及领导效率，都起了不可忽视的积极作用。但是，当历史迈入现代阶段，中国传统领导文化则遭遇了挑战。现代社会的复杂性、社会生产的规模性、社会控制的技术性，都使得传统领导文化不再能适应现代社会的需要。尤其是改革开放以来，这种不适应表现得更为明显。领导文化的重构已经是一个紧迫的问题。

三、西方领导文化

此处对西方领导文化的刻画，不是要对西方从古至今的领导文化进行通观，而是要对中国具有借鉴意义的现代西方领导文化进行有重点的描述。

现代西方领导文化，是建立在现代化发展的基础上的。这一基础有三个支点：一是现代市场经济；二是现代民主政治；三是现代社会结构。

1. 现代市场经济

市场经济为西方现代领导文化奠定了可靠的经济基础。这使得传统社会的权力独占终结了。市场原则不仅是社会化大生产奉行的原则，社会生产必须要在市场的引导下进行，而市场的多元化、复杂化以及突变性，也要求社会结构有相应的调整。

第一，生产资料的所有权即产权明确化了，制度保证个人的财产权、生命权、自由权不受侵害；第二，市场的优胜劣汰使得人们积极投身于市场竞争的急流之中，以求获得市场优势；第三，资源的优化配置要求人们练习如何获取优势配置的方式方法，以求可以更有效地利用现有资源，低投入高产出，并尽可能持续地发展。这使得组织人们进行领导活动的领导者必须有长远的眼光，改变短视的眼光与行为。

2. 现代民主政治

民主政治，则为现代领导活动奠定了可靠的政治基础。

一方面，民主政治强调的"主权在民"，使得领导者必须有一个为选民服务的意识，领导者独大的传统、家长式的治理作风不符合现代社会的需要。

另一方面，民主政治的分权制衡原则，使得权力对社会的制约方式变化了。权力垂直地作用于社会或直接地凌驾于社会大众之上的情况，有了根本的改观。

再一方面，领导权力的制度化运作方式，使得领导活动的随意性大大下降，规范性大大加强。

3. 现代社会结构

至于现代社会结构，大致从其二元分化的社会构成上可以认识其对于现代领导活动的意义。现代社会，国家与社会、个人领域与公共领域、政府与市场等等方面都有了高度分化。作为使用公共权力、干预公众公共生活、代表国家或政府的领导者，不能肆意对被领导者加以指挥或命令。权力有了限度，权利获得保障。领导的制度化、规范化成为现代西方领导文化最具特色之处。可以说，这是现代西方长期发展的主要原因。也是我们今天要学习和借鉴西方领导文化的主要之点。

四、兼综古今中西的新型领导文化

东西方社会在历史发展的过程中,形成了各具特色的领导文化传统。两者各有其优势。中国传统领导文化对领导者个人素质的强调,对领导活动体制化的摸索,在现代社会依然具有其不可忽视的意义。西方领导文化对领导活动的社会基础的高度关注,对权力的多方限制,对权力运用的公共后果的强调,对领导活动的制度化、规范化的设计,成为西方领导文化最具有时代意义的方面。从社会控制的效果上来说,后者有益于保障领导活动的效率,前者则有益于社会的长期稳定。有效率,是社会活动、领导行为获得持续动力的条件。能稳定,是社会认同、群体维持自身的前提。社会之成为社会,以上两个方面缺一不可。以此而言,中西领导文化有了兼综的积极意义上的内在需求。

另一方面,中西领导文化又各有其缺陷。对中国传统领导文化来说,稳定压倒一切,权力压倒一切,强势人物压倒一切,容易造成领导行为的专制独裁,无法保证领导行为的理性化、有效性。对西方领导文化来讲,科层压倒一切、角色优先一切、权利压倒义务,容易导致领导行为的涣散无力,无法保证群体的内在稳定。两者相对而言的劣势,使得中西领导文化有了相互补充的消极意义上的外在条件。

兼综古今中西的新型领导文化的建构,是一项异常艰巨的浩大社会系统工程。既需要在历史进程中逐渐摸索,又需要在相互交流中互相学习,取长补短,更需要在领导文化的实际建构中加以创新。

第四节 领导文化的现代化

一、文化现代化的一般意义

现代化是指工业生产方式引进前工业社会带来的社会整体变迁的过程,即人类社会脱离以铁器为物质技术手段和手工劳动为基础的、自给自足的封闭式传统农业社会,进入以大工业为物质技术基础、按社会化生产和市场经济结构组织的工业社会,其显著标志是工业化、民主化、科学化等等。现代化是一个整体性工程，只有在注重物质、制度现代化的同时进一步强调文化的现代化，才能实现全面的现代化；现代化也是一个革命性进程，只有从文化的深层把握现代化，才能实现真正意义的现代化。

1. 文化是较之物质、制度更为深刻的因素

中国近代以来对现代化的认识、实践过程，是一个"始于言技，继之以言政，益之以言教"的由浅入深的过程。这里，"言技"是指物质技术的现代化，"言政"是指政体制度的现代化，"言教"是指观念文化的现代化。历史的经验反复告诉人们，观念文化是较之物质技术、政体制度更为深刻的因素。只有实现观念文化的现代化，才能自主创造和真正拥有物质技术和政体制度的现代化。

2. 文化作为历史的积淀——即广义的传统文化，可以进一步区分为传统文化和文化传统两方面

传统文化是外在于主体的、历史地凝固了的种种文化成果，是一些"死"的精神产品；文化传统则是内在于主体之中，支配着民族认识和行为的习惯势力，如传统的思维方式、传统的价值取向等。实现文化的现代化，关键在于实现文化传统的现代化。

3. 文化反映人的本质

人类区别于动物的本质，就是有意识、有目的地劳动。文化则是人类本质的展现和成因。文化来源于人的本质，又促成了人的本质。一方面，文化总是人的文化，即文化由人创造和传递，人是文化传递的前提和主体，没有人，就没有文化；另一方面，人总是文化的人。即文化在某种意义上制约着人类，规定着人的思维方式和行为模式，没有文化，则没有人。

法国现代规划制定者让·莫内说过一句话："现代化要先化人，后化物。"因为现代化的机器要靠现代化的人来运转和操作，现代化的制度要靠现代化的人来制定和执行。而人是文化的主体，文化则是人的生存方式；人在多大程度上是系统化的文化，文化就在多大程度上是符号化的人。只有实现文化的现代化，才能实现人的现代化，从而才能实现实质的现代化。

4. 文化是对人的主体性和个性的肯定

首先，文化是人类以自身作为主体进行对象性活动的产物，是人的主体性的实现。其次，动物的所谓劳动如蜜蜂筑巢等，只是一种本能的表现，看不到任何个体的差异，全都以相同的方式并根据同一不变的规则来进行，没有任何个体选择和发挥个体能力的自由。

文化是人类有意识、有目的地活动的产物，是人的个性的充分展现。实现文化的现代化，强调了现代化过程中人的主体性和个性的充分发挥，有利于纠正传统文化的糟粕和"左"的思想影响下对人的主体性和个性的忽视，纠正过去把人仅仅归结到社会性甚至仅仅归结到阶级性上的偏向。只有实现文化的现代化，才能实现人的主体性和个性的充分发挥及发展。

二、领导文化现代化的具体内容

现代化是一个整体性工程，适应这种社会整体的现代化，领导文化也无疑需要现代化；现代化也是一个革命性进程，适应这种不断深化的现代化，领导文化的现代化也需要随着现代化的深化而发展。领导文化的现代化，主要包括如下具体内容。

1. 从把领导视为上对下的"统御"或下对上的"接受"的领导观念，转型、创新为把领导视为上下互动的"影响"的领导观念

西方科学管理时代从"人是经济人"的认识出发，提出了X理论。在这种理论的影响下，领导者往往认为领导就是统御，强调的是上对下的强力压制，形成了一种以力服人的领导观念。与这种领导观念相类似，中国法家学说立足于人性本恶，强调"道之以政，齐之以刑"。在这种学说影响下，中国传统社会存在着一种重视霸道刑政的领导观念。

西方行为科学时代从人是社会人出发，提出了Y理论。在这种理论影响下，领导成员往往认为领导就是"接受"，强调的是下对上的心悦诚服，树立了一种以德服人的领导观念。与这种领导观念相类似，儒家思想立足于人性本善，主张"道之以德，齐之以礼"。在这种思想影响下，中国传统社会存在着一种王道仁政的领导观念。

上述两种观念所重者或力或德，各执一端。由于"徒善不足以为政，

徒法不足以自行",所以,必须将二者加以调和整合,才能形成合理有效的领导观念。实际上,传统中国在传统范围内一定程度地形成了一种阳儒阴法、德法互用的领导观念。只是这里的德治和法治仅仅停留在传统意义上,而没有发展为现代意义。

西方系统分析时代从人是复杂人的认识出发,提出了Z理论。在这种理论影响下,领导者往往认为领导是一种上下互动的"影响"。这里,"影响"是互动的、双向的,而不是孤立的、单向的。它既强调上对下的令行禁止,也重视下对上的心悦诚服。

进一步说,领导就是"影响"的观念,是将领导活动视为双向沟通的过程,即领导活动就是领导者在和被领导者的互动行为中及彼此影响的关系下,把握情势、适应众意所作的协调与沟通。现代化的过程,是一个不断深化发展的过程。

实现领导文化的现代化,就是要从把领导视为上对下的"统御"或下对上的"接受"的领导观念,转型、创新为将领导视为上下互动的"影响"的领导观念。

2. 从神圣传统型、个人魅力型领导合法性,转型、创新为现代法理型领导合法性

合法性是领导所具有的被下属认为是正当的或自愿承认的文化特性。罗伯特·达尔说:政治体系中的首领们通常支持一套理论主张,用以说明他们这一政治体系的领导是合理的。这样做的目的是,通过理论的论证赋予他们领导的合法性,使他们的政治影响力成为权威。从根本上说,合法性不是来自正式的法律或法令,而是来源于它符合集体的价值标准体系所规定的合法性设想。

因此,合法性本质上是主观的、心理的和道德的东西。如果说没有合法性的领导主要是一种物质力量的话,那么,具有合法性的领导则主要是一种精神力量。前者主要是以物质条件为基础的强制行为,后者则主要是以价值符号为基础的信仰体系;前者的实质是一种物化的利害关系,后者的实质则是一种文化的权利义务关系。

领导合法性类型可以区分为神圣传统型、个人魅力型和现代法理型。

神圣传统型领导合法性建立在古老传统、习惯的神圣不可侵犯性之上,其角色担当是部落首领、族长和君王。

神圣传统型领导合法性的基础是"移情的",其要求服从的心理是:

"服从我,因为我们的人民一直这样做"。

个人魅力型领导合法性建立在英雄人物或具有神授天赋的人物的个人魅力之上,其角色担当是先知、圣徒和革命领袖。个人魅力型领导合法性的基础是"感化的",其要求服从的心理是"服从我,因为我能改变你们的生活"。

现代法理型领导合法性则建立在法律权威至高无上的基础之上,其角色担当是现代民主、法治国家的领导者。现代法理型领导合法性的基础是"理性的",其要求服从的心理是"服从我,因为我是你们法定的长官"。

神圣传统型领导合法性的愚民特征和世袭性质,决定了它是一种背离现代精神领导合法性。个人魅力型领导合法性则根本不是一种恒长性、制度性的合法性类型,而是一种纯粹的个人英雄主义的合法性类型。换句话说,个人魅力型领导合法性是一种只适宜于革命而不适合于建设的过渡型领导合法性。现代法理型领导合法性是一种建立在尊重法律和理性之上的合法性,强调职位权力大于个人权力、法律权威大于人格权威。

实现领导文化的现代化,就是要从神圣传统型、个人魅力型领导合法性,转型、创新为现代法理型领导合法性。

3. 从为民求主、为民作主的民本式领导意识,转型、创新为领导、支持人民当家作主的民主式领导意识

民权或民主包括民有、民享和民治,其中最核心的是民治。民贵或民本则仅指民有和民享。传统中国拥有丰富的民本思想:"天下非一人之天下也,天下之天下也"和"天下为主君为客"的思想就是典型的民有观念。"天之生民,非为君也;天之立君,以为民也"和"吏为民役"的观点就是典型的民享观念。但是,正如孙中山先生指出的那样:"要必民能治才能享,不能治焉能享,所谓民有总是假的。"

在中国,"民主"二字最早见于《尚书》中的"天惟时求民主",意思是上天适时地为民求主。这里的"民主"其实是"民之主",也即理想中的圣王。沿着这种"民主"的思路走下去,后来又出现了"当官不为民作主,不如回家种红薯"的清官意识。人们不难认识民主与专制的对立,却容易混淆人民作主与为民求主、为民作主的不同。特别是在中国这个拥有几千年专制传统的国家,更要注意将人民作主与为民求主、为民作主区别开来。

现实的局限、人性的缺憾,决定了所谓的圣王、清官只能存在于人们

心中的虚构与虚幻。从根本上说，如果没有人民作主的一整套民主监督制度，为民求主、为民作主的圣王理想和清官意识，就难免沦为"作民之主"的客观现实。

中国共产党的十五大报告指出："共产党执政就是领导和支持人民掌握管理国家的权力，实行民主选举、民主决策、民主管理和民主监督，保证人民依法享有广泛的权利和自由。"不断深入地领导和支持人民当家做主的过程，也是不断实现政治领导的现代化的过程。

实现领导文化的现代化，就是要从为民求主、为民作主的民本式领导意识，转型、创新为领导、支持人民当家做主的民主式领导意识。

4. 从只重"发政施仁"的输出的领导行为模式，转型、创新为兼重参政议政的输入的领导行为模式

领导系统是一个由环境包裹着的行为系统。这个行为系统在环境的影响下产生并反过来影响环境。输入和输出是领导系统分析模式的两个中心概念。领导系统通过输入和输出来维持自己的生存和稳定。

输入包括支持和要求。支持指环境对领导系统施加的压力，以便让它继续行事。支持的形式有服从法律、付税、投票等；要求指环境对领导系统的希望和要求，如选举权、社会福利等。

输出则是领导系统以某种方式影响环境的活动，主要有权威性的决定、法令和政策等。输出并非终点，输出给环境带来的变化反过来又影响输入，使要求和支持在质和量上发生变化。这一过程即为反馈。

借助于反馈，输入—输出就形成一个循环往复、连续不断的过程。传统的领导行为模式仅仅注重领导系统"发政施仁"的输出，但十分漠视参政议政的输入。

一方面，现代社会贯彻民主原则："治者的权力必须建立在被治者同意的基础上"。在现代化进程中，随着民众参政议政的意识和热情的提高，仅仅注重"发政施仁"的输出的领导行为模式已不足以取得民众的完全认同，只有逐步开通输入渠道、不断增加公众参政议政的机会的领导行为模式，才能获得足够的合法性。

另一方面，漠视参政议政的"发政施仁"的领导行为模式，所"发"的只能是一种被覆之"政"，所"施"的也只能是一种风行草上之"仁"，民众始终处于消极被动的地位。由于这种"仁政"缺乏民众的参与，也就难以满足民众的实际需要和内心愿望。因此，只重视"发政施

仁"的输出,但忽视民众参政议政的输入的领导行为模式,就可能从"己欲立则立人,己欲达则达人"的为仁之方,转变为"己之所欲,强施于人"的施暴之行。

实现领导文化的现代化,就是要从只重"发政施仁"的输出的领导行为模式,转型、创新为兼重民众参政议政的输入的领导行为模式。

第五节 社会变迁与理论提升

一、变化社会的理论资源

我们今天所处的时代是一个急剧变化的时代。从我们国家的角度来看,我们已进行了30多年的改革开放试验。改革,改掉了传统领导体制的主要弊端,革掉了妨碍社会发展与进步的弊病。开放,使得我们走出了井底观天的狭隘境地,认识了世界之大、事物之新奇、我们自己所欠缺的东西之多。改革开放的渐次展开,使得我们逐渐步入了一个蓬勃发展的崭新时代:生产增长、生活安定、欣欣向荣。

从全世界的角度来看,不论是发达国家,抑或是发展中国家,都在进行改革。就是像美国这样发展程度领先于世界的国家,改革的呼声也日益高涨。美国政府的"改革方略"频频出台,美国学者亦在纷纷构思"后冷战时代"的改革策略。诸如东南亚国家、拉丁美洲国家、非洲国家都在改革的社会系统工程中重构社会和权力体系。

作为变化社会时代的领导学,当然首先要回应社会提出的理论挑战。但要想回应挑战,还得对挑战本身具有的新理论生长点有一个了解。从历史上来看,变化社会的理论资源是最丰富的。这是因为:

第一,变化社会将社会日常运作中不大容易暴露出来的问题与不足显现出来,使得我们可以有针对性地加以治理。

第二,变化社会是一个打破旧的体制和规范、建构新体制和规范的特殊时期,最能够解放人们的思想,开拓人们的思路。推动领导者和被领导者同心协力,进行制度创新,开创新的局面。

第三,变化社会是一个各种理论流派、社会思潮相互碰撞的社会。因而,人们会在各种理论、思潮的优劣比较中,筛选出有益于时代和社会需要的理论要素，集聚有益于开启人们变革思路的理论资源，从而为改革提供理论支持。

二、实践提出的创新要求

变化社会为领导学提供了丰富的理论创新资源。因此，领导学如何在这个时代进行理论更新，便要积极回应时代提出的理论挑战。变化社会的领导实践提出的理论挑战，大致有三个方面：一是为变化社会提供富有理论力度的时代图景的描述。二是为变化社会的变迁轨迹提供理论筹划，为人们勾画出变化社会"为何变"？"怎样变"？"变得怎样"？三是为变化社会的领导实践提供富有参考价值的理论思路，为社会的重新组织、为组织化的社会生活的新模式提供可行方案。

依据时代提出的要求，现代领导学的研究思路、研究方法、研究目的，都要进行校正。

在研究思路上，领导学的研究者一方面应再次确立作为经验科学的学科特点；另一方面则应适应时代变化的要求，加强领导学的现实针对性，能够指出现时代的领导活动优长之处所在、现时代的领导活动的不足的症结所在。从而，为实际开展的领导活动提供足资借鉴的解决问题的思路，以保证领导学的时代"有用性"。

在领导学的研究方法上，一方面，加强领导学的学科规范化建设，以求为领导学的科学尊严提供保障；另一方面，则需要加强领导学的定性与定量的结合研究，尤其要加强领导学的定量角度而言的实证性研究，以期对现实进行中的领导活动有更好的指点与解释，使得人们可以更理性地观察领导活动、领导过程和领导效果，更理性地评估领导者的工作。

在研究目的上，要理顺领导学作为一门学科与作为政策的理性参照之咨询性质二者的关系，一则自觉地、合理地把二者区分为领导学研究的两种目的；二则以领导学的基础性研究来保障领导学的咨询作用的学术可靠性，以领导学的咨询性研究来保障领导学的现实有用性。真正将领导学研究的理论与实践结合起来。

三、领导学与现代文化的互动

领导学作为一门现代科学，不仅要在现代社会发展的过程中寻求理论资源，而且，还必须在相对独立存在的现代文化中，寻求理论支撑点。

现代文化是现代社会的产物。现代社会是经济高度发展、政治逐渐健全、生活趋于理性的社会，在这样的社会里，一切理论研究都要避免偏激和片面。从而成功达成理论的理性化、系统性、全面性，理论研究与社会文化的互动。这种互动，一方面是领导学理论研究到社会文化的实际存在中去吸取活水，为理论寻求经验源头；另一方面是领导学理论研究严格将自己约束在科学的范围之内，不去追求单纯的学科理论教条的堆砌，自觉为实际领导活动提供理论根据和理性咨询。

现代文化在特点上具有开放性质。"万源汇流"、"海纳百川"、"有容乃大"等等是现代文化的开放性的表面特征。因此，在领导学的研究中，研究者应当对于立场各异、目的不同、观点相悖、背景悬殊的领导理论，加以同样的关注。从而，保证研究者具有开阔的理论视野，足以在各种领导学理论观点的比较融通之中，为领导学的学科建设提供充足的理论资源和发展空间。

跋

公共领导：现代领导发展的新趋势

公共领导就是特指具有"公共性"的领导，具体而言，是指公共部门在管理过程中，为了实现公共利益，体现公共精神而进行的高层次的管理活动。市场经济体制的成熟、公民社会的健康发展都离不开高效能的公共领导活动。公共领导是社会主义中国现代领导发展的核心，同样是为之奋斗的目标。

"公共"性是"公共领导"区别于其他领导（一般领导、私人领导、企业领导等）的根本标志。那么，什么是"公共"？美国学者本（Stanley L. Benn）和高斯（Cevald. Gaus）从社会领域的基本构成要素层面加以分析并认为，公域和私域都由机构、利益和参与三个元素构成，公共部门在这三个方面所表现出来的与市场部门的异质性，就是公共性。二者的根本区别在于机构成员的行为是因私（即为自己考虑）还是为公（为所有社会成员提供服务）。

罗森布罗姆与克拉夫丘克在《公共行政学：管理、政治和法律的途径》一书中则从如下几个方面强调了公共行政之公共性：以宪法为基础、增进社会的公共利益、公共部门各项业务运作的价格标签，均是经由预算程序而非通过买卖双方在市场上的交易所决定的，主权属于全体国民，人民主权的行使则是通过代议机关，既为公众提供公共服务也对公众实施管制。[①]

综合而言，有关"公共性"内涵的观点主要集中在这些方面：在伦

---

① ［美］戴维.H. 罗森布罗姆、罗伯特.S.S. 克拉夫丘克：《公共行政学：管理、政治和法律的途径》（第8版），中国人民大学出版社2002年版，第6~16页。

理价值层面上,"公共性"必须体现公共部门的公正和正义;在公共权力的来源和运用上,"公共性"既体现人民主权和政府行为的合法性,也体现为公开、参与和监督;在利益代表上,"公共性"表明公共利益是公共部门一切活动的最终目的,必须克服私人或部门利益的缺陷。

总之,倾向与把"公共性"作为公共部门管理活动的最终价值观,在此之下,才有公正、公平、公开、平等、自由、民主、正义和责任等一系列的价值体系。

应当进一步指出,尽管在私营部门管理中,可以对领导和管理在整个经营活动中的紧密联系做出充分的阐释,但把这种方法运用到公共部门管理时,则可能导致错误。即使在一般管理中,领导都是管理中的高层次部分和核心,对于公共管理而言,这种定位就更有其必要性和必然性。

公共管理是以实现公共利益为根本目标,运用公共权力对公共事务进行管理的社会管理活动。它是以"公共性"的价值取向为基本标志的管理活动,因而公共管理中的领导必然是带有"公共性"实质的公共领导。

随着公共管理研究的进一步深入,在一般管理中领导与管理相互关系中存在的问题,必然会影响到公共管理领域,因此,展开对公共领导及其在公共管理中的特殊性的研究,就是当前理论探讨中不可回避的重大问题。

(一)公共领导是具有"公共"精神的领导

领导是组织的统帅与灵魂,但对于公共管理来说,公共领导是为了实现公众利益而进行的社会活动,它应该成为组织本身与组织活动对象的公共性的领导和指引,即具备公共精神的领导。当然,这种公共精神不是虚幻的称谓,它表现为:公共领导行为赖以实施的基本权力来源于公众;公共领导以实现组织的公共利益而不是单个成员个体利益为宗旨;公共领导是公共部门的领导而不是私人部门的领导。

当前,在国内公共管理改革实践中,真正具备公共精神的领导并不很普遍。因为公共领导首先考虑的是为谁服务的问题,其次才是怎样做好服务。但实际上,许多领导并没有真正认识到其自身权力的公众来源,也不会认真考虑到为公众负责,而过多的甚至只是把目光盯在对上级负责之上,其行为体现不出公共利益与公众要求,使得这种领导远离公共精神,甚至背道而驰。

（二）公共领导是政治或政策领导

传统公共管理理论流派更多地关注管理方法和手段。然而现代公共管理理论却越来越重视高层次公共管理的影响与作用。这种独特的研究视角必然会使公共领导成为一个新的重要研究领域，并使公共领导更多地与高层决策及政治问题联系起来。从这一角度出发，公共领导又被看作是一种政治或政策领导。鲁克（Luke，1998）认为："政策领导是一个在多样化的利益中间激发公共政策制定与实施的活动，具体地说，政策领导涉及这样一些活动：激发人们对于有问题环境的注意，进而在各种竞争的多样化的利益中间就恰当的政策解决方案达成共同的认识，并能在公共政策的实施中不断地维持该公共政策"。

公共领导在政策制定与实施的层面上不同于一般的组织领导，相对而言，公共领导更关注外部组织之间的关系及其对重大决策的影响，而一般领导则致力于组织内部的政策目标。越来越多的学者认为，不管是公共管理还是传统公共行政，都必须体现公共性的价值观，即公共管理要讲"政治"，而不是只关注效率和管理任务的实现。

事实上，在政治与行政"二分法"的缺陷已经显露，大量的文献也已经证明在政策制定和政策执行不可分割的情况下，现代公共管理与政治在其本质上已经是密不可分了。

国外一些学者认为，公共管理是与传统公共行政不同的、自下而上的"政治管理"，并将这种政治管理看作公共组织管理中一个极为重要的构成部分。在这种管理中，公共管理者就像院外游说者那样，会与政治家或公共政策决策者进行博弈，通过影响政策过程和内容而获得公共组织有效运作的基本资源，包括公共权力资源、人力资源、信息资源、货币和其他物品等，在此基础上创造公共价值。

这里的公共管理就可以理解为公共领导，因为公共领导本身就是高层公共管理，它与决策、政治的联系最为密切。所以我们说，作为公共管理高层决策者的公共领导，不仅要讲管理和效率，更要讲政治，并且公共管理的政治性特征主要体现在公共领导身上。

（三）公共领导是战略型领导

战略与策略可能最早源于军事领域，但过去一直多被私人管理大量使用。如今，现代公共管理也把它们纳入自身考虑的范畴。正如欧文·休斯指出的:"传统的行政模式因其过分关注内部问题及其短视行为而受到批判。随着新公共管理的出现,以及公共部门越来越比以往更重视长期战略,这两方面的不足已有所改善。"① 战略问题受到重视,表明公共管理特别是公共领导比一般领导更加具有前瞻性和宏观驾御力,它是完成公共管理重大任务不可或缺的资源条件。

公共领导战略涉及到如何运用智慧和指挥能力来引导公共组织去实现既定方针或目标,如何制定并控制良好政策使其达到最佳效果。国外有人认为,公共部门的战略管理或领导还包括,通过一个有意识的理性决策过程,使组织形成自己的目标,执行目标并对其进行监督。当环境和组织条件变化时及时进行适当调整等。

公共领导的战略管理区别于私人管理的战略性,这是由公共管理的本质特征所决定的。一般而言,公私部门的管理在管理层面和执行层面都大体相似,但在领导层面,由于公共管理是建立在公共权力强制力之上,它受到政治权威和合法强制力的双重限制,所以公共领导的战略有其独特内涵,例如权力(利)的不可让与性、绩效测评的困难等特点。这显然是私人部门领导在进行战略管理时无须考虑的。正如前述公共性时已涉及了的,这种区分还提醒我们,在我国公共领导理论与实践的建构上,如何真正体现领导行为的"公共性",而不是简单地照搬私人管理的经验和做法,值得高度注意!

(四) 公共领导更关注组织外部管理而不是内部管理

最后,要提及的是,在很大程度上,传统公共行政关于领导问题的研究主要集中在组织内部的领导。对于公共管理而言,高级公共管理者即公共领导的活动不但是局限于组织内部,而且更主要的还包括组织之间进行的复杂多变的外部环境下的领导活动。也就是说,公共领导比以往领导更加关注组织内外的变化和与此相应的管理。

这是因为公共管理的内涵在于社会性,随着经济全球化趋势的进一步加快,公共领导的社会化会愈益发展,公共领导者一定要以一种开放的思维模式,走出内部管理的"禁区",关注和解决更为广阔的领导外部世界的方方面面问题,有效地推动公共领导向前发展。这也从另一方面证实公共管理比公共行政更能吸引现代改革者的目光。

---

① 欧文·休斯:《公共管理导论》,中国人民大学出版社2001年版,第149页。

主要参考与引用书目

1. 夏禹龙等. 领导科学基础. 南宁：广西人民出版社，1983
2. 黄孟藩等. 决策的科学方法. 北京：海洋出版社，1983
3. 赵怀让主编. 领导科学新论. 郑州：河南人民出版社，1985
4. 夏禹龙等. 领导与战略. 济南：山东人民出版社，1985
5. 陈秉公主编. 大学生修养. 长春：吉林人民出版社，1984
6. 陈天生主编. 领导科学教程. 北京：气象出版社，1984
7. 孟起编译. 管理学. 北京：企业管理出版社，1984
8. 刘德道等. 人才修养教程. 郑州：河南人民出版社，1986
9. 军事科学院军队政治工作研究所编. 新时期军队政治工作研究. 北京：军事出版社，1987
10. 张云庭主编. 现代领导学. 呼和浩特：内蒙古人民出版社，1987
11. 张占斌等. 新中国企业领导制度. 北京：春秋出版社，1988
12. 齐平著. 领导方法与领导艺术. 成都：四川人民出版社，1988
13. 李天佑著. 领导科学十二讲. 太原：山西人民出版社，1988
14. 赵履宽主编. 现代领导知识要览. 杭州：浙江人民出版社，1989
15. 王安平等著. 领导方法学. 哈尔滨：黑龙江人民出版社，1987

参 考 书 目

1. [法] H. 法约尔. 工业管理与一般管理. 北京：中国社会科学出版社，1998
2. [美] 亨利·明茨伯格等著. 领导. 北京：中国人民大学出版社，2000
3. [美] C. I. 巴纳德. 经理人员的职能. 北京：中国社会科学出版社，1997
4. [美] 保罗. B. 布朗. 领导的艺术. 北京：国际文化出版公司，2000
5. [美] 克利斯托弗·霍金森. 领导哲学. 昆明：云南人民出版社，1987
6. [英] 罗恩·约翰逊，大卫·雷德蒙. 授权的艺术. 北京：国际文化出版公司，2000
7. [美] 乔恩. R. 卡曾巴赫等著. 改革领导人. 北京：经济科学出版社，2000
8. [美] 约翰·怀特. 变革的力量，领导与管理的差异. 北京：华夏出版社，1997
9. [美] 摩根·麦考尔. 培养下一代领导者. 北京：经济科学出版社，1998
10. [美] 约翰·怀特. 新规则. 北京：华夏出版社，1997
11. [美] 理查德·尼克松. 领导者. 北京：世界知识出版社，1983
12. [美] 约翰·怀特. 总经理. 北京：华夏出版社，1997
13. [古希腊] 柏拉图. 理想国. 北京：商务印书馆，1995
14. [美] 约翰·怀特. 现代企业的领导艺术. 北京：华夏出版社，1997
15. [古希腊] 亚里士多德. 政治学. 北京：商务印书馆，1995
16. [美] 菲德勒，加西亚. 领导效能新论. 北京：生活·读书·新知三联书店，1989
17. 黄强主编. 领导科学. 北京：高等教育出版社，2000
18. 王沪宁，竺乾威主编. 行政学导论. 上海：上海三联书店，1988
19. 孙钱章主编. 现代领导方法与艺术. 北京：人民出版社，1998

20. 孙钱章主编. 领导科学概论. 北京：中共中央党校出版社，2000
21. 许倬云. 从历史看领导. 北京：生活·读书·新知三联书店，1994
22. 刘继增，毛磊主编. 中国共产党领导工作史稿. 郑州：河南人民出版社，1988

第一版后记

　　为适应教学与研究之需要，作者于 1988 年 7 月编写了《领导科学讲话》（内刊发行）；1990 年 5 月出版由作者主编兼主笔、蒋月臣同志参与编著的《现代领导学》；1992 年 2 月出版由作者将上书修订、扩充而成的《现代领导科学》；现时的《领导学：理论、实践与方法》（第一版）是在《现代领导科学》基础上进一步修订、扩充而成的。

　　本次的修订，力图在调整后的体系框架中，尽可能多地提供融合了学科发展与跨学科的内容，为学科水平的进一步提高注入活力。在领导学学科内容的安排上，对领导学与其他学科界域界定，本书进行了开拓性的探索。大致以三个方面的内容为领导学学科体系的核心：何谓领导学，领导学体系的理论、实践与方法，建构领导文化。这样，使得领导学的学科体系更为明晰和完整，也更为接近一个"现代"学科的标准。

　　何谓领导学，主要解决领导学学科体系的基本界域问题，大体体现于书中的第一编；

　　领导学体系的理论、实践与方法，主要解决领导学讲些什么的问题，大体体现于书中的第二、第三编；

　　建构领导文化，则旨在扩展领导学的学科视野，使领导学面向应对的社会历史来言述自己的学理，主要体现于书中的第四编。当然，要完成建构领导文化这一理论任务是相当困难的，这需要长期而坚韧的努力，但我们愿意为此尽力。

　　这里，要特别指出的是，在本书的写作过程中，曾经参考和借鉴了大量前人和时贤的高见，在此，一并致以谢意。

王乐夫
1998 年 8 月

第二版后记

为了体现与时俱进的精神，应出版社的要求，本人决定对1998年8月出版的《领导学：理论、实践与方法》一书进行修订，出版第二版。

这次修订，除文字上作了较全面的修改和框架进行了一定的调整外，还增加了"领导监督：领导行为的合理规范"一章，原来的"建构现代领导文化"一章也进行了较大的修改，旨在使其内容更加完整，体系更加科学。

本人指导的博士研究生李伟权和深圳大学吕元教授积极参与了这两章的修订，硕士研究生叶贵仁承担了不少修订编务工作。

尤其要提及的是，由于工作岗位和教学等方面的需要，本人在20世纪80年代中期开始涉足领导学领域的研究，从1988年7月编写的《领导科学讲话》（内刊发行）到如今的《领导学：理论、实践与方法》（第二版），笔者进行了不断的修订和完善，此次已经是五易其稿了。

在本书的写作过程中，参考、吸收了大量前人和时贤的高论。教育部人文社会科学重点研究基地——中山大学行政管理研究中心对本书的出版也给予了宝贵的支持。为了保证本书质量，责任编辑施国胜副编审不辞劳苦地做了不少工作。谨此，一并致谢。

王乐夫

2002年11月于中山大学康乐园

第三版后记

应广大读者和出版社的要求，本人决定对 2002 年 11 月出版的《领导学：理论、实践与方法》一书进行修订，出版第三版。本次修订融入了本人近五年来在领导学、公共管理学研究领域相关的一些新成果。

第三版除文字上稍作润色之外，对全书的框架体例也做出了适度的调整：增加了"公共领导"、"领导与管理的概念异同辨析"、"领导效能考评的标准"等内容；对原"科学决策：有效领导的保证"（第八章）一章、"领导文化"（第十八章）一节、"我国领导体制改革趋势"（第六章第三节第二目）等进行了较大幅度的调整。

综观而论，第三版在学理逻辑、理论含量方面有新的提高；内容上有新的更新、充实；结构体系有进一步的改善。

本人指导的博士研究生王巍参与了全书的修订工作，广东外语外贸大学的吴显庆教授对本书的修订也提出了宝贵的意见。应该特别指出的是，教育部人文社会科学重点研究基地——中山大学行政管理研究中心对本书的第三次出版给予了宝贵的支持。本书责任编辑施国胜、责任校对朱智澄也付出了大量的心血。谨此，一并致谢。

王乐夫

2006 年 3 月 13 日于中山大学康乐园

第四版后记

第四版保持了第三版的框架体例，本次修订，主要是在文字上作进一步的润色，内容上有所更新、充实，吸纳了三版以来领导学研究的新成果以及党的十八大的相关精神。

本人指导的博士研究生、现在中共广东省委党校任教的王巍参与了全书的修订工作，中山大学出版社施国胜副编审等相关人员对本书的修订出版也给予了很大的支持和帮助。谨此，一并致谢。

王乐夫

2012年12月于中山大学